Alice Kapala

Polen

Ernst Klett Verlag

Länderprofile – Geographische Strukturen, Daten, Entwicklungen
Wissenschaftliche Beratung: Professor Dr. Gerhard Fuchs (Universität–Gesamthochschule
Paderborn)

CIP-Titelaufnahme der Deutschen Bibliothek

Kapala, Alice:
Polen / Alice Kapala. –
1. Aufl. – Stuttgart: Klett, 1988
  (Länderprofile)
  ISBN 3-12-928899-6

ISBN 3-12-928899-6

1. Auflage 1988
Alle Rechte vorbehalten
Fotomechanische Wiedergabe nur mit Genehmigung des Verlages
© Ernst Klett Verlage GmbH u. Co. KG, Stuttgart 1988
Printed in Germany
Gesamtherstellung: Wilhelm Röck, Weinsberg
Einbandgestaltung: Heinz Edelmann
Kartographie nach Entwürfen der Autorin: Peter Blanck

Länderprofile – Geographische Strukturen, Daten, Entwicklungen

Inhalt

Vorwort

1   Grundzüge der territorialen und wirtschaftlichen
      Entwicklung des polnischen Staates bis 1945 11

1.1   Polens Weg zum europäischen Großstaat 11
1.2   Wirtschaftlicher und politischer Niedergang der Adelsrepublik 15
1.3   Polen zur Zeit der Teilungen 1795–1918 18
1.4   Zweite Polnische Republik 1918–1939 24
1.5   Polen während des Zweiten Weltkrieges 27

2   Polens geographische und gesellschaftspolitische
      Situation nach 1945 29

2.1   Das Territorium der Volksrepublik Polen und seine Gliederung 29
2.1.1 Naturräumliche Gliederung und natürliches Potential 29
2.1.2 Regionale Verwaltungsgliederung und Verwaltungsaufbau 42
2.2   Innenpolitische Veränderungen – Umgestaltung Polens zu
      einer Volksdemokratie 45
2.3   Der Übergang zum System der Zentralverwaltungswirtschaft 45
2.3.1 Organisationsstruktur der Volkswirtschaft 47
2.3.2 Die Rolle der Volkswirtschaftspläne 49
2.3.3 Die Rolle der Raumplanung 51
2.4.   Grundzüge der Wirtschaftspolitik 52

3   Die Bevölkerung 56

3.1   Bevölkerungsmobilität nach 1945 57
3.1.1 Bevölkerungsumverteilung im neuen Staatsgebiet 57
3.1.2 Binnenwanderungen 57
3.1.3 Beispiel: Wojewodschaft Warschau 62
3.2   Bevölkerungswachstum 64
3.2.1 Natürliche Bevölkerungsbewegung und regionale Bevölkerungsdynamik .. 64
3.2.2 Bevölkerungsgliederung nach demographischen und sozioökonomischen
      Merkmalen 67

4   Der ländliche Raum und die Landwirtschaft: lange vernachlässigte
      Bereiche 72

4.1   Natürliche und ideologische Rahmenbedingungen für die Entwicklung der
      Landwirtschaft 74
4.2   Der Bodenbesitz: Private Bauern und vergesellschafteter Sektor 79

4.3	Produktionsfaktoren: Arbeit und Kapital	86
4.4	Struktur der Agrarproduktion – geringer Spezialisierungsgrad	92
4.5	Absatz der Agrarproduktion – geringer Vermarktungsgrad	98
4.6	Leistungsfähigkeit der polnischen Landwirtschaft	100
4.7	Agrarregionen	102
5	Die Industrie – der bevorzugte Wirtschaftssektor	115
5.1	Ausgangssituation nach 1945	115
5.2	Ideologische Grundlagen: „Sozialistische" Industrialisierung	116
5.3	Natürliche Grundlagen: Rohstoffe, Wasser, Energie	116
5.4	Strukturwandel in der Nachkriegsperiode	122
5.4.1	Investitionsschwerpunkte in der Industrie	122
5.4.2	Entwicklungsdynamik, Branchenstruktur und Produktionsprofil	125
5.5	Industriestandorte und regionale Investitionen	132
5.6	Industriebezirke	139
6	Konfliktfeld Ökonomie und Ökologie	142
7	Der Verstädterungsprozeß	147
7.1	Regionale Unterschiede des Städtewachstums	150
7.2	Infrastrukturelle Hemmnisse des Städtewachstums	151
7.3	Innere Gliederung der Städte	155
7.3.1	Funktionsräumliche Gliederung	155
7.3.2	Sozialräumliche Differenzierung	160
8	Die städtisch-industriellen Agglomerationen	164
8.1	Warschauer Agglomeration: Die Hauptstadtregion	165
8.1.1	Grundzüge der Entwicklung bis 1945	167
8.1.2	Wiederaufbau und städtebauliche Neugestaltung	173
8.2	Oberschlesisches Ballungsgebiet: Der Wirtschaftsschwerpunkt Polens	181
8.2.1	Entstehungsgeschichte des Reviers	183
8.2.2	Grundzüge der Wirtschaftsentwicklung nach 1945	187
8.2.3	Das Primat der Industrie und die Folgen für Infrastruktur und Umwelt	193
8.2.4.	Ererbte Raumstrukturen und Probleme ihrer Umgestaltung	199
8.3	Die Lodzer Agglomeration: Der größte Textilindustriebezirk Polens	204
8.3.1	Entwicklungsvoraussetzungen	206
8.3.2	Entwicklung der Stadt Lodz bis 1945	207
8.3.3	Entwicklungstrends nach dem zweiten Weltkrieg	210
8.3.4	Das Umland von Lodz	214
8.4	Krakauer Agglomeration	215
8.4.1	Aspekte der Entwicklungsgeschichte Krakaus	217
8.4.2	Wirtschaftlicher und funktionaler Wandel nach 1945	219
8.4.3	Innere Struktur der Stadt Krakau	222
8.4.4.	Das Umland von Krakau	227

8.5 Danziger Agglomeration: Wirtschaftsschwerpunkt an der Ostsee 229
8.5.1 Wirtschaftsräumliche Entwicklung bis 1945 232
8.5.2 Entwicklungsschwerpunkte nach 1945 238

9 Verkehrserschließung und Transportprobleme 244

9.1 Transport auf Schiene und Straße 244
9.2 Wasserwege und Binnenschiffahrt 247
9.3 Andere Transportsysteme 248

10 Rückblick und Ausblick 250

Literatur 255

Verzeichnis der Abbildungen 257

Verzeichnis der Tabellen 257

Verzeichnis der geographischen Namen (deutsch-polnisch) 258

Vorwort

Zu Beginn der 80er Jahre hatte Polen erneut die Aufmerksamkeit der Weltöffentlichkeit auf sich gelenkt. Die wirtschaftlichen und gesellschaftspolitischen Vorgänge, die schließlich in einer tiefgreifenden Krise gipfelten, wurden mit großem Interesse von den ausländischen, darunter von den westdeutschen Massenmedien verfolgt. Deren zahlreiche Beiträge und auch wissenschaftliche Publikationen haben dazu verholfen, die bestehende Informationslücke in der Bundesrepublik Deutschland über das Nachbarland Polen zu verkleinern. Der Informationsfluß hatte sich aber schon seit den 70er Jahren nach den Ostverträgen erheblich erweitert. Für viele Bundesbürger bot sich sodann die erste Möglichkeit, dieses Land persönlich kennenzulernen bzw. nach einer langen Zeit ihre alte Heimat wiederzusehen. Die spontane Hilfe der bundesdeutschen Bevölkerung für das polnische Volk in den Jahren der schwersten Wirtschaftskrise hatte ebenfalls zur Knüpfung persönlicher Kontakte und dadurch teilweise zum Abbau der verwurzelten Ressentiments zwischen den beiden Völkern beigetragen. Trotz alldem gibt es bis heute noch relativ wenige Veröffentlichungen, die die geographisch relevanten Themen dieses Landes berühren. Dies ist zum Teil dadurch bedingt, daß nach wie vor nur begrenzte Möglichkeiten für ausländische Geographen bestehen, „vor Ort" Untersuchungen durchzuführen. Weitere Probleme ergeben sich aus den Sprachschwierigkeiten und dem Zugang zum Quellenmaterial. In Polen wird zwar ein umfangreiches, mehr oder weniger zuverlässiges, statistisches Material – auch auf Regionalbasis (Wojewodschaftsbasis) – veröffentlicht, dieses ist aber in der Bundesrepublik Deutschland nicht

jederzeit greifbar. Wenn auch die Statistiken – als wichtiges Arbeitsmittel – die Interpretation bestimmter zeit-räumlicher Prozesse erleichtern, so ist die Kenntnis der landesspezifischen Verhältnisse, die nur aus einem längeren Aufenthalt im Lande und täglicher Erfahrung zu erschließen sind, als Hintergrund jeder Interpretation von großer Bedeutung. Die vorliegende landeskundliche Monographie Polens ist eine der wenigen, die in neuerer Zeit in der Bundesrepublik Deutschland erschienen sind. Dabei läßt sich nicht vermeiden, daß sich bestimmte Themen, die anderenorts besprochen sind, überschneiden werden. Andererseits wird der Versuch unternommen, soweit der Umfang dieses Buches es erlaubt, weitere Aspekte in die Betrachtung einzubeziehen. Vielleicht führt auch die Erfahrung, die aus dem langjährigen Aufenthalt im Lande herrührt, zur Darstellung einiger Probleme unter einem anderen Blickwinkel. Die „vor Ort" erworbenen Kenntnisse über bestimmte Vorgänge (die hier auch verwendet wurden) sind, soweit möglich, durch die amtliche Statistik belegt worden. Dabei verzichtet dieses Buch bewußt auf die nähere Behandlung der deutsch-polnischen Problematik, da gerade sie in jüngster Zeit Gegenstand zahlreicher geschichtlich-wissenschaftlicher und publizistischer Betrachtung war.

Im Vordergrund dieser Darstellung stehen die raumwirtschaftlichen Prozesse und Strukturen. Für deren besseres Verständnis ist aber ein geschichtlicher Rückblick von Nutzen, zumal der polnische Staat, wie kaum ein anderer in Europa, in seiner Geschichte derart umfangreiche Grenzverschiebungen bzw. Veränderungen des Sied-

9

lungsgebietes erfahren hatte. Dabei waren für die Herausbildung der heute vorhandenen Raumstrukturen die politischen und wirtschaftsräumlichen Vorgänge der letzten 200 Jahre ausschlaggebend. Die natürlichen Rahmenbedingungen, obwohl sie sicherlich für die Kulturlandschaftsentwicklung im geringeren Maße bestimmend waren, sollen nicht gänzlich unerwähnt bleiben, denn gerade sie werden meist vernachlässigt. Da eine flächenhafte Behandlung Polens nicht möglich war, mußten einige räumliche Akzente gesetzt werden. Deren Auswahl, wenn vielleicht auch nicht unumstritten, erfolgte nach dem Rang dieser Teilräume im gesamtstaatlichen Gefüge. Als räumliche Bezugsbasis diente im vorliegenden Buch das Territo-

rium der Volksrepublik Polen nach 1945, ohne auf die völkerrechtliche Problematik seiner Grenzen einzugehen.

Abschließend eine Bemerkung zum Gebrauch der geographischen Namen: soweit ein deutscher Name vorliegt und auch im deutschsprachigen Raum geläufig ist, wurde dieser verwendet (z. B. Warschau, Krakau, Masurische Seenplatte usw.). In diesem Fall wurde auf eine Doppelnennung der heutigen polnischen Namen in Text und Karten der Übersichtlichkeit und besseren Lesbarkeit halber verzichtet. Ein ausführliches Verzeichnis der verwendeten deutschen Namen mit den entsprechenden polnischen amtlichen Bezeichnungen ist dem Buch beigefügt.

1 Grundzüge der territorialen und wirtschaftlichen Entwicklung des polnischen Staates bis 1945

In seiner tausendjährigen Geschichte erlebte Polen einige Höhepunkte, aber auch viele Niederlagen. Von einem relativ kleinen Staatsgebilde ist es zu einem von der Ostsee bis zeitweilig fast ans Schwarze Meer reichenden Großreich aufgestiegen, um dann als Folge politischer Fremdbestimmung auf mehr als 100 Jahre von der Karte Europas zu verschwinden. Auch in der jüngsten Vergangenheit haben fremde politische Mächte in Jalta und Potsdam über seine Zukunft und Grenzen entschieden. Das neue Territorium, das Polen diesmal zugewiesen bekam, umfaßte nicht mehr jene Gebiete im Osten, die ihm fast 600 Jahre lang zugehörten, dafür aber neue Gebiete im Westen, die fast 600 Jahre außerhalb der polnischen Staatsgrenzen lagen. Diese wechselvolle und fremdbestimmte Geschichte Polens ist nur zu verstehen, wenn man sich seine Lage – inmitten Europas zwischen von Anfang an mächtigeren Nachbarn – vergegenwärtigt.

Eine eingehende Schilderung des politischen Schicksals des polnischen Staates ist allerdings nicht Selbstzweck der nachfolgenden geschichtlichen Betrachtung, sie soll vielmehr nur die Rahmenbedingungen für die wirtschaftlichen und demographischen Prozesse, die den Kulturlandschaftswandel bestimmten, deutlich machen.

1.1
Polens Weg zum europäischen Großstaat

Piastenherrschaft und hochmittelalterlicher Landesausbau

Als der polnische Staat um 960 n. Chr. ins Licht der europäischen Geschichte rückte, befand sich seine Keimzelle im heutigen Großpolen – in der Gegend von Gnesen, Posen und Kruschwitz –, das von dem Stamm der Polanen bewohnt war. Im Zuge der Einigung der slawischen Stämme in der zweiten Hälfte des 10. Jh. etablierte das Herrschergeschlecht der Piasten (aus dem Polanen-Stamm) seine Macht im Gebiet zwischen Oder und Weichsel. Im Norden reichte sein Einfluß Anfang des 11. Jh. bis an die Ostsee und im Süden bis an die Karpaten heran.

Die Entscheidung des ersten Piastenherzogs Mieszko I., den christlichen Glauben anzunehmen (966 n. Chr.), ebnete Polen den Weg zum europäischen Abendland und sicherte ihm, unter dem Schutz Roms, die Verwirklichung eigener staatlicher und politischer Ideen. Vom 10. bis zum 12. Jh. umfaßte das Territorium Polens ca. 250 000 qkm (mit Pommern, aber ohne die nur vorübergehend von Piasten beherrschten Gebiete). Der Hauptsitz der ersten Herrscher – später der Bischöfe – und die Krönungsstätte der ersten polnischen Könige war Gnesen, das wahrscheinlich im 11. Jh. von Krakau als Hauptstadt abgelöst wurde.

Nach der Festigung der politischen Macht und territorialen Ausdehnung zu Beginn des 11. Jh. wurde das Land durch Bruderkriege und heidnische Aufstände geschwächt. Schließlich zerfiel der polnische Staat nach der Erbfolgeregelung von 1138 für fast zweihundert Jahre in Teilfürstentümer, die nur noch lose miteinander verbunden waren. Zunächst war die Einheit des Piastenstaates (mit der Hauptstadt Krakau) durch Einrichtung des Seniorats gesichert; bald setzte jedoch – unter dem Einfluß deutscher Siedler – eine allmähliche Germanisierung ein, bzw. eine zunehmende Anlehnung der Provinzen

Schlesien und Pommern an den Westen. Die erst zu Beginn des 14. Jh. durch den König Wladislaw I. Lokietek errichtete Zentralgewalt schloß in den neuen Staatsverband nur die Fürstentümer Großpolen (um Posen) und Kleinpolen (um Krakau) mit ein (ca. 106 000 qkm). Schlesien, Pommern und die Gebiete an der Weichselmündung, wo sich der Deutsche Ordensstaat etablierte, blieben außerhalb Polens. Diese territoriale Konstellation an der Westgrenze Polens hat sich (abgesehen von der Zeit der Teilungen) bis 1939 im Großen und Ganzen nicht verändert. Kasimir der Große, der letzte Piastenkönig, brachte ausgedehnte Gebiete, vor allem im Osten, unter seinen Einfluß. Damit begann die Verlagerung des polnischen Staatsterritoriums nach Osten in ethnisch fremde Gebiete, ein Vielvölkerstaat entstand. Um 1370 umfaßte der polnische Staat ca. 170 000 qkm, mit Lehnsbesitz ca. 240 000 qkm. Zur Herrschaftszeit Kasimirs des Großen (1333–1370) erlebte Polen nicht nur eine innerpolitische Festigung, sondern auch einen wirtschaftlichen und kulturellen Aufschwung wie nie zuvor. Dieser war aufs engste mit dem hochmittelalterlichen Landesausbau (deutsche Ostkolonisation) verbunden, der seinen Höhepunkt im 13. und Anfang des 14. Jh. erreichte.

Zuvor war das heutige Staatsgebiet Polens noch dünn besiedelt und weitgehend von Wald bedeckt gewesen (ca. 70–80% der Fläche). Größere Siedlungsgruppierungen gab es in den Lößlandschaften und entlang der Flußläufe, so z. B. auf dem linken Weichselufer zwischen Krakau und Sandomierz, rechts der Weichsel in der Gegend um Płock, am Wartheoberlauf um Kalisch und Sieradz, am Oberlauf der Oder um Oppeln und südlich von Breslau sowie im Bereich um Posen. Die einzelnen Siedlerstellen lagen zerstreut oder bildeten kleine Weiler. Die Behausungen mit den dazugehörigen Wirtschaftsflächen bildeten das sog. „opole" – die kleinste Zelle sozialer Organisation von nachbarschaftlichem Charakter. Mit der Herausbildung der Staatsgewalt wurden diese zu Verwaltungseinheiten unterster Ebene. Das Land war von zahlreichen Wehrburgen überzo-

gen, wobei einige der wichtigsten, als Zentren der Staatsverwaltung, sich zu stadtähnlichen Gebilden entwickelten. Sie bestanden aus einem befestigten Herrschersitz, der Wehrburg (poln. gród), und einer ebenfalls befestigten Marktsiedlung, dem „Suburbium" (poln. podgrodzie), deren Bewohner einer Tätigkeit im Handwerk, Handel und in der Landwirtschaft nachgingen oder im Wehrdienst standen. Zu den wichtigsten frühmittelalterlichen „Städten" gehörten Gnesen, Posen, Krakau, Breslau und Płock. Vor den Befestigungen der „Suburbien" entstanden weitere Handelsplätze, auf denen Märkte abgehalten wurden. Um diese dehnte sich im Laufe der Zeit eine Wohnbebauung aus, zu der auch nicht selten, wie in den „Suburbien", eine Kirche gehörte. Rund um die Wawel-Burg in Krakau soll es ca. 20 Siedlungsgruppen und mehrere Märkte gegeben haben.

Der hochmittelalterliche Landesausbau wurde durch die von den Landesfürsten und Äbten ins Land gerufenen – vorwiegend aus dem deutschsprachigen Raum stammenden – Siedlern vom letzten Viertel des 12. Jh. an betrieben. Mit der deutschen Ostkolonisation ging ein einschneidender Wandel in der Kulturlandschaft und in den Rechtsverhältnissen einher. Die bäuerliche Landeserschließung hatte ihre Anfänge in Schlesien und Pommern; sie verlief nach einem festen Schema und führte nicht nur zur Gründung von neuen Siedlungen oder zur Umgestaltung von älteren bäuerlichen Siedlungen, sondern leitete auch eine Veränderung der Bodennutzung bzw. der Wirtschaftsweise ein. Anstelle der bis dahin verbreiteten ungeregelten Feld-Gras-Wirtschaft (Wechsel von Getreidebau und mehrjähriger Weidenutzung) wurde die Dreifelderwirtschaft (systematischer Wechsel von Wintergetreide, Sommergetreide und Brachland) eingeführt, die erheblich größere Erträge sicherte. Damit verlagerte sich das Schwergewicht der landwirtschaftlichen Produktion von der traditionellen Viehzucht auf den Getreideanbau. Neue Dörfer legte man nach einem festen Muster an: In Pommern, Schlesien und im Gebiet des Deutschen Ritterordens waren das Straßen- oder Angerdörfer, in den

Gebirgslandschaften der Sudeten und Karpaten vorwiegend Waldhufendörfer. Mit der Erschließung des nördlichen Vorkarpatenraumes durch deutsche Bauern ab 1340 klang die mittelalterliche Periode der deutschen Ostsiedlung aus. Ab dem 14. Jh. wurde die bäuerliche Landeserschließung von polnischen Bürgern unter Beibehaltung des „Deutschen Rechts" und der neuen Wirtschaftsweisen fortgeführt. Nach diesem Muster wurden im Laufe des 14. Jh. und 15. Jh. die ländlichen Siedlungen in fast ganz Polen umgestaltet.

Parallel zu den Umstrukturierungen im ländlichen Raum verlief die Lokation von Städten. Sie wurden nach einem planmäßigen Grundriß (Kap. 7.3.1) meistens an der Stelle früherer oder in der Nähe bestehender Siedlungen gegründet. Die Gründungen waren mit der Verleihung von Stadtrechten verbunden, die ihren Bürgern eine steuerliche und gerichtliche Unabhängigkeit vom Landesherren und somit eine Selbstverwaltung sicherten. In polnischen Gebieten war am weitesten das „Magdeburger" Recht verbreitet mit seinen Abwandlungen wie z. B. das „Kulmer" Recht im Gebiet des Deutschen Ritterordens und in Masowien oder dem „Neumarkter" Recht in Niederschlesien, Groß- und Kleinpolen. Die Städte der Ostseeküsten erhielten das „Lübecker" Recht und wurden in den Hanse-Städtebund eingegliedert. Hierzu gehörten auch die großen, an Fernhandelswegen liegenden Binnenstädte Breslau und Krakau.

Die Städte wurden häufig im Zusammenhang mit der bäuerlichen Besiedlung errichtet. Der so geplanten, meist kleinen Landstadt mit zentral-örtlichen Funktionen, wurde ein Verwaltungs- und Wirtschaftsgebiet zugeordnet, das aus einer bestimmten Anzahl von Dörfern bestand (sog. Weichbild). Im 13. und 14. Jh. war der Höhepunkt der Städtegründungen; zu ihrer wirtschaftlichen Blüte trug wesentlich die Bildung von Zünften bei, die den Stadtbewohnern das Monopol der Handwerksproduktion sicherte. Eine Reihe von Städten im Vorsudeten- und Vorkarpatenraum verdanken ihre Entstehung dem sich bereits im 13. Jh. entwickelnden Bergbau, z. B. um Goldberg, Löwenberg (Gold), Beuthen (Silber), Olkusch (Blei), Wieliczka und Bochnia bei Krakau (Steinsalz).

Bis zum Ende der Piastenepoche hatte sich in Polen, ähnlich wie in anderen Ländern Europas, eine Feudalgesellschaft, d. h. eine weitgehend vom Adel beherrschte Gesellschaftsstruktur gebildet. Der polnische Adelsstand (szlachta) war, im Gegensatz zu dem der anderen westeuropäischen Länder, viel zahlreicher, weil er nicht nur den Ritterstand umfaßte, sondern auch kleine Bodenbesitzer und -pächter (sie übten keine Feudalherrschaft aus) und freie Personen, die selbst den Boden bewirtschafteten und Steuern zahlen mußten (sog. Bauernadel, poln. szlachta zagrodowa), sowie Nachfolger dieser Gruppen. Alle diese Gruppen genossen gleiche, weitreichende und immer umfangreichere Privilegien. Das städtische Bürgertum war zu dieser Zeit erst im Entstehen begriffen. Es wurde vorwiegend von den Deutschen, zunehmend auch von Juden gebildet, die im 12. und 14. Jh. nach zahlreichen Verfolgungen aus dem Kaiserreich nach Polen einwanderten.

Jagiellonische Epoche und das Zeitalter der Adelsrepublik

Durch die Heirat der polnischen Königin Jadwiga (Hedwig) mit dem Großfürsten von Litauen Wladislaw aus dem Jagiellonengeschlecht wurde eine polnisch-litauische Personalunion (1385) begründet, unter der der Doppelstaat Polen-Litauen zu einer der territorial größten Mächte Europas heranwuchs mit beinahe 1 Mill. qkm Fläche und schätzungsweise 40% polnischer Bevölkerung. Das Schwergewicht der politischen Interessen der Jagiellonen lag im 15. und 16. Jh. auf der territorialen Ausdehnung ihrer Macht zwischen der Ostsee und dem Schwarzen Meer. Kriege gegen Tataren und Türken wurden dabei oft verloren, erfolgreicher waren die beiden Partnerstaaten jedoch im Kampf gegen den Deutschen Ritterorden. Ihr Sieg in der Schlacht von Tannenberg-Grunwald 1410 leitete den politischen Abstieg des Ordens ein, dessen Macht im 2. Thorner Frieden 1466 gebrochen wurde. Der stark beschnittene Ordensstaat trat 1466 unter die Lehenshoheit des polnischen Königs.

Unter der Herrschaft der Jagiellonen erlebte Polen nach 1466 eine wirtschaftliche Blütezeit, begünstigt durch ein Jahrhundert außenpolitischer Ruhe. Die Erweiterung des Kulturlandes und die Einführung neuer Wirtschaftsmethoden führte zu gesteigerter landwirtschaftlicher Produktion. Die sozioökonomische Basis einer Dorfgemeinschaft waren dabei zunächst die Vollerwerbsstellen (meistens 1 Hufe = 16,8 ha, poln. łan, oder auch mehr). Da bei der Landerschließung das Bauernland in gleich große Stücke (Hufen) aufgeteilt wurde, stellten die Bauern anfangs eine relativ homogene soziale Schicht dar. Zu den leistungskräftigsten landwirtschaftlichen Betrieben zählten die der Dorfschulzen, die bei der Lokation mehr Land bekamen.

Die zunehmende Nachfrage nach Agrarprodukten, insbesondere nach Getreide im Inland (Anstieg nichtlandwirtschaftlicher Bevölkerung) und im Ausland (z. B. Flandern, Holland), führte zur Verbreitung der auf Getreideexport spezialisierten herrschaftlichen bzw. adligen Gutswirtschaft. Die Gutsentwicklung schritt von der Ostsee und dem Weichselunterlauf entlang der schiffbaren bzw. flößbaren Flüsse ins Landesinnere fort. Wo keine günstigen Transportbedingungen für Getreide vorhanden waren, so wie z. B. in der Ukraine, stellten sich die Güter auf Ochsen- und Pferdezucht, in Großpolen auf Schafzucht ein. Auf die das ganze 16. Jh. andauernde Getreidekonjunktur reagierten die Grundherren mit einer Erweiterung des Gutslandes. Es konnte zunächst um das – während der Wüstungsperiode – brachgefallene bäuerliche Land und später durch die Erschließung der Außenfelder und des Öd-

lands vergrößert werden. Ab der zweiten Hälfte des 16. Jh. expandierten die Adelsgüter dann aber auf Kosten des Bauernlandes (durch Aufkauf von Land, Umsiedlung der Bauern auf weniger ertragreiche Böden oder Bauernvertreibung bzw. sog. Bauernlegen) und der prosperierenden Schultheißbetriebe. Deren Aufkauf konnte sich der Adel, dank seines politischen Einflusses, gesetzlich sichern. Die fortschreitende Gutswirtschaftsentwicklung und der damit verbundene Arbeitskräftebedarf führten zur Beschränkung von räumlicher Mobilität und persönlicher Freiheit der Dorfbevölkerung. Aufgrund der Schwäche der Staatsgewalt kam es zur Übernahme der niederen Gerichtsbarkeit durch die Grundherren bzw. den Adel, wodurch die Bauern in eine weitgehende Abhängigkeit von ihnen gerieten.

Sowohl in der Größe als auch in der Wirtschaftsform der einzelnen Güter bestanden beträchtliche regionale Unterschiede. Ein Gut (poln. folwark von dt. Vorwerk) umfaßte in der Regel neben dem eigentlichen Gutsland (ca. 60 bis 80 ha) ein oder mehrere Dörfer. Diese Art von Besitz war unter der adligen Mittelschicht verbreitet. Im „Königlichen Preußen" (später Westpreußen) aber, wo die besten Voraussetzungen für die Ausfuhr bestanden, entwickelte sich eine auf Lohnarbeit basierende Gutswirtschaft, die sich auf den Export von Getreide spezialisierte. Für die zentralpolnischen Gebiete war besonders ab der zweiten Hälfte des 16. Jh. ein Adelsgut repräsentativ, das im Frondienst von den abhängigen Bauern mit ihren eigenen Geräten und Gespannen bewirtschaftet wurde.

Die expandierende, auf den Export von Getreide ausgerichtete Gutswirtschaft ließ Polen im 16. Jh. zur Kornkammer für Westeuropa und für Italien werden. Da der Export vorwiegend über die Ostsee abgewickelt wurde, entwickelte sich hier Danzig zur bedeutendsten Stadt (2. Hälfte des 16. Jh. ca. 40 000 Ew.) und zum wichtigsten Getrei-

14

deumschlagsplatz im östlichen Mitteleuropa (Kap. 8.5). Ungefähr 80% des polnischen Außenhandelsvolumens wurden über die ethnisch deutsche Stadt Danzig abgewickelt (Encyklopedia..., 1981).

Einen anderen Charakter zeigte die Landnutzung und -erschließung in den „Holländersiedlungen" (poln. Olędry, Holendry). Deren Bewohner hatten im 16.–18. Jh. in Mittel- und Westpolen zahlreiche Flußniederungen und Brüche trockengelegt und diese Flächen einer vorwiegend weidewirtschaftlichen Nutzung zugeführt.

Die „Holländer" (anfangs glaubensverfolgte Holländer und Friesen, z. T. Mennoniten) ließen sich zunächst in der Weichseldelta-Niederung, die sie urbar gemacht hatten, nieder. Ihre Siedlungen (sog. Holländereien) mit einer lockeren Einzelhofbebauung und Streifenflur zogen sich entlang der Entwässerungskanäle. Im Gegensatz zu der Gutswirtschaft orientierte sich ihre Agrarproduktion vor allem an der Viehzucht. Die „Holländer" genossen persönliche Freiheiten und waren über mehrere Jahre von jeglichen Abgaben befreit. Sie siedelten vornehmlich entlang der Weichsel in südlicher Richtung; 1624 erreichten sie Warschau (Trockenlegung der „Sachsen-Insel"), Ende des 17. Jh. Großpolen. Im Laufe der Zeit hatte sich die ethnische Zusammensetzung der „Holländereien" geändert; in späteren Phasen überwogen deutschstämmige Siedler, aber auch Polen waren an ihr beteiligt.

Am Ende des 16. Jh. gab es in den Grenzen des polnischen Kronlands und im „Königlichen Preußen" ca. 700 Städte und Marktflecken. Die größte wirtschaftliche Bedeutung hatten dabei die ca. 100 Städte mit mehr als 3000 Einwohnern. Über 10 000 Einwohner zählten damals Städte wie Danzig (> 40 000 Ew.), Breslau (> 30 000 Ew.), Krakau, Posen und Stettin (je ca. 20 000 Ew.) sowie Elbing, Lublin, Lemberg, Thorn, Warschau und Wilna (< 20 000 Ew.). Die Jagiellonenepoche endete mit der Lubliner Union von 1569, die zur Umwandlung der bisherigen polnisch-litauischen Personal- in eine Realunion führte und eine staatliche Verschmelzung bedeutete. Nach dem Ausklingen der Jagiellonen-Dynastie (1572) folgte die Periode des Wahlkönigtums.

Das Wahlkönigtum-Prinzip besagte: Falls kein männlicher Thronfolger vorhanden war, sollte ein König – unabhängig von seiner Nationalität – vom Sejm (polnischer Reichstag/Adelsparlament) gewählt werden können. Diese Regelung löste die starren Strukturen der monarchistischen Staatsform auf und leitete eine Art Demokratisierung ein. Dadurch gewann der polnische Adel (szlachta) noch mehr an politischer Stärke, zumal seine Vorrechte schon früher durch besondere Privilegien gesichert waren. Polen wurde als „res publica" (poln. Rzeczpospolita) zur Adelsrepublik mit einem König an der Spitze, der aber schon seit der Verfassung „Nihil novi" von 1505 „nichts Neues" ohne die Zustimmung des Adels beschließen konnte. Zwischen 1572 und 1795 hatten Franzosen, Habsburger, Ungarn, Schweden und Sachsen die polnische Krone erlangt; von den insgesamt 14 Monarchen dieser Periode stammten nur vier aus Polen.

1.2
Wirtschaftlicher und politischer Niedergang der Adelsrepublik

Der ökonomische Abstieg, der sich schon an der Wende des 16./17. Jh. in bäuerlichen Betrieben bemerkbar machte, erreichte Ende des 17. Jh. die Talsohle. Während des 17. Jh. wurde das polnische Staatsterritorium zum Schauplatz kriegerischer Auseinandersetzungen, die an mehreren Fronten stattfanden. Im Süden wurde gegen die Kosaken Krieg geführt, von Osten her drangen Russen ein und von Norden überfluteten die schwedischen Truppen das Land; sie drangen bis Krakau vor. Die Folgen waren sowohl in den Städten als auch in den ländlichen Gebieten verheerend. Durch Seuchen und Hungersnöte wurde die Bevölkerung zusätzlich stark dezimiert, um 1660 war ihre Zahl um ca. ein Viertel kleiner als zu Beginn des Jahrhunderts (Enzyklopedia..., 1981).

Die Kriegszerstörungen waren auch eine der Ursachen für die sich seit der Mitte des 17. Jh. anbahnende tiefgreifende Wirtschaftskrise, von der sich der polnische Staat bis zu seiner Teilung 1772 nicht mehr erholen konnte.

Die Krise traf vor allem die bäuerliche Landwirtschaft. Nur ein Teil der verwüsteten Dörfer wurde wieder aufgebaut. Die Adelsgüter hatten dagegen relativ schnell die Kriegsschäden überwunden. Beim Wiederaufbau der zerstörten Dörfer wurden die geschädigten Bauern mit weniger Land als früher bedacht. Der Rest des Bodens kam der expandierenden Gutswirtschaft zugute. Dadurch kam es in Polen zu tiefgreifenden Wandlungen in der Landbesitzstruktur. Während im 16. Jh. die Güter des adligen Mittelstands weit verbreitet waren, begann um die Mitte des 17. Jh. der Großgrundbesitz (Latifundium) eine führende Rolle zu spielen.

Im 15. Jh. stellten z. B. im Kreis Lublin die adligen Güter von einer Größe bis zu 100 Hufen (1 Hufe = 16,8 ha) 45% aller Adelsgüter, im 18. Jh. nur noch 10%; Güter mit mehr als 500 Hufen waren im 15. Jh. mit 13%, im 18. Jh. mit 42% vertreten (J. A. Gierowski, 1978). In Groß- und Kleinpolen und im „Königlichen Preußen" dominierten weiterhin Güter mittlerer Größe – nur selten umfaßten sie mehr als einige Dörfer. In Ruthenien dagegen war ein Besitz von mehr als 50 Dörfern keine Seltenheit. Das Latifundium von Ostrogski z. B. umfaßte 100 Städte und 1300 Dörfer, der Magnat Koniecpolski verfügte über 120 000 Untertanen.

Der damalige Export Polens basierte auf der Agrarproduktion der Latifundien, die in dieser Hinsicht eine Monopolstellung anstrebten. Mit abnehmender Nachfrage nach Agrarerzeugnissen begann das Magnatentum nach neuen Einkommensquellen zu suchen. In ländlichen Räumen entstanden Schnapsbrennereien, Mühlen, Ziegeleien und erste Manufakturen. Das Interesse der Magnaten richtete sich auch auf die Belebung des Handels und Handwerks in eigenen Städten. Da die Latifundien auf autarke Versorgung eingerichtet waren, brachte dies den Handel und die handwerkliche Produktion in den übrigen Städten zum Erliegen; die Untertanen wurden gezwungen, die von ihnen in den Latifundien erzeugten Produkte auch zu kaufen. Der politisch starke Adel war auch im Kampf gegen das Bürgertum und die Städte erfolgreich. Zu deren Niedergang trugen außerdem die Kriegszerstörungen, die immer geringer werdende Beteiligung der Bauern an der Marktwirtschaft und die Bevölkerungsverluste bei. Die geringe Mobilität der polnischen Landbevölkerung und die nachlassende Einwanderung der deutschen Bevölkerung ließ den Anteil der jüdischen Stadteinwohner beträchtlich ansteigen. Von den ca. 750 000 in Polen ansässigen Juden wohnten um die Mitte des 18. Jh. drei Viertel in den Städten. Viele der Stadtbewohner gingen einer agrarischen Tätigkeit nach, so daß es zu einer weitgehenden Ruralisierung der städtischen Siedlungen, vor allem in Kleinpolen, kam. Der Anteil der städtischen Bevölkerung sank bis Ende des 18. Jh. auf ca. 15%. Unterdessen entwickelte sich Warschau, das nun zur Hauptstadt des polnisch-litauischen Reiches geworden war, zum kulturellen und wirtschaftlichen Zentrum (Kap. 8.1).

Mit der zunehmenden wirtschaftlichen Macht der Magnaten wuchs ihr politischer Einfluß. Der adlige Mittelstand, der bis zum Ende des 16. Jh. die Entscheidung im Lande hatte, wurde von der politischen Bühne verdrängt. Diejenigen adligen Familien, die sich wirtschaftlich nicht mehr voll behaupten konnten, gerieten in eine weitgehende politische Abhängigkeit von den Magnaten und waren gezwungen, im Landtag im Sinne ihrer Herren zu stimmen. In der Staatspolitik gewannen zunehmend die privaten Interessen die Oberhand und behinderten die Regierungstätigkeit.

Unterdessen verstärkten die Nachbarmächte ihren politischen Einfluß in Polen. So bestimmten Rußland und Preußen (Vertrag

Abb. 1: Die Grenzen Polens im Wandel der Jahrhunderte

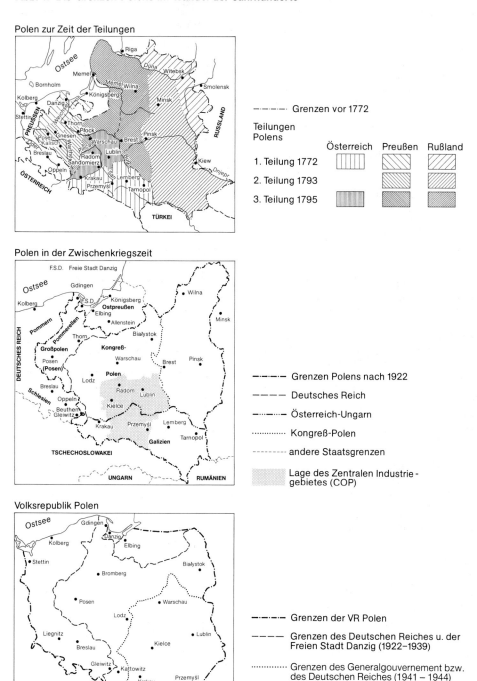

Polen zur Zeit der Teilungen

—·—·— Grenzen vor 1772

Teilungen
Polens

	Österreich	Preußen	Rußland
1. Teilung 1772			
2. Teilung 1793			
3. Teilung 1795			

Polen in der Zwischenkriegszeit

—·—·— Grenzen Polens nach 1922

— — — Deutsches Reich

—··—··— Österreich-Ungarn

············ Kongreß-Polen

- - - - - andere Staatsgrenzen

Lage des Zentralen Industriegebietes (COP)

Volksrepublik Polen

—·—·— Grenzen der VR Polen

— — — Grenzen des Deutschen Reiches u. der
Freien Stadt Danzig (1922–1939)

············ Grenzen des Generalgouvernement bzw.
des Deutschen Reiches (1941 – 1944)

Quelle: Mały Atlas Historyczny, 1953
Entwurf: A. Kapala

17

vom April 1764) den letzten polnischen König Stanisław Poniatowski, noch bevor das Parlament zur Königswahl zusammengetroffen war. Der antirussische Aufstand von 1768 (auch gegen den König gerichtet), führte zum Bürgerkrieg und diente als Vorwand für die Abtrennung einiger polnischer Territorien: erste Teilung 1772; ihr folgte 1793 die zweite und 1795 die dritte (Abb. 1). Der selbständige polnische Staat verschwand für mehr als ein Jahrhundert von der politischen Karte Europas.

1.3
Polen zur Zeit der Teilungen
1795–1918

Nach den drei Teilungen besetzte Preußen rund 150 000 qkm des polnischen Territoriums, darunter den Raum Warschau-Białystok-Suwałki, das sog. „Neu-Ostpreußen" und den Bereich um Dombrowa, das sog. „Neu-Schlesien". Österreich-Ungarn besetzte rund 116 000 qkm (15,8%). Den größten Anteil mit 471 000 qkm (63,9%) aber sicherte sich Rußland.

Einen Ansatz zur Wiederherstellung der staatlichen Souveränität Polens bildete das 1807 von Napoleon – aus Teilen der preußischen und österreichischen Gebietseroberungen – errichtete Großfürstentum Warschau (1807–1815). Auf dem Wiener-Kongreß (1815) wurden neue Grenzen für die drei Teilungssektoren festgelegt, die ohne größere Veränderungen bis zum Ersten Weltkrieg bestehen blieben.

Österreich-Ungarn bekam Galizien. Die Stadt Krakau wurde bis 1846 freie Stadtrepublik und danach Galizien angegliedert. Aus dem großpolnischen Gebiet und dem Netzedistrikt entstand – im Verband mit Preußen – das Großherzogtum Posen (Stadthalter Fürst A. H. Radziwiłł bis 1830);

ab 1830 Provinz Posen. Sie umfaßte rund 29 000 qkm und etwa 847 000 Einwohner, darunter etwa ein Drittel Deutsche (ab 1867 dem Norddeutschen Bund, ab 1871 dem Deutschen Reich angeschlossen). Aus dem an das russische Imperium gefallenen Territorium wurde das Königreich Polen – in Personalunion mit Rußland – geschaffen. Es besaß zunächst eine weitreichende Autonomie mit eigener Verfassung, eigenem Parlament und eigener Armee. Dieses sog. Kongreßpolen (poln. Kongresówka) umfaßte rund 129 000 qkm und zählte ca. 3,3 Mill. Einwohner.

Die drei Monarchien, unter die Polens Territorium verteilt worden war, bestimmten die Rechtsgarantien für die polnische Bevölkerung und auch die wirtschaftliche Entwicklung dieser Gebiete ganz unterschiedlich. Während Preußen bestrebt war, die eingegliederten Gebiete in den preußischen Staat voll zu integrieren, zeigten Österreich und Rußland wenig Interesse an der wirtschaftlichen Entwicklung der neuerworbenen Bereiche. In allen Teilungssektoren gab es somit unterschiedliche politische und ökonomische Voraussetzungen für den agrarstrukturellen Wandel und für die in diesem Jahrhundert einsetzende industrielle Revolution.

Russischer Teilungssektor (Kongreßpolen)

Das Scheitern des Novemberaufstandes von 1830 hatte zunächst die Aufhebung der Autonomierechte Kongreßpolens, das des Januaraufstands von 1863 eine brutale Russifizierung zur Folge. Russische Beamte übernahmen die Verwaltung und Gerichte. Russisch wurde zur Unterrichts- und Amtssprache. Den Namen Kongreßpolen ersetzte man durch die Bezeichnung „Weichselland" (Poln. Kraj Nadwiślański). Dem folgten politische Verfolgungen und Enteignungen, vor allem des polnischen Adels, was eine

Abwanderung vom Lande und eine Emigration ins ausländische Exil auslöste. Der verarmte Kleinadel bildete in den Städten den Kern des Mittelstandes und stärkte die Reihen der polnischen Intelligenz, an der es bisher in Polen gefehlt hatte.

Die Lage der *Landwirtschaft* war zu Beginn des 19. Jh. infolge der Exportrückschläge und eines allgemeinen Preisverfalls äußerst ungünstig. Die verringerten Absatzmöglichkeiten für Getreide führten zu zahlreichen Konkursen in der Gutswirtschaft. Diese Entwicklung konnte durch die Gründung einer Bodenkreditgesellschaft, die günstige Kredite anbot, zunächst gebremst werden. Aus den genannten Gründen wurde nur wenig in die Landwirtschaft investiert, so daß ihre Leistungsfähigkeit und der technische Entwicklungsstand niedrig blieben. Die Dreifelderwirtschaft mit einem extensiven Getreideanbau war nach wie vor allgemein verbreitet. Neue Feldfrüchte wurden kaum angebaut, mit Ausnahme der Kartoffel, die zur Zeit des Großfürstentums Warschau eingeführt wurde und sich vor allem auf Bauernhöfen verbreitete. Eine beträchtliche Zunahme der Agrarproduktion zwischen 1822 und 1864 (fünffacher Anstieg der Kartoffel- und Weizenproduktion) war mit der Erweiterung der landwirtschaftlichen Nutzfläche (von 34% auf 50%) verbunden. Diese hing nicht zuletzt mit der sog. „zweiten deutschen Kolonisation" der ländlichen Gebiete zusammen, die – zunächst mit Unterstützung der kongreßpolnischen Regierung, dann der Großgrundbesitzer – ab 1816 (mit Unterbrechungen) das ganze Jahrhundert fortgeführt wurde. In den 90er Jahren des 19. Jh. entstanden z. B. zahlreiche deutsche Kolonien (meist Reihendörfer oder Streusiedlungen) in Gebieten um Kalisch, Płock, Warschau, Lodz und Lublin.

Eine tiefgreifende Umstrukturierung der Landwirtschaft wurde mit der Entlassung der Bauern aus der Leibeigenschaft (1864) eingeleitet. Der Boden wurde unter die Bauern, die ihn bewirtschafteten, aufgeteilt, wobei ihnen alle Schulden gegenüber den Gutsherren oder dem Staat gestundet wurden. Mit diesem Schritt schwächte die russische Regierung vor allem den polnischen adligen Mittelstand, der an den antirussischen Aufständen beteiligt gewesen war. Neben dem Gutsland wurden aus staatlichem und kirchlichem Besitz rund 0,5 Mill. ha Land an ca. 175 000 landlose Familien verteilt. Ergebnis der Landreform war einerseits die Verringerung der Zahl der landlosen Bevölkerung, andererseits aber eine Zunahme der Kleinstbetriebe mit maximal drei Morgen Land (ca. 1,7 ha), die ihren Besitzern keine ausreichende Existenz sicherten. Deren Zahl stieg zwischen 1863 und 1873 von 55 000 auf 205 000 an. Auch in der Gutswirtschaft vollzogen sich Veränderungen. Die kleinen, ökonomisch schwächeren Güter wurden meist vollständig, die größeren teilweise parzelliert. Der Grundstock der Gutsländereien aber blieb zunächst unangetastet, ca. 56% des Nutzlands blieben in Händen der Großgrundbesitzer.

Während der zweiten Parzellierungswelle (1890–1910) der Güter kamen weitere ca. 1 Mill. ha den Bauern zugute. Der Anteil des Großgrundbesitzes an landwirtschaftlichen Flächen ist dadurch von ca. 47% auf 38% zurückgegangen. Mit der Landreform ging eine Flur-Regulation bzw. „-Kommassation" und „-Separation" (räumliche Trennung bäuerlicher Wirtschaftsflächen vom Gutsland) einher, die aber nicht das Ausmaß wie in Preußen erreichte. Die Grundkommassation ist in ca. 30% der Dörfer durchgeführt worden. Die neuen ländlichen Siedlungen erhielten meist einen schematischen Grundriß eines Linien- bzw. Reihendorfes. Die Beibehaltung des Realerbteilungsrechts führte zur weiteren Besitzersplitterung und zum Anwachsen der landlosen Dorfbevölkerung, deren Zahl zwischen 1871–1901 um das 5fache anstieg. Der Arbeitskräfteüberschuß fand nur teilweise in der Saisonarbeit (vorwiegend in Preußen) oder Emigration ein Ventil. Die Auswanderung nach Übersee begann 1870 und erreichte zu Beginn des 20. Jh. ihren Höhepunkt; bis 1914 sind ca. 0,9 Mill. Personen in die USA ausgewandert. Sichtbare Ansätze zur Intensivierung der Agrarproduktion (Ausdehnung der Hackfrucht-Anbaufläche, Düngerverbreitung und zunehmende Mechanisierung) gab es erst zu Beginn des 20. Jh. Die Anfänge der *industriellen Entwicklung* Kongreßpolens fielen in die 20er Jahre des 19. Jh. Drei Phasen lassen sich dabei unterscheiden: Die erste bis etwa 1830 zeichnete sich durch eine rege staatliche Investitionstätigkeit aus (zur Amtszeit des Schatzministers Ksawery Drucki-Lubecki). In der zweiten Phase (bis etwa Mitte des 19. Jh.) wurde die industrielle Entwicklung von der Polnischen Bank, in der dritten Phase vom Privatkapital (Wirtschaftsliberalismus) getragen. Die Wirtschaftspolitik des Schatzministers war darauf bedacht, günstige Voraussetzungen für die industrielle Entwicklung Kongreßpolens zu schaffen. Mit der Erlangung der Zollautonomie für Kongreßpolen (1822) wurden die Zölle für Importwaren aus Preußen und Österreich stark erhöht. Zugleich öffnete ein günstiger Zolltarif den weiten russischen Absatzmarkt für die kongreßpolnischen Industrieprodukte. Ein wesentliches Hindernis für eine dynamische Industriealisierung lag im Kapital- und Arbeitskräftemangel (bis 1864 noch Leibeigenschaft der Bauern, fehlende Fachkräfte). Straffe Maßnahmen zur Sanierung der Staatskasse und die Anwerbung von Fachkräften im Ausland (z. B. in Schlesien, Großpolen, Sachsen u. a.) sowie die Gründung einer einheimischen Bergbauschule 1816 halfen, die Anfangsschwierigkeiten zu überwinden. Die eingewanderten Tuchmacher waren z. B. maßgeblich an dem Aufbau einer leistungsfähigen Textilindustrie in und um Lodz beteiligt (Kap. 8.3). Ein neues Textilindustriezentrum entstand auch im Raum Tschenstochau-Sosnowitz. Zu den weiteren räumlichen Schwerpunkten der industriellen Entwicklung zählten: der Bereich um Kielce (das Altpolnische Industriegebiet) und um Dombrowa-Sosnowitz, wo bereits 1796 – während der Zugehörigkeit zu Preußen – mit der ersten Steinkohlengrube der Grundstein für das Dombrowaer Revier gelegt wurde (Kap. 8.2). Nach dem mißlungenen Aufstand von 1830 wurden mit der Aufhebung der politischen und wirtschaftlichen Autonomie die begonnene industrielle Entwicklung gebremst.

Die Förderung der jungen Industrie übernahm die 1828 gegründete Polnische Bank (nach 1864 aufgelöst). Sie war der größte Geldgeber, der durch eigene Investitionen oder durch Kredite an Privatunternehmen die Industrieentwicklung vorantrieb. Von 1833 an gingen zahlreiche Kohlenzechen und Hüttenwerke in den Besitz der Polnischen Bank über. Ihre unternehmerische Kraft äußerte sich im weiteren Ausbau der Montanindustrie im Dombrowaer Revier, wo 1840 das seinerzeit größte Hüttenwerk eröffnet wurde. Die schnell wachsenden Produktionskapazitäten konnten jedoch angesichts des wenig aufnahmefähigen Binnenmarktes und des Arbeitskräftemangels nicht voll ausgelastet werden. Nach 1843 hatte die Polnische Bank die meisten Industriebetriebe an Privatunternehmer veräußert bzw. verpachtet. Mit der Aufhebung der Zollgrenze zu Rußland 1851 (1832 eingeführt) begann ein Aufschwung in der kongreßpolnischen Industrie. Der wachsende Zustrom des ausländischen Kapitals ermöglichte eine Umstrukturierung von einer gewerblich in eine großbetrieblich organisierte Industrie. Einen bedeutenden Beitrag zum Wirtschaftsaufschwung leistete die zunehmende Verkehrserschließung und die Freisetzung eines großen Arbeitskräftepotentials im Zuge der Bauernbefreiung. In dieser Zeit entwickelte sich auch Warschau zu einem wichtigen Industriezentrum mit einem breit gefächerten Branchenspektrum (Kap. 8.1). Durch eine hohe Entwicklungsdynamik zeichnete sich die Montanindustrie im Dombrowaer Revier aus (Kap. 8.2). Dagegen verlor – mit zunehmender Verwendung von Koks bei der Metallverhüttung – das Altpolnische Industriegebiet, das fern von Kohlenlagerstätten und dem Eisenbahnanschluß lag, immer mehr an Bedeutung. Einen Rückschlag erfuhr die Industrie zu Beginn des 20. Jh., als die Gesamtproduktion unter dem Einfluß des russisch-japanischen Krieges (1904–1905) – Verlust der fernöstlichen Märkte – und der Revolution von 1905, um mehr als ein Drittel zurückging.

Während des Ersten Weltkriegs wurden ca. 800 000 Polen nach Rußland evakuiert und zahlreiche Industrieaggregate sowie der Fahrzeugpark der Bahn nach Rußland abtransportiert. Weitere Schäden wurden durch deutsche und österreichische Truppen angerichtet (Demontagen von Industrieanlagen, Abholzung von ca. 0,6 Mill. ha Wald). Trotz schwerer Zerstörungen bildete die hiesige Industrie die Basis der wirtschaftlichen Entwicklung des nach dem Ersten Weltkrieg wiederhergestellten polnischen Staates.

Preußischer Teilungssektor

Die Aufstände von 1830 und 1863 in Kongreßpolen blieben nicht ohne Auswirkung auf das Verhalten des preußischen Staates gegenüber der polnischen Bevölkerung im Großfürstentum Posen. Nach der Ernennung des neuen Oberpräsidenten Flottwell wurde eine das Deutschtum fördernde Politik (Eindämmung des Einflusses des polnischen Adels und Klerus) eingeleitet. Diese Politik, die sich nach der Gründung des Deutschen Reiches noch verstärkte, zielte auf das Zurückdrängen der polnischen Sprache ab (ab 1873 Deutsch als Unterrichtssprache; ab 1876 auch Amts- und Geschäftssprache) und des polnischen Großgrundbesitzes (Aussiedlungsgesetz vom 26. 4. 1886), den man für Ansiedlung deutscher Bauern beanspruchte (bis 1918 rund 19 000 neue Bauernhöfe). Dieses war aber auch ein wesentlicher Grund für die Bildung der polnischen Genossenschaftsbewegung, die das soziale und wirtschaftliche Leben der Polen organisierte.

Der preußische Staat versuchte auch unmittelbar nach den neuen Gebietserwerbungen dort wirtschaftlich aktiv zu werden. Voraussetzung dafür war die großmaßstäbige Kartierung der eingegliederten polnischen Gebiete; außerdem initiierte Preußen den Bau des Bromberger-Kanals (1773–1774), die Trockenlegung des Netze-Bruchs (1773–1777) und die „friderizianische Kolonisation", die zwischen 1772 und 1806 im Netze-Gebiet und Masowien betrieben wurde und zur Gründung von über 500 „Kolonien" (meist Straßendörfer) führte. Im vorübergehend zu Preußen gehörenden (1795–1815) sog. Neu-Schlesien wurden ebenfalls erste Ansätze für die industrielle Entwicklung geschaffen (das spätere Dombrowaer Revier).

Dank der im Zuge der Bauernbefreiung (fast 60 Jahre früher als in Kongreßpolen) nach 1807 durchgeführten *Landreform* und dem technischen Fortschritt, gab es im preußischen Teilungssektor nach 1815 die günstigsten Voraussetzungen für die Entwicklung einer leistungsfähigen Landwirtschaft. Für den Erwerb des Eigentums an Boden mußten die Bauern aber verhältnismäßig hohe Entschädigungen – meist in Form von Abtretung eines Bodenbesitzteils oder von Bargeld – an die Grundherren entrichten. Dieses Kapital wurde für die Sanierung bzw. Modernisierung der Güter verwendet, die mit „Grundkommassation", „Bodenregulation" und „Grundseparation" und somit auch mit der Umgestaltung der Dörfer einherging. In Großpolen wurde z.B. bis 1870 in etwa 90% aller Dörfer eine Kommassation durchgeführt. Unterdessen verringerte sich der Anteil des Bodens im bäuerlichen Besitz auf ca. 15–20%. Dabei verschwanden vor allem die Kleinst- und Kleinbetriebe, wodurch vielen Bauern die Existenzgrundlage entzogen wurde. Der Besitzzersplitterung wirkte das hier allgemein gültige Anerbenrecht entgegen. Neben der großen Gruppe der landlosen Bevölkerung, die auswanderte oder ihren Unterhalt als Landarbeiter und zunehmend als Industriearbeiter fand, bildete sich eine wohlhabende, auf dem leistungsfähigen Mittelbetrieb basierende Bauernschicht heraus. Eine, insgesamt gesehen, großbetriebliche Organisation der Agrarwirtschaft (ca. 60% des Bodens im Großgrundbesitz) förderte die Einführung von neuen Wirtschaftsmethoden wie z. B. der Fruchtwechselwirtschaft, den Einsatz neuer Anbaupflanzen (Hackfrüchte, Futterpflanzen) und neuer Bodenbearbeitungstechniken, was zu einer beträchtlichen Bodenertragssteigerung, beispielsweise im Vergleich mit Kongreßpolen, führte. Die Landwirtschaft entwickelte sich so zum Hauptlieferanten der schnell wachsenden Absatzmärkte in den Industriezentren Mitteldeutschlands und in Berlin. Anfang des 20. Jh. gehörten in der Provinz Posen den Bauernbetrieben mit 10–50 ha Land rund 33% der landwirtschaftlichen Flächen; in Kongreßpolen rund 24% und in Galizien nur rund 12%. Auf die Betriebe mit 50 und mehr ha entfielen in der Provinz Posen rund 52%, in Kongreßpolen 41% und in Galizien 43% der Flächen (Encyklopedia . . ., 1981). *Die Industrialisierungsansätze* gehen in Preußen schon auf die zweite Hälfte des 18. Jh. zurück, als mit starker finanzieller Förderung des preußischen Staates mit dem Aufbau der Metallhüttenindustrie in Oberschlesien begonnen worden war. Der frühe Einsatz moderner Technologien (Dampfmaschine, Koks-Hochöfen) hatte eine rasche Entwicklung des Steinkohlenbergbaus zur Folge. Durch die schnell fortschreitende

Verkehrserschließung (Kap. 9) hatte sich das Oberschlesische Revier bis zum Ende des 19. Jahrhunderts zum größten und damals modernsten Montanrevier Kontinentaleuropas entwickelt (Kap. 8.2). Im Vergleich zu Oberschlesien waren die übrigen Gebiete nur schwach industrialisiert. Von Bedeutung war allenfalls noch die exportorientierte Werftindustrie in den Ostseehäfen Stettin, Elbing und Danzig (Kap. 8.5). Dabei wurde der Hafen in Stettin zu einem wichtigen Umschlagplatz für die oberschlesischen Erzeugnisse.

Österreichischer Teilungssektor (Galizien)

Zur Zeit der Metternich-Regierung hatten die Polen in Galizien zunächst nur begrenzte politische Rechte und waren an der Staatsverwaltung nicht beteiligt. Die Neuorientierung der österreichischen Politik nach 1866 brachte auch für Galizien eine weitgehende Autonomie. Zur Zeit der verstärkten Russifizierung bzw. Germanisierung in den anderen Teilungssektoren gewannen die Polen in Galizien ihre nationalen Rechte zurück (Polnische Unterrichts- und Amtssprache). Sie bekamen eine polnische Verwaltung und ein eigenes Parlament. Auch der politische Einfluß des polnischen Adels in Wien war nicht unbedeutend. Weitaus schlechter stand es allerdings um den wirtschaftlichen Fortschritt.

Die Lage der galizischen *Landwirtschaft* war zu Beginn des 19. Jh. noch ungünstiger als die der kongreßpolnischen. Die Zollschranken und die starke Konkurrenz der ungarischen Landwirtschaft behinderten den Zutritt Galiziens zu den Absatzmärkten erheblich. Auf den Landgütern wurde deshalb die Produktion von Getreide auf Kartoffelanbau und Schnapsbrennerei umgestellt. Im Rahmen der Bodenreform (ab 1848), bei der die aus der Leibeigenschaft entlassenen

Bauern ein Eigentum am Boden erwarben, zahlte zwar der Staat den Gutsherren die Entschädigungen, belegte aber nachträglich die bäuerlichen Betriebe mit relativ hohen Grundsteuern. Mit der Landreform ging hier – im Gegensatz zu Preußen und Kongreßpolen – keine Grundkommassation oder Grundseparation einher. Ein geringes Ausmaß erreichte auch die „josephinische Kolonisation" (1781–1786), in deren Verlauf Bauern aus den Gebieten der Donaumonarchie in Galizien in ca. 100 neuen Kolonien angesiedelt wurden. Nach der Landreform verblieben in Galizien nur noch rund 40% des Bodens im Großgrundbesitz. Dennoch war die wirtschaftliche Situation der Bauern – insbesondere wegen des raschen Bevölkerungswachstums und des Beharrens auf der Realerbteilung – außerordentlich schlecht.

Die Fruchtwechselwirtschaft begann in Galizien ab den 80er Jahren des 19. Jh. die Dreifelderwirtschaft abzulösen. Nur allmählich zeichnete sich ein Trend zur Veränderung der Anbauverhältnisse ab, wobei verstärkt Futterpflanzen und Kartoffeln als Grundlage einer Nutzviehhaltung angebaut wurden. Damit entstanden hier Ansätze für eine arbeitsintensive, jedoch nur für den Eigenbedarf produzierende Landwirtschaft. Obwohl eine erneute Gutsparzellierung zu Beginn des 20. Jh. den bäuerlichen Bodenbesitz weiter vergrößerte, verbesserte sich die Größenstruktur der Bauernhöfe kaum. Zu dieser Zeit stellten die bäuerlichen Anwesen mit weniger als zwei ha Land rund 46%, die mit zwei bis fünf ha rund 35% aller Betriebe. Sie bewirtschafteten aber insgesamt nur rund 28% des Bodens. Unterdessen wuchs der Arbeitskräfteüberschuß auf schätzungsweise 1 Mill. Personen, für die kaum Aussichten auf eine Beschäftigung außerhalb der Landwirtschaft bestand. Auch die Emigration konnte hier keine wirksame Abhilfe schaffen. Zwischen 1890 und 1914 sind z.B. nur 0,7 Mill. Personen in die USA ausgewandert; weitere Emigrationsländer waren Kanada und Brasilien.

Die *industrielle Revolution* des 19. Jh. hat Galizien nur wenig berührt. Der Kapitalmangel und die große Entfernung zu den Absatzmärkten beeinflußte die insgesamt technisch rückständige Industrie nachhaltig. Einen gewissen Aufschwung konnten der Steinsalzbergbau um Krakau (Wieliczka, Bochnia) und die Textilmanufakturen in Bielitz Biala verzeichnen. Mit der wachsenden Nachfrage nach Petroleum in der zweiten Hälfte des 19. Jh. haben sich jedoch auch für Galizien – durch die Entwicklung der Erdölindustrie im Vorkarpatenraum (um Krosno, Jasło, Borysław) – die Tore zum Industriezeitalter geöffnet. Die Erdölförderung – von ausländischem Kapital unterstützt – konnte zunächst beträchtliche Erfolge verbuchen, zumal dies das erste Gebiet in Europa und das zweite nach Pennsylvanien war, wo auf industrielle Weise Erdöl gefördert wurde. Mit 2,1 Mill. t, d.h. 5,2% der Weltproduktion, wurde 1909 hier die höchste Fördermenge erreicht. Die Erdölindustrie beschäftigte zu Beginn des 20. Jh. ca. 14 000 Arbeiter (Encyklopedia . . ., 1981). Mit der Erschließung neuer Quellen im Nahen Osten (Irak, Iran) und in Venezuela haben die galizischen Erdölfelder jedoch an Bedeutung verloren.

Zu einer gewissen Konzentration der industriellen Produktion kam es auch im Raum Krakau-Chrzanów (Kap. 8.2), wo sich der Kohlenbergbau entwickelte (ca. 12% der gesamtösterreichischen Förderung) und im Raum Bielitz Biala, wo eine Woll- und Textilmaschinenindustrie entstand. Die insgesamt schlechte Verkehrserschließung (kaum Verbindungen mit anderen Teilungssektoren) und eine nur geringe Beteiligung der verarmten bäuerlichen Bevölkerung an der Marktwirtschaft boten in Galizien jedoch kaum günstige Voraussetzungen für die Entwicklung einer leistungsfähigen Industrie.

Fazit: Im 19. Jahrhundert, in dem sich in den meisten europäischen Ländern der tiefgreifendste sozio-ökonomische Wandel in der Geschichte vollzog, und in dem wirtschaftsräumliche Grundstrukturen entstanden, die auch ausschlaggebend für die Gegenwartsentwicklung sind, existierte kein souveräner polnischer Staat, der einen maßgeblichen Einfluß auf die wirtschaftsräumliche Gestaltung seines Territoriums hätte nehmen können. Jeder der drei Teile des polnischen Staates bildete in der jeweiligen Monarchie periphere Bereiche und wurde in unterschiedlichem Maße in deren Wirtschaftsgeschehen einbezogen. Dabei erhielt der zu Preußen gehörende Sektor einen Entwicklungsvorsprung im Infrastrukturausbau, im technischen Stand von Landwirtschaft und Industrie und im Lebensstandard der Bevölkerung. Der Verlauf der preußischen Grenze auf polnischem Territorium ist somit zur markanten Trennlinie geworden, beiderseits derer Gebiete von unterschiedlichem Entwicklungsstand lagen. Das ist noch heute deutlich zu erkennen.

1.4
Zweite Polnische Republik
1918–1939

Die politische Konstellation am Ende des Ersten Weltkriegs, durch den die drei Teilungsmächte erheblich geschwächt wurden, bildete einen günstigen Ausgangspunkt für die Wiederherstellung eines souveränen polnischen Staates. Die Frage seiner Grenzen blieb allerdings noch einige Jahre unentschieden. Der Versailler Vertrag (1919) legte die Westgrenze zu Deutschland fest, deren Verlauf annähernd dem vor 1772 entsprach. Demnach erhielt Polen Großpolen (Provinz Posen) und Pommerellen mit einem ca. 140 km breiten Zugang („Korridor") zur Ostsee, jedoch ohne Danzig. Die

ethnisch deutsche Stadt Danzig wurde 1920 zur selbständigen „Freien Stadt Danzig" (Kap. 8.5). In Oberschlesien wurde die Grenzfrage erst 1922 gelöst; der größte Teil davon fiel an Polen (Kap. 8.2). Über den Verlauf der östlichen Grenze zu Rußland entschied im wesentlichen der zugunsten Polens ausgefallene polnisch-sowjetische Krieg (1919/1920). Nach Kriegsende bekam Polen durch den Frieden von Riga (1921) die Gebiete um Lemberg und Pińsk. Darüber hinaus annektierte Polen 1922 Mittellitauen (Wilna-Gebiet) mit vorwiegend litauischer Bevölkerung (Abb. 1).

Bis 1938 umfaßte das Territorium Polens 388 634 qkm, wovon ca. 69% auf den ehemaligen russischen, ca. 20% auf den österreichischen und 11% auf den preußischen Teilungssektor entfielen. Die Grenzstreitigkeiten mit der Tschechoslowakei (Ende 1938) brachten Polen weitere Landgewinne von 1086 qkm. In den Grenzen der Zweiten Polnischen Republik fanden sich somit, vor allem im Osten, ausgedehnte Gebiete, mit einer nichtpolnischen Majorität. Nach der Volkszählung von 1931 sah die ethnische Zusammensetzung der Einwohner Polens so aus: rund 64% Polen, ca. 16% Ukrainer, ca. 10% Juden, ca. 5% Weißrussen und ca. 5% andere Nationalitäten. Die Intoleranz der vorwiegend autoritären Regierungen gegenüber den ethnischen Minderheiten gab diesen Gruppen Anstoß zu Bestrebungen nach nationaler Selbständigkeit und nach Revision der Staatsgrenzen.

Der neue polnische Staat stand vor einer Vielzahl von wirtschafts- und regionalpolitischen Aufgaben. Es ging in erster Linie um die politische und ökonomische Konsolidierung der zusammengewürfelten Wirtschaftsräume, die sich auf unterschiedlichem Entwicklungsniveau befanden und verkehrsmäßig schlecht verbunden waren.

Angesichts der Tatsache, daß fast ein Drittel der Einwohner Polens von der Landwirtschaft lebten, und gerade in diesem Bereich gravierende regionale Unterschiede innerhalb des vergangenen Jahrhunderts entstanden waren, erschien die Durchführung einer Bodenreform als dringend notwendig. Den bäuerlichen Betrieben (bis zu 50 ha Land) gehörten 1921 nur ca. 50% der landwirtschaftlichen Flächen; die Staatsdomänen und öffentlichen Institutionen besaßen 17% und die Großgrundbesitzer rund 33%. Ziel der Bodenreform war eine teilweise Bodenumverteilung bzw. Ausstattung landloser Dorfbevölkerung mit Boden und eine Aufstockung der Zwergbetriebe. Die dafür notwendigen Flächen sollten vom Staats- und Kirchenbesitz stammen sowie von der Parzellierung des Gutslandes – falls dieses festgelegte Besitzgrößen überschritt.

Ein erstes Agrarprogramm wurde dem Sejm im Juli 1919 vorgelegt. Dieses enthielt die Grundsätze der gesamten Gesetzgebung bezüglich der durchzuführenden Bodenreform. Das Gesetz vom Juli 1920 legte die Gutsbesitznormen und die Modalitäten der Gutsparzellierung fest. In den ersten zehn Jahren plante man, 200 000 ha Land jährlich zu parzellieren. Großgrundbesitzer, die Land für die Bodenreform abtreten mußten, sollten nur die Hälfte des durchschnittlichen Marktpreises erhalten. Die „Märzverfassung" von 1921 setzte diese Bestimmung außer Kraft, da sie dem Eigentümer eine volle Entschädigung für sein Land zusicherte. Damit war der Fortgang der Bodenreform ins Stocken geraten; unterdessen wurde zunächst der Staatsbesitz parzelliert.

Das Gesetz vom Dezember 1925 stellte einen Kompromiß dar und wahrte eher die Interessen der Großgrundbesitzer. Die Parzellierung der über den Normen (180 ha bzw. 60 ha und bis zu 300 ha in Gebieten östlich des Bug) liegenden Flächen sollte auf dem Wege des privaten Verkaufs – ohne den Staat als Zwischenhändler – ablaufen. Dadurch war der Bodenerwerb vor allem den zahlungskräftigeren Bauern möglich. Die landwirtschaftliche Nutzfläche der neugegründeten bzw. aufgestockten Bauernhöfe durfte in der Regel die 20 ha-Marke, in östlichen Gebieten 35 ha, nicht überschreiten. Für die ukrainische und weißrussische Bevölkerung gab es Einschränkungen beim Landerwerb.

Bis zum Jahr 1938 wurden 2,65 Mill. ha Land parzelliert, das zugunsten von ca. 735 000 Betrieben, davon ca. 154 000 neuen Bauernhöfen, ver-teilt wurde. 58,5% der Flächen stammten aus Großgrundbesitz, die übrigen aus staatlichem und kirchlichem Besitz. Infolge der Bodenreform hat sich der Anteil des Großgrundbesitzes an landwirtschaftlichen Flächen um ca. 16% verringert; das bäuerliche Eigentum um ca. 13% vergrößert. Die Latifundien über 3000 ha (vornehmlich in östlichen Landesteilen vertreten) wurden dagegen kaum von der Parzellierung betroffen. 1939 befanden sich noch ca. 1,9 Mill. ha (Schätzung) landwirtschaftlichen Bodens in Händen der Großgrundbesitzer, deren Wirtschaftsflächen über den 1925 festgelegten Normen lagen.

Mit der Bodenreform ging eine Flurbereinigung einher (1918 begonnen), die bis 1938 ca. 5,5 Mill. ha umfaßte, d. h. ca. 21% der landwirtschaftlichen Nutzflächen. Größere Fortschritte nahm die Flurbereinigung in Gebieten östlich des Bug.

In Anbetracht fehlender Arbeitsplätze in den polnischen Städten und der Einwanderungsbeschränkungen im Ausland (ab 1930) nahm die Zahl der landwirtschaftlichen Bevölkerung und die Bodennachfrage rasch zu. Damit schritt die Besitzzersplitterung bei dem im überwiegenden Teil Polens geltenden Realerbteilungsrecht weiter fort und machte die ohnehin bescheidenen Erfolge der Bodenreform zunichte.

Im Zeitraum 1921–1939 stieg die Zahl der Landbewohner um mehr als 4,5 Mill. (22,2%), die der landwirtschaftlichen Bevölkerung um ca. 3,3 Mill (18,5%) an. In gleicher Zeit wanderten nur ca. 1,5 Mill. Personen ab. Entsprechend hoch war die Zunahme der Bauernhöfe; diese belief sich zwischen 1921 und 1938 auf rund 1,05 Mill. (30,4%). Dabei nahmen die Zwergbetriebe (unter 2 ha) um 42,8% zu, die Höfe mit 2–5 ha Land um 30,3%. Der Anteil der Kleinbetriebe bis 5 ha an allen bäuerlichen Betrieben (bis 50 ha) stieg von 62,2% (1921) auf 64,4% (1938).

Die agrarische Überbevölkerung, d. h. die Personen, auf die die Landwirtschaft – ohne Minderung des Produktionsumfangs – hätte verzichten können, wurde für 1935 auf 2,4 bis 8 Mill. Personen (abhängig von der angewandten Erhebungsmethode) beziffert (Encyklopedia..., 1981). Die wirtschaftliche Notlage der Bauern wurde zudem durch den rapiden Verfall der Preise für Agrarprodukte (im Mittel der Jahre 1928–1935 um zwei Drittel) und den starken Preisanstieg für Industrieerzeugnisse verschärft. Die relativ spät einsetzenden Unterstützungsmaßnahmen des Staates und eine leichte konjunkturelle Erholung ab 1935 konnten die ökonomische Lage der bäuerlichen Betriebe nicht nennenswert verbessern.

Die durch den Krieg geschwächte *Industrie* stand 1919 vor völlig veränderten Entwicklungsbedingungen. Jetzt lagen die Ergänzungsräume (u. a. Zulieferindustrien) und die traditionellen Absatzmärkte außerhalb der Staats- bzw. Zollgrenzen. Dadurch machten sich die strukturellen Schwächen deutlich bemerkbar: einerseits fehlten einige wichtige Branchen, andererseits kam es in den vorhandenen Zweigen zu Überkapazitäten. Behindert wurde die industrielle Entwicklung vor allem durch den langen (1925–1934) „Außenhandelskrieg" mit Deutschland (z. B. Importbeschränkungen für oberschlesische Steinkohle und Hüttenerzeugnisse) und die Weltwirtschaftskrise, die sich in Polen stärker als in anderen Ländern auswirkte. Aufgrund dieser Schwierigkeiten und der sich rasch verbreitenden Massenarbeitslosigkeit nahm der Staat die Steuerung der Wirtschaftsabläufe, sowohl auf nationaler als auch auf regionaler Ebene, immer mehr in die Hand. So wurden Maßnahmen zur Exportstützung (u. a. für Steinkohle) und Schutzzölle gegen Importe eingesetzt. Auch der aus der Staatskasse finanzierte Bau der sog. Kohlenmagistrale und des mit Danzig konkurrierenden Hafens Gdingen hatte zum Ziel, den Kohlenexport in die Drittländer zu steigern (Kap. 8.5). Während der Weltwirtschaftskrise versuchte man durch staatliche Arbeitsbeschaffungsmaßnahmen der Massenarbeitslosigkeit entgegenzuwirken, allerdings ohne durchschlagenden Erfolg. Eine verstärkte staatliche Konjunkturförderung fand jedoch erst ab 1936 mit dem Vierjahres-Investitionsplan (Laufzeit Juli 1936 bis Juni 1940) statt. Vom Februar 1937 an wurden die Finanzmittel, die zuvor im ganzen Land investiert worden waren, auf ein begrenztes Gebiet konzentriert, dem sogenannten „Zentralen Industriegebiet" (poln. Centralny Okręg Przemysłowy, Abk. C.O.P.). Das C.O.P. umfaßte 15,4% des damaligen Staatsterritorium, auf dem ca. 18% der Einwohner Polens lebten (Teile der ehemaligen Wojewodschaften Kielce, Lublin, Krakau und Lemberg). Bei der Wahl dieses Gebietes spielten folgende Aspekte eine wesentliche Rolle:

– militärisch: entfernte Lage zur westlichen und östlichen Landesgrenze;
– demographisch: agrarische Überbevölkerung und hohe Arbeitslosigkeit;
– wirtschaftlich: vorhandene Rohstoff- und Energiebasis (Wasserkraft, Erdgas) und Bildung eines neuen Absatzmarktes für Agrarprodukte aus Ostpolen.

Bis zum Ausbruch des Zweiten Weltkriegs, der den weiteren Ausbau dieses Industriegebietes unterbrach, wurden hier u. a. zwei Wasserkraftwerke (Rożnów und Myszków) und ein Wärmekraftwerk in Stalowa Wola errichtet. Das Stromverbundnetz sowie das Erdgas-Rohrleitungssystem (Erdgas-Hauptenergieträger) wurden ausgebaut. In zahlreichen Fabriken der Region wurden – im Hinblick auf die Rüstungsgüterproduktion – die Kapazitäten erweitert. Von strategischer Bedeutung waren hier z. B. die Flugzeugmotoren- und Werkzeugmaschinenfabrik in Rzeszów, die Flugzeugfabrik in Mielec, die Munitionsfabrik in Kraśnik und die Lastwagenfabrik in Lublin. Zu einem bedeutenden Industriestandort begann sich die Ortschaft Stalowa Wola zu entwickeln. Hier wurde mit der Errichtung der sog. „Südwerke", die neben einem Stahlwerk, einem Walzwerk und einer Munitionsfabrik noch andere Abteilungen umfassen sollten, begonnen. Für den Betrieb der Siemens-Martin-Öfen setzte man hier anstatt Koks Erdgas ein. 1939 beschäftigten die Werke ca. 4500 Arbeitskräfte. Neben den Fabriken wurde eine Wohnsiedlung für die Belegschaft gebaut, die den Anfang der Stadt Stalowa Wola (1984: 62 600 Ew.) bildete. Weitere Entwicklungspläne für das C.O.P. bezogen sich auf den Ausbau der chemischen Industrie (z. B. Zellulosefabrik Niedomice, chemisches Werk und Sprengstofffabrik in Dębica; die zwei letzten beim Ausbruch des

Krieges im Bau). Für den Aufbau des C.O.P. hatte man ca. 30% der Mittel des gesamten staatlichen Investitionsprogramms ausgegeben.

Durch das C.O.P.-Projekt sollten etwa 107 000 neue Arbeitsplätze geschaffen werden. Angesichts des auf 400 000 bis 700 000 Personen geschätzten Arbeitskräfteüberschusses war der geplante Arbeitsplatzzuwachs bescheiden und bei weitem nicht ausreichend. Trotz all seiner Schwächen bildete aber das C.O.P.-Projekt einen Ansatz zur zielorientierten regionalen Strukturpolitik des Staates. Dennoch stand die Zeit zwischen den Weltkriegen im Zeichen der stagnierenden Industrieproduktion.

Abgesehen von dem C.O.P.-Projekt, hatten sich in bezug auf die räumliche Industrieverteilung keine gravierenden Veränderungen ergeben. Bei einem Durchschnitt von 20 Industriearbeitern je 1000 Ew. (1935) schwankte der Industriebesatz zwischen 48 bis 82 in stärker industrialisierten Gebieten (Woj. Lodz, Schlesien und in Warschau) und 3 bis 10 Arbeitern je 1000 Ew. in den strukturschwachen östlichen Wojewodschaften des Landes. So blieb die Beseitigung der überkommenen regionalen Disparitäten als Aufgabe für nachfolgende Jahrzehnte weiter aktuell.

1.5
Polen während des Zweiten Weltkrieges

Nur wenige Wochen nach Ausbruch des Krieges zwischen dem nationalsozialistischen Deutschland und Polen am 1. 9. 1939 war der Widerstand der polnischen Armee gebrochen. So konnte die 4. Teilung Polens vorgenommen werden, die schon im sogenannten „Hitler-Stalin-Pakt" (23. 8. 1939) erwogen und im „Grenz- und Freundschaftsabkommen" vom 28. 9. 1939 zwischen dem Deutschen Reich und der Sowjetunion vereinbart worden war. Die östlichen Wojewodschaften (201 285 qkm) fielen – abweichend von den Paktvereinbarungen ohne das Gebiet zwischen Weichsel und Bug und dem Bezirk Suwałki – an die Sowjetunion. Mit Ausnahme der westlichen, in das Deutsche Reich eingegliederten Teile mit 91 974 qkm (östliches Oberschlesien, Warthegau, Westpreußen und die Freie Stadt Danzig), wurden die von deutschen Truppen besetzten polnischen Gebiete (95 742 qkm) einem Generalgouverneur unterstellt. Nach Beginn des Rußlandfeldzugs (1941) erfolgte eine Ausdehnung Ostpreußens auf den Bezirk Białystok und eine Vergrößerung des Generalgouvernements (GG) um den Distrikt Lemberg auf 145 180 qkm. Als eine Art Reststaat unterstand das Generalgouvernement – das 1939 von ca. 11 Mill. Polen (die nun als staatenlos galten) bewohnt war – dem in Krakau residierenden Generalgouverneur Hans Frank. Im Interesse einer schnellen Germanisierung sollte bei der polnischen Bevölkerung der Nationalgedanke ausgelöscht werden, u. a. durch die zielstrebige Dezimierung bzw. Liquidierung der geistigen Führungsschicht und der katholischen Geistlichkeit (Massenexekutionen, KZ-Haft) sowie durch die systematische Vernichtung der polnischen Nationalkultur bzw. des Kulturgutes (Schließung höherer Bildungsstätten, Theater, Verbot von Organisationen u. a.). Bei Einhaltung eines niedrigen Bildungsstands war der polnischen Bevölkerung die Rolle eines Arbeitskräftereservoirs für die deutsche Wirtschaft (Arbeitszwang) zugedacht. Die polnischen Juden (1939: ca. 3,3 Mill.) und auch die Juden aus den vom Deutschen Reich beherrschten Ländern wurden – soweit sie nicht entkommen konnten – ihres Eigentums beraubt, zunächst in Ghettos und dann in die – vornehmlich auf polnischem Boden errichteten – Vernichtungslager wie Auschwitz, Treblinka, Majdanek, Bełżec und Sobibór gebracht. Etwa 6 Millionen Menschen wurden so Opfer des organisierten Massenmordes.

Die Wirtschaftspolitik der Besatzungsmacht richtete sich einerseits auf die schnelle Integration der in das Reich eingegliederten Landesteile, andererseits auf die Ausbeutung des Wirtschafts- und Naturpotentials des übrigen polnischen Staatsgebietes. Da Polen in erster Linie die Rolle eines agrarischen Ergänzungsgebietes für das Reich spielen sollte, zielten alle Maßnahmen zunächst auf die „Entindustrialisierung" des GG ab (z. B. Demontage und Abtransport von Produktionsanlagen u. a. der modernen Aggregate aus dem Zentralen Industriegebiet ins Reich). Ab 1940 wurde dann die Demontage weitgehend eingestellt und die Produktionskapazitäten statt dessen für den Bedarf der deutschen Kriegsführung intensiv ausgenutzt (Anstieg der Produktion und Förderung von Bodenschätzen). Dabei wurden besitzrechtliche Veränderungen vorgenommen wie z. B. die Überführung der Großindustrie in die deutsche Treuhänder-Verwaltung, Ausweitung der deutschen Großkonzerne u. a. m. In Erwartung der alliierten Luftangriffe auf West- und Mitteldeutschland fanden Verlagerungen von strategisch wichtigen Industriebetrieben nach Ostdeutschland bzw. in die eingegliederten Ostgebiete statt. Hier gab es auch einige neue Betriebsgründungen wie z. B. am Rande des Oberschlesischen Industriereviers (chemische Werke in Heydebreck, Blechhammer und Auschwitz), die sich u. a. die Arbeitskraft von KZ-Häftlingen aus Auschwitz und von Kriegsgefangenen zunutze machten. Das räumliche Industrieverteilungsmuster hat sich dadurch aber kaum verändert.

Im Hinblick auf die Sicherstellung der Nahrungsmittelversorgung im Reich stand die Intensivierung der Agrarproduktion, insbesondere in den eingegliederten Ostgebieten, im Vordergrund (verstärkter Einsatz von Mineraldünger, Maschinen, Meliorationen, Besitzarrondierung u. a.). Die polnischen Bauern in diesen Gebieten wurden häufig enteignet und in das GG ausgewiesen (aus dem Warthegau ca. 630 000 Personen). Ihre z. T. arrondierten Höfe übernahmen die aus verschiedenen Teilen Osteuropas (Baltikum, Bessarabien, Bukowina u. a.) umgesiedelten deutschen Bauern. Eine Vertreibung polnischer Bauern von ihren Höfen fand auch in den Jahren 1942/1943 im Kreis Zamość in Ostpolen statt (ca. 100 000 Personen). Die polnischen Bauern wurden darüber hinaus zu sog. „Kontingenten", d. h. zu überaus hohen Zwangsabgaben von Agrarprodukten gezwungen, die zur weiteren Verarmung der ohnehin am Rande des Existenzminimums lebenden Kleinbauern führte. 1943 war das Generalgouvernement mit ca. 60–68% an den gesamten Nahrungsmittellieferungen aus den Ostgebieten für das Reich beteiligt (Encyclopedia..., 1981).

Die sechs Kriegsjahre, die unter dem Zeichen des Terrors, der Menschenverfolgung, Massenexekutionen, Judenvernichtung, Vertreibung und schließlich der Grenzverschiebungen standen, stellen das traurigste Kapitel in der deutsch-polnischen Geschichte dar, das bis heute das Verhältnis der beiden Völker zueinander nachhaltig belastet.

28

2 Polens geographische und gesellschaftspolitische Situation nach 1945

Für die Zukunft des polnischen Staates und seiner Grenzen waren die Bestimmungen der Alliierten-Konferenzen in Jalta und Potsdam von entscheidender Bedeutung. Nach dem Potsdamer Abkommen bekam Polen ein Staatsterritorium zugewiesen, das sich in Größe und Grenzverlauf vom Vorkriegspolen erheblich unterschied. Demnach mußte Polen zugunsten der Sowjetunion auf Gebiete östlich des Bugs bis zur sog. Curzon-Linie verzichten. Statt dessen wurden im Westen die ostdeutschen Gebiete bis zur Oder und Lausitzer Neiße einschließlich der Freien Stadt Danzig sowie das südliche Ostpreußen unter polnische Verwaltung gestellt. Somit erstreckte sich das neue Staatsterritorium Polens fast zur Hälfte auf die bis 1914 dem Deutschen Reich angehörenden Gebiete. Die polnischen Ostgebiete waren zwar vorwiegend agrarisch geprägt, infrastrukturell schwach entwickelt und überwiegend von Nichtpolen bewohnt (Weißrussen, Ukrainer und Litauer), aber der Verlust dieser Landesteile bedeutete für das Bewußtsein des polnischen Volkes und für die breiten, dort tiefverwurzelten ostpolnischen Bevölkerungsschichten einen schweren Schlag, der nicht leicht zu überwinden war. Mit der Eingliederung der ostdeutschen Gebiete, die mit einer Ausweisung bzw. Vertreibung der deutschen Bevölkerung verbunden war, erhielt Polen andererseits einen breiten Zugang zur Ostsee und mit den Sudeten, dem Sudetenvorland sowie Oberschlesien vergleichsweise rohstoffreiche und insgesamt gesehen hochentwickelte Landstriche, die für die Wirtschaftsentwicklung des Landes in der Nachkriegszeit von erheblichem Wert waren.

2.1 Das Territorium der Volksrepublik Polen und seine Gliederung

Das heutige Staatsterritorium Polens ist mit einer Fläche von 312 683 qkm um ein Fünftel kleiner als Polen vor dem Krieg (1938: 388 634 qkm). Von dem insgesamt 3538 km langen Grenzverlauf entfallen 524 km auf die Seegrenze. Im Süden grenzt Polen auf 1310 km Länge an die Tschechoslowakei, im Osten auf 1244 km Länge an die Sowjetunion. Im Westen bilden Oder und Lausitzer Neiße eine 460 km lange Grenze zur DDR. Der Staatsfläche nach ist Polen heute das siebtgrößte Land Europas.

Mit der Verschiebung des Staatsgebietes veränderten sich nicht nur Raumerschließung oder Bevölkerungszusammensetzung, sondern auch die naturgeographische Ausstattung des Raumes. Das Territorium Polens ist dadurch in die mehr vom ozeanischen Klima beeinflußten, jedoch mit schlechteren Böden ausgestatteten Bereiche vorgerückt. Auch der Anteil Polens an verschiedenen Landschaftstypen hat sich dadurch verändert.

2.1.1 Naturräumliche Gliederung und natürliches Potential

Polen liegt in einem Übergangsbereich zwischen dem mannigfaltig geprägten Westeuropa und dem eher homogen gestalteten Naturraum Osteuropas. Seine physio-geographische Zwischenlage spiegelt sich in der Konvergenz der verschiedenen Naturelemente auf seinem Gebiet wider.

Der Einfluß der natürlichen Bedingungen auf die Wirtschaftsaktivitäten der Menschen ist in unserer technisierten Welt gewiß indirekter und geringer als früher. Andererseits wird die Tätigkeit der Menschen in den wirtschaftlich rückständigen Ländern auch heute noch weitgehend von Naturfaktoren beeinflußt. Dies beruht nicht zuletzt auf dem Mangel an Kapital, das für die Bewältigung bzw. Minderung der Ungunst des Naturraums gerade in diesen Ländern erforderlich wäre. Das trifft gewissermaßen auch auf Polen zu, wo für die Inwertsetzung des Naturpotentials und die Überwindung der natürlichen Ungunst noch viel getan werden müßte. Notwendig wäre hier beispielsweise eine Regulierung der Wasserabflußverhältnisse, um die sich jährlich wiederholenden Überschwemmungskatastrophen zu verhindern, oder eine Verbesserung der Bodenqualität durch Meliorationen, entsprechende Düngung und Bearbeitungstechniken. Deshalb wird die Kenntnis über die natürliche Ausstattung des Raumes Polen für ein tieferes Verständnis der Kulturlandschaftsentwicklung bzw. ihrer heutigen Ausprägung von Nutzen sein.

Geologischer Bau und Lagerstätten

Im Untergrund verläuft auf polnischem Gebiet entlang der Linie Köslin–Bromberg––Warschau–Lublin, eine tektonische Grenze (Tornquist-Linie), welche die unterschiedlichen geologischen Strukturen West- und Osteuropa voneinander trennt. Nordöstlich dieser Grenze erstreckt sich die osteuropäische Tafel, ein präkambrisches kristallines Massiv, das seit dem Kambrium nicht mehr gefaltet wurde. Südwestlich der Tornquist-Linie schließt sich ein Bereich mit einem komplizierten geologischen Bau an,

Abb. 2: Bodenschätze

■ Steinkohle	▨ Zink und Bleierze
▨ Braunkohle	▤ Phosphorit
▧ Erdöl und Erdgas	▥ Schwefel
▨ Eisenerze	▨ Salzlager
▨ Kupfererze	

Entwurf: A. Kapala
verändert nach Atlas Geograficzny Polski, 1974

der Spuren sich mehrmals wiederholender Gebirgsbildungsphasen trägt. Die Sudeten und das Polnische Mittelgebirge (Heiligkreuz-Gebirge) hatten sich hier als tektonische Einheiten am frühesten herausgebildet. Sie wurden während der kaledonischen Orogenese gefaltet, später von der herzynischen (variskischen) Gebirgsbildung erfaßt und erneut gefaltet sowie durch zahlreiche Verschiebungen und Verwerfungen umgestaltet und herausgehoben. Mit der Gebirgsbildung, die annähernd 100 Mill. Jahre andauerte, waren Mineralisierungsprozesse verbunden, die zur Entstehung von Eisen-, Arsen-, Nickel- und Kupfererzen in den Sudeten und von Eisen-, Kupfer- und Bleierzen im Heiligkreuz-Gebirge führten (Abb. 2).

Bei der Emporhebung der Gebirgszüge während der variskischen Orogenese entstanden an deren Rand bzw. innerhalb der einzelnen

Gebirgszüge mit Wasser gefüllte Senken, in denen sich die anfallende Biomasse der damals tropischen Wälder sowie Abtragungsschutt ansammelten und so Ausgangsmaterial für die Steinkohle lieferten. Das neu entstandene Gebirge wurde im Laufe der Zeit durch Denudationsprozesse weitgehend eingeebnet. Das abgetragene Verwitterungsmaterial lagerte sich im Vorfeld des Gebirges zunächst als terrestrisches, später als marines Sediment ab. Im Oberperm (Zechstein) griff ein flaches Meer auf das heutige Gebiet Polens über, in dem kupferführende Ablagerungen, Stein- und Kalisalz sowie Anhydrit- und Gipssedimente entstanden. Im Mesozoikum wurden die präkambrischen Strukturen weitgehend von mächtigen vorwiegend marinen Sedimenten (Kalk, Dolomit, Mergel, Sandstein und Tone) überdeckt. Ihre Mächtigkeit reicht stellenweise bis zu 8000 m. In den Dolomiten der Triaszeit sind Zink- und Bleierze führende Schichten eingeschlossen.

Während der kimmerischen (altalpidischen) Phase entstanden die wichtigsten tektonischen Einheiten innerhalb der Mittelpolnischen Hochflächen und des westlichen Teils des Polnischen Tieflands. In dieser Phase bildete sich entlang des Randes der Osteuropäischen Tafel ein Komplex von tektonischen Strukturen, der aus parallel zueinander von Nordwest nach Südwest verlaufenden Randtiefen und einer Reihe von Mulden sowie einem dazwischenliegenden Rücken – dem Mittelpolnischen Wall – besteht. Im Kern des Mittelpolnischen Walls befinden sich während der Faltung herausgedrückte Salzstöcke, die stellenweise die mesozoischen Schichten durchbrechen und dicht bis an die Oberfläche vordringen (z. B. in der Umgebung von Hohensalza, Wapno und Kłodawa). Die beiderseits des Walls verlaufenden Senken wurden mit kreidezeitlichen Ablagerungen ausgefüllt.

Das Gebiet zwischen dem Sudetenrand und der erwähnten Muldenreihe blieb außerhalb dieser Gebirgsbildung, so daß die Sedimente des Perms und Mesozoikums an dieser Stelle ihre ursprüngliche Lage behielten. Die Gesteinsschichten fallen hier gleichförmig leicht nach Nordosten hin ein.

Die jüngste tektonische Einheit bilden die in westöstlicher Richtung streichenden Karpaten und die Vorkarpatenbecken, die während der alpidischen Orogenese entstanden. Die alpidische Gebirgsbildung erfaßte auch die Sudeten; diese wurden jedoch nicht mehr gefaltet, sondern durch zahlreiche Verschiebungen, Verwerfungen und Brüche zerbrochen und als Horstgebirge herausgehoben.

Im Tertiär bildeten sich in ausgedehnten limnischen Becken Braunkohlenschichten. In einem Binnenmeer im Vorkarpatenbekken entstanden Steinsalzablagerungen und Gipssedimente, die dann infolge biochemischer Prozesse teilweise in Schwefel umgewandelt wurden.

Während des Pleistozäns hatte das skandinavische Inlandeis das Territorium Polens viermal überdeckt. Von der ältesten Vereisung, der Elbe-Kaltzeit, die nur Nordpolen erfaßte, sind die Spuren nur schwer auffindbar, da sie von jüngeren eiszeitlichen Ablagerungen weitgehend überprägt wurden. In der Elster-Kaltzeit hatte das Inlandeis seine größte räumliche Ausdehnung und reichte bis an den Rand der Sudeten und Karpaten. Zur Zeit der Saale-Kaltzeit sind einige Gletscherstadien (Randlagen) zu unterscheiden. Beim äußersten Vorstoß nach Süden lag der Gletscherrand entlang der Sudeten und reichte tief in die Mährische Pforte hinein, im Osten lehnte er sich an die Mittelpolnischen Hochflächen. Im Gebiet der jüngsten Eiszeit, der Weichsel-Vereisung, lassen sich ebenfalls mehrere Stadiale und Interstadiale unterscheiden. In der weitesten Ausbreitung erreichten die Inlandeismassen eine Linie von Grünberg im Westen über Konin, Płock bis Augustów im Nordosten. Der Gletscher brachte von Norden große Mengen

Abb. 3: Geomorphologische Gliederung

Südliche Vereisungsgrenzen

—— — Weichselvereisung

—·—·— Saalevereisung

·············· Elstervereisung

0   50   100 km

Talniederungen und Küstensedimente

Gebiet der Weichselvereisung

Gebiet der Saalevereisung

Tafelländer und Hochflächen mit periglazialem Relief

Hochflächen der Vorkarpatenbecken

Eingeebnete und verjüngte paläozoische Gebirgszüge

Tertiäres Mittelgebirge (Außenkarpaten)

Alpidisches Hochgebirge (Tatra)

Markante Schichtstufen

Tertiäre Bruchlinien

Dünen

Durchbruchstäler

Karstformen

Entwurf: A. Kapala

verändert nach Atlas Geograficzny Polski, 1974

Schuttmaterial nach Ostmitteleuropa, das zum Hauptgebiet der glazialen Akkumulation wurde. Eine zusammenhängende Decke glazialer Ablagerungen bedeckt das gesamte Polnische Tiefland und erreicht in den Bereichen der Saale- und Weichselvereisung eine Mächtigkeit von 100 bis 200 m, in den Seenplatten sogar über 200 m.

Während der Weichselkaltzeit lag Mittel- und Südpolen im Gebiet der Frostschutzone (Tundra). Diese im Vorfeld des Eises liegenden Bereiche wurden periglazial überformt, Solifluktionsvorgänge über dem Permafrostboden veränderten das Kleinrelief. Vor allem die stetigen, vom Inlandeis wehenden Winde, verfrachteten aus den damals trockengefallenen Gebieten Mittelpolens Material nach Süden, vom gröberen bis zum feinsten Löß. Der Löß wurde entlang der Mittelgebirge, so am Rande der Sudeten und des Heiligkreuz-Gebirges, im Lubliner Hügelland und in der Nida-Mulde abgelagert. Er erreicht hier stellenweise eine Mächtigkeit von bis zu 30 m. Der mehrmalige Vorstoß des nördlichen Inlandeises im Pleistozän hat somit die Erdoberfläche Mitteleuropas, besonders aber Polens, weitgehend überformt und die älteren geologischen Strukturen unter den mitgeführten Schuttmassen begraben (Abb. 4).

Relief und Teillandschaften

Die Oberflächengestaltung Polens wird von den auch für das westliche Europa typischen, mehr oder weniger breitenkreisparallel angelegten Großlandschaften geprägt. Das Polnische Tiefland, das ein Teil des sich von Belgien über die Niederlande und Deutschland erstreckenden Mitteleuropäischen Tieflands ist, grenzt im Süden an die variskischen Gebirgszüge und ihre Vorläufer (Sudeten mit Vorgebirge, die Mittelpolnischen Hochflächen mit Heiligkreuz-Gebirge). Der südliche Teil Polens wird dagegen von den während der alpidischen Orogenese entstandenen Karpaten eingenommen. Prägendes Reliefmerkmal ist aber insgesamt das Tiefland. Rund 91% der Landesfläche liegen nicht höher als 300 m und nur 3% höher als 500 m über dem Meeresspiegel. Dennoch ist das Territorium Polens hinsichtlich des Oberflächenreliefs nicht gleichförmig oder eintönig (Abb. 4).

Die Karpaten. Der am weitesten nach Norden vorgeschobene Teil des Karpatenbogens liegt innerhalb der Grenzen Polens. Die Karpaten nehmen den südlichsten Teil des Landes ein und ziehen sich von der Mährischen Pforte im Westen bis zur sowjetischen Grenze hin (Abb. 5). Geologisch gesehen unterteilt man die Karpaten in Außen- und Innenkarpaten. Zu den *Innenkarpaten* gehören die *Tatra* und die *Podhale-Senke*. Die Tatra stellt, trotz ihrer geringen Ausdehnung (51 km Länge und 17 km Breite), das höchste und abwechslungsreichste Gebirgsmassiv der Karpaten dar. Die Westtatra besteht aus kalkhaltigen Gesteinen und kristallinen Schiefern und weist im Gegensatz zu der aus Granit und metamorphen Gesteinen aufgebauten Osttatra eine geringere Reliefenergie auf. Für Kalkgebiete der Westtatra sind mannigfaltige Karstformen charakteristisch. Das heutige Aussehen verdanken die höheren Gebirgspartien, vor allem der Osttatra, der pleistozänen Vergletscherung. Die glazialen Formen sind hier durch zahlreiche Kare, Karseen, Kartreppen und Moränen vertreten. Den Hochgebirgscharakter der Tatra unterstreicht auch die deutlich ausgeprägte Höhenabstufung der Vegetation. Vom Vortatra-Graben ausgehend, d. h. etwa von der 700 m Höhenlinie, erstreckt sich die untere Waldstufe bis zu 1250 m ü. NN, repräsentiert durch Tannen- und Buchenwald. Dieser natürliche Mischwald wurde im Laufe der Zeit, insbesondere auf den Nordhängen, weitgehend abgeholzt und durch Fichtenmonokulturen ersetzt. Die obere Waldstufe erstreckt sich

Abb. 4: Naturräumliche Gliederung

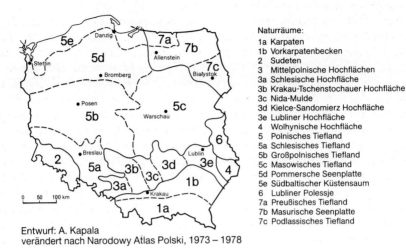

Naturräume:

1a Karpaten
1b Vorkarpatenbecken
2 Sudeten
3 Mittelpolnische Hochflächen
3a Schlesische Hochfläche
3b Krakau-Tschenstochauer Hochfläche
3c Nida-Mulde
3d Kielce-Sandomierz Hochfläche
3e Lubliner Hochfläche
4 Wolhynische Hochfläche
5 Polnisches Tiefland
5a Schlesisches Tiefland
5b Großpolnisches Tiefland
5c Masowisches Tiefland
5d Pommersche Seenplatte
5e Südbaltischer Küstensaum
6 Lubliner Polessje
7a Preußisches Tiefland
7b Masurische Seenplatte
7c Podlassisches Tiefland

Entwurf: A. Kapala
verändert nach Narodowy Atlas Polski, 1973 – 1978

zwischen 1250 und 1550 m. ü. NN und wird von natürlichen Fichtenwäldern gebildet. Die Höhen zwischen 1550 und 1800 m ü. NN nimmt die subalpine Stufe (Krummholzzone) ein. Von 1800 bis 2250 m ü. NN reicht die alpine Stufe (Höhenstufe der Matten) und über 2250 m ü. NN setzt die subnivale Stufe, die Felsregion, ein, die nur noch lokalen Pflanzenwuchs aufweist. Der Ackerbau wird in der Tatra, ähnlich wie in den Beskiden, bis zu einer Höhe von etwa 1000 m ü. NN betrieben. Daran schließt sich bis zu 1300 m eine Grünlandzone mit Wiesen und Weiden an. In höheren Gebirgsregionen bis zu 2250 m betrieb man Almwirtschaft. Um der Überweidung und Vernichtung der Vegetation entgegenzuwirken, ist die Almwirtschaft auf einige wenige Täler begrenzt worden. Die überzähligen Schafherden werden per Eisenbahn auf Sommerweiden in die Waldkarpaten und Sudeten transportiert.

Im Jahre 1954 wurde das Tatragebiet zum Naturschutzgebiet und Nationalpark mit 214 qkm Fläche, erklärt. Wegen der reizvollen Landschaft zieht dieses Gebiet das ganze Jahr über zahlreiche Touristen an. Die Stadt Zakopane, die am Fuße der Tatra liegt, zählt zu den attraktivsten Fremdenverkehrsorten in Polen.

Nördlich der Tatra erstreckt sich die auf einer Höhe von 600 bis 900 m ü. NN gelegene, mit pleistozänen Ablagerungen ausgefüllte Podhale-Senke. Sie wird im Norden von einem aus Kalkgestein bestehenden Höhenzug umrandet. Dessen östlichen Teil bilden die Pieninen, eine kleine und malerische Gebirgskette aus Kalkstein (700 bis 983 m ü. NN). Diese wird vom stark mäandrierenden Dunajec-Fluß in einem schluchtartigen Durchbruchstal durchflossen.

Die Außenkarpaten (Beskiden) bestehen vorwiegend aus Flyschgestein, d. h. wechsellagernden Schichten aus Sandstein, Schiefer und Konglomeraten. Diese Gesteinsschichten wurden während der verschiedenen Phasen der alpidischen Orogenese gefaltet, überschoben und herausgehoben. Die Beskiden werden in Westbeskiden und Ostbeskiden (Waldkarpaten) unterteilt. Die Westbeskiden bestehen aus einer großen Zahl west-östlich verlaufender Höhenrücken, dessen höchste Erhebung die Babia Góra mit 1725 m ü. NN ist. Während diese Höhenzüge vielfach Wald tragen, dienen die zwischen ihnen liegenden flachen Täler mit sanftgeneigten Hängen dem Ackerbau und der Weidewirtschaft. Nach Norden zu gehen die Beskiden allmählich in die Zone der Vorkarpaten über. Hier herrschen sanfte Geländeformen, deren höchste Erhebungen 350 bis 400 m über dem Meeresspiegel liegen. Diese Vorberge, die das Gebirge mit einer Breite von 30 bis 50 km umrahmen, fallen mit einer etwa 170 m hohen Schwelle zur Weichselniederung und zu den Vorkarpatenbecken ab. Das Karpatische Vorgebirge und die Täler der Beskiden gehören zu den am dichtesten besiedelten ländlichen Räumen Polens mit einer äußerst starken Flur- und Besitzzersplitterung. Von den Ostkarpaten gehört nur ein kleiner westlicher Teil zu Polen. Dieser Teil der Karpaten, auch Waldkarpaten genannt, ist im Gegensatz zu den Westbeskiden nur sehr dünn besiedelt, vor allem deswegen, weil die Dörfer während der hier noch lange nach dem Zweiten Weltkriege tobenden Kämpfe zwischen den polnischen Truppen und der Aufständischen Ukrainischen Armee fast völlig zerstört wurden. Nachdem die Aufständischen nach 1948 niedergeschlagen worden waren, ist die ukrainische Bevölkerung in andere Regionen Polens umgesiedelt worden. Erst Ende der 50er Jahre begann hier zögernd eine Neubesiedlung. Wegen ihrer weitgehend unberührten Natur gewinnen die Waldkarpaten zunehmend als Fremdenverkehrsgebiet an Bedeutung. Die Westbeskiden stellen dagegen insbesondere für das Oberschlesische Industrierevier das wichtigste Naherholungsgebiet dar. Die Karpaten gehören neben den Sudeten zu den kühlsten und niederschlagsreichsten Regionen Polens, obgleich hier, je nach Höhe, Exposition und Hangneigung, eine recht starke kleinräumige Differenzierung des Klimas auftritt. Aufgrund der relativ hohen Niederschläge sind die Karpaten das wichtigste Wasserüberschußgebiet Polens. Das hiesige Wasserpotential wird allerdings nur in geringem Maße genutzt, da nur

wenige Wasserspeicherbecken vorhanden sind.

Die *Vorkarpatenbecken* sind mit der Entstehung der Karpaten verbunden. Im Vorfeld der Karpaten bildete sich während deren Heraushebung eine relativ tiefe Senke, die dann durch Ablagerungen des miozänen Meeres, der Eiszeit (Elster-Eiszeit) und durch Sedimente der rezenten Flüsse verschüttet wurde. Infolge der genannten Prozesse bilden die Vorkarpatenbecken leicht gewellte, durch Flußtäler zerschnittene Ebenen, die in einer Höhe von 150 bis 200 m über dem Meeresspiegel liegen. Die bei Krakau weit nach Süden vorstoßenden Hochflächen gliedern die Vorkarpatenbecken in zwei Teile: das kleinere, westlich gelegene Auschwitzer Becken, und das im Osten sich zwischen der Weichsel-San-Gabel erstreckende Becken von Sandomierz. Verbreitet sind hier vor allem verschiedene Arten von Podsolböden und in den Flußniederungen Aueböden. Fruchtbare, auf Löß entstandene Tschernosieme (Schwarzerden) sind nur im östlichen Teil, im Raum Jarosław-Przemyśl, anzutreffen. Weite Flächen nehmen unfruchtbare Sandböden mit Kiefernwälder ein. Dazwischen dehnen sich von Dünenzügen durchsetzte Moore und Sümpfe aus. Die ringsum von Gebirgszügen geschützten Vorkarpatenbecken sind durch milde und relativ kurze Winter und lange warme Sommer klimatisch begünstigt. Die jährlichen Niederschlagssummen erreichen Werte von 600 bis 800 mm. Nach Osten hin wird der kontinentale Charakter des Klimas stärker. Zu den wertvollsten Rohstoffen dieser Region zählen Schwefel, Steinsalz, Erdgas und Erdöl.

Die *Sudeten* erstrecken sich zwischen der Mährischen Pforte im Osten und der Lausitzer Neiße im Westen. Aufgrund ihrer erdgeschichtlichen Entwicklung sind die Sudeten im geologischen Aufbau und in der Oberflächengestaltung stark differenziert. Sie bestehen aus Gesteinen verschiedenen Alters und unterschiedlicher Genese. Neben den präkambrischen plutonischen und metamorphen Gesteinen wie Granit, Gneis, Syenit, Gabbro u. a., treten hier auch Sedimentgesteine unterschiedlicher Art (z. B. Sandstein, Kalkstein, Schiefer) und Ergußgesteine (z. B. Basalt und Porphyr) auf. Diese Mannigfaltigkeit des Untergrundes spiegelt sich in den Relieformen wider. Neben Gebirgsmassiven und -horsten treten hier Gebirgszüge und -rücken sowohl mit steilen als auch flachgeneigten Hängen, ferner Tafel- und Einzelberge, Kuppen und Vulkankegel auf. Darüber hinaus sind für die Sudeten tief eingeschnittene Flußtäler und breite Innengebirgssenken charakteristisch, die das Gebirge stark zerteilen. Das höchste Gebirgsmassiv bildet das Riesengebirge mit der Schneekoppe (1602 m ü. NN). Die pleistozäne Vergletscherung hat einen glazialen Formenschatz hinterlassen, der durch Gletscherkare, Karseen, Trogtäler u. a. vertreten ist. Da die Sudeten unter stärkerem Einfluß der maritimen Luftmassen polaren Ursprungs stehen, ist das Klima generell kühler und feuchter als das in den Karpaten; die einzelnen Vegetationshöhenstufen sind deshalb nach unten versetzt. Die obere Baumgrenze liegt bei etwa 1250 m ü. NN. Die Krummholzstufe tritt nur in höheren Bergmassiven auf, so im Riesengebirge, Isergebirge und auf dem Glatzer Schneeberg (auf dem letzteren von Menschenhand angelegt). Die Vegetationsstufe der Gebirgsmatten ist dagegen nur im Riesengebirge anzutreffen. Auf den breiten flachen Gebirgsrücken, die Teile der alten Rumpfflächen darstellen, hatten sich vielerorts Hochmoore herausgebildet, so z. B. im Riesengebirge und Isergebirge.

Mit den Sudeten genetisch verbunden ist das *Sudetische Vorgebirge,* eine leicht gewellte, von vereinzelten alten Vulkankegeln durchsetzte Hochfläche von 300 bis 400 m über dem Meeresspiegel.

Das *Sudetenvorland* wird von den Sudeten durch eine Bruchstufe getrennt. Es ähnelt zwar in seinem geologischen Aufbau den Sudeten, unterscheidet sich von ihnen jedoch hinsichtlich seiner Höhenlage und in der Oberflächengestaltung deutlich. Es ist eine alte Rumpffläche, die während der Hebung der Sudeten (alpidische Orogenese) ihre Lage nur wenig veränderte und dann mit tertiären und quartären Ablagerungen bedeckt wurde. Heute stellt sie eine Ebene in 200–300 m ü. NN dar, über die vereinzelte Hügelhärtlinge aus kristallinen und metamorphen Gesteinen herausragen; die höchste Erhebung ist der Zopten mit 718 m ü. NN. Mit der wechselvollen geologischen Vergangenheit verbindet sich die Vielfalt der in den Sudeten und im Sudetenvorland vorkommenden Rohstoffe wie Steinkohle, Braunkohle, Kupfer u. a. Diese Metallerze bildeten seit dem Mittelalter, wie später die Stein- und Braunkohle, die Grundlagen für den Bergbau. Da es hier schon immer größere Möglichkeiten für den außerlandwirtschaftlichen Erwerb gab, war das Problem der ländlichen Überbevölkerung nicht so gravierend wie in den Beskiden. Deshalb beschränkte sich die landwirtschaftliche Bodennutzung in aller Regel auf Vorgebirge, Talniederungen und Gebirgskessel. Die reichlich sprudelnden Mineralwasserquellen ließen viele renommierte Kur- und Badeorte entstehen.

Die *Mittelpolnischen Hochflächen* bestehen aus mehreren kleineren Einheiten, die große Unterschiede in geologischem Aufbau und Oberflächengestaltung aufweisen. Während der Karpatenentstehung wurden sie zu einem morphologischen Komplex zusammengeschlossen. Es sind schwachwellige Hochflächen, die sich aus dem Tiefland unauffällig herausheben und im Westen mit mehreren Schichtstufen abbrechen. Das Weichseltal zerschneidet die Hochflächen in zwei Teile. Westlich der Weichsel erstreckt sich die Kleinpolnische Hochfläche, die in die Schlesische und Krakau-Tschenstochauer Hochfläche, die Nida-Mulde und die Kielce-Sandomierz Hochfläche unterteilt wird. Östlich der Weichsel dehnt sich die Lubliner Hochfläche (Lubliner Hügelland) aus.

Am weitesten westlich liegt die *Schlesische Hochfläche.* Deren südlicher Teil wird von wenig widerstandsfähigen Karbonsedimenten, wie Sandstein und Schiefer, mit zwischengelagerten Steinkohlenflözen auf devonischem Untergrund gebildet. Über den Rändern der muldenförmig gelagerten Steinkohlenschichten, die stellenweise von Verwerfungen gestört werden, liegt gegen Osten und Nordosten eine Folge von trias-, jura- und kreidezeitlichen Ablagerungen, die sanft nach Nordosten einfallen. Diese Sedimente bestehen aus abwechselnd gelagerten Gesteinsschichten unterschiedlicher Widerstandsfähigkeit, wie harte Muschelkalke und Dolomite des weißen Jura, weichere Mergel, Tone, Sandsteine und Plattenkalke. Sie begünstigen die Herausbildung mehrerer, sich deutlich im Gelände abzeichnender Schichtstufen. Die Spuren der Eiszeit (Elster) sind hier durch verhältnismäßig mächtige Flugsandablagerungen (Dünen) vertreten, welche die Geländeeintiefungen auffüllen. Das flächenmäßig größte Flugsand- und Wanderdünengebiet (etwa 32 qkm) bildet die sogenannte Blendower Wüste.

Gegen Osten erhebt sich mit einer 150 m hohen Schichtstufe die *Krakau-Tschenstochauer Hochfläche,* die hauptsächlich aus Jura-Sedimenten besteht. Sie liegt zwischen 300 bis 400 m über dem Meeresspiegel und wird von steilwändigen Tälern zerfurcht. Charakteristisches Reliefkennzeichen dieser Hochfläche sind verstreut auftretende Zeugenberge und Felsen, die aus harten Kalksteinen des Oberjura bestehen. Häufig kommen hier auch Karstformen vor. Im Süden fällt die Hochfläche stufenartig gegen das Weichseltal ab und überschreitet es in der Gegend von Krakau. Im Norden tauchen allmählich die Jurasedimente unter den glazialen Ablagerungen des Polnischen Tieflandes ein. Den östlichen Teil der Krakau-

Tschenstochauer Hochfläche, die Hochfläche von Miechów, bilden weiche – mit Löß bedeckte – Sandsteine und Kreidemergel. Die Hochfläche von Miechów wird durch Reliefformen wie sanfte, ausgedehnte und durch Schluchten zerschnittene Hügel gekennzeichnet, die für Lößgebiete charakteristisch sind. Dem unterschiedlichen Ausgangsgestein entsprechend, treten verschiedene Bodentypen auf, die von Podsolen über schwach entwickelte Rendzinen bis zu auf Löß entstandenen Braunerden und Tschernosemen reichen. Die sich ostwärts anschließende Nida-Mulde bildet eine relativ große Senke, welche die Krakau-Tschenstochauer Hochfläche von der Kielce-Sandomierz Hochfläche trennt. Sie ist mit Sedimenten der Kreidezeit (Mergel) aufgefüllt, die im südlichen Teil der Mulde von Ablagerungen des miozänen Meeres und später teilweise von Löß überdeckt wurden. Im nördlichen Teil treten dagegen glaziale Ablagerungen (Geschiebelehm und Sande) an ihre Stelle. Die Boden- und Klimaverhältnisse sind, vor allem im südlichen Teil, für die landwirtschaftliche Bodennutzung günstig.

Die *Kielce-Sandomierz Hochfläche* ist hinsichtlich des geologischen Aufbaus und Reliefs stärker differenziert. Der Untergrund setzt sich aus Gesteinen verschiedener Art und Entstehung sowie glazialen Ablagerungen der Elster- und Saaleeiszeit zusammen. Die Achse der Hochfläche bildet das in nordwestlicher und südöstlicher Richtung streichende Heiligkreuz-Gebirge, das aus mehreren zueinander parallel verlaufenden Gebirgsrücken von unterschiedlichem geologischen Bau besteht. Die Kernzone des Gebirges, das mit 611 m ü. NN in Łysica gipfelt, bilden widerstandsfähige kambrische Quarzite, die im Norden und Süden von devonischen Sedimenten, vorwiegend Kalk- und Sandsteinen, und im Nordwesten und Südwesten von mesozoischen Sedimenten umhüllt sind. Den Gipfelbereich bedecken vielerorts Blockmeere. Die Gebirgshänge werden von Tannen- und Buchen-Tannenwäldern eingenommen, die dann in den sandigen Niederungen von Kiefernwäldern abgelöst werden. Östlich schließt sich an das Heiligkreuz-Gebirge die Hochfläche von Sandomierz an, deren kambrischer und devonischer Untergrund teilweise durch Ablagerungen des Miozänmeeres überdeckt ist. Darauf lagert eine bis zu 30 m mächtige Lößschicht. Diese von zahllosen Schluchten und tiefen Bachtälern zerschnittene Hochebene ist seit langer Zeit eine dichtbesiedelte, heute fast baumlose ackerbauliche Nutzfläche. Den östlichen Rand der Hochfläche stellt der in der Nähe von Sandomierz zutage tretende kambrische Untergrund dar; die aus Schiefer bestehenden sog. Pfefferberge brechen steil zum Weichseltal ab. Die Vorkommen von Metallerzen, vor allem im Raum des Heiligkreuz-Gebirges, begünstigten schon relativ früh eine Entwicklung des Bergbaus, der gegenwärtig wegen Ausschöpfung der Lagerstätten gänzlich an Bedeutung verloren hat.

Östlich der Weichsel, die die Mittelpolnischen Hochflächen in einem 60 bis 70 m tiefen Tal durchbricht, erhebt sich die *Lubliner Hochfläche* (220–320 m ü. NN), die aus flachlagernden weichen Kreidesedimenten aufgebaut ist. Durch starke Zertalung wurde die Hochfläche vielfach in eine Hügellandschaft mit stellenweise schroffen und steilen Hängen aufgelöst. Die tiefen und engen Täler sind oft versumpft, während die Hochflächen mit mächtigen Lößablagerungen und darauf entstandenen fruchtbaren Böden eine weitgespannte wellige Ackerbauebene bilden. Im Norden bricht die Lubliner Hochfläche mit einer 20 bis 40 m hohen Schwelle gegen das Tiefland ab. Mit der Podolischen Platte, die fast gänzlich jenseits der polnischen Grenze liegt, wird das Lubliner Hügelland durch einen schmalen, 15 bis 20 km breiten Landrücken, dem Roztocze, verbunden. Der sich 350 bis 390 m über dem Meeresspiegel erhebende, von vielen Tälern durchzoge-

ne Roztocze-Höhenzug fällt gegen das San-Tal mit einer etwa 70 m hohen Stufe ab.

Das Tiefland nimmt, wie bereits erwähnt, den größten Teil der Fläche Polens ein. Den Untergrund bilden hier mesozoische und tertiäre Sedimente, die weitgehend von quartären Ablagerungen überdeckt sind. Das Polnische Tiefland wird in die außerhalb der Weichselvereisung gelegenen Schlesischen und Masowischen Tiefebenen, in die mit weichseleiszeitlichen Sedimenten bedeckten Pommerschen und Masurischen Seenplatten sowie in den Südbaltischen Küstensaum und in das Großpolnische Tiefland unterteilt. Letzteres wurde nur teilweise, und zwar im nördlichen Bereich, von der jüngsten Vereisung erfaßt.

Das Mittelpolnische Tiefland besteht aus dem Schlesischen, Großpolnischen und Masowischen Tiefland und trägt noch sichtbare Spuren der älteren Vereisungen. Da diese Gebiete zur Zeit der Weichselvereisung bereits im Vorfeld des Inlandeises lagen, erfolgte eine weitgehende Reliefumformung durch klimatisch-morphologische Prozesse. So wird das Landschaftsbild dieser Regionen von weitgespannten periglazialen Denudationsebenen, sanften Moränenzügen, vermoorten Seen, Dünenfeldern und Urstromtälern geprägt.

Das *Schlesische Tiefland* hat die Gestalt einer Mulde, in deren Mitte die Oder fließt. Der Untergrund wird von teilweise paläozoischen und älteren Gesteinsformationen gebildet. Darauf liegen mächtige Tertiärablagerungen, die von glazialen Schichten überlagert werden. Weit verbreitet sind hier periglaziale Ebenen, das sind eingeebnete Grundmoränen und Sanderflächen der Elster- und Saaleeiszeit. Bedeutende Flächen links der Oder sind mit fruchtbaren Braunerden auf Löß bedeckt. Südlich von Breslau findet sich ein breiter Landstrich mit fruchtbaren moorigen Schwarzerden. Die im allgemeinen ertragreichen Böden und ein mildes Klima bilden günstige Voraussetzungen für die ackerbauliche Nutzung. Im Norden trennt ein Endmoränenzug der Saale-Vereisung – das etwa 100 m über die Umgebung herausragende Katzengebirge (Trebnitzer Höhen) – das Schlesische vom Großpolnischen Tiefland.

Das Relief des *Großpolnischen Tieflandes* wird von flachen und leicht gewellten Grundmoränenebenen, hier und dort erhaltenen Endmoränen und Sanderflächen, zahlreichen von Seen und Mooren ausgefüllten Senken, breiten, vermoorten und von Dünen bedeckten Urstromtälern sowie engen Durchbruchstälern geprägt. Es läßt sich in zwei Bereiche untergliedern: den südlichen Teil, der zur Zeit der Weichseleiszeit im Vorfeld des Inlandeises lag, und den nordöstlichen Teil, der während der ältesten Phase der Weichselvereisung (Brandenburger Stadium) vom Eis bedeckt war. Im Vergleich zur Pommerschen Seenplatte weist der nördliche Teil des Großpolnischen Tieflandes allerdings eine geringere Reliefenergie auf. Das Großpolnische Tiefland ist von drei annähernd breitenkreisparallel verlaufenden Urstromtälern, dem südlichen Glogau-Baruther Urstromtal, dem mittleren Warschau-Berliner Urstromtal und dem nördlichen Thorn-Eberswalder Urstromtal zerschnitten. Hier herrschen vor allem leichte und mittlere Podsolböden vor, die auf Geschiebelehm oder lehmigen Sanden und Auelehmen mit hohem Sandanteil entstanden sind. Im Westen und Südosten dominieren leichte Sandböden auf schwachlehmigem oder sandigem Untergrund. Im östlichen Teil in Kujawien nehmen die Schwarzerden beträchtliche Landstriche ein. Das Großpolnische Tiefland gehört zu den wärmsten, gleichzeitig jedoch niederschlagsärmsten Regionen Polens, woraus sich Probleme für die Landwirtschaft ergeben. Als nennenswerte Rohstoffe seien hier die Salzlagerstätten in Kujawien und die weitflächig vorkommende Braunkohle erwähnt. Der Abbau der unterschiedlich mächtigen Braunkohlenflöze lohnt sich jedoch nur an einigen Stellen. Im Osten geht das Großpolnische Tiefland ohne besonders ausgeprägte Grenze ins Masowische Tiefland über.

Bezeichnend für das Relief des *Masowischen Tieflands* ist ein gealterter glazialer Formenschatz aus der Saale-Eiszeit. Dieses Gebiet ist zu einem beträchtlichen Teil mit Sedimenten der Grundmoränen bedeckt, deren ursprüngliche Formen unter periglazialen Bedingungen und durch fluviatile Tätigkeit stark abgerundet bzw. eingeebnet wurden. Im nördlichen Teil trifft man auf ausgedehnte Sanderflächen, die im Vorfeld des Inlandeises zur Zeit der Weichseleiszeit entstanden. Das Landschaftsbild beleben gelegentlich die Endmoränenreste. Den zentralen Bereich des Masowischen Tieflandes nimmt ein Akkumulationsbecken – das Warschauer Becken – ein, in das konzentrisch die Flüsse Weichsel, Bug, Narew, Wkra und Bzura hineinfließen. Auf den über die Sohle des Beckens hinaufragenden Terrassen erstrecken sich Dünenfelder, die besonders gut im Bereich der Kampinos-Heide, nordwestlich von Warschau, ausgebildet sind. Die Dünenzüge (Parabeldünen), die eine Höhe von 10 bis 30 m erreichen, beleben das sonst eintönige Landschaftsbild. Die Geländevertiefungen zwischen den Dünen füllen Sümpfe und Moore. Die Denudationsfläche der Grundmoränen wird von breiten, oft mit steilen Rändern abgesetzten Urstromtälern in mehrere Platten zerlegt (z. B. Rawa-, Radomer- oder Siedlce-Platte). Einen anderen Charakter hat die Kurpie-Ebene, die ein flaches Sandergebiet der jüngeren Weichselvereisung umfaßt. Diese Region gehört zu den waldreichsten Bereichen des Masowischen Tieflandes (Kurpie-Heide). An vielen Stellen wurden die trockenen Kiefernwälder in Sandgebieten abgeholzt, was die Entstehung von Wanderdünen zur Folge hatte. Auf dem Untergrund aus Geschiebelehm und Ablagerungen der Stauwasserbecken hatten sich relativ fruchtbare Böden entwickelt. Sie treten hauptsächlich im Raum Rawa Mazowiecka, Plock und Ciechanów auf. Die fruchtbarsten Böden (Schwarzerden) in dieser Region erstrecken sich entlang der höheren Terrassen des Warschauer Beckens, zwischen Sochaczew und Błonie, westlich von Warschau. Insgesamt gehört das Masowische Tiefland mit Ausnahme der genannten Bereiche zu Gebieten mit wenig fruchtbaren Böden, die sich lediglich für den Anbau von anspruchslosen Kulturpflanzen, wie z. B. Roggen, eignen.

Das *Podlassische Tiefland* und *Polesje* schließen sich im Osten dem Mittelpolnischen Tiefland an und werden zum Ostbaltischen Tiefland gezählt.

Polesje, auch Lubliner Polesje genannt, dehnt sich zwischen der Lubliner Hochfläche im Süden und dem Fluß Krzna im Norden aus und stellt eine Übergangslandschaft zwischen den Hochflächen und dem Tiefland dar. Die Verbindung zur Lubliner Hochfläche äußert sich hier in einzeln auftretenden, flachen Erhebungen, in denen der Kreidebzw. Kreide-Tertiäruntergrund über die glazialen und rezenten Ablagerungen, die die Geländeeintiefungen ausfüllen, zutage tritt. Polesje ist eine recht gleichförmige, hauptsächlich fluviatile Akkumulationsebene, in welche sich ein weitverzweigtes Flußnetz eingesenkt hat. Die breiten, oft sumpfigen Täler werden infolge hohen Grundwasserstandes mit Mooren ausgefüllt. Ein Teil der Sumpffläche (etwa 79 000 ha) wurden in Verbindung mit dem Bau des Wieprz-Krzna-Kanals trockengelegt.

Nördlich des Krznatals erstreckt sich das Podlassische Tiefland. Den südlichen Teil, etwa bis Białystok bildet eine gleichförmige, gelegentlich leicht gewellte Ebene, die 160 bis 180 m über dem Meeresspiegel liegt. Zwischen Krzna und Bug trifft man auf vereinzelte, stark abgerundete Endmoränenreste. Nördlich von Białystok wird das Relief von glazialen Formen der jüngeren Stadien der Saalevereisung belebt. Das Landschafts-

bild des Podlassischen Tieflands prägen breite, flache Flußtäler, die sich mit zahlreichen Mäandern zwischen Sümpfen und vernäßten Wiesen winden. Zu den größten Waldkomplexen des Podlassischen Tieflands und Polens überhaupt gehört der sogenannte Urwald von Białowieża. Er umfaßt eine Fläche von etwa 1430 qkm, wovon die Hälfte innerhalb der polnischen Grenzen liegt. Im Zentrum dieses „Urwalds" wurde ein 47 qkm großer Nationalpark geschaffen. Dieser Waldkomplex zeichnet sich durch Mannigfaltigkeit und hohes Alter des Baumbestandes sowie eine reiche Tierwelt aus; hier lebt noch das sonst in Europa ausgestorbene Wisent unter natürlichen Bedingungen. Der Urwald von Białowieża stellt ein bis heute seltenes, kaum von Menschenhand berührtes Gebiet dar.

Die Pommersche und Masurische Seenplatten werden von Landschaftselementen der sogenannten glazialen Serie: Grundmoräne, Endmoränenzüge und ihnen vorgelagerten Sanderflächen sowie Urstromtälern geprägt. Neben den Zeugen der letzten Weichselvereisung finden sich hier auch Spuren der älteren Eiszeiten. Die vom Inlandeis ausgeschürften Rinnen und Becken sind meist mit Seen gefüllt.

Die Pommersche Seenplatte erstreckt sich zwischen dem unteren Oderlauf und der Weichsel sowie zwischen dem Thorn-Eberswalder Urstromtal im Süden und dem Ostseeküstenraum im Norden. Hier kann man die zonale Anordnung der einzelnen Elemente der glazialen Serie besonders deutlich erkennen. Vom Norden ausgehend erstreckt sich, der Zone der Grundmoräne südwärts folgend, ein Höhenzug der Endmoräne, an deren Vorfeld sich Sanderflächen und Urstromtäler ausbreiten. Längs des Endmoränenstreifens hatten sich auf nördlicher Seite zahlreiche Seen, zumeist Rinnenseen, ausgebildet, von denen der Dratzig See mit einer Fläche von 18,6 qkm und einer Tiefe von 83 m der größte ist. Die Endmoränen bilden im Gelände deutlich ausgeprägte Erhebungen, deren Höhe von Westen nach Nordosten und Osten von 100 bis 150 m über dem Meeresspiegel auf über 300 m ansteigt. Beiderseits der Endmoränenrücken, auf denen die Hauptwasserscheide verläuft, fällt das Gelände allmählich ab. Diesen orographischen Verhältnissen paßt sich auch das Flußnetz an. Die an den nördlichen Endmoränenhängen abfließenden Flüsse münden direkt in die Ostsee, während die Flüsse südwärts der Wasserscheide zu den Einzugsbereichen der Oder und Weichsel gehören.

Östlich der Weichsel dehnt sich die *Masurische Seenplatte* aus, deren südliche Abgrenzung weniger markant ausgeprägt ist als die der Pommerschen Seenplatte; hier fehlt ein abschließendes Urstromtal. Da das Relief der Masurischen Seenplatte während der drei nacheinander folgenden Stadien (Brandenburger-, Frankfurter- und Pommersches Stadium) der Weichselvereisung modelliert wurde, ist hier die Abfolge der zu den einzelnen Stadien zugehörigen Elemente der glazialen Serie räumlich wesentlich stärker zusammengedrängt. Es gibt keine so deutlichen Kennzeichen wie im Bereich der Pommerschen Seenplatte, deren Oberflächengestaltung vor allem während des Pommerschen Stadials entstand. Das Landschaftsbild der Masurischen Seenplatte beherrschen in erster Linie die Endmoränen-, Kames- und Osererhebungen, ferner mit teils vermoorten Seen und Sümpfen gefüllte Toteislöcher. Wesentlich geringere Flächen nehmen flache oder leicht gewellte Grundmoränenebenen ein. Quer durch den mittleren Bereich der Masurischen Seenplatte zieht sich eine deutlich erkennbare Geländeeintiefung, in der zahlreiche Seen, darunter die größten Polens, wie der Spirding See mit einer Fläche von 109,7 qkm und einer Tiefe von 23,4 m und der Mauer See (102 qkm Fläche, 44 m Tiefe) liegen. Beiderseits dieser Senke, jedoch in einer merklichen Entfernung von ihr, erstrecken sich die höchsten

Erhebungen dieser Gegend: im Westen die Neidenburger Höhen mit der Kernsdorfer Höhe (312 m ü. NN), im Osten die Seesker Höhen, die eine Höhe von 309 m über dem Meeresspiegel erreichen. Unter den glazialen Ablagerungen sind zahllose erratische Blöcke (Findlinge) zu finden, die sich zu – oft mit Eberesche bewachsenen – Blockfeldern vereinen. Auf der nördlichen Abdachung der Masurischen Seenplatte fällt die schmale Grundmoränenzone meist mit steilen Hängen gegen das Preußische Tiefland ab. Viele der Seen und Flüsse sind mit zahlreichen Kanälen verbunden und bilden ein verzweigtes Wasserstraßennetz, das gegenwärtig zwar nur eine geringe wirtschaftliche Bedeutung hat, aber für Wassersportler sehr attraktiv ist.

Angesichts der merklichen Geländeerhebungen, im Vergleich zum benachbarten Tiefland, den großen Wasserflächen und der beträchtlichen West-Ost-Erstreckung der Seenplatten, weist das hiesige Klima viele Eigenarten auf. Die orographischen Verhältnisse machen sich beispielsweise in der räumlichen Verteilung der Niederschläge deutlich bemerkbar. Die im Luv der vorherrschenden nordwestlichen Winde liegenden Moränenhänge erhalten wesentlich mehr Niederschläge – etwa 700 mm jährlich – als die im Windschatten liegenden mit unter 600 mm jährlich. Eine Folge dieser klimatischen Differenzierung ist die räumliche Abwandlung der Vegetation. In der Pommerschen Seenplatte, wo sich der Einfluß maritimer Luftmassen bemerkbar macht, dominieren Buchen bzw. Mischwälder mit hohem Buchenanteil und Hochmoore des atlantischen Typus. In der Masurischen Seenplatte mit merklich kontinentalerem Klima herrschen Niedermoore und Nadelwälder mit Kiefer-Fichten- bzw. Fichtenbeständen oder Mischwäldern vor, in denen die Buche deutlich zugunsten etwa der Linde zurücktritt. Im westlichen Teil der Masurischen Seenplatte verläuft beispielsweise die nordöstliche

Grenze der Buchenverbreitung bzw. die südwestliche Grenze der nordeuropäischen Fichte. Die Sanderflächen der südlichen Abdachung der beiden Seenplatten sind vornehmlich von Kieferwäldern bewachsen, wie z. B. die Tucholer Heide im Vorfeld der Pommerschen Seenplatte oder die schon erwähnte Kurpie-Heide im Vorfeld der Masurischen Seenplatte. Die Seenplatten gehören, neben den Gebirgsregionen, zu den waldreichsten Gebieten Polens. Beträchtliche Flächen nimmt auch das Dauergrünland ein. Das Überwiegen der wenig fruchtbaren, auf sandigem Untergrund entstandenen Böden schränkt die ackerbauliche Nutzung auf den Anbau von anspruchslosen Kulturpflanzen ein. Wegen ihrer landschaftlichen Schönheit gehören die Seenplatten zu den für den Fremdenverkehr attraktivsten Regionen Polens.

Der *Südbaltische Küstensaum* ist eine unter 100 m Höhe über dem Meeresspiegel liegende Ebene, die durch zahlreiche Urstromtäler und rezente Flußläufe zerschnitten wird. Im Westen in der Gegend von Stettin erreicht die Ebene etwa 100 km Breite, nach Osten zu verengt sie sich bei Gdingen auf etwa einen Kilometer. Am weitesten nach Süden dringt sie an der Oder- und Weichselmündung vor. Als Folge der westlichen küstenparallelen Strömung wechseln Abtragung und Akkumulation, Steilküsten mit Nehrungen und Haffseen ab. An den Mündungen von Weichsel und Oder entwickelten sich bei Danzig und Stettin die beiden größten Seehäfen. Auch andere Häfen, z. B. Putzig und Leba sind von Bedeutung, vor allem für die Seefischerei. Im Zuge der nachkriegszeitlichen Industrialisierung entstanden hier viele neue Industriestandorte. Wegen der weitverbreiteten und flachen Feinsandstrände ist die Ostseeküste bei Urlaubsgästen sehr beliebt. Seit den 60er Jahren wurden die Fremdenverkehrseinrichtungen beträchtlich ausgebaut. Die zunehmende industrielle Verschmutzung der Ostsee beeinträchtigt aber immer mehr den Freizeitwert dieses Gebietes (Kap. 8.5).

2.1.2
Regionale Verwaltungsgliederung und Verwaltungsaufbau

Nach dem Zweiten Weltkrieg behielt man das vorkriegszeitliche dreistufige Modell der Verwaltungsgliederung – Wojewodschaft, Kreis, Landgemeinde bzw. Stadt – bei. Am 29. Mai 1945 wurden auch die unter die polnische Verwaltung gestellten deutschen Ostgebiete in dieses Verwaltungssystem einbezogen. Die Gebietsreform vom 28. Juni 1950 gliederte das Staatsterritorium Polens in 17 Wojewodschaften. Darüber hinaus bestanden seit 1946 noch zwei Stadtwojewodschaften: Warschau und Lodz, deren Zahl man 1957 durch die Ausgliederung der Großstädte Breslau, Posen und Krakau aus den gleichnamigen Wojewodschaften auf 5 erhöhte. Während die Grenzen der unteren Verwaltungseinheiten (Kreise, Gemeinden) mehrmals verändert wurden, blieben die der Wojewodschaften nahezu unverändert. Ende 1974 war das Staatsgebiet Polens noch in 17 Wojewodschaften, in die 5 oben erwähnten Stadtwojewodschaften, in 314 Landkreise und 78 Stadtkreise sowie in 836 Städte und 2365 Landgemeinden untergliedert (Abb. 5).

Nach dem Wechsel der politischen Führungsspitze Ende 1970 traf man eine Reihe von Maßnahmen, die den Verwaltungsaufbau vereinfachen und so seine Effizienz verbessern sollten:

– In der ersten Stufe im Januar 1972 schuf man zunächst neu abgegrenzte Stadt- und Landgemeinden und stattete diese mit relativ weitgehenden Kompetenzen aus.

– In einem zweiten Schritt wurde die Trennung der legislativen und exekutiven Gewalt vorgenommen, um eine straffer organisierte

Abb. 5: Verwaltungsgliederung

Stand: ab 1.6.1975

0   50   100 km

Stand: bis 1.6.1975

Staatsgrenze

Grenze der Wojewodschaften

Entwurf: A. Kapala
verändert nach Narodowy Atlas Polski, 1973 – 1978

Verwaltung mit klar abgegrenzten Zuständigkeiten zu erreichen.

– Im dritten Schritt der Verwaltungsreform wurden die 314 Kreise der mittleren Verwaltungsstufe aufgelöst und durch ein zweistufiges Verwaltungssystem (Wojewodschaft, Gemeinde) ersetzt. Dabei unterstellte man die Städte und die Landgemeinden unmittelbar den Wojewodschaften.

Gemäß dem Gesetz vom 28. Mai 1975 gliedert sich das Staatsgebiet Polens heute in 49 Wojewodschaften (davon sind drei Stadtwojewodschaften: Lodz, Krakau und die Hauptstadtwojewodschaft Warschau), ferner 2327 Landgemeinden (1984 waren es 2121) und 810 Städte (1984 entsprechend 812). Die Wojewodschaften sind in etwa mit den Bezirken in der DDR vergleichbar. Die Größe der einzelnen Wojewodschaften schwankt zwischen 12 337 qkm und 1522 qkm und deren Einwohnerzahl (1984) zwischen 3 895 500 und 239 100 (Abb. 5).

Rückblickend erwies sich diese territoriale Verwaltungsreform als wenig effizient; deshalb wird sie insbesondere in letzter Zeit heftig kritisiert. In Verbindung mit der neuen Verwaltungsgliederung sollten die Gemeinden die organisatorischleitenden Funktionen und die Wojewodschaften die Koordinations- und Kontrollfunktionen übernehmen. Von dieser zweistufigen Kompetenzabgrenzung erhoffte man sich einen Fortschritt gegenüber der bisherigen unklaren Zuständigkeitsverteilung; auch sollte sie besser den Anforderungen des dezentralistischen Konzepts der Staatsmacht bzw. Staatsadministration entsprechen. Die Reformen der 70er Jahre räumten den Gemeinden weitreichende Befugnisse ein, die jedoch eher formeller als praxisbezogener Natur waren, zumal die Gemeinden nur über begrenzte eigene technische und finanzielle Mittel verfügten, was ihre Entscheidungsfreiheit minderte. In der Praxis hatte die Dekonzentration der staatlichen Macht einen mehr vordergründigen Charakter. Hinter der Fassade der zweistufigen Verwaltungsgliederung begannen sich neue Gliederungsstufen, nämlich gemeinde- oder wojewodschaftsübergreifende Administrationseinheiten zu bilden. Auch die Forderungen nach einer effizienteren Kontrolle der jeweiligen Verwaltungsorgane scheiterte an der großen Anzahl der Gebietsein-

heiten. Nach 1975 versuchte man deshalb die Anzahl der Gemeinden zu verringern und schuf gleichzeitig eine halboffizielle Untergliederung der Wojewodschaften in sog. Rayons, die etwa den alten Kreisen entsprachen. Letztlich wurden dadurch die Verhältnisse noch unklarer als vor der Reform.

Die Verwaltungsreform, deren Ziel u. a. auch darin lag, die alten, verkrusteten und vornehmlich auf Kreisebene entstandenen Machtstrukturen zu zerschlagen, hat de facto eine neue Elite hervorgebracht. Auf der Wojewodschaftsebene beispielsweise wird der elitäre Charakter dieser neuen Führungsschicht allein schon durch die Verleihung von den in früheren Zeiten gebräuchlichen Amtstiteln wie „Wojewoda" unterstrichen. Bei der Besetzung dieser Positionen sind nicht die Verbundenheit der Amtsträger mit der jeweiligen Region oder ihre Kenntnisse über die Probleme des betreffenden Gebietes entscheidend, sondern ihre Verbindungen zu höheren Machtstellen und die Bereitschaft, sich den Forderungen der höheren Instanzen gegebenenfalls unterzuordnen. Ferner stellt die neue Verwaltungsgliederung ernsthafte Hindernisse für historisch vergleichende regionale Studien dar, vor allem aufgrund der fehlenden Kontinuität der statistischen Daten. Die neue Territorialreform brachte auch Probleme für die Raumplanung mit sich, deren langfristige Strategien im „Landes-Raumbewirtschaftungsplan bis 1990" auf der Basis der alten Gebietsgliederung festgelegt waren und sich nur schwer mit der neuen territorialen Abgrenzung vereinbaren lassen. Für Zwecke der langfristigen, die Wojewodschaften übergreifenden Raumplanung wurden jeweils einige benachbarte Wojewodschaften zu anfangs 8, seit 1982 zu 9 sog. Makroregionen zusammengeschlossen (Verordnung des Ministerrats vom 30. 6. 1975 und 10. 8. 1982). Diese Makroregionen besitzen allerdings nur forschungsplanerische Funktionen, haben keine eigene Gebietsverwaltung und stehen somit außerhalb des territorialen Verwaltungssystems (Abb. 30).

2.2
Innenpolitische Veränderungen – Umgestaltung Polens zu einer Volksdemokratie

Der politische Prozeß, der zur Umgestaltung Polens in eine Volksdemokratie führen sollte, verlief nach einem ähnlichen Muster wie in den meisten mittel- und ostmitteleuropäischen Staaten, die nach dem Zweiten Weltkrieg unter sowjetischen Machteinfluß geraten sind. Dabei ging es vordergründig um die Etablierung einer kommunistisch orientierten, moskautreuen Regierung, die in Polen aus dem Komitee der Nationalen Befreiung hervorging, das in der Sowjetunion organisiert wurde.

Dieses Komitee übernahm am 1. Januar 1945 unter der Bezeichnung „Provisorische Regierung" die Regierungsgewalt. Von der Sowjetunion wurde sie sofort als rechtmäßige polnische Regierung anerkannt. Dabei ging es um die gleichzeitige Entmachtung der prowestlich orientierten Exilregierung, die mit ihrem Sitz in London die rechtmäßige Vertretung des polnischen Volkes während des Krieges war, und schließlich um die Beseitigung des Einflusses bürgerlicher Parteien. Der im Februar 1945 auf der Alliierten-Konferenz in Jalta gefaßte Beschluß hinsichtlich der Bildung einer demokratischen Regierung und der Durchführung von freien Wahlen im zukünftigen Polen wurde insofern umgangen, als es unter dem Einfluß der Sowjetunion am 28. Juni 1945 nur zu einer Umbildung der prorussischen Provisorischen Regierung in eine „Provisorische Regierung der Nationalen Einheit" (poln. Tymczasowy Rząd Jedności Narodowej) kam, in der auch einige Politiker der Exilregierung vertreten waren. Dabei besetzte man aber die Mehrzahl der Ministerien mit Mitgliedern der linken Provisorischen Regierung. Nachdem die USA, Großbritannien und Frankreich diese Regierung anerkannt hatten, verlor die weiterhin bestehende Londoner Exilregierung jegliche Handlungsfähigkeit.

Die innenpolitische Szene wurde aber weiterhin von Machtkämpfen der verschiedenen Parteien beherrscht. Dabei zielten die ersten Parlamentswahlen am 22. Januar 1947 von vornherein auf die Ausschaltung der politischen Opposition, die sich, im Gegensatz zu den linken Parteien, politisch nach Westen orientierte und das Privateigentum in der Wirtschaft beibehalten wollte. Das Ergebnis dieser Wahlen fiel erwartungsgemäß zugunsten des „Demokratischen Blocks" (Volksfront) aus, in dem vier linke Parteien zusammengeschlossen waren. Im Dezember 1948 schlossen sich die kommunistische Polnische Arbeiterpartei (poln. Abk. PPR) und der linke Flügel der polnischen Sozialdemokraten aus der Polnischen Sozialistischen Partei (poln. Abk. PPS) zusammen zu einer Polnischen Vereinigten Arbeiterpartei (poln. Polska Zjednoczona Partia Robotnicza, Abk. PZPR). Verbunden damit war die Verdrängung der nationalen Linken unter W. Gomułka. Die daraus resultierende Etablierung der absoluten Macht der prosowjetisch orientierten Kommunisten beendete den politischen Umgestaltungsprozeß Polens in eine „Volksdemokratie". Seit dieser Zeit kam es zu einer immer engeren politischen und wirtschaftlichen Bindung Polens an die Sowjetunion.

2.3
Der Übergang zum System der Zentralverwaltungswirtschaft

Im Zuge der innenpolitischen Umwälzungen in der ersten Nachkriegszeit kam es Schritt für Schritt zu einer Beseitigung des polnischen Modells der Drei-Sektoren-Wirtschaft, d.h. des Nebeneinanderbestehens von staatlichem, genossenschaftlichem und privatem Eigentum. Statt dessen wurde ein Wirtschaftssystem nach sowjetischem Muster etabliert, dem eine totale Verstaatlichung oder Vergesellschaftung der Volkswirtschaft zugrunde lag. Mit dem Gesetz vom 3. Januar 1946 wurden zwar der überwiegende Teil der Industrie und die Unternehmen des Banken-, Versicherungs-, Verkehrs- und Nachrichtenwesens verstaatlicht, die Handwerks- und Dienstleistungsbetriebe sowie der Kleinhandel und die Landwirtschaft verblieben aber zunächst in privater Hand. Das Nebeneinanderbestehen von staatlichen, genossenschaftlichen und privaten Eigentumsformen bezeichnete man oft als den eigenen „polnischen Weg zum Sozialismus". Nach der völligen Ausschaltung der politischen Opposition Ende 1948 wurde der laufende Dreijahresplan (1947–1949) im Sinne einer stärkeren Sozialisierung und einer engeren Bindung der polnischen Wirtschaft an das sowjetische Wirtschaftssystem geändert. Bis Ende 1949 wurde fast der gesamte Großhandel und der überwiegende Teil des Einzelhandels verstaatlicht bzw. genossenschaftlich organisiert. Mit dem Umbau zur sozialistischen Wirtschaft, den der Sechsjahresplan (1950–1955) anstrebte, sollte eine „sozialistische Umgestaltung des Dorfes", d.h. die Beseitigung des Privateigentums an Grund und Boden und die Kollektivierung der Landwirtschaft einhergehen. Nachdem Polen, unter dem Einfluß der Sowjetunion, 1947 die Wirtschaftshilfe aus dem Marshallplan abgelehnt hatte, wurde ein polnisch-sowjetisches Wirtschaftsabkommen unterzeichnet. Dabei sollten Polen Kredite für den Aufbau der Industrie gewährt werden mit der Absicht, eine engere wirtschaftliche Zusammenarbeit zwischen den beiden Staaten vorzubereiten. Die Eingliederung Polens in den Rat der Gegenseitigen Wirtschaftshilfe (RGW oder Comecon) im Januar 1949 und das Auslaufen des

Dreijahresplans (1947–1949) schloß die Übergangsphase zum Wirtschaftssystem sowjetischer Prägung ab.

Mit der Bildung einer Wirtschaftsgemeinschaft (RGW) wollte die Sowjetunion die in ihrem Einflußbereich stehenden „Volksdemokratien" daran hindern, die von den USA angebotene Marshallplan-Hilfe anzunehmen. Auf der anderen Seite aber dürfte durch die seit 1948 von den USA und anderen westlichen Industriestaaten betriebene Embargopolitik die Integrationsbereitschaft der sozialistischen Länder gefördert worden sein. Damit kamen auch die traditionellen Außenhandelsverflechtungen Polens mit den westlichen Industriestaaten für beinahe zwei Jahrzehnte zum Erliegen. Die wichtigsten Wirtschaftspartner Polens vor dem Zweiten Weltkrieg waren Deutschland, die USA, Großbritannien, Frankreich und Österreich; auf die heutigen europäischen RGW-Länder entfielen damals nur 18% des polnischen Außenhandelvolumens. Da auch innerhalb der RGW-Länder zunächst keine klare Konzeption hinsichtlich der wirtschaftlichen Kooperation bestand, war die Wirtschaft der einzelnen Länder im Prinzip auf eine weitgehend autarke Entwicklung angewiesen. Engere Wirtschaftsbeziehungen hatten einen bilateralen Charakter und bestanden im wesentlichen in der Verbindung der jeweiligen RGW-Länder mit der Sowjetunion. Erst zu Beginn der 60er Jahre erfolgten die ersten grundlegenden Maßnahmen zum Ausbau der „internationalen sozialistischen Arbeitsteilung" im Rahmen der RGW. 1971 wurde ein „Komplexprogramm" entwickelt, in dem man eine auf 20 Jahre projektierte umfassende „Integration" der RGW-Mitgliedsländer anstrebte.

Die Grundprinzipien der neuen Wirtschaftsordnung wurden im Grundgesetz der VR Polen vom 22. Juli 1952 verankert. Der Artikel 7, Absatz 1 des Grundgesetzes besagt, daß sich „die Wirtschaft der VR Polen auf die vergesellschafteten Produktionsmittel und auf den vergesellschafteten Waren-, Kommunikations- und Kreditverkehr stützt. Die VR Polen trägt zur Entwicklung des wirtschaftlichen und kulturellen Lebens bei, auf der Basis eines Volkswirtschaftsplanes, insbesondere durch den Aufbau der sozialistischen staatlichen Industrie, die ein entscheidender Faktor bei der Umgestaltung der gesellschaftlichen und ökonomischen Verhältnisse ist." Ferner steht in Artikel 3, Absatz 4, daß „die VR Polen diejenigen Gesellschaftsschichten, die von der Ausbeutung der Arbeiter und Bauern leben (d. h. private Unternehmen und Großbauern) beschränkt, verdrängt und liquidiert".

2.3.1
Organisationsstruktur der Volkswirtschaft

Die polnische Wirtschaft ist ähnlich wie die der anderen sozialistischen Länder überwiegend in staatlichen oder genossenschaftlichen Einheiten organisiert. Die Bildung von Genossenschaften ist zwar, offiziell gesehen, freiwillig, de facto aber wird die Mitgliedschaft durch eine Reihe von staatlichen Maßnahmen erzwungen. Von Jugoslawien abgesehen, nimmt Polen unter den sozialistischen Staaten hinsichtlich des Privateigentums an Produktionsmitteln eine Sonderstellung ein. Bezeichnend hierfür ist ein hoher Anteil von Privateigentum in der Landwirtschaft, die nur eine kurzfristige Kollektivierungsperiode in den 50er Jahren erlebt hat. Nach ökonomisch-organisatorischen Kriterien wird die gesamte Volkswirtschaft in eine Produktionssphäre (Wirtschaftstätigkeiten, die unmittelbar zum Volkseinkommen beitragen) und in eine Sphäre der nichtmateriellen Dienste eingeteilt. In letztgenannter Sphäre werden keine materiellen Güter produziert, sie ist aber sowohl für die Produktionssphäre als auch für die Funktionsfähigkeit der gesamten Volkswirtschaft unerläßlich.

In der Zentralverwaltungswirtschaft sind Planung und Koordination von wirtschaftlichen Prozessen Aufgabe der staatlichen Lenkungsinstanzen. Trotz der zahlreichen Ansätze zu Wirtschaftsreformen seit der zweiten Hälfte der 50er Jahre, die auf eine Liberalisierung und eine gewisse Dezentralisierung hinausliefen, ist die Wirtschaftsverwaltung bis zu Beginn der 80er Jahre weitgehend zentralisiert, d. h. hierarchisch aufgebaut gewesen:

– Auf zentraler Ebene war der Ministerrat (die Regierung) für die Verwirklichung der von der Polnischen Vereinigten Arbeiterpartei festgelegten allgemeinen Ziele verantwortlich. Zu den wichtigsten der Regierung unterstellten Instanzen gehörte die Staatliche Planungskommission, in deren Zuständigkeit die Erarbeitung von nationalen Volkswirtschaftsplänen und deren Überwachung lag. Von ihr gingen die entscheidenden Anordnungen und Direktiven für die wirtschaftlichen Aktivitäten in den einzelnen Wirtschaftssektoren und -regionen aus. Direkte Leitungsorgane der zentral gesteuerten Wirtschaft waren die einzelnen Fachministerien (für die Industrie: Branchenministerien).

– Der mittleren Verwaltungsebene gehörten Vereinigungen, Kombinate und ausnahmsweise selbständige Unternehmen an, sowie die territorialen Wirtschaftsbehörden (z. B. Wojewodschaftsvereinigungen der Kleinindustrie oder, wie beim Steinkohlenbergbau, die Regionalvereinigungen). Die Vollmachten der Vereinigungen waren gegenüber den untergeordneten Unternehmen relativ groß und schränkten deren Eigenständigkeit in wirtschaftlichen Aktivitäten erheblich ein.

– Die untere Verwaltungsebene bildeten die einzelnen Werke bzw. Unternehmen sowie Betriebe des regionalen Wirkungskreises, die den Organen der Territorialwirtschaft untergeordnet waren. Auf einer höheren Ebene organisierte man sie in Wojewodschaftsvereinigungen. Die Leitungsorgane der regional geleiteten Wirtschaft waren die Verwaltungen der Kommunen bzw. ihre Abteilungen. Genossenschaftliche Unternehmen waren in Genossenschaftsverbänden – nach Zweigen

oder regional gegliedert – zusammengeschlossen. Sie wurden ebenfalls in den
Volkswirtschaftsplänen berücksichtigt und
erhielten von den staatlichen Planungsor-
ganen bestimmte Sollvorgaben zur Erfül-
lung.

Die Verwaltung der staatlichen landwirtschaftlichen Betriebe unterscheidet sich dabei von der der Industrie (Kap. 4.2).
Private Industrie- und Handwerksbetriebe
unterliegen der Aufsicht des Ministeriums
für Binnenhandel und Dienstleistungen. Ihre
Wirtschaftätigkeit wurde – ähnlich wie die
der privaten landwirtschaftlichen Betriebe –
nicht direkt in den Volkswirtschaftsplänen
berücksichtigt; deren Produktionsgröße wird
nur geschätzt.

Seit 1973 wurde schrittweise eine Modifizierung
des Lenkungssystems der Wirtschaft eingeführt,
die den Unternehmen mehr Entscheidungsfreiheit einräumen sollte. Damit war ein Übergang
von einer dreistufigen zu einer zweistufigen Wirt-
schaftsorganisation verbunden. An Stelle der
Vereinigungen und der auf unterer Ebene organisierten Betriebe oder Unternehmen bildete man
sogenannte Großwirtschaftliche Organisationen
(poln. Wielkie Organizacje Gospodarcze, Abk.
WOG). Sie sollten weitgehend wirtschaftlich selbständige Unternehmen werden (etwa mit einem
Konzern oder Trust vergleichbar). Die Entscheidungsfreiheit dieser Organisationen schränkte
man schon 1975 merklich ein; Mitte 1977 wurden
die Beschränkungen wieder aufgehoben. Ende
1977 waren beispielsweise rund 68% der Arbeitskräfte der vergesellschafteten Industrie in den genannten Großwirtschaftlichen Organisationen beschäftigt. Durch die Bildung der Großwirtschaftlichen Organisationen sollte eine stärkere Konzentration von Kapital und Arbeit erreicht werden,
von der man sich bessere Koordination, günstigere Finanzierungsmöglichkeiten und wirksamere
Umsetzung der Forschungsergebnisse in die Pro-
duktionspraxis und somit größere ökonomische
Effizienz erhoffte. Diese Maßnahmen sollten
schließlich zu einem beschleunigten Wirtschaftswachstum führen.

Die Ergebnisse der zahlreichen Versuche,
das Wirtschaftssystem zu reformieren, waren recht unbefriedigend. Die insgesamt ge-

ringe Effizienz des polnischen Wirtschafts-
systems löste die Demonstrationen der Jahre
1970, 1976 und 1980/1981 aus und macht
sich in der gegenwärtigen, tiefgreifenden
Wirtschaftskrise bemerkbar. Dabei wird
aber sichtbar, wie begrenzt der Spielraum
für Wirtschaftsreformen in einem System ist,
in dem die Leitungseinheit der Wirtschaft
beibehalten werden muß und die politische
Zielsetzung den Vorrang vor der ökonomischen Notwendigkeit behält.

Exkurs: Die neue Wirtschaftsreform

Als Heilmittel für die gegenwärtige Wirtschaftskrise gilt eine neue Wirtschaftsreform, die 1981 in Gang gesetzt wurde. Ein
Novum dieses Wirtschaftsreform-Konzeptes
ist die neuformulierte Stellung und Rolle
des einzelnen Betriebes in der Volkswirtschaft. Die Betriebe sollen eine weitreichende Selbständigkeit in Organisation, Planung,
Verwaltung und Finanzierung erhalten. In
der Praxis würde dies bedeuten, daß ein
Betrieb selbst Umfang und Art der Produktion unter Berücksichtigung der eigenen Finanzierungsmöglichkeiten festlegen könnte.
Ferner soll der Betrieb über den Arbeitskräftebesatz sowie Lohn- und Preisgestaltung
selbst entscheiden können, wobei die Richt-
preise vom Staat festgelegt werden. Zum
wichtigsten Grundsatz der Betriebstätigkeit
soll seine ökonomische Rentabilität werden;
unrentable Betriebe würden demnach in
Konkurs gehen können.
In diesem Zusammenhang hat die zentra-
Verwaltung eine Koordinations- und
Schutzfunktion zu erfüllen. Dabei sind Rolle
und Funktion der Wirtschafts- bzw. Branchenministerien in diesem neuen Organisa-
tionssystem verändert worden. Am 1. Juli
1981 reduzierte man die Zahl der Ministerien und regelte ihre Funktionen neu. Beispielsweise wurden ihnen die Befugnisse zur
Erteilung von Direktiven und Weisungen

gegenüber den einzelnen Betrieben sowie die Verteilung der Investitionsmittel formell entzogen. Darüber hinaus löste man am 1. Januar 1982 die Wirtschaftsvereinigungen auf, die allerdings gegebenenfalls durch freie „Verbindungen" ersetzt werden konnten, was de facto auf dasselbe wie vorher hinauslief. Während des Ausnahmezustandes (poln.: stan wojenny), der am 13. Dezember 1981 in Kraft trat, sollte der Selbständigkeits- und Selbstfinanzierungsgrundsatz der Betriebe erhalten bleiben. Die Eigenständigkeit der Betriebe ist jedoch insofern eingeschränkt worden, als bestimmte Produktionsbereiche bevorzugt wurden, die für den Staat von strategischer Bedeutung sind. Im Staatsmonopol verblieben auch Ankauf, Beschaffung und Verteilung von bestimmten Rohstoffen und Vorprodukten. Der Verkauf dagegen wurde ausschließlich durch bevollmächtigte Handelszentralen abgewickelt. Mit dem Ausnahmezustand wurde auch der Grundsatz der Selbstverwaltung der Betriebe durch Suspension der Arbeiterräte aufgehoben. Seit der Aufhebung des Ausnahmezustandes im Juli 1984 können sich die Arbeiter- bzw. Betriebsräte neu konstituieren.

2.3.2
Die Rolle der Volkswirtschaftspläne

Gemäß der Verfassung der VR Polen vom 22. Juni 1952 werden die Regierungsaufgaben und die Lenkungsmechanismen der Wirtschaft in den Volkswirtschaftsplänen festgelegt. Die Pläne gelten für unterschiedliche Zeiträume, wobei die Laufzeit weitgehend Zweck und Inhalt des Plans bestimmt. Man unterscheidet in der Regel drei Arten von Wirtschaftsplänen:
– Die langfristigen Pläne (Perspektivpläne) mit einer Laufzeit von zehn und mehr

Jahren. Sie haben keine operativen Funktionen, sondern beinhalten langfristige Ziele zur Strukturveränderung und Richtlinien (Indices) zur angestrebten Wachstumsdynamik der Volkswirtschaft (Anstieg des Bruttosozialproduktes, des Volkseinkommens, des Konsums, der Akkumulation, der Investitionen und des Außenhandelsvolumens). Neben den nationalen Perspektivplänen werden auch langfristige regionale Pläne erarbeitet, die Leitlinien zu angestrebten wirtschaftlichen Strukturveränderungen für die betreffende Region zum Inhalt haben.
– Die mittelfristigen Pläne, die in der Regel für fünf Jahre gelten, stellen das grundlegende Instrumentarium zur Volkswirtschaftslenkung dar. In diesen Plänen werden die Ziele der Perspektivpläne konkretisiert und detaillierte Aufgaben in Aufteilung auf Wirtschaftszweige, Ministerien, Wirtschaftsvereinigungen und Regionen (Wojewodschaften) festgelegt, beispielsweise über Produktionskapazitäten und Beschäftigungsvolumen.
– Die kurzfristigen Pläne, meist Jahrespläne, haben eine operative Funktion. Sie haben die Durchführung von einzelnen Aufgaben der mittel- bzw. langfristigen Pläne zu organisieren und zu konkretisieren. Sie umfassen einen breiten Katalog von ins Detail gehenden Aufgaben und sind dann die wichtigste Grundlage der endgültigen konkretisierten Planauflage für die einzelnen Wirtschaftseinheiten.

Die Entwürfe für alle Pläne werden auf zentraler Ebene durch die Staatliche Planungskommission unter Mitwirkung von Fachministerien bzw. Wirtschaftsvereinigungen erarbeitet. Die festgelegten Planauflagen, d. h. Kennziffern oder Normative (wie z. B. Wert der Warenproduktion für den Markt, das Limit für den Umfang des Lohnfonds u. a.) übermittelt man sodann den untergeordneten Wirtschaftsorganisationen. Die

Unternehmen der niederen Ebene beteiligen sich an der Planung durch die Erstellung von „Gegenplänen", die in aufsteigender Linie zunächst den Wirtschaftsvereinigungen vorgelegt und dann über die Ministerien an die Staatliche Planungskommission weitergereicht werden. Ob diese „Gegenpläne" berücksichtigt werden, hängt davon ab, inwieweit sie den Zielen der Zentralorgane entsprechen. Die endgültige Fassung des Volkswirtschaftsplans wird ebenfalls auf zentraler Ebene erarbeitet. Rechtsgültig wird der Plan nach der Beschlußfassung des Ministerrats und der formalen Bestätigung durch den Sejm. Die Auflagen des Volkswirtschaftsplanes leitet man wiederum in absteigender Linie bis zur unteren Ebene.

Die Volkswirtschaftsplanung erfolgt in einer engen Übereinstimmung mit den Direktiven der Polnischen Vereinigten Arbeiterpartei. Diese Direktiven sind in Beschlüssen der Kongresse (Parteitage) der PVA und der Plenarsitzungen des Zentralkomitees der PVA enthalten.

Exkurs: Neugestaltung des Planungsablaufs im Rahmen der Wirtschaftsreform

Im Rahmen der anlaufenden Wirtschaftsreform wurde am 26. Februar 1982 mit Wirkung ab 1. Juli 1982 ein neues Gesetz zur Volkswirtschaftsplanung verabschiedet. Damit soll der hierarchisch, vielstufig und vertikal ablaufende Planungsprozeß, d. h. die Planung von „oben" nach „unten", aufgehoben werden. Die Devise der neuen Planungspraxis soll heißen: „jeder plant für sich selbst". Im einzelnen bedeutet das:

– Auf zentraler Ebene werden Zentralpläne, d. h. Perspektiv-, Fünfjahres- und Jahrespläne, erarbeitet. Sie sollen allgemeine Leitlinien zur Entwicklung der gesamten Volkswirtschaft und Schwerpunkte der Wirtschaftspolitik festlegen. Sie werden von der Staatlichen Planungskommission beim Ministerrat entworfen und vom Sejm verabschiedet. Dabei beabsichtigt man, den Einfluß des Parlaments in bezug auf Gestaltung der Wirtschaftspläne erheblich zu verstärken. Das Parlament soll die Pläne nicht nur formal verabschieden, sondern zuvor über verschiedene Plankonzeptionen und die Möglichkeiten ihrer Realisierung beraten.

– Auf territorialer Ebene (Wojewodschafts- und Kommunenpläne) sollen Fünfjahres- bzw. Jahrespläne erarbeitet und von den Wojewodschafts- bzw. Kommunenräten verabschiedet werden. Sie beinhalten Ziele, Richtlinien und Aufgaben zur wirtschaftlichen Entwicklung des jeweiligen Gebietes.

– Auf der Ebene der einzelnen Betriebe (Betriebs- bzw. Unternehmenspläne) sollen in der Regel Jahrespläne sowie Entwicklungspläne oder Prognosen entworfen werden, wobei die Betriebe über Umfang der Planaufgaben und Details selbst entscheiden können. Wenn es sich aber um Unternehmen handelt, die mit der Versorgung der Wirtschaft mit Rohstoffen oder mit der Realisierung langfristiger Auslandsverträge verbunden sind, kann die Regierung sie verpflichten, Fünfjahrespläne zu erarbeiten. Die auf den jeweils unteren Ebenen entwickelten Pläne bedürfen keiner Absprache mit den übergeordneten Verwaltungsinstanzen. Die Übereinstimmung der Tätigkeit der einzelnen Wirtschaftseinheiten mit der Zielsetzung der Zentral- bzw. Territorialpläne soll auf der Grundlage von Verträgen zwischen den Organen der staatlichen Administration und den einzelnen Einheiten der vergesellschafteten Wirtschaft erreicht werden.

Anders als bisher soll jetzt ein Finanzplan integraler Bestandteil des gesamten Planungssystems sein, d. h., daß die Zielsetzung des Volkswirtschaftsplans und ihre Realisierung sich an den Finanzierungsmöglichkeiten des Staates orientieren muß.

2.3.3
Die Rolle der Raumplanung

Neben der oben geschilderten Wirtschaftsplanung wird in Polen auch eine Raumplanung betrieben. Die Ansätze der Raumplanung in Polen gehen noch auf die ersten
Jahrzehnte des 19. Jh. zurück, die methodi-
schen und organisatorischen Grundlagen
der Raum- bzw. Regionalplanung wurden
allerdings erst in den 30er Jahren des
20. Jh. ausgearbeitet. Vor dem Zweiten
Weltkrieg verfügte Polen über ein funktions-
fähiges, dreistufiges Raumplanungssystem
(Lokal-, Regional- und Landesentwick-
lungsplanung).

In den 30er Jahren wurde z. B. das Landes-Raum-
planungsbüro gegründet, das eine erste Konzeption der Raumordnung zu entwerfen hatte. Zu
diesem Zweck gliederte man das damalige Territorium in drei, sich hinsichtlich des sozio-ökonomischen Entwicklungsstands stark unterscheiden-
den Gebiete (sog. Polen A, B und C), für die der
Plan unterschiedliche wirtschaftspolitische Maßnahmen zur Strukturverbesserung vorsah. In erster Linie ging es um eine Wirtschaftsförderung für
das sog. „Polen C", dem am stärksten zurückgebliebenen östlichen Teil Polens; im einzelnen handelte es sich hier um die Entwicklung des „Zentralen Industriebezirks" (COP).

Diese Raumplanungstradition versuchte
man auch nach dem Zweiten Weltkrieg unter veränderten politisch-ökonomischen Bedingungen fortzusetzen; der vorkriegszeitliche Planungsablauf von „unten nach oben"
wurde allerdings umgekehrt. 1946 entstand
das Hauptplanungsamt, mit entsprechenden
Stellen auf Wojewodschafts- und Ortsebe-
ne. Diese waren von den Wirtschaftspla-
nungsorganen institutionell unabhängig. Ende der 40er Jahre löste man sie auf und ihre
Aufgaben übernahmen von nun an die Wirt-
schaftsplanungsstellen (auf Zentralebene
die Kommission für Wirtschaftsplanung).
Somit wurde die Raumplanung in den 50er
Jahren völlig bedeutungslos. Es wurden kei-

ne langfristigen Landes-Raumbewirtschaftungspläne erarbeitet; die regional desaggre-
gierten Wirtschaftspläne sollten die Raumplanung ersetzen.

1957 wurde eine neue „Planungskommission" beim Ministerrat gegründet und parallel hierzu die Kommission für „Regional-
Perspektivpläne" die über entsprechende
Stellen auf Wojewodschaftsebene verfügten.
1961 wurde ein Gesetz zur Raumplanung
erlassen, das den Verflechtungsgrad der
Wirtschafts- und Raumplanung und die
rechtlich-organisatorischen Formen der
Raumplanung regelte. Dadurch wurde der
institutionelle Dualismus der Planung aufgehoben und theoretisch eine Integration dieser beiden Planungssysteme eingeleitet, die
u.a. die Wirtschafts- und Raumentwicklungspläne zeitlich aufeinander abstimmen
sollte. Die Raumplanung blieb allerdings in
der Zuständigkeit der Wirtschaftsplanungs-
organe. Das 1960 eingerichtete „Büro für
Raumbewirtschaftung" sollte in enger Bindung an den von der Planungskommission
vorbereiteten Perspektiv-Wirtschaftsplan einen Landes-Raumbewirtschaftungsplan für
den Zeitraum 1966–1985 erarbeiten. Dieser,
übrigens ähnlich wie der schon in den 40er
Jahren entworfene Raumentwicklungsplan
für die Jahre 1946–1985, hat keine verbindliche Geltung erhalten.

Seit Ende der 60er Jahre ist das Interesse für
raumrelevante Probleme gewachsen; feder-
führend hierbei war die Polnische Akademie
der Wissenschaften. Das ihr angegliederte
„Institut für Geographie und Raumbewirtschaftung" sollte in enger Zusammenarbeit
mit dem 1973 gegründeten „Institut für
Umweltgestaltung" die Vorbereitungsarbei-
ten zu einem neuen Landes-Raumbewirtschaftungsplan koordinieren. Der „Landes-
Raumbewirtschaftungsplan bis zum Jahre
1990" (poln. Plan przestrzennego zagospodarowania kraju do roku 1990), wurde 1974
verabschiedet und war der erste nach 1945,
der eine verbindliche Geltung hatte. Er

steckt im wesentlichen den Rahmen der angestrebten Entwicklung des Landes und der einzelnen Regionen ab.

Die wichtigsten allgemeinen Ziele dieses Plans sind:

1. Gestaltung des räumlichen Milieus in Übereinstimmung mit den Bedürfnissen der heutigen und der nachfolgenden Generationen.
2. Beschleunigung der Landesentwicklung durch rationelle Ausnutzung der Ressourcen und Reserven der einzelnen Regionen sowie durch rationelle Bewirtschaftung des Raumes.
3. Stärkung der Integration einzelner Landesteile.
4. Planvolle und rationelle Lokalisierung des neugeschaffenen Volksvermögens.
5. Verringerung der Unterschiede bei der Entwicklung der einzelnen Regionen und im Lebensstandard der Bevölkerung durch Beschleunigung der Entwicklung und Aktivierung der schwächer entwickelten Gebiete.
6. Vollständigere Ausnutzung der geographischen Lage Polens für die internationale Zusammenarbeit und die Verkehrsverbindungen.

Neben diesen recht vage formulierten nationalen Zielsetzungen enthält dieser Plan noch detaillierte Zielvorgaben für die einzelnen Volkswirtschaftsbereiche bzw. für die Regionen; diese sind allerdings nicht im gleichen Maße verbindlich, wie etwa die gesetzlichen Fünfjahres-Wirtschaftspläne.

Als Prämisse wurde diesem Raumentwicklungsplan das Kriterium der landesweiten wirtschaftlichen Effektivität zugrundegelegt, denn nur dann sieht man die Möglichkeiten einer richtigen Lösung der Entwicklungsprobleme einzelner Landesteile. Die Unterordnung der Raumentwicklungskonzeption unter das übergeordnete Ziel der Wirtschaftspolitik – d. h. vorrangig wirtschaftliches Wachstum – wird auch hier deutlich.

In Verbindung mit der territorialen Verwaltungsreform von 1975 gab es erneut Veränderungen im Raumplanungssystem, allerdings unter Beibehaltung der gesetzlichen Grundlagen von 1961; neue Vorschriften regelten nur bestimmte Fragen der Raumplanung und widersprachen sich oft.

Infolge der institutionellen Integration der Wirtschafts- und Raumplanung wurde die Raumplanung erheblich geschwächt und der Wirtschaftsplanung völlig untergeordnet. Ab der zweiten Hälfte der 70er Jahre wurden keine längerfristigen Landes-Raumbewirtschaftungspläne mehr entworfen, da die Raumplanung meistens als „wirklichkeitsfremd" und als „Wunschträumerei" angesehen wurde; Priorität hatten die ökonomischen Belange, insbesondere die der Industrie, auch in bezug auf die Standortentscheidungen.

2.4
Grundzüge der Wirtschaftspolitik

Die Richtlinien für die wirtschaftliche Entwicklung Polens in der Nachkriegszeit (1947–1980) wurden in mehreren mittelfristigen Volkswirtschaftsplänen formuliert.

Der nachstehende Überblick über die wichtigsten Ziele der einzelnen mittelfristigen Volkswirtschaftspläne soll die Schwerpunkte der staatlichen Wirtschaftspolitik der vergangenen drei Jahrzehnte und ihre Ergebnisse verdeutlichen.

Dreijahresplan (1947–1949). Ziele: Wiederaufbau des im Zweiten Weltkrieg zerstörten Potentials, eine ausgewogene Entwicklung der Volkswirtschaft, Umgestaltung der sozio-ökonomischen Struktur des Landes, Integration der neu angegliederten West- und Nordgebiete. Ergebnisse: Dieser Plan wurde infolge der innenpolitischen Umwälzungen abgebrochen. Seit 1948 wurde die Industrialisierung verstärkt vorangetrieben.

Sechsjahresplan (1950–1955) – ein Plan zur „Entwicklung der Wirtschaft und Errichtung der Grundlagen des Sozialismus". Ziele: Rasche Industrialisierung, vor allem Aufbau der Schwerindustrie, Kollektivierung der Landwirtschaft, Beseitigung der regionalen Disparitäten im Entwicklungsstand. Ergebnisse: Die hohen Investitionsausgaben für die Industrieentwicklung, darunter vornehmlich in der Schwerindustrie, verstärkten die Unterschiede in der Entwicklung der einzelnen Industriezweige und der übrigen Wirtschaftssektoren. Die landwirtschaftliche Produktion stieg langsamer an als die Zahl der Bevölkerung, vor allem die der städtischen. Engpässe in der Versorgung der Bevölkerung führten Anfang der 50er Jahre zur Rationierung der Grundnahrungsmittel.

Der *1. Fünfjahresplan (1956–1960).* Ziele: Überwindung der schlechten wirtschaftlichen Lage und Verbesserung der Lebensbedingungen der Bevölkerung durch Mobilisierung aller vorhandenen Wirtschaftsreserven als Reaktion auf die Arbeiterunruhen im Sommer und Herbst 1956. Ergebnisse: Durch eine verstärkte Konsumförderung und durch den vorläufigen Verzicht auf die Kollektivierung der Landwirtschaft konnte eine gewisse wirtschaftliche und innenpolitische Stabilität erreicht werden.

Der *2. Fünfjahresplan (1961–1965).* Ziele: Beschleunigte Entwicklung der Produktionskräfte zur Stärkung des Wirtschaftspotentials, Ausschöpfung der heimischen Rohstoffquellen, um dem Bedarf der Industrie nachzukommen, Steigerung des Konsums, Verringerung des wirtschaftlichen Rückstandes Polens gegenüber den anderen europäischen Ländern. Ergebnisse: Die im Plan gestellten Ziele wurden unter anderem in der Produktion der Konsumgüter, der Agrarproduktion, der Entwicklung der Realeinkommen und beim Bruttosozialprodukt nicht erreicht.

Der *3. Fünfjahresplan (1966–1970).* Ziele: Eine ähnliche Zielsetzung wie im 2. Fünfjahresplan, Reformen im Planungssystem und in der Wirtschaftsverwaltung, um die Effizienz und Leistungsfähigkeit der Wirtschaft zu erhöhen (z. B. neue Organisationsformen in den Wirtschaftsvereinigungen, erweiterte Kompetenzen der Vereinigungen an der Erarbeitung von Wirtschaftsplänen). Ergebnisse: Die Planziele wurden nicht erreicht. Stagnierende Einkommen, Engpässe in der Versorgung der Bevölkerung, Wohnungsnot und schließlich Preiserhöhungen für Grundnahrungsmittel führten im Dezember 1970 erneut zu sozialen und politischen Konflikten. Die Veränderung der politischen Führungsspitze des Landes Ende 1970 setzte neue Akzente in der Wirtschaftspolitik.

Der *4. Fünfjahresplan (1971–1975).* Ziele: Beschleunigtes Wirtschaftswachstum in Verbindung mit einer raschen Steigerung des Lebensstandards der Bevölkerung, Modernisierung der Wirtschaftszweige durch Ankauf von Technologien und technischer Ausrüstung im westlichen Ausland, mit Finanzierung der Investitionen zum Teil durch ausländische Kredite, Erweiterung der heimischen Rohstoffbasis. Ergebnisse: Bis 1974 erstaunlich gute Erfolge im Wirtschaftswachstum, gewisse Verbesserung der materiellen Lage der Bevölkerung, auch bei den in der Landwirtschaft Tätigen. Ab 1974 treten erste Symptome einer Wirtschaftskrise auf. Überforderung der Staatsfinanzen mit überaus hohen und oft nicht geplanten Investitionsausgaben, Probleme in der Versorgung der Industrie mit Rohstoffen und Energie sowie der Bevölkerung mit Waren des täglichen Bedarfs. Die stark angestiegene Kaufkraft der Bevölkerung führt zu Störungen des Marktgleichgewichts. Nach den Versuchen, die Lebensmittelpreise zu erhöhen, kam es im Sommer 1976 erneut zu Bevölkerungsunruhen.

Der *5. Fünfjahresplan (1976–1980).* Ziele: Überwindung der aufgetretenen Wirtschaftsschwierigkeiten, Wiederherstellung des Marktgleichgewichts und Abbau der Auslandsverschuldung, Steigerung der Produktion von Konsumgütern, Forcierung von Wohnungsbau und Landwirtschaft. Ergebnisse: Geringe oder ausbleibende Erfolge in der Herstellung des Marktgleichgewichts, wachsende Schulden im Ausland und der Mangel an Rohstoffen und Energie führen zur Stagnation oder zum Rückgang der industriellen Produktion. Begrenzte Importe an Futtermitteln lassen die Fleischproduktion zurückgehen. Rückläufige industrielle und agrarische Produktion führt zu großen Engpässen bei der Versorgung der Bevölkerung mit Gütern des täglichen Bedarfs, die nun rationiert werden müssen. An allen diesen Schwierigkeiten entzündet sich der wohl schwerste gesellschaftliche und politische Konflikt in der Nachkriegsgeschichte Polens.

Im Sommer 1980 brechen Arbeiterstreiks aus, die das ganze Land erfassen und zur Bildung der freien Gewerkschaft „Solidarność" führen. Unter dem Druck der Öffentlichkeit zeigt sich die Regierung bzw. die Partei zunächst bereit, auf die weitreichenden Forderungen der Bevölkerung bzw. der Gewerkschaft „Solidarność" einzugehen. Es werden erste Schritte zu einer Wirtschaftsreform unternommen. Die eingeleitete Demokratisierung des öffentlichen Lebens erweist sich für die politische Führung des Landes wie auch für die der „befreundeten" Länder als gefährlich, weil sie gefestigte Machtstrukturen bedroht; in der Folge wird am 13. 12. 1981 der Ausnahmezustand verfügt und die Arbeiterbewegung blutig zerschlagen. Die Wirtschaft und die öffentlichen Institutionen werden einer Militärverwaltung unterstellt; es herrscht Arbeitspflicht. Keine langfristigen Wirtschaftspläne werden verabschiedet. Die Militärregierung erhöht drastisch die Preise für Nahrungsmittel und andere Waren sowie für Mieten, Brennstoffe und Energie und rationiert fast alle Nahrungsmittel und Industrieerzeugnisse, verspricht aber, den Reformkurs fortzusetzen. Die persönlichen Freiheiten der Bevölkerung werden eingeschränkt, die Gewerkschaft „Solidarność" wird verboten. Im März 1983 verabschiedet man den Dreijahres-Volkswirtschaftsplan. Der *Dreijahresplan (1983–1985)* – „Plan zur

Umgestaltung der Wirtschaftsstruktur" wird als erster nach den neuen Planungsrichtlinien erarbeitet (Kap. 2.3.2). Ziele: Vorrangiges Ziel ist die Bewältigung der politischen und wirtschaftlichen Krise; weitere Vorhaben sind: 1. Fortsetzung des Reformkurses, 2. Umstrukturierung der Wirtschaft, 3. Umorientierung im Außenhandel (Verringerung der Abhängigkeit von Importen), 4. Förderung von Wissenschaft, Forschung und technologischem Fortschritt, 5. Sicherstellung der Nahrungsmittelversorgung bei radikaler Verringerung der Abhängigkeit von Nahrungsmittelimporten, 6. höchstmögliche Befriedigung des Wohnungsbedarfs und damit verbundene Entwicklung der infrastrukturellen Einrichtungen in den Städten, 7. Schutz der einkommensschwachen Bevölkerungsgruppen vor den Folgen der Krise.

Ergebnisse: Eine allmähliche Entspannung der innenpolitischen Situation; im Juni 1983 Aufhebung des Ausnahmezustandes. Eine sehr langsame Erholung der Wirtschaft; Anstieg der Agrar- und Industrieproduktion sowie der Zahl der fertiggestellten Wohnungen. Gewisse Verbesserung der Versorgungslage, Aufhebung der Rationierung einiger Nahrungsmittel. Die Bewältigung der Wirtschaftskrise bleibt weiterhin die Hauptaufgabe.

Fazit: Stellt man die Zielsetzung der Wirtschaftspläne den in Wirklichkeit realisierten Vorhaben gegenüber, so gewinnt man den Eindruck, daß diese Pläne kein realistisches Programm darstellen. Manche dieser Pläne lassen hauptsächlich eine Ansammlung von pauschalen Absichtserklärungen ohne wirklichkeitsnahe Realisierungsmöglichkeiten erkennen. Das wirtschaftspolitische Programm der Nachkriegszeit war von vornherein, zumindest seit Ende 1948, voller Zielkonflikte. Diese rührten zum einen von dem permanenten Kapitalmangel, zum anderen von dem stark forcierten Aufbau der Industrie her. Dies betraf vor allem die äußerst kapitalintensive Grundstoff- und Schwerindustrie, sowie das erklärte Vorhaben, gleichzeitig die Konsumgüterindustrie und die übrigen Wirtschaftssektoren zu entwickeln und den Lebensstandard der Bevölkerung zu erhöhen.

Die hier skizzenhaft umrissene Wirtschaftspolitik, die in ihrem Kern bis zu Beginn der 80er Jahre auf die rasche Industrialisierung abgestellt war – worauf die Investitionsmittelverteilung hinweist (Tab. 1) –, steckte den Rahmen für den Wandel der Wirtschafts- und Gesellschaftsstruktur sowie für die Veränderung des räumlichen sozio-ökonomischen Gefüges in Polen nach dem Zweiten Weltkrieg ab.

Tabelle 1: Verteilung der Investitionsmittel auf einzelne Wirtschaftszweige 1946–1984

Wirtschaftszweige	Investitionsmittel in Prozent (Jahresdurchschnitt)							
	1946–1949	1950–1955	1956–1960	1961–1965	1966–1970	1971–1975	1976–1980	1981–1984
Insgesamt	100,0	100,0	100,0	100,0	100,0	100,0	100,0	100,0
Investitionen für den produktiven Bereich der Wirtschaft (Produktionsfonds)	67,9	73,7	69,5	73,4	76,7	77,8	75,5	65,0
Investitionen für den konsumptiven Bereich der Wirtschaft (Konsumfonds)	32,1	26,3	30,5	26,6	23,3	22,2	24,5	35,0
Industrie	23,6	44,8	40,4	41,5	40,1	42,2	38,9	28,8
Bauwesen	1,0	2,2	3,0	3,6	4,6	4,8	5,0	2,2
Landwirtschaft	}24,7	10,0	12,3	13,6	15,4	14,9	16,3	18,2
Forstwirtschaft		0,4	0,4	0,4	0,4	0,4	0,5	0,7
Transport- und Nachrichtenwesen	18,1	12,7	9,5	10,9	12,1	10,7	9,2	6,8
Handel	2,4	3,2	3,0	3,0	3,5	2,6	2,0	2,4
Kommunalwirtschaft	1,2	4,1	4,2	3,7	2,4	3,6	4,8	7,0
Wohnungsbau	21,8	12,3	19,4	16,1	15,3	14,4	17,0	25,8
Sonstige (Sozial- und Gesundheitswesen, Wissenschaft, Kultur u. a.)	7,2	10,3	7,8	7,2	6,2	6,4	6,3	8,1

Anmerkung:
Bis 1970 konstante Preise von 1961, 1971 bis 1980 konstante Preise von 1977, ab 1981 konstante Preise von 1982

Quelle: Rocznik Statystyczny 1969, 1971, 1981 und 1985

3 Die Bevölkerung

Mit seiner Einwohnerzahl nimmt Polen den 6. Platz in Europa (ohne UdSSR) ein. Bei einer durchschnittlichen Bevölkerungsdichte von 119 Ew./qkm (37,06 Mill. Ew./312 683 qkm) schwanken gegenwärtig die Dichtewerte auf Wojewodschaftsebene zwischen 42 und 754 Ew./qkm, wobei sich ein relativ deutlicher Süd-Nord-Gegensatz erkennen läßt (Abb. 6). Mit ihren wertvollen Rohstoffen und ertragreichen Böden gehören die südlichen Landesteile zu den dichtbevölkerten Gebieten. Ihnen stehen vergleichsweise dünn besiedelte nordöstliche, östliche und nordwestliche Landesteile gegenüber. Im Norden Polens weist nur die Wojewodschaft Danzig mit ihrer sich rasch entwickelnden Industrie eine überdurchschnittlich hohe Be-

völkerungsdichte auf. In Mittelpolen, das ebenfalls eine relativ geringe Bevölkerungsdichte aufweist, heben sich nur die Wojewodschaften Lodz und Warschau mit den zwei größten Städten des Landes und der höchsten Einwohnerdichte ab. Hier konzentrieren sich auf 1,7% der Landesfläche 9,6% der Gesamtbevölkerung. Rechnet man noch die Wojewodschaft Kattowitz mit ihren rund 3,9 Mill. Einwohnern hinzu, so ergibt sich, daß auf 3,6% des Staatsterritoriums ein Fünftel (20,2%) der Polen lebt. In diesen drei Wojewodschaften ist in den vergangenen drei Jahrzehnten die Bevölkerung am schnellsten angewachsen, was nicht zuletzt auf die hohen Zuwanderungsüberschüsse zurückzuführen ist.

Abb. 6: Bevölkerungsverteilung und Wanderungen

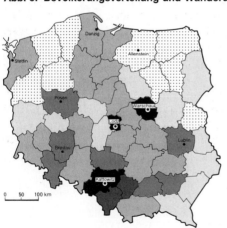

Bevölkerungsdichte 1982 (Ew./km^2)

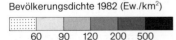

| 60 | 90 | 120 | 200 | 500 |

Landesdurchschnitt 116

Min. 41 Woj. Suwałki
Max. 749 Woj. Lodz

Entwurf: A. Kapala

jährlicher Wanderungssaldo 1971–1978 (‰)

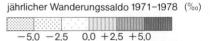

| −5,0 | −2,5 | 0,0 | +2,5 | +5,0 |

Min. − 9,2 Woj. Łomża
Max. +10,0 Woj. Liegnitz

Quelle: Rocz. Demograficzny, 1983;
Ludność ..., NSP 1978

3.1
Bevölkerungsmobilität nach 1945

3.1.1
Bevölkerungsumverteilung im neuen Staatsgebiet

Der Verlust der polnischen Ostgebiete an die Sowjetunion sowie die Eingliederung der Ostdeutschen Gebiete nach Polen lösten nach 1945 außerordentlich umfangreiche Bevölkerungsverschiebungen aus und verursachten tiefgreifende Veränderungen in der Verteilung und Struktur der Bevölkerung. Sie erreichten ein in der jüngeren Geschichte Europas unbekanntes Ausmaß.

Die aus der Veränderung des Staatsterritoriums resultierenden grenzübergreifenden Umsiedlungen der Bevölkerung umfaßten in den ersten Nachkriegsjahren mehr als 4 Mill. Personen (nach polnischen Angaben). In den Jahren 1946 bis 1949 wurden im Rahmen der Aussiedlungsaktionen etwa 2,5 Mill. Deutsche nach Mittel- und Westdeutschland und 0,5 Mill. Personen (1945–1946), die den ethnischen Minderheiten angehörten (Litauer, Weißrussen und Ukrainer), in die Sowjetunion ausgewiesen. Im Zeitraum von 1944 bis 1949 überführte man andererseits 1,5 Mill. Menschen aus den ehemaligen polnischen Ostwojewodschaften, die an die Sowjetunion angegliedert wurden, nach Polen. Weitere 1,5 Mill. Polen kehrten zwischen 1945 und 1949 aus dem westlichen Ausland (sog. Reemigranten) zurück, vornehmlich Bergarbeiter, die aus Belgien und Frankreich ausgewiesen worden waren, ferner nach Deutschland verschleppte Zwangsarbeiter und ehemalige Kriegsgefangene.

Nachdem diese durch Krieg und Grenzverschiebung bedingten Umsiedlungsaktionen bis 1950 im großen und ganzen beendet waren, sind die Außenwanderungen (vor allem die Auswanderung) fast völlig eingeschränkt worden. Erst nach 1956 konnte ein Teil der deutschstämmigen Bevölkerung im Rahmen der Familienzusammenführung Polen verlassen. Auch ein Teil der jüdischen Bevölkerung ist damals nach Israel ausgewandert. In den Jahren 1956–1959 emigrierten 331 500 Personen, gleichzeitig siedelten 255 400 Menschen nach Polen über (meist Polen aus der Sowjetunion). In den nachfolgenden Jahren wurde die Marke von 30 000 Auswanderern pro Jahr kaum überschritten, wobei deren Zahl im Jahre 1975 besonders niedrig war. Erst in der zweiten Hälfte der 70er Jahre stieg die Zahl der Emigranten deutlich über 20 000 im Jahr an und erreichte 1979 mit 34 000 den Höchststand (1984: 15 800).

Da in der Regel mehr als drei Viertel aller Emigranten in den Wojewodschaften Kattowitz, Oppeln und Allenstein gewohnt haben, in denen der Anteil der deutschstämmigen Bevölkerung überdurchschnittlich hoch ist, ist anzunehmen, daß es sich bei den Auswanderern hauptsächlich um diese Bevölkerungsgruppe handelt. Es ist auch allgemein bekannt, daß ein Teil dieser Personen Polen nicht offiziell als Emigranten verlassen, sondern oft als Touristen oder Familienbesucher die Ausreise aus Polen nutzen, um sich ins Ausland abzusetzen. Von 1952 bis 1984 haben 598 600 Personen Polen verlassen. Die Zahl der Einwanderer belief sich beispielsweise für den Zeitraum 1960–1982 im Jahresdurchschnitt auf 2100.

3.1.2
Binnenwanderungen

Mehr als 40 Mill. Polen haben schätzungsweise in den Jahren 1946 bis 1984 ihren Wohnsitz gewechselt (seit 1952 gibt es erst eine genauere Wanderungsstatistik); die Binnenwanderungen waren somit ungleich umfangreicher als die Außenwanderungen. Die hohe Mobilität der polnischen Bevölkerung bestätigen auch die Ergebnisse der Volkszählung von 1978: rund 16 Mill., d. h. 46% der Polen, wohnten damals nicht mehr an ihrem Geburtsort. Ursachen hierfür wurden neben der Veränderung der Staatsgrenzen vor allem durch die ungleiche räumliche Verteilung des Arbeitskräftepotentials und der Arbeitsplätze gesehen.

Den größten Umfang erreichten die Binnenwanderungen in der ersten Nachkriegszeit (1946–1950), als die Ost-West-Verlagerung der Bevölkerung bzw. die Neubesiedlung der Polen zugewiesenen Gebiete in vollem Gange war. Die Zahl der Wohnsitzveränderungen wurde für die damalige Zeit auf rund 7,1 Mill., die durchschnittliche jährliche Wanderungsrate auf rund 58‰ geschätzt.

Diese hohen Werte sind nicht ungewöhnlich, wenn man bedenkt, daß in den Polen zugewiesenen deutschen Ostgebieten ein fast vollständiger Bevölkerungsaustausch stattfand.

Vor dem Kriege lebten dort 8,86 Mill. Menschen; während des Krieges ist ein Teil von ihnen vor der nach Westen vorrückenden Roten Armee geflüchtet, viele sind umgekommen oder wurden nach dem Krieg aus ihrer Heimat ausgewiesen. Zur Volkszählung von 1950 wohnten in diesen Gebieten 5,9 Mill. Menschen. Den größten Einwohneranteil (49,1%) bildeten die aus überbevölkerten ländlichen Gebieten Ost- und Zentralpolens stammenden Zuwanderer. Weitere 26,9% stellten die Aussiedler aus den ehemaligen polnischen Ostwojewodschaften, die am stärksten in den Wojewodschaften Breslau und Grünberg (Wojewodschaftsgrenzen vor 1975) vertreten waren. Auf die bodenständige Bevölkerung (im polnischen Sprachgebrauch „Autochthonen") entfielen 19,6% und auf die Reemigranten 2,6%.

Neben dem nach Westen ausgerichteten Wanderungsstrom fand eine intensive Abwanderung vom Lande in die Städte statt, die insbesondere in den Nord- und Westgebieten ein hohes Ausmaß erreichte. Viele Zuwanderer vom Land ließen sich auch hier zunächst auf dem Lande nieder, zogen aber anschließend auf der Suche nach Arbeit in die noch teilweise entvölkerten Städte um. Somit rekrutierte sich die Einwohnerschaft der dortigen Städte zum größten Teil aus Dorfbewohnern, die eine lange Zeit noch an ihren hergebrachten Traditionen und Verhaltensweisen festhielten. Dieses Phänomen wurde oft mit dem Begriff „Ruralisierung der Städte" umschrieben.

Die hohe Bevölkerungsmobilität der 50er Jahre ließ im Laufe der Zeit nach. Die Abschwächung dauerte bis zur Mitte der 70er Jahre, um dann wieder anzusteigen. Zu Beginn der 80er Jahre ist die Mobilitätsbereit-

Tabelle 2: Durchschnittliches jährliches Wanderungsvolumen nach Richtungstypen der Migrationen 1952–1984

Zeitraum	Land – Stadt		Stadt – Land		Stadt – Stadt		Land – Land	
	in 1000	je 1000 Ew.	in 1000	je 1000 Ew.	in 1000	je 1000 Ew.	in 1000	je 1000 Ew.
1952–1955	363,2	13,7	263,3	9,9	392,7	14,8	389,1	14,7
1956–1960	322,1	11,2	238,1	8,3	311,6	10,9	471,7	16,5
1961–1965	260,8	8,5	160,2	5,2	225,7	7,4	359,5	11,7
1966–1970	253,1	7,9	113,6	3,5	189,4	5,9	308,8	9,6
1971–1975	291,1	8,7	103,5	3,2	201,9	6,0	257,7	7,7
1976–1980	336,4	9,6	123,0	3,5	262,7	7,5	210,3	6,1
1981–1984	260,6	7,1	118,3	3,2	209,5	5,7	164,3	4,5

Quelle: Eigene Berechnung nach Rocznik Demograficzny 1985

schaft der Bevölkerung wieder geringer geworden.

Die Angaben zum Umfang der Binnenwanderung werden in Polen üblicherweise nach den vier Richtungstypen der Migrationen wie Land-Stadt-, Stadt-Land-, Stadt-Stadt- und Land-Land-Wanderungen aufgeschlüsselt (Tab. 2). Bemerkenswert sind die hohen Werte der Land-Land-Wanderungen bis zu Beginn der 70er Jahre. Dies wird u. a. auf die größere Detailliertheit der territorialen Verwaltungsgliederung der ländlichen Räume (mehr Landgemeinden als Städte) und deren Veränderung zurückgeführt.

Die Zahl der Landgemeinden hat sich in den vergangenen Jahrzehnten außerordentlich stark verändert. Im Zeitraum 1955–1975 schwankte die Zahl der Kleingemeinden (poln. gromada) zwischen 8790 und 4315. 1973 wurden zunächst 2365 Großgemeinden (poln. gmina) gebildet, anschließend wurde ihre Zahl auf 2070 (Stand 31. 12. 1981) verringert. Die Anzahl der Städte pendelte im Zeitraum 1950–1982 zwischen 706 und 891.

Die Land-Stadt-Wanderung ist für das Verteilungsmuster der Bevölkerung entscheidend. Seit den 70er Jahren nimmt sie vom Umfang her den ersten Rang ein, dann folgen die Stadt-Stadt-Wanderungen. Diese beiden Wanderungsströme sind am deutlichsten von der Wirtschafts- und Wanderungspolitik sowie der gesamtwirtschaftlichen Entwicklung in Polen abhängig, ihre Veränderungen spiegeln sehr deutlich die Höhen und Tiefen der Wirtschaftsentwicklung wider. Maßnahmen wie z. B. die Einführung von Zuzugssperren in die Großstädte oder aber Deglomerationsmaßnahmen sollten die Zuwanderung in die Städte einschränken, weil u. a. der Wohnungsbau und der Ausbau der sozialen Infrastruktur hier weit hinter der Entwicklung des Arbeitsplatzangebots zurückblieb.

Erst in den 70er Jahren, als die Zuzugsbeschränkungen gelockert wurden, vergrößerte sich der Zustrom der Bevölkerung in die Städte wieder, ebenso der Bevölkerungsaus-

tausch zwischen den Städten. Der Wanderungsgewinn der Städte belief sich im Zeitraum von 1952 bis 1984 auf rund 4,6 Mill. Personen, wobei dieser in den Jahren 1956 bis 1965 am geringsten war.

An der Spitze lagen dabei die Großstädte und die Städte mit 20–50 Tsd. Einwohner. Ein großer Teil der Abwanderer vom Lande suchte jedoch die Mittelstädte (20–100 Tsd. Ew.) auf, weil sich unter ihnen eine Reihe sich rasch entwickelnder Industriestädte befand und solche, die im Zuge der neuen Verwaltungsreform zu Wojewodschaftsstädten erhoben worden waren.

Darüber hinaus profitierten auch die Kleinstädte, wenn auch in geringerem Maße, von der Zuwanderung vom Lande. Per Saldo aber geben die kleineren Städte (vor allem unter 20 Tsd. Ew.) einen erheblichen Teil ihrer Wanderungsgewinne aus den ländlichen Gebieten an die größeren Städte bzw. Großstädte ab. Die Kleinstädte mit weniger als 5 Tsd. Ew. verlieren sogar zugunsten größerer Städte mehr Migranten als sie selbst vom Lande gewinnen. Dennoch haben die Großstädte den überwiegenden Teil der Zuwanderungsüberschüsse den ländlichen Räumen zu verdanken. Hier entfielen beispielsweise 1980 auf einen Zuwanderer aus kleineren Städten fast drei Zuwanderer vom Lande. In vielen Fällen fungieren dabei wohl die Kleinstädte als eine Art von Zwischenstationen für die Abwanderer vom Lande auf dem Wege in die Großstädte. Wieweit dies zutrifft, läßt sich allerdings anhand der Wanderungsstatistiken nicht feststellen.

Fragt man nach den Landesteilen (Wojewodschaften), die als attraktive Wanderungsziele von Migranten bevorzugt werden, so läßt sich feststellen, daß sich während der vergangenen Jahrzehnte ein merklicher Wandel vollzogen hat. Von den rund 2,5 Mill. Migranten (Volkszählung 1978) änderten zwischen 1951 und 1960 40,8% ihren Wohnsitz innerhalb derselben Wojewodschaft, während an den interregionalen

Wanderungen (zwischen den Wojewodschaften) rund 1,5 Mill., d. h. 59,2% beteiligt waren. Neben den städtisch-industriellen Agglomerationen (Warschau, Krakau, Lodz und Oberschlesien) waren die neuerworbenen Nord- und Westgebiete, im besonderen die Wojewodschaften Stettin, Breslau, Waldenburg und Liegnitz, die bevorzugten Wanderungsziele.

In den 70er Jahren (1971–1978) traten dann mit 57,7% die Wanderungen innerhalb der Wojewodschaftsgrenzen in den Vordergrund; auf die interregionalen Wanderungen entfielen somit nur 42,3% der Migranten. Ein Übergewicht der aus anderen Wojewodschaften Polens zugewanderten Personen hatten nur die größten Agglomerationen des Landes: die Wojewodschaften Warschau, Kattowitz, Krakau, Lodz, Breslau und Liegnitz. Auf diese sechs Wojewodschaften entfiel mehr als ein Drittel (34,3%) aller sich zwischen den Wojewodschaften abspielenden Wanderungen, davon auf die Woj. Kattowitz 15% und auf die Woj. Warschau 8,4% aller Migranten. Den höchsten relativen Zuwanderungsüberschuß erreichte in den Jahren 1971–1978 mit 10,0% (im Jahresdurchschnitt) die Woj. Liegnitz. Dieser ging hier auf die hohen Investitionen für die Entwicklung des Kupferbergbaus und der kupferverarbeitenden Industrie zurück. Die übrigen Wojewodschaften in den Nord- und Westgebieten hatten ihre Attraktivität für die Migranten in den 70er Jahren weitgehend verloren. Lediglich die Wojewodschaften Stettin, Breslau und Oppeln wiesen noch geringe Wanderungsgewinne auf (Abb. 6). In allen übrigen Gebieten überwogen zahlenmäßig die innerregionalen Wanderungen. Die höchsten Wanderungsverluste in den Nord- und Westgebieten wurden in den niederschlesischen Wojewodschaften Hirschberg (−6,5‰) und Waldenburg (−5,7‰) registriert. Dies waren auch die einzigen Wojewodschaften, in denen selbst die Städte (insgesamt gesehen) mehr

Ab- als Zuwanderer hatten. Der Attraktivitätsverlust der Nord- und Westgebiete hängt offensichtlich – von wenigen Ausnahmen abgesehen – mit der vergleichsweise geringen Investitionstätigkeit im industriellen und infrastrukturellen Bereich zusammen und mit der überalterten Industriestruktur, dem stagnierenden Bergbau und dem zunehmenden Verfall der alten Bausubstanz bei einer relativ geringen Neubautätigkeit. Die langfristige Vernachlässigung dieser Gebiete rührte einerseits daher, daß hier die Infrastruktur und die Kapitalgüterausstattung nach dem Kriege weit besser war als in anderen Landesteilen, andererseits hatte sich aber eine gewisse Unsicherheit hinsichtlich der Zukunft dieser Gebiete hemmend auf die Investitionsfreudigkeit ausgewirkt. Auch ein Teil der zugewanderten Einwohnerschaft der ersten Generation betrachtete diese Gebiete über lange Jahre als eine Übergangsbleibe. Hier wollte man arbeiten und verdienen, um sich später eine Existenz in den Herkunftsgebieten aufbauen zu können. Neuerdings scheint jedoch diese Form der Abwanderung, vor allem unter den schon hier geborenen Personen, eine geringere Rolle zu spielen als noch vor 1970.

Das größte Ausmaß erreichte die Abwanderung aber in den nordöstlichen und östlichen, noch stark agrarisch geprägten Landesteilen. Hier verloren beispielsweise die Wojewodschaften Łomża, Zamość, Ciechanów und Siedlce im Jahresdurchschnitt (1971–1978) sieben bis neun von 1000 Einwohnern.

Wanderungsmotive

Zu den vorrangigen Wanderungsmotiven der polnischen Bevölkerung gehören – wie dies die Ergebnisse der Volkszählung von 1978 belegen – familiäre Gründe (Betreuung von Familienangehörigen, Begleitung der wandernden Personen) und Eheschließungen. Von befragten Migranten nannten 33,8% bzw. 21,3% diese beiden Motive als Grund für die Wanderung. Als weitere Gründe folgen Arbeitssuche (erster Arbeitsplatz und Arbeitsplatzwechsel) sowie Wohnungswechsel und Bildung. Dabei gibt es allerdings auffällige Abweichungen zwischen Männern und Frauen.

Das Übergewicht der familiären Gründe und der Eheschließungen als Motiv für die Wanderungen bei Frauen ist offensichtlich darauf zurückzuführen, daß sie öfters als Begleitpersonen bei der Wanderung des Mannes auftreten bzw. erst zu einem späteren Zeitpunkt, nachdem der Mann eine Arbeit oder eine Wohnung am Zielort gefunden hat, folgen. Dafür mag auch der höhere Anteil der Frauen unter den weiblichen Migranten sprechen, die vom Einkommen des Ehemannes abhängig sind.

Die Bedeutung der einzelnen Wanderungsmotive variiert darüber hinaus mit dem Alter, dem Bildungsniveau und den Wanderungszielen der Migranten. Aus den Ergebnissen der Migrantenbefragung von 1974 (T. Stpiczyński, 1979) geht hervor, daß z. B. bei den 20–24jährigen die familiären Gründe und die Eheschließung mit 51,3% als Wanderungsmotiv dominierten. Bei den 25–59jährigen standen dagegen die Motive Arbeit und Wohnung an den vordersten Stellen. Die 60jährigen und älteren nannten den Wohnungswechsel an erster und familiäre Gründe an zweiter Stelle. Die Migranten mit Hochschul- bzw. Berufsschulabschluß motivierten ihre Wohnsitzveränderung am häufigsten (56,6% bzw. 42,7%) arbeitsplatzbezogen, während bei den Migranten, die keine weiterführenden Schulen besuchten, die mit Familie und Eheschließung zusammenhängenden Motive (41,3%) im Vordergrund der Wanderungsentscheidungen standen. Die Zuwanderer in den Städten nannten öfters als die gesamte Migrantenpopulation die Gründe Arbeit, Wohnung und Bildung.

Zusammensetzung der Migranten

Die Ergebnisse der Wanderungsforschung belegen, daß sich die Migranten hinsichtlich ihrer demographischen und sozialen Struktur wesentlich von der Durchschnittsbevölkerung unterscheiden. Gewöhnlich sind sie jünger, besser ausgebildet und ökonomisch aktiv. Daraus resultiert das Problem der einseitigen Auslese innerhalb der Bewohner in den Abwanderungsgebieten und eine Veränderung der Bevölkerungsstruktur in den Zielgebieten. Auch in Polen lassen sich entsprechende Regelhaftigkeiten beobachten:

1. Die Mehrheit der an Binnenwanderungen beteiligten Bevölkerung sind Frauen. Das gilt allerdings erst seit den 60er Jahren. In der ersten Industrialisierungsphase nach dem Kriege zeichnete sich nämlich zunächst der männliche Bevölkerungsteil durch eine höhere Mobilität aus. Im letzten Jahrzehnt waren jedoch die Frauen – besonders bei den vom Land auf die Städte gerichteten Wanderungen – in der Mehrzahl (1971–1975: 53,9%, 1976–1978: 53,6% und 1980: 53,0% aller Migranten). Auf 100 männliche Zuwanderer entfielen in den Städten beispielsweise 1975: 116, 1978 und 1980 je 113 Frauen, wobei in den Großstädten die Zahl weiblicher Zuwanderer noch größer war. So hatten Städte mit 100 000 und mehr Einwohnern 1975, 1978 und 1980 einen Wanderungsgewinn von 140, 129 und 124 Frauen je 100 Männer zu verbuchen.

Sehr unterschiedlich ist auch die Geschlechtsproportion in den einzelnen Altersgruppen. Die Frauen dominieren in der Regel unter den 18–24jährigen (etwa 150 Frauen je 100 Männer) und den 45jährigen und älteren (zwischen 200 und 250 Frauen je 100 Männer). In der Altersgruppe der 25 bis 44jährigen kehrt sich dieses Verhältnis um. Bei den 20 bis 29jährigen z. B. entfielen 127 Männer auf 100 Frauen. Die Geschlechtszusammensetzung der Zuwanderer wird in erster Linie durch die Wirtschaftsstruktur der betreffenden Zielgebiete bestimmt. In Bergbauregionen und Städten mit Schwerindustrie überwiegt der Männeranteil, so z. B. in den Städten der Woj. Kattowitz (1971–1978: 136 Männer je 100 Frauen). Ähnliches gilt auch für die Städte der Woj. Liegnitz (Kupferbergbau) mit 111 Männern je 100 Frauen. In den größtenteils von der Textilindustrie bestimmten Städten der Woj. Lodz ist es dagegen umgekehrt, am Wanderungsgewinn waren die Frauen mit 165 je 100 Männern beteiligt.

2. Bei den Migranten dominieren die jüngeren Jahrgänge. Von allen Personen, die zwischen 1971 und 1978 umgezogen sind, waren 48,9% zwischen 15 und 29 Jahre alt und 77,5% nicht älter als 34 Jahre; die 15–29jährigen stellten auch den überwiegenden Teil der Zuwanderer in den Städten (53,1%). Der Wanderungsgewinn der Städte insgesamt bzw. der Wanderungsverlust der ländlichen Gebiete, aufgeschlüsselt nach der Alters- und Geschlechtszusammensetzung der Migranten, macht deutlich, welche beträchtlichen Veränderungen sich in der demographischen Struktur der Stadt- und Landbevölkerung infolge der Wanderungen ergeben. Ein überdurchschnittlich hoher Anteil der ökonomisch aktiven Jahrgänge mit einem Frauenüberschuß schon ab der Altersgruppe der 20–24jährigen ist typisch für die polnischen Städte. Auf dem Lande entsteht in der Alters- und Geschlechtsstruktur ein Negativbild: Unterrepräsentierung der erwerbsfähigen Bevölkerung und ein Frauendefizit vor allem unter den 20–29jährigen sind hier die Folge der selektiven Abwanderung (Abb. 7).

3. Die ländlichen Gebiete verlieren nicht nur die ökonomisch aktivsten, sondern auch die besser ausgebildeten Bevölkerungsteile an die Städte. Dabei weisen im allgemeinen die Zuwanderer einen noch höheren Ausbildungsstand auf als die Durchschnittsbevölkerung der Städte.

3.1.3
Beispiel: Wojewodschaft Warschau

Die Woj. Warschau, vor allem aber die Hauptstadt selbst, gehört zu den attraktivsten Wanderungszielen in Polen, sie ist jedoch infolge der noch immer bestehenden Zuzugssperre eine Art „geschlossene" Stadt. Am Beispiel Warschaus lassen sich die Eingriffe des Staates in den Ablauf der räumlichen Bevölkerungsbewegung und deren Konsequenzen am deutlichsten demonstrieren. Allerdings erlauben die vorliegenden Wanderungsstatistiken und die diesbezüglichen Veröffentlichungen nur einen begrenzten Einblick in diese Problematik. Anhand einiger Zahlen für das Jahr 1980 soll die quantitative und qualitative Komponente beleuchtet werden.

Vom gesamten Zuwanderungsüberschuß der polnischen Städte 1980 (192 014) entfielen auf die Städte der Woj. Warschau 8,3%, davon auf die Hauptstadt selbst 7,8%. Die in die Woj. Warschau Zugewanderten (1980) verteilten sich zu 82,6% auf die dortigen Städte, wobei sich 48,8% von ihnen in Warschau niederließen. Die Mehrheit (52,7%) der Zugezogenen stammte wiederum aus Städten (in Warschau zu 59,2%). Die höchsten Anteile der Zuwanderer erhielten die Innenstadt (Stadtbezirk Śródmieście) und die südlichen Stadtbezirke Warschaus (Bezirke Mokotów und Praga Południe).

Sowohl die gesamte Wojewodschaft als auch die Hauptstadt erhalten ihre höchsten Zuwandereranteile aus den benachbarten Gebieten. Die nach Warschau Zugezogenen stammten – trotz Zuzugssperre – zu 42,0% aus dem unmittelbaren Umland der Stadt (Wojewodschaft Warschau). Bemerkenswert ist hierbei, daß nur ein relativ geringer Anteil der Zuwanderer aus anderen Wojewodschaften die Hauptstadt erreicht. Das Umland von Warschau (Wojewodschaft) hat eine Art Filterfunktion zu erfüllen: ein Teil der Migranten, die vorwiegend vom Lande stammen und deren Ziel offensichtlich die Hauptstadt ist, wird hier aufgrund der Warschauer Zuzugsbeschränkungen zurückgehalten. Eine größere Chance, in Warschau Fuß zu fassen, scheinen dagegen die aus stark industrialisierten Gebieten (z. B. aus den Wojewodschaften Kattowitz und Lodz) kommenden Personen (es handelt sich hier vermutlich um hochqualifizierte Arbeitskräfte) zu haben. So verblieben z. B. von allen aus den agrarisch geprägten Wojewodschaften Siedlce und Ciechanów Zugewanderten 55% bzw. 65% im Umland von Warschau, während sich von denjenigen Personen, die aus den Wojewodschaften Lodz und Kattowitz kamen, hier nur 25% und 35% niederließen. Wenn diese Zahlen vielleicht auch wenig beeindrucken, so weisen sie jedoch auf ein Phänomen hin, das sich als eine mehr oder weniger „staatlich verordnete" Auslese der Zuwanderer nach Warschau umschreiben läßt. Die für Warschau in den frühen 50er Jahren eingeführten Zuzugsbeschränkungen wurden meist dann umgangen, wenn es sich um die Niederlassung von hochqualifizierten Arbeitskräften oder aus anderen Gründen bevorzugten Personen handelte.

Ein Teil der Zuwanderer ist also gezwungen, sich zunächst eine Arbeit, öfters aber erst eine Wohnung in der unmittelbaren Umgebung von Warschau zu suchen. Der Etappencharakter der Zuwanderung nach Warschau kommt u. a. in der unterschiedlichen Altersstruktur der Zugezogenen in die Wojewodschaft Warschau und in die Hauptstadt zum Ausdruck. Die Zuwanderer nach Warschau sind durchschnittlich etwas älter als die, die sich im Umland von Warschau niederlassen; man muß darin eine Folge des Wartens auf eine Wohnung in der Hauptstadt sehen. Eine unmittelbare Konsequenz dieser Entwicklung ist z. B. das in Warschau bestehende Defizit an weniger qualifizierten

Arbeitskräften, das durch Pendler gedeckt wird. Für die Pendler sind auch nur solche Berufe bzw. Arbeitsplätze zugänglich, für die – vor allem aus Prestigegründen – kein Interesse unter der Warschauer Bevölkerung besteht. Inwieweit die freien Arbeitsplätze in den einzelnen Wirtschaftszweigen durch die Zuwanderer besetzt werden konnten, hing meist davon ab, welche Stellung sie in der Prioritätsliste der Regierung bzw. Partei einnahmen. In der Regel hatte die Industrie den Vorrang, und das nicht nur in der Auswahl der Arbeitskräfte, sondern auch in der Zuteilung der Wohnungen für die Beschäftigten. Es fehlt allerdings an genaueren Statistiken über die sozio-ökonomische Struktur der Zuwanderer. Der überdurchschnittlich hohe Ausbildungsstand der Warschauer Bevölkerung kann hier u. U. als Ergebnis der weit fortgeschrittenen sozialen Selektion unter den Zuwanderern angesehen werden. Mehr als die Hälfte (53,8%) der Warschauer Bevölkerung im Alter von 15 und mehr Jahren konnte 1978 zumindest das Abitur, davon wiederum 15,6% einen Hochschulabschluß vorweisen (Durchschnitt für die gesamte städtische Bevölkerung: 34,5% bzw. 7%). Auf Warschau entfielen somit z. B. 18,5% aller in den polnischen Städten wohnenden Hochschulabsolventen und 11,4% der Abiturienten, obwohl sich in Warschau nur 7,7% (1978) der gesamten Stadtbevölkerung des Landes konzentrierte.

Infolge der Zuzugsbeschränkungen ist die Abwanderung aus Warschau sehr gering. Die Fortzüge machten beispielsweise Ende der 70er Jahre ein Viertel (25%) aller Zuzüge aus, dagegen lag der Prozentsatz in anderen Großstädten wie z. B. Krakau, Lodz, Breslau und Posen zwischen 53% und 63%. Das aus Industrieländern bekannte Phänomen – die hohe Mobilität der Bevölkerung in Ballungsgebieten als Folge von hohen Zuzugs- und Fortzugswerten – gilt also für die Agglomerationen in Polen nur mit Einschränkung.

Zu den bevorzugten Wanderungszielen im Umland von Warschau gehören in erster Linie die im Südwesten der Hauptstadt gelegenen Trabantenstädte und Landgemeinden, die von der Vorortbahn tangiert werden. Im Norden von Warschau hatte die Trabantenstadt Legionowo besonders hohe Zuwanderungsüberschüsse. Im allgemeinen besteht hier ein enger Zusammenhang zwischen Wohnungsbau und der Zuwanderungsintensität.

3.2
Bevölkerungswachstum

In Europa zählt Polen neben Albanien zu jenen Ländern, deren Bevölkerung sich in den letzten drei Jahrzehnten am schnellsten vermehrte. Eine Darstellung der langfristigen Bevölkerungsentwicklung in Polen ist schwierig, da sich das Staatsgebiet als räumliche Bezugsbasis innerhalb der letzten zwei Jahrhunderte mehrmals veränderte. Bezogen auf die Staatsgrenzen Polens vom 1. 1. 1938 wurde die Bevölkerung um 1800 auf 9,0 Mill. geschätzt. Während dann in der ersten Hälfte des vorigen Jahrhunderts die Einwohnerzahl um etwa 50% zunahm, hatte sie sich in der zweiten beinahe verdoppelt. Zwischen 1900 und 1939 ist die Bevölkerung, trotz erheblicher Menschenverluste während des Ersten Weltkriegs um weitere 37% gewachsen. Kurz vor dem Zweiten Weltkrieg zählte das damalige Polen 35,1 Mill. Einwohner. Bei der Volkszählung vom Februar 1946 wurden dann allerdings nur 23,9 Mill. Personen registriert. Diese große Differenz im Bevölkerungsstand rührt zum einen von der hohen Zahl der Kriegsopfer (etwa 6 Mill.) her, zum anderen von der Aussiedlung der nichtpolnischen Bevölkerung aus dem neuen Staatsgebiet. So wurde Polen nach dem Zweiten Weltkrieg von einem

Mehrvölker- zu einem Nationalstaat. Stellten die ethnischen Minderheiten (z. B. Ukrainer, Weißrussen, Litauer, Juden, Deutsche u. a.) etwa ein Drittel der Einwohnerschaft Vorkriegspolens, so wurde deren Anteil nach dem Kriege auf etwa 1,5% geschätzt. Die heutigen Bevölkerungsstatistiken machen allerdings keinerlei Angaben zur Sprach- oder Nationalitätsstruktur der Einwohner. In den ersten Nachkriegsjahren (1945–1950), als noch eine massenhafte räumliche Umverteilung der Bevölkerung stattfand, nahm die Einwohnerzahl relativ langsam zu (jährlich um durchschnittlich 0,94%). In den folgenden 32 Jahren vermehrte sich Polens Bevölkerung um 11,4 Mill., d. h. um 45% und überflügelte damit bei weitem den durchschnittlichen relativen Zuwachs (rund 25%) der gesamten europäischen Bevölkerung (ohne UdSSR); für den Zeitraum 1951–1982 ergibt sich eine durchschnittliche jährliche Wachstumsrate von 1,18%, wobei die höchsten Zuwachsraten (1,93%) in der ersten Hälfte der 50er Jahre, die niedrigsten (0,69%) in den späten 60er Jahren notiert worden sind.

Diese dynamische Bevölkerungsentwicklung geht größtenteils auf das natürliche Wachstum zurück, weil die Außenwanderung – angesichts der Ausreisebeschränkungen und der geringen Zuwanderung – eine unbedeutende Rolle in der Bevölkerungsbilanz spielte.

3.2.1
Natürliche Bevölkerungsbewegung und regionale Bevölkerungsdynamik

Die Bevölkerungsentwicklung seit der Mitte des 19. Jahrhunderts folgte auch in Polen – wenngleich mit Modifikationen und zeitlichen Verschiebungen – den Entwicklungsabschnitten, die für andere europäische Län-

Tabelle 3: Angaben zur demographischen Situation in Polen 1931–1984

Jahr	Bevölke-rungsstand in 1000	Ehe-schließungen	Geburten	Sterbe-fälle	Säuglings-sterblich-keit[2]	totale Fruchtbar-keitsrate[3]
			je 1000 Einwohner			
1931/32	32 107[1]	8,5	29,8	15,3	143	3,52
1950	25 035	10,8	30,7	11,6	111	3,71
1960	29 795	8,2	22,6	7,6	55	2,98
1970	32 658	8,1	16,6	8,1	33	2,20
1975	34 185	9,7	18,9	8,7	25	2,27
1982	36 399	8,7	19,4	9,2	20	2,34
1984	37 063	7,7	18,9	9,9	19	2,37
	Städte					
1931/32	8 731[1]	7,9	21,0	12,6	122	2,18
1950	9 243	12,6	30,0	10,9	103	3,24
1960	14 401	8,8	19,9	7,0	50	2,43
1970	17 088	8,7	14,7	7,7	32	1,71
1975	19 030	9,6	17,2	8,2	25	1,77
1982	21 656	8,9	18,0	8,6	20	1,97
1984	22 233	7,9	17,8	9,4	19	2,09
	Land					
1931/32	23 185	8,7	33,0	16,3	148	4,13
1950	15 792	9,7	31,2	12,1	116	4,03
1960	15 394	7,7	24,9	8,0	59	3,59
1970	15 570	8,4	18,8	8,6	35	2,89
1975	15 155	9,8	21,0	9,4	25	3,18
1982	14 743	8,5	21,4	10,2	20	3,02
1984	14 830	7,5	20,5	10,6	19	2,85

Anmerkungen:

1 1931 Angaben nach VZ für das damalige Staatsgebiet

2 Säuglingssterblichkeit: Gestorbene im 1. Lebensjahr je 1000 Lebendgeborene

3 Totale Fruchtbarkeitsrate: Summe altersspezifischer Fruchtbarkeitsraten bezogen auf eine Frau im gebärfähigem Alter (15 – 49 Jahre)

Quelle: Rocznik Statystyczny 1969; Rocznik Demograficzny 1983, 1985

der im Sinne des „Modells vom demographischen Übergang" erkannt worden sind.

Wenn dieser Übergangsprozeß am Ende der 60er Jahre auch abgeschlossen schien, so tritt die „posttransformative Phase" – für die gleichermaßen niedrige Sterbewerte und Geburtenwerte bezeichnend sind, und in der sich die meisten europäischen Länder befinden – in Polen in einer abgewandelten Form auf. Sowohl die Geburtenraten als auch der Geburtenüberschuß erreichen zur Zeit Werte, die im europäischen Vergleich überdurchschnittlich hoch sind. Zu Beginn der 80er Jahre war die in Polen registrierte Geburtenziffer von 19,4‰ (1982) – neben der Albaniens und Irlands – die höchste in Europa (Tab. 3).

Die absoluten Geburtenzahlen bewegten sich in der Nachkriegszeit stets über der Marke von 0,5 Mill. im Jahr, wobei 1956 mit 793 800 Geburten der Höchststand, mit 520 400 (1967) der Tiefstand erreicht wurde. Seit 1968 ist diese Zahl wieder im Anstieg begriffen. 1982 wurden 702 400 Kinder geboren, das sind 35 % mehr als 1967. Die Ursachen der zeitlich variierenden Entwicklungstrends der Geburten sind in altersstrukturellen Veränderungen der Bevölkerung zu suchen und in einem Wandel im generativen Verhalten, hinter dem eine Reihe von sozio-ökonomischen Einflußfaktoren steht:

– bis zur Mitte der 50er Jahre wachsende Geburtenzahlen infolge einer günstigen

Altersstruktur und eines allgemeinen Lebensgefühls, das – in der Kriegsfolge – als „Nachholbedarf" gesehen werden muß; hinzu kamen familienpolitische Maßnahmen des Staates, die die Geburtenrate steigern sollten.

– Ab Mitte der 50er Jahre angesichts der wirtschaftlichen Schwierigkeiten eine Politik der Geburtenbeschränkung (1956: Sanktionierung des Schwangerschaftsabbruchs, 1965: Heraufsetzung des Heiratsalters);

– stetiger Geburtenrückgang in den 60er Jahren als Folge von wachsender Erwerbsbeteiligung der Frauen, Problem der Kinderbetreuung, Wohnungsnot in den Städten, Anwendung von Verhütungsmitteln und -methoden;

– in den 70er Jahren neuer Geburtenanstieg infolge starker reproduktionsfähiger Jahrgänge sowie einem neuen Trend zur kinderreichen Familie. Fördernd wirkten hier bevölkerungspolitische Maßnahmen sowie fehlende Konkurrenz hochwertiger Konsumgüter.

Wenn auch die zu Beginn der 80er Jahre auftretenden regionalen Unterschiede in der Größe der Geburtenziffern nicht so gravierend sind, wie dies in den 50er Jahren der Fall war, so lassen sich dennoch deutlich ausgeprägte räumliche Gegensätze erkennen. Die durchschnittliche Geburtenziffer von 30,7‰ (1950) schwankte in den einzelnen Wojewodschaften (Verwaltungsgliederung vor 1975) zwischen 48,9‰ in der Woj. Stettin und 25,3‰ in der Woj. Kattowitz, d. h. die Differenz betrug 23,6 Promillpunkte. Mit den höchsten Geburtenziffern zeichneten sich damals die nach dem Kriege erworbenen Nord- und Westgebiete aus, deren Einwohnerschaft sich vorwiegend aus Angehörigen jüngerer Altersgruppen zusammensetzte. Eine Ausnahme in dieser Hinsicht stellte die damalige Woj. Oppeln dar, in der ein relativ hoher Prozentsatz der bodenstän-

digen (sog. autochthonen) Bevölkerung verblieb, die ein höheres Durchschnittsalter hatte als die in den völlig neubesiedelten Gebieten. Innerhalb von zwei Jahrzehnten haben sich jedoch die regional unterschiedlichen Geburtenraten weitgehend angeglichen. Sie schwankten 1970 zwischen 19,8‰ (Woj. Allenstein) und 14,9‰ (Woj. Kattowitz) bei einem Landesdurchschnitt von 16,6‰. Wenn man allerdings die seit 1975 gültige territoriale Gliederung Polens in 49 Wojewodschaften (statt 22 vor 1975) zugrundelegt, kommen verständlicherweise die räumlichen Unterschiede in den Geburtenziffern deutlicher zum Ausdruck. Die Differenz (1970) zwischen der niedrigsten Geburtenziffer (14,3‰ Woj. Lodz) und der höchsten (22,6‰ Woj. Elbing) betrug somit 8,3‰. Diese Differenz war 1982 mit 8,6‰ noch etwas höher. Ihre Ursachen liegen neben der räumlich differenzierenden Alterszusammensetzung der Einwohner vor allem in verschiedenen generativen Verhaltensweisen der Stadt- und Landbevölkerung.

Die Differenz zwischen den auf dem Lande und in den Städten registrierten Geburtenraten war mit kaum mehr als einem Promillpunkt in der ersten Hälfte der 50er Jahre am geringsten. Dies ist besonders darauf zurückzuführen, daß die damals in den Städten wohnende Bevölkerung zum großen Teil vom Lande stammte und noch weitgehend an traditionellen generativen Verhaltensweisen festhielt.

Ab Mitte der 50er Jahre vergrößerte sich der Unterschied zwischen städtischer und ländlicher Bevölkerung. Das schnellere Absinken der Geburten- bzw. Fruchtbarkeitsraten in den Städten war die Folge einer zunehmenden Verbreitung „moderner städtischer" Verhaltensweisen. Ab Mitte der 60er Jahre verringerten sich die Differenzen zwischen den Geburten- und Fruchtbarkeitsraten auf dem Lande und in den Städten wieder, nicht nur deshalb, weil die „modernen" Verhaltensweisen auch zunehmend in die ländlichen Räume Einzug fanden, sondern auch wegen des stärkeren Anstiegs der Fruchtbarkeit in den Städten in den 70er Jahren. Die 1982 in den Städten registrierte Geburten- bzw. Fruchtbarkeitsrate war beispielsweise um 22,4% bzw. 29,4% höher als 1970, auf dem Lande entsprechend um 13,8% bzw. 22,8%. Der Grund für die in den Städten stärker angestiegene Fruchtbarkeit mag darin liegen, daß die geburtenfördernde Wirkung der familienpolitischen Maßnahmen (z. B. Verlängerung des Mutterschaftsurlaubs, bezahlter Erziehungsurlaub u. a.) hier größer war, weil sie die nichtbäuerliche Familie betraf. Das räumliche Verteilungsmuster der Sterberaten zeigt erwartungsgemäß Parallelen zu den regionalen Unterschieden im Altersaufbau: insbesondere sind die Regionen niedrigster Sterblichkeit gleichzeitig Gebiete mit den niedrigsten Anteilen der Bevölkerung im Alter von 60 und mehr Jahren. Hier handelt es sich hauptsächlich um die nach dem Kriege neubesiedelten Nord- und Westgebiete. In Mittel- und Ostpolen hingegen treten um den Landesdurchschnitt schwankende bzw. darüberliegende Sterbeziffern auf. Überhöhte Sterberaten sind sowohl für stark verstädterte (z. B. Wojewodschaften Lodz und Warschau) als auch für stark agrarisch geprägte Räume charakteristisch (z. B. Wojewodschaften Siedlce und Łomża), wo der Anteil der älteren Bevölkerung relativ hoch ist.

Regionale Unterschiede in der Bevölkerungsdynamik

Die unterschiedliche Intensität der natürlichen Bevölkerungsentwicklung und die räumliche Veränderung der Wanderungsbilanzen führen zu deutlichen regionalen Unterschieden des Bevölkerungswachstums. Die Streuung der Wachstumsraten für den Zeitraum 1951–1982 zwischen den Extremwerten von 0,28% und 2,5%, bei einem Landesdurchschnitt von 1,18%, ist groß. Am schnellsten wuchs die Bevölkerung in den nördlichen und westlichen Landesteilen, und dies insbesondere in den 50er Jahren, als die hier auftretenden jährlichen Wachstumsraten von über 2,0% oder sogar über 3,0% keine Seltenheit waren. Sie ergaben sich damals aus den relativ hohen positiven Wanderungssalden und – vorrangig – aus den überaus hohen Geburtenüberschüssen; damit vergleichbar waren die größten Agglomerationen des Landes (Oberschlesien, Warschau). Hier überwogen allerdings die Zuwanderungsüberschüsse. In Südostpolen sorgten dagegen die hohen Geburtenraten bzw. -überschüsse für eine ansehnliche Zunahme der Einwohner. Im Gegensatz hierzu stehen die mehr oder weniger stark agrarisch geprägten Wojewodschaften Mittel- und Ostpolens, in denen die seit Jahren anhaltenden Abwanderungsverluste nur in relativ geringem Maße durch die vergleichsweise niedrigen Geburtenüberschüsse ausgeglichen werden.

Weit über dem Landesdurchschnitt liegen heute die Wojewodschaften Liegnitz und Danzig, wo zu hohen Geburtenüberschüssen ansehnliche Wanderungsgewinne hinzukommen. Relativ stark nahm weiterhin – als Folge der Zuwanderung – die Bevölkerung in den größten städtisch-industriellen Agglomerationen zu. Von den nördlichen und westlichen Landesteilen konnten in den 70er Jahren – trotz der hier zu beobachtenden beträchtlichen Geburtenüberschüsse – nur wenige ihre Stellung als Räume schnellen Bevölkerungswachstums beibehalten.

3.2.2
Bevölkerungsgliederung nach demographischen und sozioökonomischen Merkmalen

Obwohl die demographische und sozio-ökonomische Struktur der polnischen Bevölkerung viele gemeinsame Züge mit der in anderen europäischen Ländern trägt, sind hier ausgeprägte Abweichungen bzw. Eigenarten feststellbar.

Altersaufbau und Erwerbsbevölkerung

Das relativ rasche Bevölkerungswachstum bewirkte, daß sich die polnische Bevölkerung durch eine verhältnismäßig jugendliche Altersstruktur auszeichnet. Wenn auch der Anteil der jüngeren Jahrgänge (unter 15 Jahren) an der Gesamtbevölkerung seit den 60er Jahren rückläufig war, so war noch 1984 ein Viertel der Einwohner (25,4%) jünger als 15 Jahre und beinahe die Hälfte (48,8%) weniger als 30 Jahre alt. Ein graphisches Abbild der Alterszusammensetzung der polnischen Bevölkerung stellt eine Alterspyramide mit einer recht breiten Basis, überaus stark besetzten Altersgruppen der 20–34jährigen und einem sich verschmälernden oberen Pyramidenteil dar (Abb. 7). Von diesem durchschnittlichen Altersaufbau der Gesamtbevölkerung gibt es starke regionale Abweichungen, die weniger auf die natürlichen Bevölkerungsveränderungen, als vielmehr auf die räumliche Bevölkerungsbewegung samt ihrer selektionsartigen Wirkung zurückzuführen sind. Diese äußern sich: 1. im Land-Stadt-Gegensatz, insbesondere im Besatz der Altersgruppen bis zu 15 Jahren und 20–34 Jahren, 2. im Kern-Rand-Gegensatz in Großstädten (ältere Altersgruppen und kleine Haushalte in der Innenstadt, jüngere und größere Haushalte am Stadtrand), 3. in den historisch angelegten Differenzen zwischen den nach 1945 neubesiedelten Gebieten (insgesamt eine junge Bevölkerung mit stark besetzten geburtenstarken Jahrgängen aus den 50er Jahren) und den übrigen Landesteilen.

Die hohe Anzahl der Kinder und der wirtschaftlich aktiven Bevölkerung bringt eine überaus große Belastung für die polnische

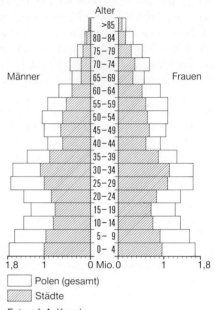

Abb. 7: Bevölkerungsaufbau

Entwurf: A. Kapala
Quelle: Rocznik Demograficzny, 1985

Volkswirtschaft mit sich. Trotz aller Bemühungen, dem ständig wachsenden Bedarf etwa an Kindertagesstätten und Schulen nachzukommen, sind in diesem Bereich Lücken entstanden, die sich u. a. in den hohen Überbelegungsquoten der Kindergärten widerspiegeln oder im Grundschulunterricht, der insbesondere in den neuen Wohnsiedlungen, häufig in vier Schichten abgehalten werden muß.

Die Eingliederung der erwerbsfähigen Bevölkerung (Männer 18–64 Jahre, Frauen 18–59 Jahre) ins Berufsleben stellte noch ein weit gravierenderes Problem für die Volkswirtschaft dar. Dieser Bevölkerungsteil vergrößerte sich in den 50er Jahren (1951–1960) um 1,8 Mill. und erreichte 1960 die Zahl von 16,3 Mill. Im darauffolgenden Jahrzehnt vermehrte sich diese Bevölkerungsgruppe um 2 Mill. und in den 70er Jahren um weitere 2,9 Mill. Die Beseitigung der Arbeitslosigkeit, um die sich die nacheinander folgenden Regierungen bemühten, war um so schwieriger, als es in der Landwirtschaft noch einen hohen Arbeitskräfteüberschuß gab. Für diese Personen mußten noch zusätzliche außerlandwirtschaftliche Arbeitsplätze geschaffen werden. Weil die neuen Arbeitsplätze größtenteils in den Städten entstanden, konzentrierte sich auch fast der gesamte Zuwachs der erwerbsfähigen Bevölkerung auf die Städte. Hier hatte sich deren Zahl 1980 gegenüber 1950 mehr als verdoppelt, während sie auf dem Lande um einige Prozente abnahm.

Das vorrangige wirtschaftspolitische Ziel – die Beseitigung der Arbeitslosigkeit – wurde um so konsequenter realisiert, als die angestrebte extensive Wirtschaftsentwicklung fortlaufend mit einem hohen Bedarf an Arbeitskräften verbunden war. Damit wurden auch Rahmenbedingungen für die zunehmende Erwerbsbeteiligung der Bevölkerung geschaffen. 1960 waren beispielsweise 47,5%, 1978 51,2% der Gesamtbevölkerung erwerbstätig. Der Mangel an Arbeitskräften, insbesondere der männlichen, in den ersten Nachkriegsjahren veranlaßte die politische Führung des Landes zur Werbung weiblicher Arbeitskräfte, die unter dem Slogan „Emanzipation durch Arbeit" ablief. Auf diesem Gebiet wurden auch erstaunliche Erfolge erzielt. Die Zahl der im vergesellschafteten Wirtschaftssektor beschäftigten Frauen stieg

beispielsweise von 1,5 Mill. (1950) auf 4,9 Mill. (1982) an. Damit erhöhte sich auch der Anteil weiblicher Arbeitskräfte an allen Beschäftigten von 30,6% auf 43,3%. Die Erwerbsquote der weiblichen Bevölkerung belief sich 1960 auf 40,3%, 1970 auf 46,4% und 1978 auf 45,4%.

In den 70er Jahren hat sich die Erwerbsbeteiligung der polnischen Bevölkerung dann infolge einiger Maßnahmen zur Entlastung des Arbeitsmarktes verringert. Dazu gehörte die Möglichkeit eines vorzeitigen Eintritts in den Ruhestand für einige Berufsgruppen, die Einführung von Renten für Landwirte und die stärkere Inanspruchnahme des Kindererziehungsurlaubs, vor allem, nachdem eine finanzielle Unterstützung während des Urlaubs gezahlt wurde (auf zwei Jahre begrenzt).

Beschäftigungsstruktur

Im Zuge der industriellen Entwicklung vollzogen sich beträchtliche Umschichtungen in der Beschäftigungsstruktur der polnischen Bevölkerung (Tab. 4). Von 1951 bis 1984 fanden etwa 6,5 Mill. Menschen eine Arbeit im außeragrarischen Sektor. Gleichzeitig ist der Beschäftigungsanteil in der Landwirtschaft von 53,6% (1950) auf 29,2% (1984) zurückgegangen und der in der Industrie von

Tabelle 4: Beschäftigte nach Wirtschaftszweigen 1931–1984 (in %)

	1931	1950	1960	1970	1980	1984
Landwirtschaft	70,3	53,6	43,3	34,3	29,7	29,2
Industrie	12,1	20,7	25,5	29,3	30,3	29,4
Bauwirtschaft	1,1	5,0	6,5	7,1	7,7	7,3
Transport und Kommunikation	2,1	4,5	5,6	6,2	6,5	6,2
Handel	4,6	4,8	6,0	6,9	7,5	7,8
Erziehung, Wissenschaft und Kultur	1,2		3,8	5,0	5,6	6,4
Gesundheits-, Sozialwesen, Sport und Touristik	0,8	} 11,4	2,5	3,0	4,1	4,7
Übrige Wirtschaftszweige	7,8		6,8	8,2	8,6	9,0

Anmerkung:
Für 1931 Erwerbstätige, für 1950–1984 Beschäftigte (Jahresdurchschnitt)

Quelle: Rocznik Statystyczny 1965, 1980 und 1985

20,7% auf 29,4% gestiegen. Entsprechend veränderte sich der Prozentsatz der in den übrigen Wirtschaftszweigen tätigen Personen von 25,7% auf 41,4%, wobei hier die Zahl der Beschäftigten im Erziehungswesen, in Wissenschaft und Kultur sowie im Gesundheits- und Sozialwesen besonders stark zunahm. Wenn auch der Rückgang des Beschäftigtenanteils in der Landwirtschaft als sehr beträchtlich erscheinen mag, so ist diese Abnahme in absoluten Zahlen ausgedrückt (knapp 400 000) wesentlich weniger beeindruckend.

Ausbildungsstand

Besonders große Fortschritte wurden nach dem Zweiten Weltkrieg in der Verbesserung der beruflichen Qualifikation der Erwerbstätigen und in der allgemeinen Hebung des Bildungsniveaus erreicht. Hervorzuheben ist vor allem eine fast vollständige Beseitigung des Analphabetentums, das noch vor dem Krieg weit verbreitet war. 1931 konnten etwa 23% der Bevölkerung im Alter von zehn und mehr Jahren weder lesen noch schreiben, 1970 waren es nur noch 1,7% (Bevölkerung im Alter von 15 Jahren). Zum Zeitpunkt der Volkszählung 1978 hatten 2,1% der Bevölkerung im Alter von 15 und mehr Jahren keine Schulbildung gehabt. Besonders benachteiligt in dieser Hinsicht ist der ältere Bevölkerungsteil und darunter hauptsächlich die Frauen. Von den 60jährigen und älteren Menschen haben 10,3% nie eine Schule besucht und 28,9% hatten kei-

nen Abschluß der Grundschule (Schuldauer bis 1965 7, danach 8 Jahre). Auffallend ist jedoch, daß sich der Unterschied im Ausbildungsstand der Männer und Frauen nicht nur zunehmend verringert, sondern daß das Bildungsniveau der jungen Frauen im allgemeinen höher als das der jungen Männer ist.

So hatten z. B. 47,4% der weiblichen Bevölkerung im Alter von 20–29 Jahren zumindest eine Oberschule mit Abiturabschluß, darunter 5,0% einen Hochschulabschluß vorweisen können. Unter den gleichaltrigen Männern hatten nur 29,8% bzw. 4,2% die gleichen Schulen absolviert. Berücksichtigt man auch den Abschluß von Berufsmittelschulen (Schuldauer 3 Jahre), die häufiger von Männern (42,4%) als von Frauen (25,3%) besucht werden, so ist dennoch der Prozentsatz derer, die überhaupt weiterführende Schulen besuchten, unter der 20–29jährigen weiblichen Bevölkerung mit 72,7% etwas höher als bei den Männern (72,2%). Der Anteil derer, die entweder keine Schule besuchten bzw. die Grundschule nicht beendet hatten, ist in dieser Altersgruppe gering (Männer 1,1%, Frauen 0,7%).

Diese Angaben zum Ausbildungsstand der Bevölkerung sind nur Durchschnittswerte und dürfen nicht über die erheblichen regionalen Unterschiede zwischen den ländlichen Räumen und den Städten hinwegtäuschen. Auf dem Lande ist in der Regel der Anteil derer, die weiterführende Schulen besuchen, merklich geringer, dagegen derjenigen, die entweder keine Schulbildung genossen bzw. die Grundschule nicht abgeschlossen hatten, deutlich höher als in den Städten. So hatten 1978 beispielsweise 4,8% der Stadtbevölkerung im Alter von 15 und mehr Jahren keinen Grundschulabschluß, auf dem Lande

Tabelle 5: Erwerbstätige nach Stellung im Beruf 1931–1978 (in %)

	1931	1950	1960	1970	1978
Arbeiter	25,6	⎫ 43,9	33,8	41,2	44,6
Angestellte	4,1	⎬	18,2	22,5	27,8
Auf eigene Rechnung Arbeitende	9,5	1,6	1,5	1,3	1,6
Bauern	60,7	52,6	44,0	33,7	23,7
Sonstige	0,1	1,9	2,5	1,3	2,3

Quelle: M. Jarosz 1984

dagegen 18,1%. Keine Schule besuchten in den Städten 1,2%, in den ländlichen Gebieten 3,5% der Bevölkerung. 52,6% der Landbevölkerung haben es höchstens zum Grundschulabschluß gebracht (Städte 41,0%).

In Verbindung mit dem steigenden Bildungsniveau und dem Wandel in der Beschäftigungsstruktur vollzog sich eine bemerkenswerte Umschichtung im sozialen Gefüge der Bevölkerung, die sich in den auffälligen Verschiebungen zwischen den Bauern-, Arbeiter- und Angestelltenanteilen widerspiegelt (Tab. 5).

Mit der Abwanderung vom Lande war für die breite Masse der ländlichen Bevölkerung ein sozialer Aufstieg verbunden, zumal es – angesichts der Vollbeschäftigungspolitik – selten Schwierigkeiten gab, in den Zielgebieten überhaupt eine bzw. eine geeignete Arbeit zu finden. Dieses Phänomen kommt besonders deutlich zum Ausdruck, wenn man den beruflichen Werdegang der vom Lande und aus verschiedenen sozialen Milieus stammenden Bevölkerung (hier Erwerbstätige) in den Zielgebieten (Städten) verfolgt. Betrachtet man beispielsweise die aus bäuerlichen Familien stammenden Erwerbstätigen, so läßt sich feststellen, daß im Laufe ihres Berufslebens die Mehrheit (55,9%) von ihnen Arbeiter geworden sind, hauptsächlich in der Industrie und Bauwirtschaft. Knapp 36% waren 1978 als Angestellte beschäftigt, wobei rund 26% zu den Führungskräften zählten. Nur 2,9% sind weiterhin Bauern geblieben. Die soziale Mobilität der aus Arbeiterfamilien stammenden erwerbstätigen Bevölkerung scheint merklich geringer zu sein als bei den Bauern. Mehr als 60% der Arbeiterkinder sind Arbeiter geworden, etwas mehr als ein Viertel gehörte 1978 der Angestelltengruppe an. Besonders auffallend ist, daß die vom Lande kommenden weiblichen Erwerbstätigen, unabhängig von ihrer sozialen Herkunft, häufiger als Männer in die Reihen der Angestellten, insbesondere in die der hochqualifizierten Kräfte (sog. Spezialisten wie Ingenieure oder Techniker) eintreten. Als leitende Angestellte werden sie allerdings seltener als Männer beschäftigt.

4 Der ländliche Raum und die Landwirtschaft: lange vernachlässigte Bereiche

Die ländlichen Gebiete in Polen umfassen (als statistische Raumkategorie) rund 94% der Landesfläche, wobei fast zwei Drittel dieser Gebiete landwirtschaftlich genutzt werden. Ihre Einwohnerzahl pendelt seit den 60er Jahren um 15 Millionen. 1984 lebten 40% der polnischen Bevölkerung auf dem Land, auf eine Vielzahl von Siedlungen verteilt. Die relativ starke Zersplitterung des ländlichen Siedlungsnetzes ist ein Charakteristikum des ländlichen Raumes in Polen – Folgen der Überformung und Verdichtung des mittelalterlichen Siedlungsnetzes und der Bauernbefreiung, der Güterparzellierung und der weiteren Waldrodung im 19. Jahrhundert. Auch die späteren Landreformen wirkten in die gleiche Richtung. 1977 gab es in Polen 43 262 „statistische" Dörfer, in denen 15,3 Mill. Menschen (42,6% der Bevölkerung) lebten. In der Mehrzahl zählen sie 100 bis 500 Einwohner (Tab. 6). Dabei bestehen beachtliche regionale Gegensätze in der Größenstruktur der ländlichen Siedlungen, die größtenteils historisch bedingt sind, teilweise aber auch von der Umgestaltung der Bodenbesitzstruktur nach 1945 herrühren (Abb. 8). Die große Anzahl kleiner, verstreut liegender Dörfer deutet auf Defizite in der Infrastruktur hin. Schlechte Verkehrserschließung und unzureichende Versorgung auf vielen Gebieten sind v. a. die Gründe dafür, daß die dünn besiedelten ländlichen Gebiete sich zu Problemräumen mit einem absoluten Bevölkerungsrückgang entwickeln. Sie verlieren durch die Abwanderung junge arbeitsfähige Menschen, neuerdings verstärkt junge heiratsfähige Frauen. Wenn sich auch im Zuge der sozio-ökonomischen Umstrukturierung Polens die Agrarräume zunehmend in mehrfunktionale Gebiete verwandeln, so zeigen diese Umwälzungen in einzelnen Regionen eine unterschiedliche Intensität. Sie schreiten schneller in Großstadtnähe voran und erfassen erst allmählich die landschaftlich reizvollen Gegenden, die als attraktive Erholungsgebiete gelten (Ostseeküste, Beskiden, Tatra und Seenplatten). Der Umstrukturierungsprozeß des ländlichen Raums hat in Polen allerdings bei weitem nicht das aus Industrieländern bekannte Ausmaß erreicht. 1978 lebten noch 40,7% der ländlichen Bevölkerung in Polen von der Landwirtschaft; 59,3% der auf dem Lande wohnenden Erwerbstätigen waren mit der Arbeit im Agrarsektor verbunden. Die ländlichen Gebiete, in denen die Agrarwirtschaft als Erwerbsquelle heute von untergeordneter Bedeutung ist, bilden

Tabelle 6: Größenstruktur polnischer Dörfer 1977 (in %)

Größe nach Einwohnerzahl	Anzahl der Dörfer	Einwohnerzahl
Gesamt	100	100
< 100	15,4	2,9
100 – 200	27,1	11,3
200 – 500	39,0	34,9
500 – 1000	13,0	24,8
1000 – 2000	4,3	16,3
> 2000	1,2	9,8

Abb. 8: Ländliche Siedlungstypen

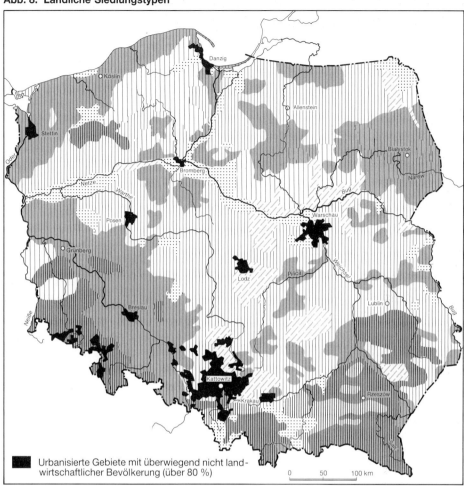

Urbanisierte Gebiete mit überwiegend nicht land- wirtschaftlicher Bevölkerung (über 80 %)

0   50   100 km

Entwurf: A. Kapala nach Narodowy Atlas Polski, 1973 – 1978

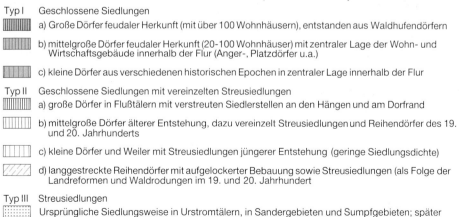

Typ I Geschlossene Siedlungen

a) Große Dörfer feudaler Herkunft (mit über 100 Wohnhäusern), entstanden aus Waldhufendörfern

b) mittelgroße Dörfer feudaler Herkunft (20-100 Wohnhäuser) mit zentraler Lage der Wohn- und Wirtschaftsgebäude innerhalb der Flur (Anger-, Platzdörfer u.a.)

c) kleine Dörfer aus verschiedenen historischen Epochen in zentraler Lage innerhalb der Flur

Typ II Geschlossene Siedlungen mit vereinzelten Streusiedlungen

a) große Dörfer in Flußtälern mit verstreuten Siedlerstellen an den Hängen und am Dorfrand

b) mittelgroße Dörfer älterer Entstehung, dazu vereinzelt Streusiedlungen und Reihendörfer des 19. und 20. Jahrhunderts

c) kleine Dörfer und Weiler mit Streusiedlungen jüngerer Entstehung (geringe Siedlungsdichte)

d) langgestreckte Reihendörfer mit aufgelockerter Bebauung sowie Streusiedlungen (als Folge der Landreformen und Waldrodungen im 19. und 20. Jahrhundert)

Typ III Streusiedlungen

Ursprüngliche Siedlungsweise in Urstromtälern, in Sandergebieten und Sumpfgebieten; später auch als Folge der Gutsparzellierung und Bodenkommassation

73

noch immer eine Ausnahme (Abb. 9). Die Strategie der raschen Industrialisierung in Polen seit 1949 erforderte die Konzentration aller verfügbaren Finanz- und Materialmittel für diesen Zweck; die übrigen Wirtschaftszweige konnten sich nur im Schatten der Industrie entwickeln. Eine Folge davon ist auch die geringe Leistungsfähigkeit der Landwirtschaft, die sich in den ständigen Engpässen in der Nahrungsmittelversorgung der Bevölkerung äußert. Ein Land, das sich einst einen Namen als Exportland von Agrarprodukten erworben hatte, hat gegenwärtig Probleme, seinen Einwohnern ausreichende Mengen an Nahrungsmitteln zur Verfügung zu stellen. Seit einigen Jahren befindet sich Polen sogar in der schwersten Ernährungskrise der Nachkriegszeit. Umfangreiche Importe von Lebensmitteln bzw. Agrarerzeugnissen sind notwendig, obwohl

das Land über ein größeres Potential an landwirtschaftlich nutzbaren Flächen und an Arbeitskräften verfügt als viele andere europäische Länder. Wenn man bedenkt, daß auf einen Einwohner in Polen 0,52 ha LN (in der Bundesrepublik Deutschland 0,20 ha LN) entfallen und daß jeder Erwerbstätige in der Landwirtschaft – statistisch gesehen – nur sieben Personen zu ernähren hat (Bundesrepublik 40 Personen), wirkt die schwierige Ernährungslage für viele Außenstehende unverständlich. Die geringe Leistungsfähigkeit, vor allem der vergesellschafteten polnischen Landwirtschaft, spiegelt sich besonders deutlich in deren geringem Beitrag zum Volkseinkommen, verglichen mit dem dort konzentrierten Kapital- und Arbeitskräftepotential wider.

4.1
Naturräumliche und ideologische Rahmenbedingungen für die Entwicklung der Landwirtschaft

Physisch-geographische Voraussetzungen

Die Tatsache, daß der überwiegende Teil des polnischen Staatsgebietes zum Tiefland zählt (54% der Landesfläche liegen unter 150 m ü. NN, 8,7% über 300 m ü. NN), kann zunächst allgemein als Gunstfaktor für die landwirtschaftliche Bodennutzung gelten. Auf etwa einem Viertel des Staatsgebietes, so besonders in den Karpaten, Sudeten und in den Vorkarpatenbecken sowie auf den Mittelpolnischen Hochflächen und den Seenplatten ist die Bodennutzung durch die orographischen Verhältnisse erheblich eingeschränkt. Die landwirtschaftlich nutzbaren Flächen umfaßten 1984 18,9 Mill. ha, d. h. 60,6% der Landesfläche, der übrige Teil entfiel auf Wald (28,2%), Binnengewässer (2,6%) sowie Verkehrs-, Siedlungs- und In-

Abb. 9: In der Landwirtschaft erwerbstätige Landbevölkerung 1978

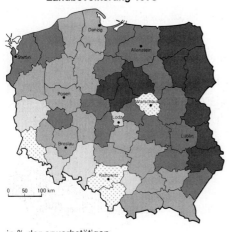

in % der erwerbstätigen Landbevölkerung

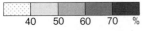

40 50 60 70 %

Landesdurchschnitt 59,3

Min. 30,6 Woj. Kattowitz
Max. 82,7 Woj. Łomża

Entwurf: A. Kapala
Quelle: Ludność ..., NSP 1978

dustrieflächen (6,0%). Zwischen 1946 und 1984 verringerte sich die landwirtschaftliche Nutzfläche um 1,5 Mill. ha, ihr Anteil am gesamten Staatsgebiet fiel von 70% auf 60,6%. Dieser Schrumpfungsprozeß war am intensivsten in den Karpaten und im Bereich der Seenplatten, wo ein erheblicher Teil weniger ertragreicher Böden aufgeforstet wurde, ferner im Umland des Oberschlesischen Industrreviers und in anderen industriell-städtischen Agglomerationen. Häufig handelte es sich dabei um landwirtschaftlich wertvolle Böden; erst 1971 wurde ein Gesetz zum Schutz der landwirtschaftlichen Nutzflächen erlassen.

Am häufigsten kommen in Polen die auf eiszeitlichen Ablagerungen entstandenen Podsolböden vor (ca. 55% der Landesfläche). Dieser Bodentyp wird je nach dem Ausgangsgestein (Sand, Lehm oder Ton) und dem Auswaschungsgrad in mehrere Untertypen gegliedert. Wegen ihres verhältnismäßig hohen Säuregehalts bedürfen diese Böden intensiver Kalkung zur Verbesserung ihrer Qualität. Auf einem kalkhaltigen Untergrund, so z.B. auf Löß am Sudeten- und Karpatenrand sowie auf den Mittelpolnischen Hochflächen oder in den Jungmoränenlandschaften treten Braunerden auf und bedecken etwa ein Fünftel des Landes. Zu den fruchtbarsten Böden gehören die auf Löß entstandenen Tschernosiems, vorwiegend in Südostpolen in der Gegend um Hrubieszów, Sandomierz oder Proszowice (nur ca. 1% der Landesfläche) und die anmoorigen Schwarzerden, die inselhaft in Kujawien, westlich von Warschau, südlich von Breslau und südöstlich von Stettin auftreten (ca. 0,8% des Landes). Auf versumpftem Untergrund hatten sich vielerorts z.B. in Polesje oder auf den Seenplatten Torfböden gebildet, die bei entsprechender Meliorierung und Düngung relativ hohe Erträge liefern könnten. Unter den anderen in Polen häufiger anzutreffenden Bodentypen finden sich die Rendzinas (auf Kalk, Mergel und Gips)

z.B. auf der Lubliner oder auf der Krakau-Tschenstochauer Hochfläche und die Aueböden, die ein größeres zusammenhängendes Areal im Danziger Werder bedecken.

In Hinblick auf ihre Eignung für landwirtschaftliche Zwecke werden die Böden in Polen in sechs Bodengüteklassen eingeteilt. Dieser Klassifizierung zufolge weisen drei Viertel der landwirtschaftlichen Nutzflächen mittelmäßige und schlechte Böden auf (Klassen IV, V und VI), die sich für den Anbau weniger anspruchsvoller Kulturpflanzen eignen; gute und sehr gute Böden sind hier nur mit 25% vertreten. Der Anteil der besten Böden (Klasse I–II) am Ackerland ist in Polen um etwa das Doppelte bzw. Vierfache geringer als in der DDR oder in der ČSSR (Abb. 10). Charakteristisch ist allerdings, daß die Bodenverhältnisse in Polen keinen ausschlaggebenden Einfluß auf die Erträge bzw. Produktionsergebnisse haben, denn sie werden noch immer vorwiegend von den historisch angelegten Unterschieden in den

Abb. 10: Böden (Übersicht)

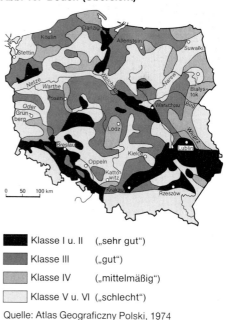

■	Klasse I u. II	(„sehr gut")
▨	Klasse III	(„gut")
▧	Klasse IV	(„mittelmäßig")
□	Klasse V u. VI	(„schlecht")

Quelle: Atlas Geograficzny Polski, 1974
Entwurf: A. Kapala

Bodenbearbeitungsmethoden bestimmt. So werden z. B. auf weniger fruchtbaren Böden im Posener Gebiet höhere Erträge als auf den sehr guten Böden in Südostpolen erreicht.

Die Dauer der Vegetationsperiode schwankt zwischen weniger als 190 Tagen im Gebirge (Karpaten und Sudeten) und in Nordostpolen (Raum Suwałki) und mehr als 220 Tagen in Südwest- und Westpolen (Niederschlesien) sowie in Südpolen (Vorkarpatenbekken). Die relativ kurze Vegetationsperiode in Polen (kürzer als z. B. in der ČSSR, DDR oder Bundesrepublik Deutschland) zwingt die Bauern zu einer großen zeitlichen Konzentration der Feldarbeiten, die mit einem höheren kurzfristigen Bedarf an Maschinen und Arbeitskräften verbunden ist. Ein Bauer aus der Gegend von Suwałki (Nordostpolen) kann beispielsweise mit der Frühjahrsfeldbestellung erst etwa 45–50 Tage später beginnen als der Bauer am Rhein, beide müssen aber spätestens bis Mitte Mai mit der Aussaat fertig werden. Ähnlich müssen im Herbst die Feldarbeiten in Nordostpolen etwa einen Monat früher als am Rhein beendet werden.

Die durchschnittlichen jährlichen Niederschlagsmengen schwanken zwischen weniger als 500 mm in Zentralpolen und mehr als 1000 mm im Gebirge. Das Niederschlagsmaximum fällt in die Monate Juni, Juli und August, das Minimum in die Monate Januar und Februar (Abb. 11).

Im allgemeinen ist das Klima Polens für die landwirtschaftliche Nutzung, so z. B. für den Anbau von Futterpflanzen, weniger vorteilhaft als das mildere, niederschlagsreichere Klima der DDR oder der Bundesrepublik Deutschland. Gleiches gilt für den Getreideanbau, verglichen mit dem trockenen, warmen Klima der Ukraine. Als ungünstig für die Landwirtschaft erweist sich die große jahreszeitliche bzw. jährliche Variabilität der Wetterlagen und die damit verbundenen Niederschlagsschwankungen. Je nach dem vorherrschenden Einfluß der ozeanischen oder der kontinentalen Luftmassen treten in Polen in den einzelnen Jahren entweder sehr milde, niederschlagsreiche (ähnlich wie in Holland) oder sehr kalte Winter auf (ähnlich wie in der Umgebung von Moskau). Entsprechend sind die Sommer manchmal sehr trocken und warm oder kühl und verregnet. Die Wirksamkeit der Witterungsvariabilität auf den Ernteertrag ist deshalb auch relativ groß, weil die Bodennutzung noch weitgehend traditionell und ohne große Agrartechnologie erfolgen muß. Ein schwerwiegendes Problem stellen gegenwärtig noch immer die ungeregelten Wasserverhältnisse dar. Die zu geringen Wasserspeicherkapazitäten können weder die oft auftretenden Frühjahrs- bzw. Sommerüberschwemmungen verhüten oder mildern, noch in Trockenperioden eine ausreichende Wasserversorgung gewährleisten. Durchschnittlich erhalten alle zwei Jahre weite Landesteile zu geringe Niederschläge. An Wasserdefizit leidet vor allem Zentralpolen. Hier wäre eine Bewässerung (Beregnung) der Felder notwendig, die Anlagen dafür sind jedoch kaum vorhanden.

Leitlinien der Agrarpolitik nach 1945

Der Ansatz der kommunistischen Regierung war zunächst ideologischer Natur und zielte auf die Beseitigung der „kapitalistischen Elemente" auf dem Lande. Das heißt: Liquidierung des Großgrundbesitzes und der Fremdarbeit (Arbeit der familienfremden Arbeitskräfte) in der Landwirtschaft. Das Instrument zur Verwirklichung dieses Ziels war die in den Jahren 1944–1946 durchgeführte Bodenreform, durch die der Großgrundbesitz (über 50 ha LN) ohne Entschädigung enteignet wurde. Die Landreserven sollten für die Schaffung von neuen Bauernstellen und zur Aufstockung der kleinbäuerlichen Betriebe dienen. Die Übergabe

Abb. 11: Vegetationsperiode und Klimadiagramme

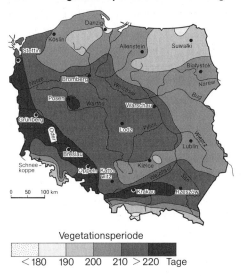

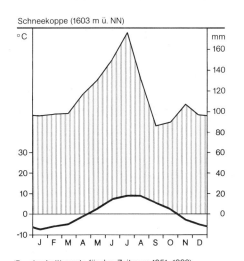

Schneekoppe (1603 m ü. NN)

Vegetationsperiode

< 180   190   200   210   > 220   Tage

(Durchschnittswerte für den Zeitraum 1951–1980)

Quelle: Narodowy Atlas Polski, 1973 – 1978
Rocznik Statystyczny,1985

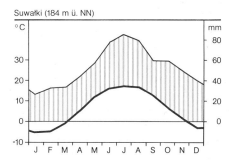

Suwałki (184 m ü. NN)

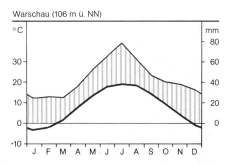

Warschau (106 m ü. NN)

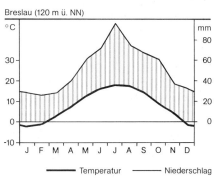

Breslau (120 m ü. NN)

━━━ Temperatur   ──── Niederschlag

Entwurf: A. Kapala

des Bodens an die grundbesitzlose Landbevölkerung hatte auch einen politischen Aspekt, galt es doch, die Bauern für die Umgestaltung der politischen Ordnung in Polen zu gewinnen.

Nach den innenpolitischen Umwälzungen Ende 1948 versuchte man dann, wie in den anderen osteuropäischen Ländern, das Privateigentum an Land zu beseitigen und die Landwirtschaft nach sowjetischem Vorbild zu kollektivieren. Diese seit 1949 verstärkt in Gang gesetzte Kollektivierung stieß insbesondere in den kernpolnischen Gebieten auf den heftigen Widerstand der Bauern. Vergleichsweise geringe Schwierigkeiten machte dagegen die Errichtung der „Landwirtschaftlichen Produktionsgenossenschaften" (LPGs) in den nach dem Krieg an Polen angegliederten Nord- und Westgebieten, wo die Neusiedler noch nicht Fuß gefaßt hatten und auch hinsichtlich der Zukunft dieser Gebiete verunsichert waren. Mit ökonomischen und administrativen Maßnahmen versuchte die Staatspartei, den starken Widerstand der Bauern gegenüber einem Eintritt in die LPG zu brechen. Dazu gehörten hohe Normen und niedrige Preise (die unter den Produktionskosten lagen), die in den Jahren 1951/1952 eingeführten Zwangsablieferungen für Getreide, Kartoffeln, Schlachtvieh und Milch sowie die hohe Steuerprogression. Diese Maßnahmen trugen zum wirtschaftlichen Ruin insbesondere der größeren, marktorientierten bäuerlichen Betriebe (über 10 ha) bei. Trotz des äußerst starken staatlichen Drucks gelang es bis 1956 lediglich 10 510 LPGs zu bilden, die nur etwa 10% der landwirtschaftlichen Nutzfläche bewirtschafteten.

Nach den innenpolitischen Ereignissen des Jahres 1956 und der Veränderung in der politischen Führung des Landes wurde den Bauern die Möglichkeit gegeben, aus den Zwangsgenossenschaften auszutreten. Viele Bauern machten auch davon Gebrauch, so daß 1958 nur etwa 1500 LPGs verblieben, die knapp 1,0% der LN bewirtschafteten. Wenn damit die Kollektivierung der Landwirtschaft auch gescheitert war, so blieb sie nach wie vor als langfristiges Ziel der politischen Führung bestehen. Nach 1956 versuchte man, allerdings auf eine vorsichtigere Weise, den Bauern kollektive Wirtschaftsformen näherzubringen, z. B. über die Landwirtschaftlichen Zirkel. Man versprach auch höhere Investitionen und eine bessere Versorgung der Landwirtschaft mit Produktionsmitteln. Auch die staatlichen Repressionen gegenüber den privaten Landwirten hatten geringfügig nachgelassen. Dies brachte den Bauern eine gewisse wirtschaftliche Entlastung (Senkung der Steuerprogression, Verringerung der Zwangsablieferungen, Erhöhung der Preise für Zwangsablieferungen), ihre Einkommen lagen aber auch weiterhin um etwa 20 bis 25% unter den Einkommen der außerhalb der Landwirtschaft beschäftigten Bevölkerung. Somit konnten die Bauern aus eigener Kraft nur wenig in ihre Betriebe investieren. Die für die Landwirtschaft zur Verfügung gestellten Investitions- und Produktionsmittel wurden vom Staat in erster Linie in den vergesellschafteten Sektor gelenkt. Den Bauern, die die Hauptlast der Volksernährung zu tragen hatten, blieb der Zugang zu diesen Mitteln weitgehend versperrt. Die geringe Finanz- bzw. Investitionskraft der bäuerlichen Betriebe und die staatlichen Beschränkungen des Bodenverkehrs, der Kreditvergabe und der Belieferung mit Produktionsmitteln verzögerten über Jahre den Einzug von modernen Produktions- und Wirtschaftsweisen in die private Landwirtschaft.

Nach dem Wechsel der politischen Führung Ende 1970 wurden zahlreiche Schritte zur Verbesserung der Lage in der Landwirtschaft eingeleitet. Zunächst wurden die Preise für Ablieferungen von Schlachtvieh und Milch erhöht und ab Januar 1972 die Zwangsablieferungen, die einer Spezialisierung der Agrarproduktion in den bäuerlichen Betrieben im Wege standen, aufgehoben. Eine Grundsteuerreform, verbunden mit einer Senkung der Steuerprogression, sollte sich positiv auf die Erweiterung der Wirtschaftsflächen in den bäuerlichen Betrieben auswirken. Ferner wurden die Beschränkungen im Bodenverkehr und die Flächennormen (Richtgrößen für private Betriebe) gelockert. Diesen Gesetzen folgten weitere über die Krankenversorgung und Renten für private Bauern und ihren Familien (vgl. K.-H. Kapala, 1983).

Diese Maßnahmen haben zu einer wesentlichen Steigerung der Agrarproduktion in den bäuerlichen Betrieben beigetragen und ließen die Hoffnung aufkommen, daß sich die Lage der polnischen Landwirtschaft in Zukunft entscheidend verbessern könnte. Solche Hoffnungen machte allerdings die Agrarpolitik der 70er Jahre zunichte, indem sie begonnene Entwicklungen nicht fortführte. Schon 1974 schränkte das Landwirtschaftsministerium den Bodenverkauf aus dem Staatlichen Bodenfonds an private Bauern wieder rigoros ein. Auch das Rentengesetz vom 29. Mai 1974, das den privaten Bauern die Inanspruchnahme der Altersrente gegen Abgabe ihrer Betriebe an den Staat ermöglichte, lief in Verbindung mit der Beschränkung des Bodenzugangs in die private Landwirtschaft auf eine „Selbstauflösung der bäuerlichen Wirtschaft", d. h. auf eine verschleierte Kollektivierung hinaus, zumal die Übernahme der aus der privaten Bewirtschaftung ausscheidenden Flächen durch den vergesellschafteten Sektor massiv finanziell gefördert wurde. Die sich schon 1976 ankündigenden Engpässe in der Nahrungsmittelversorgung und die daraus resultierenden Arbeiterunruhen veranlaßten die politische Führung zu einer gewissen Kurskorrektur in der Agrarpolitik. So wurde seit 1976 die Entwicklung von sogenannten spezialisierten privaten Betrieben gefördert. Ein weiterer Ausdruck des Kurswechsels war das am 4. November 1977 verabschiedete neue Gesetz über die Altersversorgung der privaten Landwirte und eine gewisse Lockerung der Beschränkungen für den Bodenverkauf bzw. die Bodenverpachtung an die Bauern. Ein Novum des erwähnten Rentengesetzes war die Zubilligung des Altersrentenanspruchs für die privaten Bauern, die ihre Betriebe nicht, wie bisher, nur dem Staat überließen, sondern auch an Erbnachfolger (wenn auch zu ungünstigeren Bedingungen) übergaben.

Insgesamt gesehen trug die Agrarpolitik der 70er Jahre weder zur Stabilisierung der bäuerlichen Landwirtschaft bei, noch eröffnete sie dem Agrarsektor allgemein Perspektiven. Seit 1981 ist, allerdings zunächst in Ansätzen, eine neue Entwicklung im Gange, die auf eine gleichwertige Behandlung des vergesellschafteten und des privaten landwirtschaftlichen Sektors bei den Investitionszuwendungen und der Zuteilung von Produktionsmitteln hinausläuft und auf eine Stabilisierung der privaten Landwirtschaft hindeutet.

4.2
Bodenbesitz: Private Bauern und vergesellschafteter Sektor

Die in den Jahren 1944–1946 durchgeführte Bodenreform bildete den ersten Schritt zur Umgestaltung der überlieferten Eigentumsstruktur in der polnischen Landwirtschaft nach dem Zweiten Weltkrieg, in dem man den Großgrundbesitz (über 50 ha der landwirtschaftlichen Nutzfläche, in einigen Regionen wie z. B. in Großpolen mit über 100 ha Betriebsfläche) enteignet hatte. In den durch die neue Grenzziehung hinzugekommenen West- und Nordgebieten wurde das gesamte Eigentum der deutschen Bevölkerung konfisziert und der hier zahlreich vertretene Großgrundbesitz in Staatseigentum überführt. Aus einem Teil der so entstandenen Landreserven wurden Staatsgüter gebildet, die übrigen Flächen dienten der Aufstockung der bäuerlichen Betriebe sowie der Schaffung neuer Bauernstellen. Die starke Bodenzerstückelung während der Parzellierung – zunächst aus politischen Erwägungen gefördert, um sovielen Bauern wie möglich die neue gesellschaftspolitische Ordnung schmackhaft zu machen – hatte nachhaltige wirtschaftliche Folgen: es entstanden zahlreiche kleine Betriebe, die keine ausreichende Existenz bieten konnten. Vom September 1944 bis Ende 1948 wurden fast 6

Mill. ha Land an rund 0,98 Mill. neue Bauernstellen bzw. für die Vergrößerung der kleinsten Höfe verteilt. Diesen Schritt, also die Landvergabe an die privaten Bauern, versuchte man über die Kollektivierung der Landwirtschaft (ab Ende 1948) wieder rückgängig zu machen. So kam es von Anfang an in Polen zu einem Nebeneinander von vergesellschaftetem Sektor und privaten Bauern, wodurch sich die polnische Landwirtschaft mit einem fast 78%-Anteil des privaten Bodenbesitzes (Ende der 70er Jahre) deutlich von der anderer europäischer RGW-Länder unterscheidet, wo dieser Anteil zwischen knapp 2% (UdSSR) und rund 16% (Rumänien) pendelt.

Zu Beginn der 80er Jahre bestanden neben dem dominierenden privaten bäuerlichen Besitz an Grund und Boden folgende Eigentums- bzw. Organisationsformen in der polnischen Landwirtschaft: die Staatsgüter (PGR), die Landwirtschaftlichen Produktionsgenossenschaften (LPG) und die Landwirtschaftlichen Zirkel (LZ). Sie bildeten den sozialisierten Sektor bzw. das vergesellschaftete Bodeneigentum in der Landwirtschaft. Darüber hinaus besteht der Staatliche Bodenfonds (SB) als eine Sonderform des vergesellschafteten Bodeneigentums. Der vergesellschaftete Sektor bewirtschaftete 1984 rund 4,45 Mill. ha (23,6%) der landwirtschaftlichen Nutzfläche (Tab. 7). Sein Anteil betrifft einzelne Regionen sehr unterschiedlich und schwankt zwischen 2,5% in der Woj. Siedlce und 65,0% in der Woj.

Stettin. Er ist überdurchschnittlich in West- und Nordpolen vertreten, wo der Großgrundbesitz einst eine große Bedeutung hatte. In allen Landesteilen stellen die Staatsgüter innerhalb des vergesellschafteten Sektors die wichtigste Größe dar.

Bäuerliche Betriebe

Der private bäuerliche Besitz an Grund und Boden spielte in der ganzen Nachkriegszeit, trotz des seit 1960 fortschreitenden Schrumpfungsprozesses (bis 1980), eine entscheidende Rolle. Seit Beginn der 80er Jahre zeichnet sich sogar eine Umkehrung des bisherigen Entwicklungstrends ab, indem der private Besitz wieder zunimmt (Tab. 7). 1984 bewirtschafteten die bäuerlichen Betriebe rund 14,43 Mill. ha, d.h. 76,4% der gesamten landwirtschaftlichen Nutzfläche (1980: 74,5%).

Der zunächst bis 1980 andauernde Rückgang des privaten Bodenbesitzes ging zum einen auf die verstärkte Inanspruchnahme der Altersrenten gegen Abgabe der bäuerlichen Betriebe an den Staat zurück, zum anderen auf die staatlichen Beschränkungen des Bodenerwerbs für die privaten Landwirte. Erst mit dem neuen agrarpolitischen Kurs ab 1981 wurde den Bauern bedeutend mehr Land aus dem Staatlichen Bodenfonds zum Verkauf bzw. zur Pacht angeboten; 9,7% mehr als in den Jahren 1971–1975 und 18,0% mehr als 1976–1980. 1981 z.B. waren

Tabelle 7: Bewirtschaftung der landwirtschaftlichen Nutzflächen nach Eigentumssektoren (Stand jeweils im Juni)

Jahr	LN in 1000 ha insgesamt	LN nach Eigentumssektoren in %					
		insgesamt	privat	sozialisiert insgesamt	Staatsgüter	davon PGR	LZ
1960	20 403	100,0	86,9	13,1	11,9	1,2	–
1970	19 543	100,0	81,0	19,0	15,4	1,3	0,5
1980	18 947	100,0	74,5	25,5	19,5	4,0	1,4
1984	18 869	100,0	76,4	23,6	18,8	3,7	0,4

Quelle: Rocznik Statystyczny Rolnictwa 1978; Rocznik Statystyczny 1982; Rocznik Statystyczny Województw 1985

die Landabgaben der privaten Betriebe an den Staat mit nur 45 000 ha ähnlich gering wie in den darauffolgenden Jahren. Für diesen Umstand scheinen folgende Faktoren verantwortlich zu sein: 1. Die von der Regierung öffentlich abgegebenen Garantien hinsichtlich der Stabilität der bäuerlichen Wirtschaft. 2. Die anhaltende Wirtschaftskrise und die schwierige Versorgungslage bei Nahrungsmitteln. 3. Die sich verschlechternde materielle Situation der Bauernrentner. (Die Durchschnittsrente eines Bauern betrug 1981 2304, 1984 5088 Zloty, war aber somit um 32% bzw. 39% niedriger als die der übrigen Rentner).

Mitte 1984 gab es in Polen 2,84 Mill. private bäuerliche Betriebe mit mehr als 0,5 ha Land, das waren 0,38 Mill. weniger als 1970 (Tab. 8). Die aufgelösten Betriebe gingen zunächst vorwiegend an den Staat, nach dem Inkrafttreten des neuen Rentengesetzes von 1977 auch verstärkt an private Erbnachfolger. Mehr als die Hälfte der privaten Betriebe (58,4%) in Polen war 1984 kleiner als 5 ha. Bauernhöfe von dieser Größenordnung, insbesondere die bis zu 2 ha Land, können den bäuerlichen Familien jedoch kaum eine Existenz sichern, so daß sie meist auf zusätzliche außerlandwirtschaftliche Einkommensquellen angewiesen sind. Die Bodenreform der Nachkriegszeit hatte auch keine befriedigende Lösung des überlieferten Problems der Besitzzersplitterung gebracht. Vor allem auch deshalb, weil gerade in den davon stark betroffenen Landesteilen nur geringe Landreserven zur Verfügung standen (geringer Anteil des Großgrundbesitzes).

Während der Bodenreform wurden rund 0,5 Mill. ha LN für die Aufstockung von 254 000 kleinbäuerlichen Betrieben (im Mittel 1,9 ha je Betrieb) verwendet. Auch die in den kernpolnischen Gebieten neuerrichteten Bauernhöfe (rund 350 000), die rund 1,9 Mill. ha LN umfaßten, waren von bescheidener Größe (im Mittel 5,4 ha). In den neuerworbenen West- und Nordgebieten bildete man trotz der ausreichenden Landreserven ebenfalls bäuerliche Betriebe, die im Mittel nur etwa 7,9 ha LN hatten, d. h. kleiner waren als die der Vorkriegszeit. Infolgedessen gab es nicht genügend Wohn- und Wirtschaftsgebäude für jede Bauernfamilie, so daß diese in vielen Fällen auf zwei oder mehrere Parteien aufgeteilt werden mußten. Die während der Zwischenkriegszeit begonnene Bodenzusammenlegung bzw. Flurbereinigung (5,5 Mill. ha) wurde 1949 wegen der Kollektivierungspläne unterbrochen. Sie wurde 1957 wieder aufgenommen, jedoch mit geringem Erfolg (0,6 Mill. ha bis 1968). Intensiver wandte man sich diesem Problem erst nach 1968 wieder zu. Am 28. Januar 1968 wurde ein Gesetz zur Bodenzusammenlegung und zum -austausch erlassen. Etwa 60% der privaten Betriebe wiesen eine Besitzzersplitterung und eine ungünstige Gemengelage auf (ca. 6 Mill. ha). In den Jahren 1968–1972 wurde die Bodenzusammenlegung auf 1,6 Mill. ha und der Parzellenaustausch auf 0,2 Mill. ha Land durchgeführt. Für das darauffolgende Wirtschaftsjahr 1972/1973 war die Beendigung aller dieser Arbeiten geplant. Ob dies realisiert wurde, ist unbekannt.

Diese schon in den ersten Nachkriegsjahren angelegte Betriebsgrößenstruktur wandelte sich in späteren Jahrzehnten nur langsam. In

Tabelle 8: Betriebsgrößenstruktur der bäuerlichen Betriebe

Jahr	Zahl der Betriebe in 1000 insgesamt	Betriebsgrößenklassen nach ha BF in %					
		insgesamt	0,51–2	2–5	5–7	7–10	10 und mehr
1960	3216,0	100,0	24,9	33,9	14,8	14,4	12,0
1970	3224,2	100,0	26,9	32,0	14,4	14,1	12,6
1980	2897,1	100,0	30,0	29,5	12,8	13,0	14,7
1984	2843,5	100,0	30,1	28,3	12,5	12,8	16,3

Quelle: Rocznik Statystyczny 1977, 1982; Rocznik Statystyczny Rolnictwa 1978; Rocznik Statystyczny Województw 1985

den 50er Jahren setzte sich zunächst die Tendenz zur weiteren Bodenzersplitterung fort, nicht zuletzt wegen der hohen Grundsteuerprogression und des ideologischen Kampfes gegen die „Kulaken". Als Kulaken – aus dem Russischen – wurden Bauern bezeichnet, die entweder größere Höfe (über 10 ha Land) besaßen oder die auf kleineren Betrieben gute Produktionsergebnisse und somit höhere Einkommen erzielten. Nach der 1956 gescheiterten Kollektivierung kam es zunehmend zur Polarisierung der Betriebsgrößen, d. h. zu einem Anwachsen sowohl der Kleinstbetriebe als auch der größeren bäuerlichen Betriebe (über 10 ha). Die aber insgesamt geringe Veränderung im Betriebsgrößengefüge hat ihre Ursachen in erster Linie in den zahlreichen gesetzlichen Beschränkungen des Bodenverkehrs. Aus den 1976/1977 und 1980 vom Institut für Agrarökonomik durchgeführten Umfragen unter den Bauern, die ihre Betriebe vergrößern wollten, geht hervor, daß nur 52% von ihnen dieses Vorhaben realisieren konnten. Am häufigsten scheiterten die Vergrößerungen an der Ablehnung der Anträge auf Bodenzuerwerb durch die Gemeindeverwaltung. Da die Anzahl der bäuerlichen Betriebe langsamer zurückging als die landwirtschaftlichen Nutzflächen abnahmen, ist die Durchschnittsgröße der Bauernhöfe von 5,51 ha LN (1960) auf 4,87 ha LN (1980) geschrumpft. Erst 1981 stieg sie wieder leicht an (auf 4,94 ha LN). Ein privater bäuerlicher Betrieb (mit mehr als 0,5 ha Land) bewirtschaftete im Durchschnitt: 1970 4,4 ha LN, 1980 4,7 ha LN und 1984 4,9 ha LN. Die Durchschnittsgröße der Betriebe zeigt generell ein Nord-Südgefälle und schwankt (1981) zwischen 9,1 ha LN in der Woj. Suwałki und 1,9 ha LN in der Woj. Bielitz Biala, wobei die kleinsten Betriebe in den stark urbanisierten Gebieten anzutreffen sind.

Staatsgüter

Die Staatsgüter (poln. Państwowe Gospodarstwa Rolne, Abk.: PGR) sind staatseigene Agrarunternehmen, in denen die Boden- und Produktionsvergesellschaftung ihre höchste Stufe erreicht hat. Die PGRs entstanden 1949 auf staatlichen Flächen, die u. a. den konfiszierten ehemaligen Landbesitz der deutschen Bevölkerung, den der nationalen Minderheiten und den enteigneten heimischen Großgrundbesitz umfaßten. Dementsprechend konzentrieren sie sich auf Pommern (Wojewodschaften Stettin 55,9% LN, Köslin 55,5% und Stolp 53,9%) und die übrigen 1945 an Polen angegliederten Gebiete. Darüber hinaus häufen sie sich in Ostpolen in den Gebieten entlang der sowjetischen Grenze. Die Staatsgüter sind der wichtigste Teil des vergesellschafteten Landwirtschaftssektors. 1984 bewirtschafteten sie 3,54 Mill. ha, das sind 18,8% der gesamten landwirtschaftlichen Nutzfläche bzw. 79,6% der des ganzen vergesellschafteten Sektors. Neben den Staatsgütern, die unmittelbar dem Ministerium für Land- und Ernährungswirtschaft unterstellt waren (mit 2,63 Mill. ha LN), gab es 1179 Staatsbetriebe, die den nichtlandwirtschaftlichen Ressorts der Volkswirtschaft gehörten. Es sind vornehmlich verschiedene Arten von Versuchsbetrieben der landwirtschaftlichen Schulen bzw. Hochschulen.

Die Zahl der Staatsgüter, die dem Ministerium für Land- und Ernährungswirtschaft unterstehen, veränderte sich in den vergangenen zwei Jahrzehnten infolge der betrieblichen Umorganisation bzw. Konzentration merklich. Seit 1960 ist ihre Zahl von 5734 auf 2096 (1980) zurückgegangen. Die 2096 Staatsgüter waren 1980 wiederum in 947 staatlichen Agrarunternehmen (poln.: Państwowe Przedsiębiorstwa Rolne Ministerstwa Rolnictwa i Gospodarki Żywnościowej) vereinigt. 1984 gab es 1278 staatliche Agrarunternehmen. Ein solches bewirtschaftete 1980 im Durchschnitt 4452 ha Land (3704 ha LN), 1984 3169 ha (2630 ha LN). In allen Staatsgütern waren 1984 0,51 Mill. Arbeitskräfte beschäftigt, d. h. 10,3% aller Arbeitskräfte in der Landwirtschaft. Im Laufe der Zeit erfuhren die Staatsgüter mehrmalige verwaltungsorganisatorische Veränderungen, die entweder auf eine mehr zentralistische oder mehr selbständige Betriebsführung hinausliefen. Seit den 60er Jahren bestand eine Tendenz zunehmender Zentralisierung der Betriebsführung, d. h. zur Bildung von Mehrbetriebsunternehmen, den sog. Agrokombinaten, die bis zu 12 000 ha Land umfaßten. In den 70er Jahren ging man noch einen Schritt weiter und begann mit der Errichtung von sog. Agrarkomplexen, die als „Staatliche Agrar-Industrie-Vereinigungen" bezeichnet wurden.

1974 nahmen zwei Unternehmen dieser Art ihre Tätigkeit auf: Die Rastenburger Agrar-Industrie-Vereinigung (poln.: Kętrzyńskie Zjednoczenie Rolniczo-Przemysłowe) in Masuren (in Grenzen der Wojewodschaften Allenstein und Suwałki), sie umfaßte 146 000 ha Land (106 000 ha LN) und die Sudetische Agrar-Industrie-Vereinigung (poln.: Sudeckie Zjednoczenie Rolniczo-Przemysłowe) in Niederschlesien (in Grenzen der Wojewodschaften Hirschberg und Waldenburg), sie umfaßte 102 000 ha Land. Zu den Vereinigungen gehörten neben mehreren Staatsgütern und nahrungsmittelproduzierenden Betrieben auch Einrichtungen des Dienstleistungssektors wie Bau- und Transportunternehmen, Absatzeinrichtungen u. a. m. Die genannten Vereinigungen bildeten neue Integrationsformen der landwirtschaftlichen Unternehmen, die mit „Großwirtschaftlichen Organisationen" in der Industrie verglichen werden konnten. Eine derartige Organisationsform sollte in erster Linie die Kooperation zwischen dem Agrarsektor (einschließlich der bäuerlichen Wirtschaft), der Nahrungsmittelindustrie und den landwirtschaftlichen Organisationen der betreffenden Region fördern.

Die zentralistisch organisierte Betriebsführung brachte nach Meinung vieler Wirtschafts- und Agrarexperten mehr Nachteile als Vorteile, so z. B. die Einschränkung der Entscheidungsfreiheit der einzelnen Staats-

güter bei Investitionen oder bei der Gestaltung der Produktionsstruktur. Die räumliche Streuung der einzelnen Staatsgüter um den Verwaltungssitz (bis zu 15 und mehr km) verursachte größere Transportkosten und beeinträchtigte die Kontakte (wegen eines unterentwickelten Kommunikationssystems) zwischen der Betriebsführung und den einzelnen Betrieben sowie die Arbeitsorganisation. Auch die ursprünglich geplante Arbeitskräfteeinsparung schlug ins Gegenteil um.

Seit 1981 wird den Staatsgütern einerseits wieder mehr Selbständigkeit eingeräumt, andererseits aber mehr Verantwortung für die Produktionsergebnisse auferlegt (Einführung der ökonomischen Rechnungsführung). Sie haben wichtige Aufgaben als Produzenten von Saatgut und tierischem Zuchtmaterial. 1978 lieferten sie beispielsweise rund 88% des gesamten Getreide- und 28% des Kartoffelsaatguts sowie etwa 60% aller Zuchttiere. Die Staatsgüter haben auch eine Monopolstellung in der Branntweinherstellung (ca. 95% der Produktion). Neben den Produktionsaufgaben, die die Staatsgüter zu erfüllen haben, sollen sie eine Rolle als landwirtschaftliche Innovationszentren spielen, von denen aus das Fachwissen und der technische Fortschritt unter den privaten Bauern verbreitet werden soll. Es scheint allerdings fraglich zu sein, ob die Staatsgüter angesichts ihrer unökonomischen Wirtschaftsführung und insgesamt bescheidenen Produktionsergebnisse als nachahmenswerte Beispiele für die bäuerlichen Betriebe dienen können.

Landwirtschaftliche Produktionsgenossenschaften

Die Landwirtschaftlichen Produktionsgenossenschaften (poln.: Rolnicze Spółdzielnie Produkcyjne, dt. Abk. LPG) stellen als kollektive Agrarunternehmen die zweite Form des vergesellschafteten Eigentums. Nachdem diese Wirtschaftsform in Verbindung mit den Zwangskollektivierungsversuchen in der ersten Hälfte der 50er Jahre in Mißkredit geraten war, schrumpfte die Zahl der LPGs bis 1970 auf 1071 (1957: 1527). Von diesen 1071 LPGs gehörten 136 dem Integrationstyp I (1979 nur 9) und 925 dem Typ II an.

Beim Eintritt in die LPG des Typs I mußten die Bauern das gesamte Ackerland mit Ausnahme einer Hofwirtschaft bis zu 0,6 ha einbringen. Im Besitz der Bauern blieben die Wirtschaftsgebäude, der Viehbestand und das Dauergrünland. Diese LPGs produzieren im Kollektiv nur pflanzliche Erzeugnisse. Die LPGs des Typs II betreiben sowohl eine pflanzliche als auch eine tierische Produktion. Oft befinden sich auch obst- und gemüseverarbeitende Betriebe, Trocknungsanlagen und Lagereinrichtungen für Agrarprodukte in ihrem Besitz. Beim Eintritt in diese LPGs wurde von den Mitgliedern das Einbringen der gesamten Nutzfläche, mit Ausnahme von 0,6 ha Land, verlangt. Darüber hinaus konnten die für kollektive Wirtschaftsweisen geeigneten Wirtschaftsgebäude, Maschinen und Geräte sowie der Viehbestand der Genossenschaft übergeben werden.

Trotz der stagnierenden bzw. rückläufigen Zahl der LPGs wurden ihre Wirtschaftsflächen im Laufe der Zeit merklich erweitert (von 268 000 ha 1960 auf 305 000 ha Ende 1970), vor allem durch die Bodenzuweisungen aus dem Staatlichen Bodenfonds. Während 1960 der Anteil der aus dem Staatlichen Bodenfonds stammenden Flächen 43% des gesamten Bodenbesitzes der LPGs ausmachte, so waren es 1970 schon 65%. Somit wurde der Anteil des von den Mitgliedern in die LPGs eingebrachten Bodens immer geringer. Die relativ schnell wachsenden Mitgliederzahlen (von 28 200 auf 37 000 im Zeitraum 1960–1970) gingen dabei in erster Linie auf die Aufnahme der landlosen bäuerlichen Familien in die LPGs zurück, die Mitglieder der LPGs ohne früheren Bodenbesitz stellten 1960 rund 30% und 1970 schon 60% aller Mitglieder.

In den 70er Jahren, insbesondere nach 1975,

kam es zu einem regelrechten LPG-Boom, von Ende 1975 bis 1981 hatte sich die Zahl der LPGs mehr als verdoppelt (von 1092 auf 2310 LPGs). Dieser Entwicklung lag allerdings kein Sinneswandel der privaten Bauern zugrunde, auslösende Faktoren waren vielmehr die staatliche Förderung zur Bildung neuer LPGs auf den vom Bodenfonds übernommenen Flächen und die weitere Aufnahme grundbesitzloser Landbevölkerung in die LPGs. Somit veränderten sich die Voraussetzungen für die Bildung der LPGs grundlegend. Während sich die von den LPGs bewirtschaftete Nutzfläche von 324 000 ha (1975) auf 755 000 ha (1980) erweiterte, sank der Anteil des von den Mitgliedern eingebrachten Bodens jedoch auf ca. 20%. 1984 bewirtschafteten alle LPGs 704 000 ha LN, d.h. 3,7% der gesamten landwirtschaftlichen Fläche des Landes. Auf eine LPG entfielen im Durchschnitt 330 ha Land (301 ha LN).

Zu einer räumlichen Konzentration der LPGs kommt es in Großpolen; hier wurde der Großgrundbesitz oftmals an die ehemaligen Gutsarbeiter verteilt, die an eine gemeinschaftliche Wirtschaftsweise gewöhnt waren. Deshalb waren sie schon in den 50er Jahren eher bereit, sich in LPGs zusammenzuschließen. Darüber hinaus sind die LPGs überdurchschnittlich stark in den nördlichen und westlichen Landesteilen vertreten, wo sie in den 70er Jahren angesichts des intensivierten Bodenausfalls aus der privaten Bewirtschaftung (wenige bereitwillige Erbnachfolger) ihre Flächen erheblich vergrößert hatten. In den Wojewodschaften Stettin, Köslin und Stolp z. B. besaßen die LPGs Mitte 1970 nur 20 319 ha LN, Mitte 1980 schon 70 805 ha LN, ihr Anteil an der gesamten landwirtschaftlichen Fläche stieg hier somit von 1,5% auf 5,5%.

Landwirtschaftliche Zirkel

Die Landwirtschaftlichen Zirkel (poln. Kółka Rolnicze, dt. Abk.: LZ) sind dem Statut nach freiwillige Bauernorganisationen, die sich seit 1956 wieder neu konstituieren konnten. Sie knüpfen an die gleichnamigen Bauernselbsthilfeorganisationen an, die im 19. Jh. im preußischen, aber auch im österreichischen und russischen (seit 1906) Teilungsbereich gegründet wurden, zunächst zum Zweck der Verbreitung von Fachwissen unter den Bauern, später v. a. zum gemeinschaftlichen Maschinenkauf bzw. zur Maschinennutzung. 1939 z. B. gab es im damaligen Polen 12 400 Landwirtschaftliche Zirkel mit rund 450 000 Mitgliedern (Encyklopedia . . ., 1981).
Nachdem 1956 die Zwangskollektivierung gescheitert war, versuchte man, durch eine Wiederbelebung dieser bewährten gemeinschaftlichen Organisationsform die Bauern für das kollektive Wirtschaften zu gewinnen. Ihre Aufgaben sollten sich auf die Organisation verschiedenartiger Produktionskooperationen mit den privaten bäuerlichen Betrieben, allerdings auf der Basis der vergesellschafteten Produktionsmittel, konzentrieren. Da sie jetzt jedoch der unmittelbaren Kontrolle der staatlichen Verwaltungsorgane unterstanden, wurde ihre Selbstbestimmungsfreiheit stark eingeschränkt. Die Entwicklung der LZ schritt seit 1957 schnell voran. Ihre Zahl erhöhte sich von 11 600 (1957) auf 35 060 (1978), die Zahl der Mitglieder entsprechend von etwa 0,39 Mill. auf 1,36 Mill. Seit 1978 sind diese Zahlen allerdings rückläufig (1984 nur 30 806 LZ mit 0,8 Mill. Mitgliedern). Von 1959 an wurden in den Landwirtschaftlichen Zirkeln Traktoren-Maschinen-Stationen aus den Mitteln des sog. Landwirtschaftlichen Entwicklungsfonds (poln.: Fundusz Rozwoju Rolnictwa) errichtet. Diese Stationen leisteten gegen Entgelt maschinelle Dienste bei der Feldbearbeitung, Ernteeinbringung, Mineraldüngerstreuung, Bodenkalkung und Schädlingsbekämpfung. Sie halfen auch bei der Organisation der Produktionsmittelversorgung und des Absatzes von Agrarprodukten. Die LZ verfügten darüber hinaus über eigene Produktionsbetriebe, wie z. B. obst- und gemüseverarbeitende Betriebe, Mühlen, Sägewerke, Ziegeleien und Dienstleistungsbetriebe (Reparaturwerkstätten). Ferner betätigten sich die LZ im Kultur- und Bildungsbereich (u. a. Fortbildungskurse, Fachberatungen für die Bauern).

Von 1973 an fand eine Veränderung in der Organisationsstruktur der LZ statt, die auf eine zentralistisch gelenkte Führung hinauslief. Auf der Basis der einzelnen Zirkel wurden sog. Genossenschaften der LZ (poln.: Spółdzielnie Kółek Rolniczych, Abk.: SKR) gebildet, die die Leitung von Produktions- und Dienstleistungsbetrieben bzw. die Verwaltung des Vermögens der einzelnen LZ übernommen haben. Sie waren gewissermaßen ein Ersatz für die Kreisverwaltungen der LZ, die mit der neuen Gebietsreform von 1975 aufgelöst worden waren. Die Zahl der SKRs ist von 199 (1973) auf 1846 (1978) und 1943 (1984) gestiegen. Im Rahmen der SKR waren beispielsweise 2617 Traktoren-Maschinen-Stationen, 1195 Bauunternehmen bzw. baustoffproduzierende Betriebe, 1547 Dienstleistungsbetriebe bzw. Reparaturwerkstätten und 1372 sog. landwirtschaftliche Gemeinschaftsbetriebe (poln. Zespołowe Gospodarstwa Rolne) tätig. Das Vermögen (z. B. Baumaschinenpark, Boden) der SKR ist vergesellschaftetes Eigentum. Somit tritt in den SKRs nicht ein Zusammenschluß des privaten Besitzes auf, der ja gewöhnlicherweise die Basis einer Genossenschaft bildet, sondern nur eine gemeinschaftliche Nutzung des vergesellschafteten Eigentums. Damit ist hier der Grad der Vergesellschaftung der Produktionsmittel höher als bei anderen Genossenschaftstypen. Seit der zweiten Hälfte der 60er Jahre wurde den LZ die Aufgabe der Bodenbewirtschaftung (Zuweisung aus dem Staatlichen Bodenfonds) auferlegt. 1970 gab es 3312 LZ, die 99 000 ha Land nutzten. Seit 1975 konnten auch private Bauern als Mitglieder (physische Personen) in die SKR aufgenommen werden. Durch zahlreiche Begünstigungen für die SKR-Mitglieder wollte man auch die Bauern zur gemeinschaftlichen Bodennutzung ermuntern. So entstandene Gemeinschaftsbetriebe sollten dann in landwirtschaftliche Genossenschaftsbetriebe im Rahmen der SKR umgewandelt werden. Diese Versuche blieben allerdings ohne nennenswerten Erfolg.

1978 gab es im Rahmen der LZ bzw. der SKR 1787 landwirtschaftliche Betriebe, die 425 000 ha LN bewirtschafteten. Seit Mitte 1978 hatte sich ihre Zahl kontinuierlich verringert, bis sie 1984 schließlich auf 392 Betriebe mit einem Besitz von 87 000 ha LN gesunken war. Die Bodenbewirtschaftung bzw. die landwirtschaftliche Produktion wurde in vielen LZ aufgrund äußerst großer Unrentabilität dieser Betriebe aufgegeben (Kap. 4.6). In vielen Wojewodschaften löste man sie schon 1982 auf, ihre völlige Auflösung war bis 1985 geplant.

Staatlicher Bodenfonds

Der Staatliche Bodenfonds (poln.: Państwowy Fundusz Ziemi, Abk.: PFZ) stellt eine Sonderform des vergesellschafteten Eigentums an Grund und Boden dar. Er ist weder eine Organisation noch eine Institution, sondern eine administrative Form (gewissermaßen ein Bodenkonto oder eine Bodenbank) der staatlichen Verwaltung des landwirtschaftlichen Bodens. Er wurde unmittelbar nach dem Krieg aus den Staatsdomänen, dem konfiszierten bzw. enteigneten Großgrundbesitz oder dem verlassenen privaten Besitz gebildet. Diese Bodenreserven wurden für Zwecke der Bodenreform, Bildung der Staatsgüter u. a. verwendet. Außerdem fällt der aus der privaten, neuerdings auch aus der vergesellschafteten Bewirtschaftung freiwerdende Boden an den Staatlichen Bodenfonds. Über ihn wird der überwiegende Teil des landwirtschaftlichen Bodenverkehrs abgewickelt (daneben besteht zwischen den Bauern ein privater Bodenverkehr). Der Bodenfonds verfügte in den 70er Jahren jährlich über Landreserven von ca. 1

Mill. ha, die de facto brachlagen. Die größten Bodenreserven, deren Bewirtschaftung bis heute ernsthafte Probleme aufwerfen, sind in West- und Nordpolen vorhanden.

4.3
Produktionsfaktoren – Arbeit und Kapital

In engem Zusammenhang mit der kleinbäuerlichen Betriebsstruktur steht die außerordentlich hohe Beschäftigungszahl in der Landwirtschaft, mit der Polen (neben Jugoslawien) an der Spitze der europäischen Länder steht. Ende 1984 waren 4 964 200 Personen, d. h. 29,2% aller Beschäftigten in Polen in der Landwirtschaft tätig, wobei 3 950 000 Arbeitskräfte auf den privaten und 1 014 200 auf den vergesellschafteten Landwirtschaftssektor entfielen. Der sich seit 1950 vollziehende Rückgang der Beschäftigtenzahl in der Landwirtschaft war von einer Umverteilung der Arbeitskräfte zwischen dem privaten und dem sozialisierten Sektor begleitet. Zwischen 1960 und 1980 verlor die bäuerliche Landwirtschaft rund 866 900 Arbeitskräfte, während im vergesellschafteten Sektor rund 643 000 neue Arbeitsplätze geschaffen wurden. Nach einem Anstieg der Arbeitskräfte in der privaten Landwirtschaft zu Beginn der 80er Jahre (1981/1982 um 102 000) setzt sich erneut der langjährige rückläufige Trend weiter fort; seit 1982 auch im vergesellschafteten Sektor. Der Arbeitskräftebesatz je 100 ha LN belief sich 1984 in den bäuerlichen Betrieben auf 27, in den Staatsgütern auf 14 und in den LPGs auf 23 Personen.

In Verbindung mit der neuen Wirtschaftsreform war ein Abbau von Arbeitsplätzen, vor allem in der Industrie (u. a. wegen Nichtauslastung der Produktionskapazitäten) und eine intersektorale Umverteilung von Arbeitsplätzen geplant. In diesem Zusammenhang wurde eine Einschränkung der Doppelbeschäftigung und gegebenenfalls eine Zurückführung derjenigen Bevölkerungsteile in die Landwirtschaft in Erwägung gezogen, die in einem landwirtschaftlichen Betrieb nebenbeschäftigt sind bzw. in einem bäuerlichen Haushalt wohnen (vgl. K.-H. Kapala, 1983).

Die bäuerlichen Betriebe stützen sich fast ausschließlich auf die Arbeitskraft der Familienmitglieder, die Beschäftigung familienfremder Arbeitskräfte ist heute in Polen eine relativ seltene Erscheinung. Zusätzliche Kräfte werden meist nur zur Erntezeit gebraucht, üblicherweise greift man jedoch auf die Nachbarschaftshilfe zurück.

Für viele Mitglieder der „landwirtschaftlichen Haushalte" (Haushalt, zu dem ein landwirtschaftlicher Betrieb gehört) stellt dessen Bewirtschaftung heute nicht die einzige Erwerbsquelle dar. Mit der regional unterschiedlich schnell fortschreitenden Industrialisierung kam es zur Herausbildung eines Arbeiterbauerntums und des landwirtschaftlichen Nebenerwerbs. Aber auch die völlige Aufgabe der Landbewirtschaftung war keineswegs immer mit einem Wohnortwechsel verbunden, denn der endgültigen Abwanderung vom Land standen die in den Städten herrschende Wohnungsnot und die ständigen Versorgungsengpässe mit Nahrungsmitteln entgegen. Für viele Personen bot somit der landwirtschaftliche Betrieb zwangsläufig nicht nur „ein Dach über dem Kopf", sondern auch die sichere Versorgung mit Nahrungsmitteln.

Zur Volkszählung 1978 lebten in den „landwirtschaftlichen Betriebshaushalten" 6 239 828 erwerbstätige Personen, d. h. 34,7% aller Erwerbstätigen (1970 entsprechend 8 263 326 bzw. 48,8%). 13% von ihnen (1970: 17,6%) hatten dabei mit der Arbeit auf dem Bauernhof überhaupt nichts mehr zu tun. Mit der Bewirtschaftung eines landwirtschaftlichen Betriebes beschäftigten sich rund 5,43 Mill. Personen, d. h. 87% der Erwerbstätigen aus den bäuerlichen Haushalten (1970 rund 6,81

Mill.). Von diesem Personenkreis betrachteten 27,5% die Tätigkeit auf dem Bauernhof als eine Nebenbeschäftigung. Der Nebenerwerb konzentrierte sich vornehmlich auf kleine Betriebe (unter 5 ha) und nahm mit steigender Größe der Wirtschaftsflächen ab.

Die Nebenerwerbstätigkeit ist in der Oberschlesischen und Krakauer Agglomeration im Niederschlesischen Industriegebiet und darüber hinaus in Südostpolen sehr populär. Ihre Verbreitung spiegelt sowohl das Betriebsgrößengefüge als auch den Industrialisierungsgrad und die Verkehrserschließung der jeweiligen Region wider.

Die Abwanderung vom Lande, die in der Nachkriegszeit ein beträchtliches Ausmaß erreichte, entzog der Landwirtschaft die leistungsfähigsten Arbeitskräfte. Im bäuerlichen Betrieb, aber besonders auch in Staatsgütern nahmen in der Regel solche Personen eine Arbeit auf, die nur geringe Berufschancen in anderen Wirtschaftsbereichen hatten. Eine Anpassung des Lohnniveaus in den Staatsgütern an das in den übrigen Bereichen der vergesellschafteten Wirtschaft sollte die Beschäftigung in den Staatsgütern in den 70er Jahren attraktiver machen. Die über Jahrzehnte andauernde ungünstige Situation der Landwirtschaft, verbunden mit der Ungewißheit über die Zukunft der privaten Betriebe, machte die Agrarwirtschaft anderen Berufen gegenüber kaum konkurrenzfähig und schwächte die Bereitschaft der jungen Generation, die bäuerlichen Betriebe von den Eltern zu übernehmen. So wurde die Landwirtschaft zur Arbeitsdomäne vor allem für Frauen und ältere, wenig ausgebildete Menschen. Die Überalterung der Arbeitskräfte in den bäuerlichen Betrieben stellt gegenwärtig ein großes Problem dar. Wenn sich auch in den 70er Jahren im Altersaufbau der landwirtschaftlichen Arbeitskräfte eine in Ansätzen günstigere Entwicklung abzeichnete (leichter Rückgang der 60jährigen und älteren Menschen, eine Zunahme männlicher Er-

Tabelle 9: Strukturdaten zur polnischen Landwirtschaft

Kennziffern	Insgesamt (absolut)		Privater Sektor		Vergesellschafteter Sektor					
					Staatsgüter		LPG		Landwirtsch. Zirkel	
					in Prozent					
	1975	1981	1975	1981	1975	1981	1975	1981	1975	1981
Landwirtschaftliche Nutzfläche in 1000 ha	19 209	18 210	79,0	74,9	16,7	19,4	1,5	4,1	0,8	0,9
Arbeitskräfte in 1000 Personen	4 860	5 098	80,3	77,6	10,0	10,4	1,6	3,7	4,2	4,2
Investitionen in Millionen Zloty	65 717	81 433	33,6	48,0	38,0	25,5	7,5	10,6	14,8	9,1
Wert der Produktionsmittel in Milliarden Zloty	1 098	1 705	68,4	58,9	19,0	23,1	1,6	5,3	4,5	5,3
Traktoren in 1000 Stück	401	655	43,6	64,6	20,0	15,1	2,6	4,3	33,1	15,7
Zugkräftepotential in 1000 Zugeinheiten (lebende und mechanische)	4 490	5 970	63,6	66,0	15,1	16,6	1,8	4,2	19,5	13,0
NPK-Düngerverbrauch in 1000 t	3 460	3 499	67,7	63,0	29,9	30,2	2,4	5,6	.	1,2
Landwirtschaftliche Gesamtproduktion in Milliarden Zloty	625,2	605,4	81,0	79,2	16,0	16,1	2,1	4,2	0,9	0,5
Pflanzliche Gesamtproduktion in Milliarden Zloty	346,3	349,6	82,6	81,1	15,3	15,3	1,6	3,2	0,5	0,4
Tierische Gesamtproduktion in Milliarden Zloty	279,0	255,8	79,1	76,6	17,0	17,3	2,6	5,6	1,3	0,5
Anbaufläche in 1000 ha Insgesamt	14 674	14 509	81,0	76,0	16,3	19,0	1,7	4,1	1,0	0,9
4 Getreidearten	7 853	7 260	85,6	86,0	12,7	11,5	1,2	1,4	0,5	1,1
Kartoffeln	2 581	2 257	91,3	91,6	7,4	6,2	0,9	1,9	0,4	0,3
Zuckerrüben	496	470	77,5	77,5	19,8	18,6	2,4	3,8	0,3	0,1
Produktion in 1000 t 4 Getreidearten	18 035	17 205	83,4	78,9	14,1	16,4	1,7	3,9	0,8	0,8
Kartoffeln	46 429	42 562	92,3	92,1	6,7	5,9	0,8	1,8	0,2	0,2
Zuckerrüben	15 707	15 867	80,8	80,9	17,0	15,8	2,0	3,2	0,2	0,1

Viehbestand in 1000 Stück										
Rindvieh insgesamt	13254	11797	78,3	75,1	19,0	21,4	2,0	3,2	0,7	0,3
davon Kühe	6146	5757	88,5	86,0	10,5	12,3	1,0	1,6	0,0	0,1
Schweine	21311	18480	79,7	73,6	14,5	20,1	2,1	5,1	3,7	1,2
Schafe	3175	3886	75,8	64,6	21,0	26,0	2,0	7,6	1,2	1,8
Pferde	2237	1726	97,6	97,9	2,2	1,9	0,2	0,2	0,0	0,0
Hühner	65891	70858	94,5	92,5	4,7	4,9	0,7	2,5	0,1	0,1
Fleischproduktion in 1000 t										
Schlachtvieh insgesamt	4183	3500	72,4	63,2	20,9	25,0	4,0	10,1	2,7	1,7
Schlachtrinder	1325	969	64,6	57,4	30,1	35,4	4,1	6,0	1,2	1,2
Schlachtschweine	2299	1740	74,6	64,4	18,7	27,7	2,5	5,5	4,2	2,4
Schlachtgeflügel	343	615	77,1	62,5	7,1	5,1	15,3	31,5	0,5	0,9
Milchproduktion in Millionen Liter	15883	14880	86,6	85,3	12,4	13,0	1,0	1,6	0,0	0,1
Eierproduktion in Millionen Stück	8013	8816	94,0	91,1	5,2	5,5	0,8	3,2	0,0	0,2
Landwirtschaftliche Marktproduktion Brutto in Milliarden Zloty	317,0	295,1	74,7	70,0	21,3	23,1	2,8	5,9	1,2	1,0
Landwirtschaftliche Marktproduktion Netto in Milliarden Zloty	240,8	212,9	81,7	78,1	16,8	18,0	1,9	3,4	-0,4	0,5
Staatliche Aufkäufe										
Getreide in 1000 t	5119	3390	67,5	32,9	27,9	57,2	4,6	7,5	.	2,4
Kartoffeln	5143	4441	74,2	79,7	24,0	16,7	1,8	3,2	.	0,4
Zuckerrüben	15170	15867	81,4	80,9	16,6	15,8	2,0	3,2	.	0,1
Gemüse	1188	1320	93,3	92,3	6,3	6,8	0,4	0,8	.	0,1
Obst	717	587	94,1	87,7	5,8	12,1	0,1	0,2	.	.
Fleisch	2437	1884	75,3	59,3	17,1	27,1	4,0	11,5	.	2,1
Milch in Mill. l	8109	9264	79,5	82,3	19,4	16,0	1,1	1,7	.	.
Eier in Mill. St.	2872	3587	99,1	93,5	0,7	1,7	0,2	4,5	.	0,3

Anmerkung:
1 Mit landwirtschaftlichen Zirkeln

Tabelle 9: Strukturdaten zur polnischen Landwirtschaft (Fortsetzung)

Kennziffern	Insgesamt (absolut)		Privater Sektor		Vergesellschafteter Sektor					
					Staatsgüter		LPG		Landwirtsch. Zirkel	
	1975	1981	1975	1981	1975	1981	1975	1981	1975	1981
Investitionen in 1000 Zloty je 1 ha LN	3,8	4,6	1,5	2,8	7,6	5,6	15,1	11,0	41,8	43,9
NPK-Düngerverbrauch in kg je ha LN	181,9	186,2	152,2[1]	155,8	310,8	287,3	260,5	250,0	.	245,7
Kraftfutterverkauf in dz je GVE[2]	5,4	5,3	4,2	4,2	8,7	6,3	13,0	17,5	18,6	25,8
Landw. Gesamtproduktion in Zloty/ha LN	32,6	32,0	33,4	33,8	30,4	26,6	39,8	32,4	23,9	16,9
Landw. Gesamtproduktion in Zloty je 1000 Zloty Materialkosten	1488	1443	1579	1610	1239	1045	1286	1081	712	610
Erträge in dz/ha Getreide	24,9	24,9	24,2	25,0	30,6	26,0	28,9	22,6	17,4	17,6
Weizen	28,3	29,6	27,2	29,0	35,1	33,0	31,6	30,9	20,7	24,0
Roggen	22,5	22,4	22,0	22,4	28,7	23,5	27,6	20,6	18,2	17,4
Kartoffeln	180	189	182	190	161	179	169	173	107	152
Zuckerrüben	317	338	330	352	271	288	275	288	195	211
Viehbesatz in Stück je 100 ha LN Rindvieh	69,0	62,4	68,4	62,6	76,4	68,6	80,9	48,0	39,0	22,7
davon Kühe	32,0	30,4	35,8	35,0	19,7	19,2	18,2	12,1	1,0	1,4
Schweine	110,9	97,7	111,9	96,0	83,5	95,9	137,1	120,5	343,0	135,3
Schafe	16,5	20,5	15,8	17,7	20,2	27,5	19,7	38,0	17,0	39,8
Pferde	11,6	9,1	14,4	11,9	1,5	0,9	1,2	0,2	0,1	0,1
Hühner je 100 ha Ackerland	601	449	713	549	132	110	307	322	·	·
Milchleistung in l je Kuh	2600	2604	2529	2574	3216	2830	2757	2564	·	2167
Eierleistung in Stück je Henne	103	131	102	129	119	148	168	168	·	133

Anmerkungen:
1 Mit landwirtschaftlichen Betrieben der Landwirtschaftlichen Zirkel
2 GVE = Großvieheinheit (umgerechnet: Rindvieh + Schweine + Schafe)

Quelle: Rocznik Statystyczny 1976 und 1982, GUS. Warszawa

werbstätigen und hauptberuflich tätigen Männer), so war er dennoch 1978 wesentlich unvorteilhafter als bei den nichtlandwirtschaftlichen Erwerbstätigen, von denen 65,5% im Alter von 18 bis 44 Jahren und nur 2,2% im Alter von 60 und mehr Jahren standen. In der Landwirtschaft dagegen waren 21,7% der Erwerbstätigen 60 Jahre und älter. Auch ein Vergleich des Bildungsniveaus der Erwerbstätigen außerhalb und in der Landwirtschaft fällt deutlich zu Ungunsten der Letztgenannten aus.

Der *Kapital- und Produktionsmittelmangel*, der zum Dauerproblem der polnischen Landwirtschaft geworden ist, geht auf die schwache Investitionstätigkeit in diesem Wirtschaftsbereich zurück, für den man im langjährigen Mittel nur ca. 14% des gesamten Investitionsvolumens ausgab, während der sekundäre Sektor etwa zu 40% von diesen Geldern profitierte. Im vergesellschafteten Landwirtschaftssektor wurden durch staatliche Dotationen, verschiedene Arten von Zuschüssen und durch Abschreibung von Krediten günstige finanzielle Bedingungen geschaffen. Die privaten Bauern mußten ihre Investitionen überwiegend durch Eigenkapital, das angesichts des niedrigen Einkommens immer knapp war, finanzieren. Der Kapitaleinsatz je 1 ha LN war in den 70er Jahren in den privaten bäuerlichen Betrieben etwa um das fünffache geringer als in den Staatsgütern und um das ca. zehnfache kleiner als in den LPGs. Die schwache Investitionstätigkeit der privatbäuerlichen Betriebe hat ihre Ursachen in den Beschränkungen bei den Kreditzuteilungen und bei der Versorgung mit Produktionsmitteln. Sie konnten bis in die 70er Jahre z.B. keine neuen Traktoren oder andere Maschinen erwerben sowie keine ausreichenden Mengen an Mineraldünger, Saatgut, Kraftfutter, Kohlen, Baustoffen u.v.a. Gütern kaufen. Trotz alledem gibt es seit den ersten Nachkriegsjahren beeindruckende Fortschritte in der Ausstattung der Landwirtschaft mit Produktions- und Betriebsmitteln, so z.B. mit Traktoren oder Mineraldünger. 1950 verfügte die polnische Landwirtschaft nur über 28 000 Traktoren, 1984 aber über 806 491. In den bäuerlichen Betrieben gab es 1950 noch keine Traktoren, 1970 zunächst nur 54 622, aber 1984 besaßen sie schon 614 100 davon. Auch der Mineraldüngerverbrauch ist um mehr als das zehnfache gestiegen, von 17,7 kg/ha LN (1949/1950) auf 192,9 kg/ha LN (1979/1980). Wegen des Produktionsrückgangs war er im Wirtschaftsjahr 1983/1984 mit 182,5 kg/ha LN wieder niedriger. Hinter diesen Durchschnittszahlen stehen aber erhebliche sektorale und regionale Unterschiede (Tab. 9).

Dieser durchaus beachtenswerte Fortschritt darf aber nicht darüber hinwegtäuschen, daß sich die polnische Landwirtschaft gegenwärtig durch ein technisches Niveau auszeichnet, das die hochentwickelten Industriestaaten schon vor zwei Generationen erreicht haben. Die Mechanisierung der Produktionsabläufe auf dem Bauernhof steckt noch immer in den Kinderschuhen; da nur selten ein Starkstromanschluß vorhanden ist, werden die meisten Arbeiten manuell oder mit Pferdekraft verrichtet (mit rund zehn Pferden je ha LN ist der Pferdebesatz einer der höchsten der Welt). Ein weiteres Problem, insbesondere für die Erweiterung der Viehzucht, stellt die außerordentlich schlechte Wasserversorgung dar; nur ca. 20% der privaten Bauernbetriebe verfügen über eine Wasserleitung, jeder achte Betrieb muß Wasser aus weit vom Hof entfernten Quellen entnehmen. Die großen Defizite an Produktions- und Betriebsmitteln, insbesondere in den kleinbäuerlichen Betrieben, lassen sich kaum schnell beheben, zumal noch zu Beginn der 80er Jahre die Lieferungen dieser Erzeugnisse zurückgegangen sind und obwohl die privaten Bauern diese Güter neuerdings wieder leichter erwerben können.

4.4
Struktur der Agrarproduktion – geringer Spezialisierungsgrad

Im Verlauf der vergangenen drei Jahrzehnte konnte die landwirtschaftliche Produktion mit dem Bevölkerungswachstum und mit der stark gestiegenen Nachfrage nach hochwertigen Nahrungsmitteln nur schwer Schritt halten. Die Schwankungen bzw. Rückschläge der landwirtschaftlichen Gesamtproduktion wurden in erster Linie durch die Entwicklung der pflanzlichen Produktion beeinflußt, denn sie bestimmte weitgehend die Größe der heimischen Viehbestände und somit das Angebot an tierischen Produkten. Dies um so mehr, als Polens Möglichkeiten, Futtermittel zu importieren, durch Devisenmangel eingeschränkt sind.

Bodennutzung

Der Ackerbau ist die vorherrschende Form der landwirtschaftlichen Bodennutzung in Polen (1984: 77% der LN); seine Schwerpunkte liegen in den Tiefebenen Mittelpolens (besonders Kujawien) und im östlichen Teil der Mittelpolnischen Hochflächen. Nach Norden und Süden hin verringert sich das Ackerlandareal zugunsten des Grünlands.

Das Dauergrünland nimmt etwas mehr als ein Fünftel (1984: 21,6%) der landwirtschaftlichen Nutzflächen ein, wobei auf die Weiden rund 8% entfallen. In Nordostpolen und im Gebirge steigt der Anteil des Grünlands auf über 30%, meist Weiden, in den übrigen Landesteilen sind es vorwiegend Mähwiesen. Der wirtschaftliche Nutzwert des Dauergrünlands läßt viel zu wünschen übrig. Bis in die Mitte der 70er Jahre war erst die Hälfte des Grünlands in tiefliegenden Feuchtgebieten melioriert.

Die Obstbaum- und Obststrauchkulturen nahmen 1984 1,4% der landwirtschaftlichen Nutzflächen ein; ihr Anteil unterlag allerdings erheblichen regionalen Schwankungen zwischen 0,2% in der Woj. Suwałki und 7,9% in der Woj. Radom. 1984 waren rund 87% des Baumbestandes in privater Hand, die rund 89% der Obsternten lieferten.

Die Bodennutzungsstruktur weist neben der regionalen auch sektorale Unterschiede auf. Im vergesellschafteten Sektor nimmt das Dauergrünland größere Flächen ein als im privaten Sektor, nicht zuletzt deshalb, weil diese Betriebsform häufig in entsprechenden Grünlandregionen liegt. In den bäuerlichen Betrieben verändern sich die Bodennutzungsarten mit den Betriebsgrößen, und zwar von Ackerbau und Sonderkulturen bei den Kleinstbetrieben hin zur Abnahme des Ackerlandes und der arbeitsintensiven Kulturen zugunsten der Grünlandflächen bei den größeren Betrieben.

Anbaustruktur

Der überwiegende Teil der Anbauflächen wird in Polen mit verschiedenen *Getreidesorten* bestellt (1984: 56,4%). Die Anbaufläche entspricht allerdings nicht immer der Ackerlandfläche, weil ein Teil davon, insbesondere im vergesellschafteten Sektor, unbestellt bleibt. Unter den Getreidearten kommt seit jeher dem Roggen die größte Bedeutung zu. Schon im 16. Jh. war Polen ein Roggenexportland und seit dem 17. Jh. zunehmend auch ein Weizenexporteur. Gegenwärtig ist Polen der zweitgrößte Roggenproduzent der Welt (9,54 Mill. t, d.h. 27,9% der Weltproduktion), im Jahre 1984 wurden rund 3,5 Mill. ha (24,5% der Anbaufläche) mit Roggen bestellt. Von den übrigen Getreidesorten nahmen Weizen 11,8%, Gerste 7,3%, Hafer 6,4% und Mengengetreide 5,9% des Anbauareals ein. Von 1960 bis 1980 nahm die Getreideaussaatfläche um 14,2% (von 9,22 auf 7,91 Mill. ha) ab, während sich die gesamte Anbaufläche in dieser Zeit nur um 5,3% verkleinert hatte. Die Einschränkung des Getreideanbaus wurde insbesondere in den vergesellschafteten Betrieben vorgenommen, in denen zunehmend der Futtermaisanbau (Grünmais) an Bedeutung gewann (Abb. 12). Der Rückgang der Getreideanbaufläche wurde allerdings nicht von einer entsprechenden Ertragssteigerung begleitet, so daß die Getreideproduktion dem wachsenden Bedarf, der sich vor allem aus der Erweiterung der Viehzucht ergab, nicht mehr gerecht werden konnte; Getreideimporte wurden daher notwendig (1970/1971: 2,54 Mill. t, 1980/1981: 5,54 Mill. t). Der Getreideverbrauch selbst hatte sich in den 70er Jahren nur unerheblich verändert (1970/1971: 6,24 Mill. t, 1980/1981: 6,35 Mill. t). Bei der gegenwärtigen Begrenzung der Importe (1983/1984: 2,37 Mill. t) wurde die Getreideaussaatfläche

wieder um 4% (1980–1984) erweitert. Das Problem, das bleibt, sind die vergleichsweise niedrigen Erträge bei den wichtigsten Feldfrüchten (ca. 30–40% niedriger als in der Bundesrepublik Deutschland). Besonders auffallend ist dabei, daß z. B. die Staatsgüter, deren Ackerböden eine im Mittel höhere Bonität aufweisen, bei einem doppelt so hohen Mineraldüngereinsatz wie in den bäuerlichen Betrieben nur bescheidene Erträge erzielen (Tab. 9). Die Staatsgüter erreichten 1984 beispielsweise um 32% niedrigere Getreideerträge und um 40% geringere Kartoffelerträge als die Bundesrepublik Deutschland, obwohl sie etwa 5% mehr Mineraldünger (je ha LN) verbrauchten.

Kartoffeln, denen in der Ernährung (pro Kopfverbrauch 154 kg gegenüber 74 kg in der Bundesrepublik Deutschland) und als Futter vor allem in der Schweinezucht, weiterhin eine große Bedeutung zukommt, wurden in den vergangenen zwei Jahrzehn-

Abb. 12: Anteil der wichtigsten Feldfrüchte 1960–1983 (in %) am gesamten Anbau

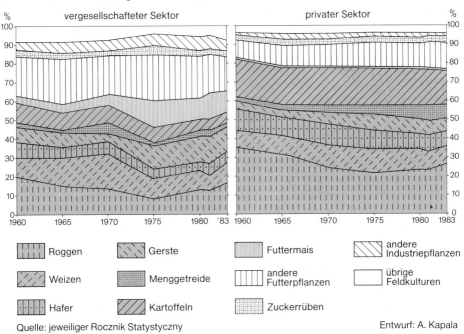

Quelle: jeweiliger Rocznik Statystyczny

Entwurf: A. Kapala

ten immer weniger angebaut. Ihre Anbaufläche schrumpfte von 2,88 Mill. ha (1960) auf
2,15 Mill. ha (1984), d.h. von 18,8% auf
14,8% der gesamten Anbaufläche. Mit einer
Kartoffelernte von 37,45 Mill. t (1984) ist
Polen jedoch noch immer der drittgrößte
Kartoffelproduzent der Welt. Die inländi-
sche Kartoffelproduktion deckt zwar den
Konsumbedarf, für eine Ausweitung der
Schweinehaltung, vor allem in den bäuerlichen Betrieben, die nur im beschränkten
Umfang mit Kraftfutter beliefert werden,
reicht sie nicht aus.

Der Futterpflanzen-Anbau, zunächst hauptsächlich in den vergesellschafteten Betrieben
beträchtlich erweitert, verringerte sich wieder mit dem Rückgang der Viehbestände.
1984 nahmen sie 2,38 Mill. ha, 16,5% der
Anbaufläche ein. Die wichtigsten Futterpflanzen waren seither Klee und Luzerne
(ca. 6% der Anbaufläche), seit den 60er
Jahren wird auch verstärkt Grünmais angebaut, vor allem auf den Staatsgütern, wo
beispielsweise 1960 73300 ha, 1978 aber

schon 573 000 ha mit Grünmais bestellt wurden. Diese Zunahme stand im engen Zusammenhang mit der Erweiterung der Rin-
derbestände bzw. der Rindermast im vergesellschafteten Sektor. Von 1978 bis 1984
schrumpfte allerdings die Grünmastfläche
um über die Hälfte auf 242000 ha.

Der Anbau von *Industriepflanzen* hat eine
geringere Bedeutung. Sie nahmen 1984
6,9% (1960: 4,7%) der gesamten Aussaatflä-
che ein. Zu den führenden Pflanzen in dieser
Gruppe gehören Zuckerrüben und Raps.
Der Zuckerrübenanbau, der einen großen
Arbeitsaufwand erfordert, konzentriert sich
auf die bäuerlichen Betriebe, die im Verhältnis zu den vergesellschafteten hohe Erträge
erreichen (1984: 348 dz/ha) und rund 82%
der gesamten Zuckerrübenproduktion liefern. Die räumliche Verbreitung des Zucker-
rübenanbaus ist auf die Standorte der Zuk-
kerfabriken ausgerichtet, die allerdings nur
teilweise mit dem Vorkommen von für Zuk-
kerrübenanbau geeigneten Böden überein-
stimmen (Abb. 13). Mit einer Ernte von
15,87 Mill. t Zuckerrüben im Jahr 1981
(1984: 16,05 Mill. t) war Polen zwar der
fünftgrößte Zuckerrübenproduzent der Welt,
der Zuckerverkauf wurde jedoch parado-
xerweise zu Beginn der 80er Jahre rationiert, u.a. deshalb, weil erhebliche Mengen
von Zuckerrüben verdarben, bevor sie in
den weitgehend veralteten Zuckerfabriken
verarbeitet werden konnten. Unter den Industriepflanzen kommt auch dem Tabak eine größere Bedeutung zu. Er wird ausschließlich in bäuerlichen Betrieben angebaut. Der Tabakanbau ist räumlich auf Südostpolen (Raum Lublin, Radom, Leżajsk
und Krakau), Masuren und das Gebiet um
Graudenz begrenzt und entspricht in etwa
der Standortverteilung der Tabakindustrie
(1984: 50000 ha, Ernte: 98000 t).

Gemüse wird in Polen nur auf einer Fläche
von 0,25 Mill. ha (1,7% der gesamten Anbaufläche) angepflanzt, wobei sein Anteil in
den privaten Betrieben auf 2,1% ansteigt.

Abb. 13: Anbau wichtiger Feldfrüchte 1984

▨ Roggen ≥ 25,0%, Kartoffeln ≥ 15,0%

▥ Weizen ≥ 12,0% , Zuckerrüben ≥ 3,0%

Quelle: Rocz. Stat. Województw 1985
Entwurf: A. Kapala

Schwerpunktmäßig gewinnt es im Umland der städtisch-industriellen Agglomerationen an Bedeutung, ebenso in Einzugsbereichen von größeren Verarbeitungsbetrieben, wie im Raum Sandomierz, Biała Podlaska und Lublin (Tab. 10).

Seit den 60er Jahren ist das Areal der Unterglaskulturen (Frühgemüse und Blumen) relativ schnell gewachsen. Sie umfaßten 1984 327,1 ha (1965: 71,2 ha) vornehmlich in den großstadtnahen Gemeinden. Beinahe 80% der Treibhauskulturen (mit Folientunnels) befinden sich in privater Hand und bringen den Betreibern hohe Gewinne. Das aus diesem Anbau geerntete Gemüse stellte 1984 3,8% der gesamten Gemüseproduktion, die in diesem Jahr bei 5,3 Mill. t lag (1960: 3,23 Mill. t).

Beachtung verdient der Anbau von Erdbeeren, deren Kulturfläche in kurzer Zeit stark erweitert wurde (1960: 7506 ha, 1977: 45 478 ha). Die Erdbeerproduktion, an der die privaten Betriebe mit rund 99% beteiligt sind, hat sich dabei mehr als verzehnfacht (von 17 709 t auf 182 747 t).

Die Entwicklung der pflanzlichen Produktion

Durch Einbeziehung von brachliegenden landwirtschaftlichen Flächen und durch den verstärkten Einsatz von Kapital (Maschinen, insbesondere Mineraldünger) war zunächst eine beachtliche Steigerung der pflanzlichen Produktion erreicht worden. Hemmend für die weitere Entwicklung wirkten sich dann in den 70er Jahren die relativ ungünstigen Aufkaufpreise und die sich verschlechternde Versorgung mit Produktions- und Betriebsmitteln aus. 1980 erreichte die pflanzliche Produktion schließlich den tiefsten Punkt seit vielen Jahren. Weder 1979 noch 1980 wurden bei den Hauptanbaupflanzen Erträge erzielt, die aus dem langjährigen Entwicklungstrend zu erwarten gewesen wären.

Welche Bedeutung die allgemeine Wirtschaftskrise oder die ungünstigen Witterungsverhältnisse für den Rückschlag in der Pflanzenproduktion hatten, läßt sich im einzelnen nicht ermitteln. Es ist jedoch anzunehmen, daß der verminderte Zufluß von Düngemitteln, Saatgut, Pflanzenschutzmitteln, Maschinen und Geräten einen ausschlaggebenden Einfluß auf den Ertragsrückgang hatte.

Entsprechend dem Rückgang der Mineraldüngerproduktion seit 1977 wurden dessen Einsatz und dessen Lieferungen, vor allem für die private Landwirtschaft, verringert. Bei der Ertragsminderung schlug ebenfalls der Landmaschinenausfall zur Erntezeit wegen Mangels an Ersatzteilen zu Buche. Aus diesem Grund fielen beispielsweise 1980 etwa 17% der Traktoren und 20% der Traktorenanhänger aus. Unzureichende Transportmittel- und Lagerkapazitäten führten zu erheblichen Ernteverlusten. Die Ernte konnte nicht rechtzeitig eingebracht werden und verdarb auf dem Feld. Die Ernteverluste bei Getreide wurden z. B. auf 15 bis 20% geschätzt.

Viehhaltung

Innerhalb des Agrarsektors ist eine betriebliche Spezialisierung der Produktion noch kaum entwickelt. Über lange Jahre hinweg wirkten sich die Zwangsablieferungen, die die bäuerlichen Familienbetriebe sowohl aus dem Bereich der pflanzlichen als auch der tierischen Produktion zu leisten hatten, hemmend auf die Spezialisierung aus. Seit der Aufhebung der Zwangsablieferungen (1972) zeigten sich die Bauern an einer Produktionsspezialisierung interessiert, zumal seit 1976 die Regierung hier eine Förderung zusagte.

Innerhalb der meisten privaten landwirtschaftlichen Betriebe besteht jedoch nach wie vor eine enge Verbindung zwischen der pflanzlichen Produktion und der Viehhaltung. So stellt die pflanzliche Produktion die Futterbasis für die Viehhaltung, die Viehwirtschaft liefert wiederum Dünger und Zugkräfte, die für die Bodenbewirtschaftung notwendig sind. Rund 40% der landwirtschaftlichen Nutzflächen (Dauergrünland und Anbauflächen für Futterpflanzen) dienen unmittelbar der Futtererzeugung. Darüber hinaus werden erhebliche Mengen an Kartoffeln und Getreide für Futterzwecke verwendet. Im Laufe der Zeit gewann zwar die Ergänzung durch Kraftfutter zunehmend an Bedeutung, die Liefermengen an die Landwirtschaft unterlagen jedoch relativ großen Schwankungen und waren von der Größe der inländischen Produktion bzw. den Importen abhängig.

Nach einer relativ großen kriegsbedingten Dezimierung der Viehbestände konnten diese nur langsam erneuert werden. Der vorkriegszeitliche Bestand (1938 in heutigen Staatsgrenzen) der Schafe wurde 1949, der der Schweine 1953, der des Geflügels 1954 und der der Rinder aber erst 1964 erreicht. Die Entwicklung der Viehwirtschaft, vor allem der Schweinehaltung, begann in den 60er Jahren zu stagnieren, weil die Regierung darauf bedacht war, den Viehbestand an die heimische Futtermittelproduktion anzupassen, um ohne Futtermittelimporte auszukommen. Die Sicherstellung der Futtermittelbasis brachte allerdings stets Probleme mit sich. Die schnell wachsende Bevölkerung und der Wandel der Ernährungsgewohnheiten ließen die Nachfrage nach Fleisch und anderen tierischen Produkten derart anwachsen, daß sie aus der heimischen Produktion kaum mehr befriedigt werden konnte. Die wiederholten Engpässe in der Fleischversorgung und die Versuche der Partei, die Nachfrage über Preisanhebungen zu dämpfen, lieferten mehrmals Zündstoff für Demonstrationen und Streiks der Bevölkerung. So wurden nach den Dezemberereignissen 1970 und den Streiks von 1976 die zuvor eingeführten Preiserhöhungen wieder rückgängig gemacht. Um die innenpolitische Ruhe im Lande wiederherzustellen, versprach die Partei eine Verbesserung der Fleischversorgung. Um dies zu erreichen, mußte die heimische tierische Produktion wesentlich erweitert werden. Dank günstiger Ernten und einer erheblichen Erhöhung der Getreide- und Futtermittelimporte wuchs der Viehbestand Anfang der 70er Jahre beachtlich, die steigenden Getreidepreise auf dem Weltmarkt bremsten diese Entwicklung aber bald ab. Auf die Beschränkungen in der Futtermittelversorgung und auf die gestiegenen Preise für Futtermittel (1976 um mehr als 50% im Vergleich zum Vorjahr), Baustoffe, Düngemittel, landwirtschaftliche Maschinen und Geräte reagierten die privaten Bauern mit einem Abbau der Bestände, zumal die Aufkaufpreise für Schlachtvieh im Vergleich nur geringfügig angehoben wurden. Die Produktionsausfälle der privaten Betriebe versuchte man in der zweiten Hälfte der 70er Jahre mittels verstärkter Förderung der tierischen Produktion in den vergesellschafteten Betrieben auszugleichen, und dies ungeachtet des erheblich höheren Kraftfutterverbrauchs je Großvieheinheit in diesen Betrieben, der immer größere Getreide- und Futtermittelimporte erforderte und somit die Produktionskosten in die Höhe trieb (Tab. 9).

In der Rindviehhaltung ging es über viele Jahre hinweg vorwiegend um die Milchviehhaltung, erst seit den 70er Jahren gewann die Fleischrinderwirtschaft an Bedeutung. In den bäuerlichen Betrieben ist, trotz der Abnahme des Milchviehanteils, nach wie vor die Milchviehhaltung vorherrschend, während im vergesellschafteten Sektor das Übergewicht auf der Fleischrinderwirtschaft liegt. Die privaten Betriebe haben allerdings eine erhebliche Bedeutung in der Belieferung der sozialisierten Betriebe – vor allem der Staatsgüter – mit Kälbern für die weitere Aufzucht. Die Fleischrinderwirtschaft konzentriert sich auf Gebiete, in denen die sozialisierte Betriebsform eine gewichtige Rolle spielt und darüber hinaus auf den Karpatenraum, wo die natürlichen Weiden günstige Voraussetzungen bieten. Mit Ausnahme der Karpaten und teilweise des Sudetenraums besteht in Polen im allgemeinen nur ein geringer Zusammenhang zwischen der räumlichen Verbreitung des Dauergrünlands und der Rindviehhaltung.

Entsprechend den Ernährungsgewohnheiten der Bevölkerung kommt der Schweinehaltung in Polen eine große Bedeutung zu. Die Schweinehaltung, über viele Jahre stagnierend, wurde in den 70er Jahren erheblich erweitert (Zuwachs des Bestands 1970–1978 um 8,3 Mill. Stück, 61,5%), mußte aber erneut wegen Futtermittelknappheit eingeschränkt werden; der Bestand ging von 21,7 Mill. Stück (1978) auf 15,6 Mill. Stück (1983) zurück und ist seither wieder leicht angestiegen (Mitte 1984: 16,6 Mill. Stück).

Das Gros der Viehbestände entfällt auf die bäuerlichen Betriebe. In diesen wurden beispielsweise 1984 71% der Rinder, 88% der Milchkühe, 72% der Schweine, 68% der Schafe, 98% (1,5 Mill. Stück) der Zugpferde und 86% des Geflügels gehalten. Dabei geht es aber kaum um eine fortgeschrittene Spezialisierung in der Viehwirtschaft. 1976 gab es in Polen 3628 private Betriebe, die sich auf Viehhaltung spezialisiert hatten und die festgelegten Anforderungen erfüllten. In der gesamten Nachkriegszeit stellte die pflanzliche Produktion – in Währungseinheiten ausgedrückt – den größten Teil der gesamten landwirtschaftlichen Produktion. Nach einer relativ langen und mehr oder weniger ausgewogenen Entwicklung der pflanzlichen und der tierischen Produktion hatte dann die Wachstumsdynamik der tierischen Produktion die der pflanzlichen bei weitem übertroffen. Zu Beginn der 80er Jahre sollte sich aber nachträglich zeigen, daß eine erhebliche Steigerung der tierischen Produktion ohne eine gesicherte heimische Futtermittel-

basis, d. h. ohne gleichzeitige Erweiterung der pflanzlichen Produktion, langfristig nicht durchführbar war, weil der Kapitalmangel die Futtermittelimporte stark einschränkte.

Nahrungsmittelproduktion

Der beachtliche absolute und relative Zuwachs der landwirtschaftlichen Produktion, der seit 1950 bis Mitte der 70er Jahre erreicht wurde, war allerdings für die Nahrungsmittelversorgung der schnell wachsenden Bevölkerung wenig wirksam. In der Erzeugung von Nahrungsmitteln (pro Kopf der Bevölkerung), z. B. Getreide, Kartoffeln oder Schweinefleisch, konnten über mehrere Jahre hindurch nur bescheidene Erfolge erzielt werden. Nach einer merklichen Verbesserung der Produktionsleistungen und somit der Versorgungslage im Zeitraum von 1971 bis 1975 waren die Rückschläge in der landwirtschaftlichen Produktion in der zweiten Hälfte der 70er Jahre um so schwerer zu verkraften (Abb. 14). Eine besonders kritische Situation entstand zu Beginn der 80er Jahre, als die Erzeugung von Fleisch und Fleischprodukten auf den Stand von etwa 1970 sank (Schweinefleischverbrauch pro Kopf der Bevölkerung lag 1970 bei 29 kg, 1975 bei 41 kg, 1981 bei 32 kg und 1984 bei 28 kg). Eine ebenfalls rückläufige Entwicklung gab es in der Milchproduktion, die sowohl durch die Verringerung der Kuhbestände als auch durch die Abnahme der Milchleistung der Kühe hervorgerufen wurde. Die durchschnittliche Milchleistung einer Kuh fiel z. B. von 2730 l (1980) auf 2581 l (1982), d. h. 5,5%. 1984 stand Polen hinsichtlich der Milchleistung je Kuh (2845 l) weit hinter den westeuropäischen Ländern und den höher entwickelten RGW-Staaten zurück.

Die katastrophale Versorgung des Binnenmarktes mit Nahrungsmitteln versuchte man über die Importerhöhung von Fleisch und anderen Agrarprodukten zu mildern. Die Einfuhren von Fleisch und Fleischprodukten stiegen von 60 000 t (1980) auf 256 000 t (1981), die von Butter von 19 300 t auf 69 100 t an. Die Nahrungsmittelimporte belasteten zusätzlich die schon ohnehin stark negative Außenhandelsbilanz. Während 1970 für die Einfuhr von Erzeugnissen der Nahrungsmittelindustrie und von Agrarprodukten rund 13% des gesamten Exporterlöses ausgegeben wurden, verschlang sie 1981 schon 22% des Exportgewinns. Aus dem Außenhandel mit den erwähnten Erzeugnissen wurde 1970 per saldo ein Gewinn von rund 13% erwirtschaftet, 1981 dagegen war ein Verlust von 73% zu verbuchen. Die Ausgaben nur für die Einfuhren von Getreide, Fleisch und Fleischprodukten waren 1981 z. B. rund 30% höher als die Exporterlöse für die wichtigsten Devisenbringer, d. h. für Steinkohle, Koks, Kupfer und Zink zusammen.

4.5
Absatz der Agrarproduktion – geringer Vermarktungsgrad

In der Nachkriegszeit war die polnische Landwirtschaft über viele Jahre hinweg vorwiegend auf Selbstversorgung ausgerichtet. Noch 1960 gelangten nur 39% der gesamten Agrarproduktion auf den Markt. Als Marktproduktion wird in der polnischen Statistik derjenige Teil der landwirtschaftlichen Produktion, der außerhalb des Agrarsektors (als Wirtschaftsbereich) verkauft wird, verstanden. Eine Umorientierung hin zu einer höheren Vermarktung der landwirtschaftlichen Produktion ging relativ langsam vonstatten. Erst Mitte der 70er Jahre gelangte mehr als die Hälfte der landwirtschaftlichen Produktion auf den Markt (1980: 59,0%). Seit 1981 läßt sich bereits wieder ein Rückgang in der Vermarktung von Agrarproduk-

Abb. 14: **Entwicklung der landwirtschaftlichen Produktion**

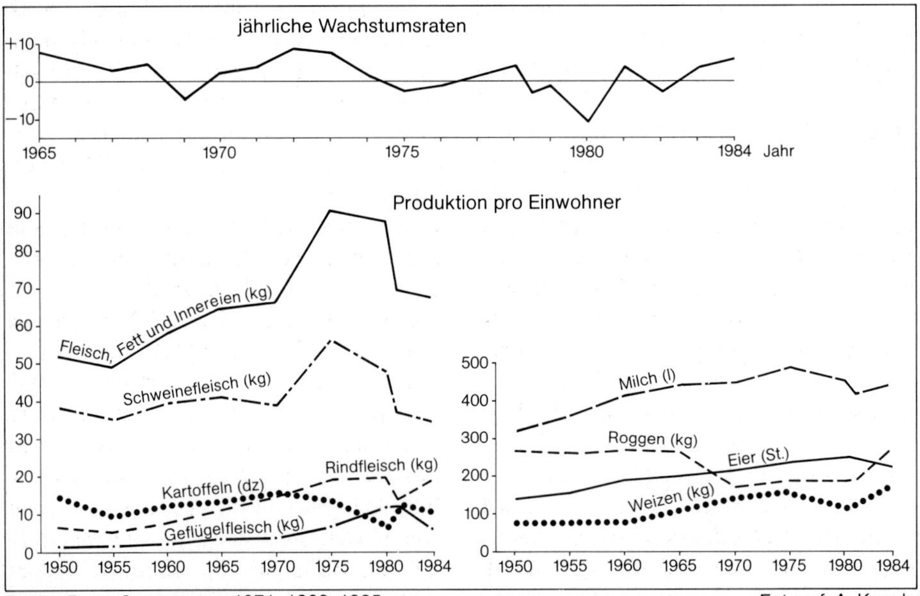

Quelle: Rocz. Statystyczny 1971, 1982, 1985

Entwurf: A. Kapala

ten zugunsten einer größeren Selbstversorgung feststellen.

Die Verknappung an Nahrungsmitteln und darüber hinaus an Gütern aller Art hatte offensichtlich die landwirtschaftlichen Betriebe veranlaßt, die Erzeugnisse für den eigenen Verbrauch zurückzuhalten, da auch der Gewinn aus dem Verkauf von landwirtschaftlichen Produkten angesichts der leeren Läden einen geringen Wert hatte. 1984 wurden beispielsweise nur 50,3% der gesamten landwirtschaftlichen Produktion vermarktet. Im Vergleich zu den westlichen Industrieländern oder den höher entwickelten RGW-Staaten, wo etwa drei Viertel der Produktion vermarktet werden, zeichnet sich die polnische Landwirtschaft somit noch immer durch einen geringen Vermarktungsgrad ihrer Produktion aus. Dies trifft vor allem auf die pflanzliche Produktion zu, denn fast zwei Drittel (1984: 65,5%) dieser Produktion dienen der Selbstversorgung. Der vergesellschaftete Sektor bot in der Regel einen größeren Anteil (1980: 72,1%, 1984: 67,3%) seiner Produktion zum Verkauf an als der private (1980: 55,1%, 1984: 50,4%). Da aber die sozialisierten Betriebe im Vergleich zu den verkauften Produkten erheblich größere Mengen an Betriebsmitteln agrarischer Herkunft im vergesellschafteten Handel einkauften, war deren Beitrag zur unmittelbaren Marktversorgung (die Netto-Marktproduktion) geringer als der der bäuerlichen Betriebe. So stellten die bäuerlichen Betriebe 1980 43,4%, die vergesellschafteten dagegen nur 35,5% ihrer gesamten landwirtschaftlichen Produktion für die direkte Marktversorgung zur Verfügung; erst 1984 hat sich deren Leistung auf 44,6% verbessert, bei den privaten Betrieben blieb sie fast konstant (43,5%).

Die landwirtschaftlichen Erzeugnisse werden entweder unmittelbar an die vergesellschafteten Aufkaufeinrichtungen oder in Form von sog. Kontrakten (poln. kontraktacja) an die verarbeitende Industrie verkauft oder auf dem freien Markt (Wochenmärkte) abgesetzt. In den Kontrakten bestimmen die Bauern vertraglich entweder eine Flächengröße, von der die pflanzliche Produktion, z.B. Getreide, geliefert wird oder Gewichtsmengen von z.B. Schlachtvieh, die sie zu verkaufen beabsichtigen. Die Aufkaufstellen bzw. Industriebetriebe verpflichten sich, einen Festpreis zu zahlen. Die Kontrakte sind für die Bauern insofern günstig, als sie im voraus die Verkaufspreise und darüber hinaus eine bevorzugte Versorgung mit Produktions- und Betriebsmitteln theoretisch sichern. Nicht selten werden aber die Verträge zuungunsten der Bauern geändert. Der Staat hat dabei Vorteile hinsichtlich der Garantie für den Aufkauf von bestimmten Mengen an Agrarprodukten. Über die Kontrakte nimmt der Staat Einfluß u. a. auf die Gestaltung der Anbaustruktur und der Ausrichtung der landwirtschaftlichen Produktion. Der überwiegende Teil der landwirtschaftlichen Marktproduktion wird über die vergesellschafteten Aufkauforganisationen abgesetzt. Die privaten bäuerlichen Betriebe lieferten beispielsweise 1984 83% ihrer gesamten Marktproduktion an diese Einrichtungen ab. Angaben zum Absatz auf dem freien Markt gibt es nur für das Jahr 1976. Damals gingen 85,5% der gesamten Marktproduktion der privaten Betriebe an die Aufkauforganisationen und 13% auf den freien Markt.

Eine weitaus größere (statistisch schwer faßbare) Rolle spielt der Absatz von Agrarprodukten auf den Wochenmärkten, insbesondere in den städtisch-industriellen Agglomerationen, in denen eine große Nachfrage an Milchprodukten, Eiern, Geflügel, Gemüse und Obst besteht. Hierbei steht an erster Stelle die Oberschlesische Agglomeration (Woj. Kattowitz), gefolgt von den Stadtwojewodschaften Lodz, Krakau und Warschau. Der Wert der gesamten Marktproduktion wurde (laut der offiziellen Statistik) in den genannten Wojewodschaften jeweils

99

zu 41,4%, 30,5%, 28,2% und 26,3% aus dem Absatz auf dem freien Markt erwirtschaftet. In solchen Wojewodschaften, in denen ein erheblicher Teil der Bevölkerung mit der Landwirtschaft verbunden ist wie z.B. in den Wojewodschaften Ciechanów oder Suwałki, hat der freie Marktverkauf in der Regel eine geringere Bedeutung. In diesen Gebieten wurden 1976 nur jeweils knapp 8% der Marktproduktion auf dem freien Markt abgesetzt.

Neben den sektoralen Unterschieden in der Intensität der Vermarktung von Agrarerzeugnissen bestehen auch innerhalb des privaten Sektors in dieser Hinsicht recht beachtliche Differenzen. Die Größe der Betriebe ist hierbei einer der einflußreichsten Faktoren. Während die größeren Betriebe einen erheblichen Anteil ihrer Produktionsüberschüsse entweder an die Aufkauforganisationen oder auf dem freien Markt verkaufen, sind die Kleinstbetriebe – in erster Linie Nebenerwerbsbetriebe – auf die Selbstversorgung ausgerichtet. Eine Ausnahme bilden die kleinen spezialisierten Betriebe (z.B. auf Gemüse- und Obstanbau oder Geflügelzucht) in Großstadtnähe.

4.6
Leistungsfähigkeit der polnischen Landwirtschaft

Der größere Teil der landwirtschaftlichen Produktion kommt in Polen, wie schon dargelegt, von den privaten bäuerlichen Betrieben. In einigen Produktionsbereichen, wie z.B. bei der Milch, bei Eiern und Kartoffeln sowie in der Versorgung mit Obst und Gemüse nehmen sie beinahe eine Monopolstellung ein. Einen Überblick über die Produktionsleistungen der einzelnen Betriebsformen und ihren Beitrag zur Marktversorgung mit den wichtigsten Agrarerzeugnissen bie-

Abb. 15: Bodenproduktivität 1984

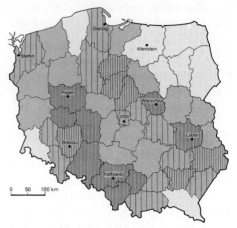

Landwirtschaftliche Gesamtproduktion 1984 in 1000 Zloty je 1 ha LN

80   90   100   110

Landesdurchschnitt 92,2
Min. 67,5 Woj. Ostrołęka
Max. 126,7 Woj. Warschau
Entwurf: A. Kapala
Quelle: Rocz. Stat. Województw 1985

tet die Tab. 9. Hierbei ist hervorzuheben, daß der Beitrag der bäuerlichen Wirtschaft zur gesamten landwirtschaftlichen Produktion bzw. zur Erzeugung einer Reihe von Agrarprodukten häufig höher ist als etwa ihr Anteil an den Produktionsfaktoren Boden und Kapital, was auf eine größere Leistungsfähigkeit bzw. höhere wirtschaftliche Effizienz dieser Betriebe hindeutet.

Die landwirtschaftliche Gesamtproduktion der bäuerlichen Betriebe, ausgedrückt in Währungseinheiten und bezogen auf 1 ha landwirtschaftlicher Nutzfläche (Bodenproduktivität) war beispielsweise während der vergangenen zwei Jahrzehnte stets merklich höher als die in den sozialisierten Betrieben. Im Jahresdurchschnitt lag sie im Zeitraum von 1971 bis 1975 bzw. von 1976 bis 1980 bei 32 405 und 33 548 Zloty je ha LN, im vergesellschafteten Sektor entsprechend bei 28 314 und 30 865 Zloty je ha. An der Spitze lagen hier vor allem die stadtnahen Kleinbetriebe (unter 3 ha Land), für die eine arbeitsintensive, zum Teil auch kapitalintensive Wirtschaftsweise charakteristisch ist (Abb. 15). Bei der Arbeitsproduktivität übertraf zunächst der vergesellschaftete den privaten Sektor.

Diese Situation hatte sich allerdings zu Beginn der 80er Jahre zugunsten der bäuerlichen Betriebe geändert. Der hohe Kapitaleinsatz im vergesellschafteten Sektor und die rasch steigenden Materialkosten, die sich zum Teil aus teuren Futtermittelimporten ergaben, fanden kaum einen entsprechenden Ausdruck in der Entwicklungsdynamik der Produktion. Je 1000 Zloty Materialkosten (Input) erwirtschafteten z. B. 1981 die privaten Betriebe einen landwirtschaftlichen Gesamtproduktionswert von 1610 Zloty, die Staatsgüter von 1045 Zloty, die LPGs von 1081 Zloty und die Gemeinschaftsbetriebe der Landwirtschaftlichen Zirkel von 610 Zloty (!). Hinsichtlich des erwirtschafteten Reinertrags (Gesamtproduktion abzüglich Produktionskosten und Abschreibung) hatte der vergesellschaftete Sektor höchst ungünstige Ergebnisse vorzuweisen. Der Reinertrag der sozialisierten Betriebe betrug im Jahresdurchschnitt im Zeitraum von 1971 bis 1975 19,3%, von 1976 bis 1980 10,1% und 1981 3,4% der landwirtschaftlichen Gesamtproduktion dieser Betriebe; in den bäuerlichen Betrieben entsprechend 40,9%, 38,1% und 37,9%. Die Produktionsergebnisse, gemessen am Umfang des Reinertrags auf einen Vollbeschäftigten, weisen darauf hin, daß 1970 der vergesellschaftete Sektor den bäuerlichen Betrieben um etwa 20% und 1976 nur noch um 11% unterlegen war. Bis 1980 wuchs diese Differenz aber auf 80% zuungunsten des sozialisierten Sektors an. Im Endergebnis hatten die privaten Betriebe 1980 auf 1 ha LN einen Reinertrag erwirtschaftet, der um das 3fache höher als in den Staatsgütern und um das 5fache höher als in den LPGs war. Hierbei ist hervorzuheben, daß in den Gemeinschaftsbetrieben der Landwirtschaftlichen Zirkel der Reinertrag ein negatives Vorzeichen aufwies, d. h., daß deren Produktion Verluste brachte. Jeder Beschäftigte in diesen Betrieben trug somit zur Verringerung des Volkseinkommens um etwa 166 000 Zloty und jeder Hektar der landwirtschaftlichen Nutzfläche, der in diesen Betrieben verblieb, verminderte das Volkseinkommen um etwa 9100 Zloty.

Angesichts dieser Daten sind größere Bedenken über die Richtigkeit des in den 70er Jahren eingeschlagenen Kurses in der Agrarpolitik nicht zu vermeiden. Als ein wesentlicher Fehler erwies sich offensichtlich die überdimensionale Subventionierung und die Kapitallenkung in den vergesellschafteten Sektor, also dorthin, wo die Investitionen die geringste Effizienz zeigten. Es läßt sich nur schwer abschätzen, ob die in den vergesellschafteten Sektor geflossenen Gelder, wären sie für die Förderung der privaten Landwirtschaft verwendet worden, nicht bessere Produktionsergebnisse gebracht hätten. Andererseits ist es jedoch augenfällig, und dies belegen auch die offiziellen statistischen Angaben, daß die private Landwirtschaft trotz ihrer erheblichen strukturellen Probleme und einer Benachteiligung im Verhältnis zum sozialisierten Sektor sowie der bauernfeindlichen Agrarpolitik des Staates insgesamt kostensparender und effizienter wirtschaftet und produziert.

Offensichtlich ist dies in letzter Zeit auch ins Bewußtsein der politischen Führung des Landes gedrungen. Darauf deuten die Zugeständnisse hin, die die Regierung zu Beginn der 80er Jahre der privaten Landwirtschaft gemacht hat hinsichtlich ihrer Gleichrangigkeit bei der Produktionsmittel- und Kapitalverteilung sowie der Beständigkeit der bäuerlichen Familienbetriebe in der Wirtschaftsordnung Polens.

4.7
Agrarregionen

Entwurf: A. Kapala

Wenn sich auch in der Nachkriegszeit recht große Veränderungen in der Agrarstruktur vollzogen, so waren sie dennoch nicht tiefgreifend genug, um die ererbten regionalen Eigenarten überdecken zu können. Dies ist nicht zuletzt darauf zurückzuführen, daß durch die agrarpolitischen Maßnahmen die überlieferten Strukturen nicht beseitigt, sondern eher gefestigt wurden. Die gegenwärtig bestehenden räumlichen Differenzierungen sind mehr oder weniger eng mit der historischen und politischen Entwicklung der einzelnen Teilräume Polens verknüpft, sei es hinsichtlich der Dichte und Größe der ländlichen Siedlungen, der Besitzverhältnisse, der Größenstruktur der bäuerlichen Betriebe und dem damit verbundenen Einsatz der Produktionsfaktoren Arbeit und Kapital oder sei es hinsichtlich des Niveaus der Bodenkultur. Dagegen hat die regionale Gunst bzw. Ungunst der physisch-geographischen Faktoren, stark verallgemeinert, einen weitaus geringeren Einfluß auf die räumliche Differenzierung von Produktionsergebnissen oder Vermarktungsverhältnissen. Die Wirksamkeit der natürlichen Gegebenheiten kommt in der Bodennutzungs- oder Anbaustruktur und in der Ausrichtung der landwirtschaftlichen Produktion deutlicher zur Geltung. Außerlandwirtschaftliche Faktoren wie z. B. die Entfernung zu den Absatzmärkten oder zu den Standorten der landwirtschaftlichen Verarbeitungsindustrie hatten bislang für die Orientierung oder Spezialisierung der Agrarproduktion in Polen eine geringe Bedeutung, eine größere Abhängigkeit läßt sich gegebenfalls beim Gemüse- oder Zuckerrübenanbau feststellen.

In der polnischen agrargeographischen Literatur gibt es eine Reihe von Versuchen zur Typisierung und Regionalisierung der Landwirtschaft, um die räumliche Vielfalt der Merkmale der Agrar- und Produktionsstrukturen zusammenfassend darzustellen. Da diese Typisierungen und Regionalisierungen stark ins Detail gehen und älteren Datums sind, wird hier statt dessen eine generalisierte Gliederung Polens in Agrarregionen vorgenommen. Sie lehnt sich an die von J. Kostrowicki für Planungszwecke vorgeschlagenen Agrarräume an (J. Kostrowicki, 1978). Als raumdifferenzierende Faktoren wurden hierbei u. a. die Besitzverhältnisse, die Größenstruktur der privaten Betriebe, das Arbeitskräftepotential und die physisch-geographischen Bedingungen in Betracht gezogen. Demnach gliedert sich das Gebiet Polens in zehn Agrarregionen, wobei die Regionen 1 bis 4 annähernd die Gebiete, die vor 1918 dem Deutschen Reich angehörten, abdecken (Abb. 16). Eine Ergänzung hierzu bieten die in der Tabelle 10 aufgelisteten Kennziffern zur Agrar- und Produktionsstruktur, die einen tieferen Einblick in die regionale Differenzierung der Landwirtschaft in Polen vermitteln.

In der Nordwestlichen Region (1), die die Wojewodschaften Stettin, Köslin, Stolp, Landsberg und Grünberg umfaßt, herrschen die sozialisierten Betriebsformen in der Landwirtschaft vor. Die Staatsgüter bewirtschaften hier im Mittel 51,4% und die LPGs 5,1% der landwirtschaftlichen Nutzflächen. Die privaten bäuerlichen Betriebe umfassen im Durchschnitt 5,8 ha LN, wobei die Kleinstbetriebe mit 0,51–2 ha beinahe 40% und die größeren Betriebe mit 10 und mehr ha etwa ein Viertel aller privaten Betriebe ausmachen. Der Arbeitskräftebesatz mit weniger als 20 Personen je 100 ha LN gehört zu den geringsten in Polen.

Für den überwiegenden Teil dieses Gebietes ist eine Jungmoränenlandschaft mit einer relativ großen Reliefdynamik typisch. Die landwirtschaftlich nutzbaren Areale nehmen rund 46% der gesamten Fläche ein, wobei nahezu ein Viertel der LN als Dauergrünland genutzt wird. Während die Bodenverhältnisse dieser Region, allgemein betrachtet, von mittlerer Gunst sind, ist das feucht-milde Klima und eine relativ lange Vegetationsperiode für die landwirtschaftliche Nutzung vorteilhaft.

Der Schwerpunkt der Agrarproduktion liegt auf Viehzucht und Fleischerzeugung. Fast zwei Drittel der landwirtschaftlichen Produktion werden vermarktet. Zu den wichtigsten Abnehmern gehören die Stadt Stettin und die Fremdenverkehrsorte an der Ostseeküste. Im Vergleich zum Einsatz der Produktionsfaktoren Boden und Kapital werden in dieser Region allerdings nur bescheidene Produktionsergebnisse erzielt. Auffallend sind die relativ niedrigen Erträge der wichtigsten Kulturpflanzen, obwohl der Mineraldüngerverbrauch zu den höchsten im Lande gehört.

Dieses Gebiet bietet ferner ein anschauliches Beispiel für den tiefgreifenden Wandel der Besitzverhältnisse in der Landwirtschaft, der sich nach dem Kriege in Polen vollzogen hatte. Im zeitlichen Ablauf des Besitzstrukturwandels lassen sich einige Phasen unterscheiden, die mit den Änderungen in der Agrarpolitik zusammenfielen.

– In der ersten Phase zwischen 1944 und 1947 wurden die ehemaligen deutschen bäuerlichen Großbetriebe und teilweise auch der Gutsbesitz parzelliert und der Boden unter die Neusiedler verteilt. Der übrige Teil des Großgrundbesitzes wurde von den landwirtschaftlichen Staatsgütern übernommen.

– In der zweiten Phase zwischen 1948 und 1956 wurden unter Zwang die Landwirtschaftlichen Produktionsgenossenschaften (LPGs) gegründet und eine kollektive Landbewirtschaftung eingeführt.

– In der dritten Phase nach Oktober 1956 folgte die Auflösung der LPGs, wobei der Boden an die privaten Bauern zurückgegeben oder den Staatsgütern bzw. dem Staatlichen Bodenfonds zugeteilt wurde.

– In der vierten Phase, etwa seit Anfang der 60er Jahre, erfolgte ein Bodentransfer vom privaten zum vergesellschafteten Sektor hin. Der Privatbesitz an Grund und Boden nahm weiter ab, als die Altersversorgung der privaten Landwirte in den 70er Jahren verbessert wurde. Zu Beginn der 80er Jahre kehrt sich dieser Trend allerdings um.

Die nordwestliche und auch die südwestliche Region sind somit jene Gebiete, in denen der Schrumpfungsprozeß der bäuerlichen Wirtschaft im vergangenen Jahrzehnt am schnellsten vonstatten ging. Es ist dabei allerdings recht unverständlich, daß gerade hier, wo vergleichsweise günstige Voraussetzungen vorhanden sind, eine geringe Bereitschaft der jungen Generation zur Übernahme der landwirtschaftlichen Betriebe zu beobachten war. Die ländlichen Gebiete dieser Region haben z. B. allein im Zeitraum von 1976 bis 1980 9,2% ihrer Bevölkerung durch Abwanderung verloren. Dabei mag die geringe Bodenverbundenheit der hier quasi fremden Bevölkerung eine gewisse Rolle gespielt haben. Die Veränderungen in der Besitzstruktur erreichten ein besonders großes Ausmaß in Pommern (die Wojewodschaften Stettin, Köslin und Stolp). 1984 wurden in

Tabelle 10: Strukturdaten zur Landwirtschaft der Agrarregionen

Kennziffern	Polen insg.	\[Agrarregionen\] 1	2	3	4	5	6	7	8	9	10
Ländliche Bevölkerungsdichte Einwohner je km² 1978	51	25	32	53	43	56	41	70	60	80	117
Nichtlandwirtsch. Bevölkerung auf dem Lande in % der ländlichen Bevölkerung 1978	51,3	50,0	42,1	63,3	47,2	41,1	34,2	53,4	43,5	55,3	73,4
Anteil der LN im privaten Besitz in % 1981	74,9	39,0	57,1	54,5	62,1	88,2	93,5	91,3	91,1	87,8	86,7
Durchschnittsgröße der privaten Betriebe in ha LN 1981	4,8	5,8	8,1	4,4	6,9	6,3	6,9	4,5	4,2	2,8	2,4
Anteil der Betriebe mit 0,51–2 ha BF an Gesamtzahl der priv. Betr. in % 1981	30,0	39,6	27,2	42,3	31,6	20,1	12,6	26,4	22,0	35,1	52,3
Anteil der Betriebe mit 10 und mehr ha BF an Gesamtzahl der priv. Betriebe in % 1981	15,1	25,3	42,0	12,9	31,4	24,0	31,9	10,8	8,0	2,7	2,8
ET in der Landwirtschaft je 100 ha LN 1978	28	18	19	22	22	28	26	33	36	44	41
Nebenbeschäftigte in bäuerlichen Betrieben in % aller Beschäftigten in priv. Betrieben 1978	27,5	32,5	18,4	37,7	20,6	16,4	15,7	26,0	23,7	35,0	49,1
LN in % der Gesamtfläche 1981	60,5	46,2	56,2	59,6	62,8	73,2	66,1	66,8	66,9	57,5	56,7
Bodengüte der LN in % 1978 — sehr gute und gute Böden	11,2	5,5	9,0	21,2	12,3	9,2	1,2	5,0	25,1	12,4	14,5
mittelmäßige Böden	53,3	57,8	61,6	57,5	57,0	48,5	48,2	45,6	48,5	55,8	55,7
schlechte u. sehr schlechte Böden	35,5	36,7	27,4	21,3	30,7	42,3	50,6	49,4	26,4	31,8	29,8
Ackerland in % der LN 1981	77,1	75,6	70,6	73,5	76,0	83,3	71,2	80,3	79,0	72,3	76,1
Obstkulturen in % der LN 1981	1,5	0,7	0,5	0,8	0,8	1,6	0,8	3,8	2,0	1,5	1,9
Dauergrünland in % der LN 1981	21,4	23,7	28,9	25,7	23,2	15,1	26,0	15,9	19,0	26,2	22,0
Anbaufläche in % der gesamten Anbaufläche 1981 — Getreide insgesamt	54,1	51,1	50,2	51,8	52,6	56,0	62,8	55,2	58,4	49,8	49,6
davon Weizen	9,8	5,9	7,5	19,8	8,2	7,5	4,1	4,3	16,4	17,9	13,3
Roggen	20,7	19,8	12,5	6,7	21,6	28,8	29,8	33,1	16,0	10,6	15,9
Gerste	8,9	11,7	11,5	14,3	10,7	7,5	4,5	4,1	9,1	8,3	8,1
Hafer	8,0	7,0	7,5	4,9	3,8	5,8	15,3	9,3	7,1	10,1	9,4
Kartoffeln	15,6	10,4	9,9	10,8	11,1	16,2	22,6	21,2	16,5	16,7	19,3
Zuckerrüben	3,2	1,9	2,1	5,7	5,3	5,6	0,6	1,1	5,5	1,6	0,6
Futterpflanzen	19,0	26,3	28,2	20,1	22,0	16,3	9,7	14,9	12,7	27,0	21,5
Erträge in dz je ha 1981 — Weizen	29,6	28,7	28,5	31,7	33,6	29,6	24,2	28,1	28,9	25,8	28,8
Roggen	22,4	22,5	22,6	24,5	25,2	22,1	21,3	21,9	22,9	21,6	24,2
Gerste	27,3	26,5	25,6	27,5	29,7	28,1	24,9	27,1	28,2	25,0	28,1
Hafer	23,6	24,1	22,9	24,4	26,6	25,2	22,3	24,2	22,7	22,2	25,1

Tabelle (um 90° gedreht gedruckt). Spalte 1 = Landesdurchschnitt/Gesamt; Spalten 2–11 = Regionen (Wojewodschaften, ohne Namensangabe). Werte mit Dezimalkomma wie im Original.

Indikator	1	2	3	4	5	6	7	8	9	10	11
Kartoffeln	189	182	179	184	198	193	194	185	194	177	181
Zuckerrüben	338	282	273	303	339	325	320	303	368	318	327
NPK-Düngerverbrauch in kg je ha LN 1981	186	239	196	248	245	183	121	168	143	142	187
Viehbesatz in Stück je 100 ha LN 1981											
Rindvieh	62,4	61,6	63,4	70,6	66,9	62,0	54,0	55,3	58,1	76,2	66,4
davon Milchkühe	30,4	21,1	27,1	26,4	29,4	32,4	30,4	33,0	32,8	43,7	37,4
übriges Rindvieh	32,0	40,5	36,3	44,2	37,5	29,6	23,6	22,3	25,3	32,5	29,0
Schweine	97,7	108,7	92,5	92,8	139,5	109,5	99,7	87,6	70,1	58,5	90,7
Schafe	20,5	23,4	18,1	24,6	27,1	13,1	19,0	17,3	14,5	25,4	32,6
Pferde	9,1	3,2	5,8	4,3	7,3	9,7	11,9	11,0	15,6	14,3	9,4
Landwirtschaftliche Nutzfläche in % 1981	100,0	10,6	10,7	8,8	11,8	10,6	12,9	9,9	11,6	7,3	5,8
Investitionen in der Landwirtschaft in % 1981	100,0	11,8	10,6	10,4	14,5	9,9	9,4	9,8	9,4	6,8	7,4
Traktorenbestand in % 1981	100,0	10,2	10,5	10,9	15,3	11,4	10,6	9,1	10,1	5,6	6,0
NPK-Düngerverbrauch in % 1980/1981	100,0	13,7	11,0	12,2	15,4	10,6	8,3	8,5	9,1	5,5	5,7
Landwirtschaftliche Gesamtproduktion in % 1981	100,0	9,4	8,9	9,5	13,5	11,3	10,9	10,6	12,2	6,9	6,8
Produktion in Prozent											
4 Getreidearten 1981	100,0	9,5	7,7	9,6	13,4	11,8	11,9	10,6	13,0	6,4	6,1
Weizen 1981	100,0	6,5	6,6	19,5	12,1	8,7	4,1	4,5	20,0	10,8	7,2
Roggen 1981	100,0	9,4	5,7	3,0	15,2	16,0	16,0	16,5	9,6	3,4	5,2
Kartoffeln 1981	100,0	6,8	6,0	5,9	9,5	12,5	17,8	14,1	13,4	6,9	7,1
Zuckerrüben 1981	100,0	5,8	4,4	17,2	20,5	18,7	3,4	3,2	22,7	2,8	1,3
Feldgemüse 1981	100,0	7,0	6,3	9,0	9,3	10,0	9,4	16,6	13,3	7,3	12,8
Baumobst 1981	100,0	3,9	4,4	3,4	6,5	7,0	7,6	39,3	15,5	7,7	4,7
Fleisch insgesamt 1981	100,0	13,0	10,3	11,3	16,1	10,8	9,8	7,6	8,0	6,0	7,1
Rindfleisch 1981	100,0	14,5	11,0	14,8	14,7	9,0	6,7	5,7	8,5	8,2	6,9
Schweinefleisch 1981	100,0	13,2	10,6	9,6	18,5	11,3	11,3	7,5	8,5	4,2	5,3
Geflügelfleisch 1981	100,0	11,2	9,0	13,5	11,2	10,8	7,4	9,1	7,9	6,9	13,0
Milch 1981	100,0	7,6	9,5	8,3	10,9	11,7	12,0	11,1	12,4	9,4	7,1

Quelle: Rocznik Statystyczny 1982; Rocznik Statystyczny Województw 1982, 1983; Rocznik Statystyczny Rolnictwa 1982; Naradowy Spis Powszechny 1978

den Wojewodschaften Stettin 65,1%, Köslin 61,7% und Stolp 57,4% der landwirtschaftlichen Nutzfläche vom sozialisierten Sektor bewirtschaftet. Die damit verbundene intersektorale Bodenumverteilung bedeutet zugleich eine Umgestaltung der Flurformen und Veränderungen im Erscheinungsbild der ländlichen Siedlungen. An einigen Dorfbeispielen aus Pommern sollen diese Probleme näher angesprochen werden.

Strukturwandel in ländlichen Siedlungen

In Pommern gibt es hauptsächlich kleine Dörfer; entsprechend gering ist die ländliche Bevölkerungsdichte. In den meisten Dörfern ist sowohl die private als auch die vergesellschaftete Besitzform mit jeweils unterschiedlicher Zusammensetzung vertreten.

Die reinen Bauern-Dörfer sind in diesem Gebiet eine Seltenheit. Es sind meistens größere Dörfer, deren Anlage auf den mittelalterlichen Landesausbau im 13. oder 14. Jh. zurückgeht. Die Siedlungs- und Flurformen wurden im Laufe der Zeit relativ wenig verändert. Auch die Lage der Gehöfte blieb meistens erhalten, vereinzelt wurden größere Stellen geteilt. Diese Dörfer sind vor allem im westlichen Teil des Ostseeküsten-Raums anzutreffen. Sie haben sich in den vergangenen Jahrzehnten zunehmend zu Fremdenverkehrsorten entwickelt. In den stadtnahen Dörfern ist der Fortbestand des privaten Besitzes infolge der relativ guten wirtschaftlichen Lage der Bauern, die sich hier auf Obst- und Gemüseanbau spezialisieren und ein zusätzliches Einkommen aus einer nichtlandwirtschaftlichen Tätigkeit in der Stadt haben, am ehesten gesichert (Beispiel 1, Abb. 17).

In Dörfern, in denen beide Besitzformen auftreten und wo zunehmend unrentable Betriebe oder Betriebe gegen Rente an den Staatlichen Bodenfonds übergeben werden, schreitet die Umgestaltung der Flurformen

relativ schnell voran, während sich die Bebauung nur wenig verändert. Die Besitzgrenzen der Felder befinden sich im ständigen Wechsel und sind nur schwer im Kataster zu erfassen. Neben Streifen- und Kleinblockflurformen des Bauernlandes bzw. des Staatlichen Bodenfonds tritt hier der zu Großblöcken arrondierte Besitz der Staatsgüter in Erscheinung (Beispiele 2 und 3, Abb. 17).

Im südöstlichen Teil Pommerns gibt es noch eine ganze Reihe kleiner, weit von den Städten entfernter und verkehrsmäßig schlecht erschlossener Dörfer, in denen die bäuerliche Wirtschaft vorherrscht. Dieser Dorftyp, der meist in Waldnähe oder auf sandigen, unfruchtbaren Böden anzutreffen ist, verschwindet allmählich. Die Bodenbewirtschaftung ist hier unrentabel, viele Betriebe stecken in Schulden, die meist den Hypothekenwert der Betriebe übersteigen. Die Wirtschaftsflächen fallen zunehmend brach, die Gebäude werden kaum renoviert und verfallen. Die Bevölkerung wechselt in nichtlandwirtschaftliche Berufe über oder wandert aus, häufig in die Herkunftsgebiete, also in die kernpolnischen Gegenden (Beispiel 4, Abb. 17).

Darüber hinaus gibt es in diesem Gebiet Staatsgutssiedlungen, in denen alle bäuerlichen Betriebe entweder schon aufgegeben wurden oder in naher Zukunft verlassen werden. Der Umgestaltungsprozeß, der zur Bildung dieser Staatsgutssiedlungen führt, verlief in Pommern schneller als in anderen Landesteilen; es wird angenommen, daß er sich noch mehr beschleunigt (Beispiel 5).

Beispiel 1: Das Dorf Jamund, 9 km nördlich von Köslin gelegen (Abb. 17). Die Anlage dieses Dorfes geht auf das 13. Jh. zurück. Die landwirtschaftlichen Flächen wurden ausschließlich von privaten Bauern bewirtschaftet. Jamund ist ein geschlossenes Dorf, in dem sich die Gehöfte um einen ovalen Platz konzentrieren (Angerdorf). Trotz der späteren Veränderung ist das einstige Erscheinungsbild des Dorfes in Grundzügen erhalten geblieben. Im Zuge der Besitzverteilung an Neu-

Abb. 17: Ländliche Siedlungen mit unterschiedlicher Bodenbesitzstruktur

Dorf Jamund (Ausschnitt)   0 — 500 m

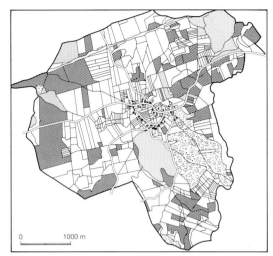

Dorf Damsdorf

▨ Wirtschaftsflächen eines
bäuerlichen Betriebes

▪ ▬ ▬ Gebäude

▨ Staatsgüter

▨ Flächen des Staatlichen Bodenfonds

▨ Staatliches Forstgut

☐ privatbäuerliche Betriebe

▪ ▬ ▬ Gebäude

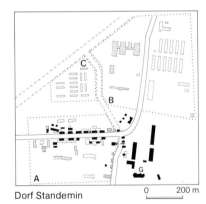

Dorf Standemin   0 — 200 m

■ Bebauung vor 1945

▨ Bebauung 1950–1970

▨ Bebauung 1971–1977

☐ geplante Bebauung

G ehemaliges Gut

A Wohn- und Versorgungssektor

B Viehzuchtsektor

C Produktions- und Verarbeitungs-
sektor

═══ vorhandene Straße

┈┈┈ geplante Straße

verändert nach H. Szulc, 1974 und 1978

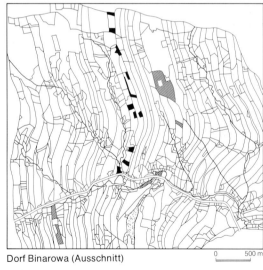

Dorf Binarowa (Ausschnitt)   0 — 500 m

■ Wirtschaftsflächen eines bäuerlichen Betriebes

▨ Staatlicher Bodenfond

▨ Staatliches Forstgut

Entwurf: A. Kapala

107

siedler wurden landwirtschaftliche Betriebe geschaffen, denen rund 8 ha, maximal jedoch 12 ha Land zugeteilt wurde. Da die deutschen Bauernhöfe vor dem Krieg größer waren, wurden einige Stellen unter zwei bis drei Bauernfamilien aufgeteilt. Die Gehöfte wurden gewöhnlich nach zwei Verfahren aufgeteilt: nach der sog. physischen Teilung, bei der die Besitzgrenzen im Grundbuch bzw. Kataster eingetragen wurden (wie in Jamund), oder nach der sog. Vertragsteilung, d. h. ein Gemeinschaftsbesitz ohne Eintragung der Besitzgrenzen. Auch die Felder in Jamund sind neu aufgeteilt worden, was zu einer Verkleinerung der Betriebsflächen im Verhältnis zum Stand vor 1945 und zu einer Boden- und Besitzzersplitterung führte. Während der Kollektivierungsphase traten ein paar Landwirte der LPG bei. Ihr Land wurde, nachdem die Besitzgrenzen aufgehoben worden waren, gemeinschaftlich genutzt. Nach der Auflösung der LPG 1956 war man bemüht, den Besitzstand vor Gründung der LPG wiederherzustellen. Nach Angaben von 1973 gab es im Dorf 123 private Bauernstellen, davon 14 Zwergbetriebe mit weniger als 2 ha Land, deren Besitzer einer nichtlandwirtschaftlichen Tätigkeit in Köslin nachgingen. Sie wohnten in den kleinen Häusern der ehemaligen Häusler am Dorfplatz. Die Bauern der größeren Betriebe (mit 8–12 ha) wohnten in vollständigen Gehöften, die meistens aus einem Wohn- und zwei Wirtschaftsgebäuden bestanden. Alle Felder dieses Dorfes waren in Kleinstreifen aufgeteilt. Der Besitz eines Bauern bestand meist aus vier bis sechs Parzellen (im Mittel 2 ha groß), die in Gemengelage verteilt waren. Die Besitzverteilung war nach Ansicht der befragten Bauern günstig und bedurfte keiner Arrondierung.

Beispiel 2: Das Dorf Hohenwaldheim liegt 25 km nordöstlich von Stolp entfernt. Es wurde erstmalig im 13. Jh. urkundlich erwähnt. Nach dem Krieg fanden in diesem Dorf beträchtliche Besitzveränderungen statt. In den Jahren 1945–1949 wurden dort zehn private Betriebe und ein Staatsgut gegründet. Die bäuerlichen Betriebe hatten folgende Größen: zwei Betriebe je 9 ha, fünf je 10 ha, zwei je 12 ha und ein Betrieb mit 14 ha Land. 1950 wurde eine „Besitzregulierung" durchgeführt. Es entstanden damals 20 Betriebe mit je 9 ha Land (davon zwei Gehöfte unbesetzt) und zwei Handwerkerstellen zu je 4,4 ha. Das Staatsgut wurde vom Militär verwaltet. Anschließend gründete man hier eine LPG mit rund 88 ha, der zehn Landwirte beitraten. Jedes Mitglied brachte in die LPG etwa 7 bis 9 ha Land ein. Nach der LPG-Auflösung 1956 versuchte man, den vorherigen

Besitzstand wieder herzustellen. Einige Betriebe wurden mit zusätzlichen Flächen aus dem Staatlichen Bodenfonds aufgestockt. Im Zuge der Neuordnung erfolgte 1960 eine Bodenzusammenlegung des Staatsgutes, die übrigen Flächen wurden neu vermessen und zwischen 15 privaten Bauern verteilt. 1973 gab es hier nur noch zehn bäuerliche Betriebe, die 9–17 ha Land, meistens aus vier Parzellen bestehend, bewirtschafteten. Innerhalb der Dorfgemarkung lag ein Staatsgut mit etwa 800 ha und ein Teil eines Nationalparks.

Beispiel 3: Das Dorf Damsdorf liegt etwa 5 km nordwestlich von Butow, in der Woj. Stolp (Abb. 17). Die Anlage dieses Dorfes geht aufs 14. Jh. zurück. Die Gehöfte gruppieren sich um einen großen Platz, der als Weide genutzt wurde. Wegen der LPG-Gründung und deren späterer Auflösung 1956 unterlagen die Besitzgrenzen großen Veränderungen. Zu Beginn der 70er Jahre lagen die Parzellen der privaten Bauern mit dem Besitz des Staatsguts und des Staatlichen Bodenfonds in Gemengelage. Das private Land wies eine Streifenflurform und das der Staatsgüter eine Blockflurform auf. Der Staatsgutsbesitz bildete jedoch keinen geschlossenen Komplex, sondern war in mehreren Blöcken in der Gemarkung verteilt. Die aus der privaten Bewirtschaftung ausscheidenden Flächen wurden zunächst vom Staatlichen Bodenfonds übernommen, dann zusammengelegt und an das Staatsgut übergeben. Da ständig neues Privatland aufgegeben wurde, mußten alle paar Jahre die Flächen neu vermessen, gegebenenfalls mit den privaten Bauern getauscht werden, um großflächige Blöcke zu schaffen, die dann zur Bewirtschaftung dem Staatsgut übertragen wurden.

Beispiel 4: Das Dorf Lübtow liegt 11 km südöstlich von Köslin entfernt. Es ist ein kleines Dorf aus dem 14. Jh. Im Jahre 1973 gab es hier 15 bäuerliche Betriebe, die im Mittel 8 ha Land bewirtschafteten. Das Dorf liegt am Waldrand auf unfruchtbaren Böden, die mechanisch nur schwer zu bearbeiten sind (Moränenzüge). Wegen des schlechten Straßenzustands wurde das Dorf nicht an das öffentliche Busnetz angeschlossen. Die Bevölkerung aus den verschuldeten Betrieben suchte sich entweder eine nichtlandwirtschaftliche Arbeit oder gab die Betriebe ganz auf und wanderte nach Zentralpolen aus. Viele Felder, vor allem am Waldrand, lagen brach. Die Staatsgüter der Umgebung wollten sie nicht übernehmen, nicht zuletzt wegen der schlechten Bodenverhältnisse und den weiten Entfernungen zu den jeweiligen Gütern. Die unfruchtbaren Böden sollten teilweise aufgeforstet, gegebenenfalls als Weideland genutzt werden.

Beispiel 5: Das Dorf Standemin liegt 9 km südwestlich von Belgard entfernt und ist eine ehemalige Gutssiedlung. Das ehemalige deutsche Gut, das rund 990 ha Land (1939) bewirtschaftete, wurde 1945 in ein Staatsgut umgewandelt. Bis 1975 hatte es seine Wirtschaftsflächen auf beinahe 2000 ha erweitert und beschäftigte 186 Arbeitskräfte, davon 163 Arbeiter. Standemin war der Verwaltungssitz eines 1972 gebildeten Agrokombinats. 1977 umfaßte es 12 Staatsgüter, die von der Kombinatsverwaltung bis zu 15 km entfernt waren und 7623 ha Land bewirtschafteten. Das Kombinat beschäftigte 879 Arbeitskräfte, von denen ca. 30% in Standemin wohnten. Die Wirtschaftsflächen des Kombinats befanden sich in Gemengelage mit privaten, ökonomisch schwachen Bauernhöfen, deren Besitzer meist über 60 Jahre alt waren. Es wurde mit der baldigen Aufgabe dieser Betriebe und deren Übergabe an das Kombinat gerechnet. Man beabsichtigte, die restlichen privaten Betriebe in Gebiete mit einer Dominanz der bäuerlichen Wirtschaft umzusiedeln. In Verbindung mit der Produktionserweiterung im Gut Standemin wurde auch die Siedlung ausgebaut und ihr Aussehen verändert. Im Bebauungsplan (bis 1977 in etwa zu 70% realisiert) wurden drei funktionale Bereiche ausgegliedert: der Wohn- und Dienstleistungsbereich wurde mit einer Grünschutzzone von dem Agrarproduktionssektor (Viehzucht) und dem Sektor der industriellen Verarbeitung der örtlichen Agrarprodukte (Abb. 17) abgegrenzt. Die Wohnsiedlung aus 2- bis 3stöckigen Häusern sollte 2000 Einwohner beherbergen. Durch diese Bauweise, die in den späten 60er Jahren eingeführt wurde, glaubte man, eine Angleichung an städtische Lebensformen erreichen zu können. Diese Wohnblocks paßten aber weder in die ländliche Landschaft, noch gaben sie den Staatsgutsarbeitern die Möglichkeit, eine Hofwirtschaft für den Eigenbedarf zu betreiben, weil entsprechende Wirtschaftsgebäude in Hausnähe fehlten. Die alten Wohngebäude der ehemaligen Gutsarbeiter waren meist Doppelhäuser mit angrenzenden Wirtschaftsgebäuden; solche wurden auch noch in den 50er Jahren gebaut. Da das Dorf Standemin bis 1977 nicht einmal über Versorgungseinrichtungen der niedrigsten Stufe verfügte, waren dessen Einwohner weitgehend auf die Dienstleistungen in der 9 km entfernten Stadt Belgard angewiesen.

Die Nordöstliche Region (2) umfaßt die Wojewodschaften Danzig, Elbing, Allenstein und Suwałki. Hinsichtlich der Oberflächengestaltung und der Bodenverhältnisse ähnelt dieser Raum der vorher besprochenen nordwestlichen Region. Das Klima ist hier jedoch mit kürzeren Vegetationsperioden und strengeren Wintern kontinentaler. Eine Sonderstellung nimmt das Gebiet der Weichseldeltaniederung ein. Dieses einst sumpfige Gebiet wurde zwischen dem 14. und dem 17. Jh. trockengelegt und im Laufe der Jahrhunderte in fruchtbares Kulturland umgewandelt. Es umfaßt 174 000 ha, davon sind 47 000 ha Depressionsgelände (1,8 m unter dem Meeresspiegel). Als 1945 deutsche Truppen auf dem Rückzug die Deich- und Entwässerungsanlagen zerstörten, wurden etwa 40 000 ha Land überflutet; nach dem Krieg wurden diese Gebiete wieder entwässert. Gegenwärtig wird dieser Landstrich ackerbaulich (Anbau von Weizen, Zuckerrüben und Raps) und als Dauergrünland genutzt. Der vergesellschaftete Sektor bewirtschaftet in dieser Region zwischen 31 und 53% der landwirtschaftlichen Nutzflächen. Die bäuerlichen Betriebe sind im Mittel über 8 ha groß. Auffallend hoch ist hier der Anteil der größeren Betriebe mit 10 und mehr ha Land (Tab. 10). Der Schwerpunkt der landwirtschaftlichen Produktion liegt auf der Viehhaltung. Im allgemeinen werden hier nur niedrige Feldfruchterträge erreicht, was sich negativ auf die Produktionsergebnisse auswirkt. Etwa 61% der landwirtschaftlichen Erzeugnisse werden vermarktet.

Mit Ausnahme des Gebietes an der unteren Weichsel ist dieser Raum nur wenig industrialisiert. Daraus resultiert, daß die in dieser Hinsicht am meisten benachteiligte Woj. Suwałki die höchsten (im Landesvergleich) Wanderungsverluste der Dorfbevölkerung zeigte (1976–1980: 11%). Im Zeitraum von 1970 bis 1978 hatten z. B. 104 von den 1355 „statistischen" Dörfern der Woj. Suwałki einen absoluten Einwohnerverlust von über 30% und 21 Dörfer einen von über 50% zu verbuchen. Dies betraf vornehmlich Dörfer aus Gebieten, die nach 1945 an Polen angegliedert wurden. Nur in 20% aller Dörfer war eine Bevölkerungszunahme oder eine -stagnation zu beobachten. Einen erheblichen Einwohnerzuwachs wiesen insgesamt 29 Dörfer auf; hier handelte es sich um die Staatsgutssiedlungen, in denen in den 70er Jahren eine regere Wohnbautätigkeit stattfand.

Die Südwestliche Region (3) (Wojewodschaften Liegnitz, Breslau, Oppeln, Hirschberg und Waldenburg) ist hinsichtlich ihrer physisch-geographischen Ausstattung recht stark differenziert. Sie umfaßt neben der fruchtbaren Schlesischen Tiefebene das Gebirgsmassiv der Sudeten mit für den Ackerbau relativ ungünstigen Bodenverhältnissen. Viele der ländlichen Siedlungen aus dem 13. und 14. Jh. wurden in späteren Jahrhunderten zu Standorten der gewerblichen Wirtschaft. Eine ganze Reihe von ihnen entwickelte sich im Zug der Industrialisierung zu Städten. Trotz des fast vollständigen Bevölkerungsaustausches nach dem Zweiten Weltkrieg zeichnet sich dieses Gebiet durch eine relativ große Beständigkeit der Flur- und Siedlungsformen aus. In höheren Gebirgsregionen wird immer weniger Landwirtschaft betrieben. Viele der Streusiedlungen bzw. Einzelhöfe wurden und werden von der Bevölkerung verlassen. In den 70er Jahren begannen Stadtbewohner, verlassene Bauernhöfe in landschaftlich attraktiven Gebieten zu kaufen und sie als Wochenend- oder Ferienhäuser zu nutzen. In dieser Region besitzt der vergesellschaftete Sektor weniger als 50% der wirtschaftlichen Nutzfläche. Hier dominieren kleinbäuerliche Betriebe, die im Durchschnitt 4,4 ha LN bewirtschaften. Mehr als 40% aller privaten Betriebe sind kleiner als 2 ha. Der Anteil der Nebenbeschäftigten an allen in privaten Betrieben Tätigen erreicht in den stark industrialisierten und fremdenverkehrsorientierten Wojewodschaften Hirschberg und Waldenburg 41 bzw. 46%. Auf den fruchtbaren, teilweise auf Löß entstandenen Böden werden vor allem Weizen und Zuckerrüben angebaut. Bei allen wichtigen Kulturpflanzen werden, für polnische Verhältnisse, hohe Erträge erreicht. Dieser Raum spielt eine bedeutende Rolle in der Rind- und Geflügelfleischproduktion.

Die Posen-Thorn-Region (4) umfaßt die Wojewodschaften Lissa, Posen, Schneidemühl, Bromberg und Thorn. Dieses Gebiet gehörte nach der Teilung des polnischen Staates zu Preußen, nach dem Ersten Weltkrieg kam der größte Teil zu Polen. Bereits damals zeichnete sich die Landwirtschaft dieses Raums durch einen viel höheren Entwicklungsstand aus als die der übrigen Landesteile (Kap. 1.3). Die vergleichsweise hohe Bodenkultur und die marktorientierte Agrarproduktion brachte dem Mittelbauerntum einen relativ hohen Lebensstandard. Auch in der Nachkriegszeit konnte dieses Gebiet seine gute Stellung in der landwirtschaftlichen Produktion weiter behaupten, obwohl die Bauern dieser Gegend über viele Jahre hindurch mit hohen Zwangsablieferungsnormen für Agrarprodukte und besonders hohen Steuern belegt wurden. Gegenwärtig ist dieses Gebiet in der Milcherzeugung und in der Viehzucht führend. Neben Rindern werden vor allem Schweine zwecks Schinkenherstellung für den Export gezüchtet. Obwohl die Bodenverhältnisse relativ ungünstig sind, werden in der Pflanzenproduktion dank des hohen Mineraldüngereinsatzes und einer sorgfältigen Bodenbearbeitung die besten Ergebnisse in Polen erreicht (die höchsten Weizen- und Roggenerträge, auch hohe Zuckerrüben- und Kartoffelerträge). Hier, d. h. auf 11,8% der gesamten LN des Landes werden beispielsweise 20,5% der gesamten Zuckerrüben- und 15,2% der Roggenmenge geerntet. Diese Region liefert darüber hinaus 18,5% der Schweine- und 14,7% der Rindfleischproduktion. Zwei Drittel der gesamten Produktion gelangen auf den Markt, wovon auch die staatlichen Aufkaufstellen in großem Umfang profitieren. Der vergesellschaftete Sektor bewirtschaftet im Durchschnitt 37,9% (zwischen 23 und 49% in den einzelnen Wojewodschaften) der landwirtschaftlichen Nutzfläche, produziert aber beispielsweise nur 29,5% der Getreide- (vier Getreidearten) und 27,9% der Zuckerrübenmenge. Zu den Staatsgütern und den LPGs gehörten 1981 je nach Wojewodschaft 17,7 bis 40,6% und 4,1 bis 12,6% der LN. In dieser Region konzentrierte sich ein Fünftel (20,7%) des gesamten Besitzes der LPGs in Polen. Den bäuerlichen Betrieben gehören im Durchschnitt 6,9 ha LN, wobei über 30% der Höfe über Wirtschaftsflächen von 10 ha und mehr verfügen. Bei einem verhältnismäßig niedrigen Arbeitskräftebesatz ist die Mechanisierung weit fortgeschritten.

Die Kalisch-Ciechanów-Region (5) umfaßt die Wojewodschaften Kalisch, Konin, Włocławek, Płock und Ciechanów. In diesem Gebiet dominiert die bäuerliche Wirtschaft mit einem Anteil an der LN von 88,2%. Sie ist durch mittelgroße Betriebe mit einer Durchschnittsfläche von 6,3 ha LN vertreten. In der Agrarproduktion halten sich die tierische und die pflanzliche Produktion die Waage. Das Ackerland wird vorwiegend mit Roggen und Kartoffeln bestellt, auf fruchtbareren Böden oder in der Nähe der Zuckerfabriken werden Zuckerrüben angebaut. Im Raum Płock gewinnt der Gemüse- und Obstanbau an Bedeutung.

Die Białystok-Siedlce-Region (6) (Wojewodschaften: Ostrołęka, Łomża, Białystock, Biała Podlaska und Siedlce). Die Agrarlandschaft wird von kleinen geschlossenen Dörfern und von Streusiedlungen geprägt. Die bedarfsgerechte Versorgung der Bewohner mit Dienstleistungseinrichtungen und die infrastrukturelle Erschließung dieser Gebiete würden hohe Kosten verursachen. Die Wohnhäuser, häufig aus Holz und strohgedeckt, verfügen selten über eine Wasserleitung und andere sanitäre Einrichtungen. 1978 z. B. waren hier knapp 17% der Woh-

nungen auf dem Lande mit einer Wasserleitung und nur ca. 12% mit einem Spül-WC ausgestattet. Die bäuerlichen Betriebe bewirtschafteten im Durchschnitt 93,5% der LN. Das Gros dieser Bauernhöfe ist von mittlerer Größe, wobei der Anteil der Betriebe mit 10 ha und mehr Land relativ hoch ist. Auf wenig fruchtbaren, oft vernäßten Böden werden hier in erster Linie Kartoffeln und Roggen angebaut. Der geringe Mechanisierungsgrad und die wenig verbreitete Mineraldüngung bringen insbesondere beim Getreide sehr bescheidene Erträge. Bei den Kartoffeln werden allerdings im allgemeinen hohe Hektarerträge erreicht, mit 212 dz je ha stand 1981 die Woj. Białystok an der Spitze in Polen. Die tierische Produktion ist auf Schweine- und Milchviehhaltung ausgerichtet. Insgesamt gesehen hat die Landwirtschaft dieser Region den niedrigsten Entwicklungsstand in Polen aufzuweisen.

Die Warschau-Lodz-Region (7) umfaßt die Wojewodschaften Warschau, Lodz, Skierniewice, Sieradz, Piotrków und Radom. Die zwei großstädtischen Agglomerationen beeinflußen die Struktur der Agrarproduktion in dieser Region stark. Typisch für die Landwirtschaft in diesem Raum ist eine arbeitsintensive Wirtschaftsweise. Hier überwiegen kleine bis mittelgroße bäuerliche Betriebe, die sich, insbesondere in großstadtnahen Gemeinden, auf Gemüse- und Obstanbau sowie auf Milcherzeugung spezialisieren. Der Gemüseanbau konzentriert sich rund um Warschau mit dem Schwerpunkt im Raum Pruszków. Eine wichtige Rolle spielt in der Umgebung von Warschau die Produktion von Frühgemüse und Blumen unter Glas. Diese brachte den privaten Landwirten, in der Umgangssprache werden sie als „Gemüsemillionäre" bezeichnet, außerordentlich hohe Gewinne, die der Staat, da er keine Alternative zur Bevölkerungsversorgung in den Großstädten bieten konnte, über viele Jahre duldete. Diese Region lieferte 1977 16,8% der gesamten Feldgemüseerzeugung in Polen, darunter die Woj. Warschau allein 8,3%.

Der Gemüseanbauzone rund um Warschau schließt sich ein Gebiet des Obstbaus an, das bis nach Lodz reicht. Der Schwerpunkt des Obstbaus liegt südlich von Warschau im nördlichen Teil der heutigen Woj. Radom an der Pilica. In einigen Gemeinden dieser Wojewodschaft liegt der Anteil der Obstkulturen an der LN deutlich über 30% und steigt sogar bis auf 59% (Gemeinde Belsk Duży). Hier und in den stadtnahen, auf Treibhauskulturen und Obstanbau spezialisierten Betrieben ist der Kapitaleinsatz relativ hoch.

Die Kielce-Lublin-Region (8) umfaßt die Wojewodschaften Kielce, Tarnobrzeg, Lublin, Chełm und Zamość. Charakteristisch für diesen Raum ist ein Übergewicht der kleinbäuerlichen Betriebe mit einer Durchschnittsgröße von 4,2 ha LN und ein hoher Arbeitskräftebesatz – im Mittel 38 Erwerbstätige je 100 ha LN im Jahre 1978 (Landesdurchschnitt: 28 Erwerbstätige je 100 ha LN). Auf überwiegend fruchtbaren Böden werden Zuckerrüben, Weizen, Gemüse und Obst, letzteres vor allem im Sandomierz-Becken, angebaut. Trotz der geringen Mechanisierung und Mineraldüngeranwendung kommt diesem Gebiet im Landesmaßstab eine mittlere bis hohe Bodenproduktivität zu, vor allem dank der arbeitsintensiven Wirtschaftsweise. Schwerpunkte der Agrarproduktion sind Ackerbau, Milchvieh- und Geflügelhaltung. In dieser Region wird beispielsweise mehr als ein Fünftel des Weizen, 19% des Obstes und 12,4% des Gemüses geerntet. Wenn auch die natürlichen Bedingungen insgesamt günstig sind, so werden hier dennoch im Vergleich z. B. zu Großpolen, wo weniger fruchtbare Böden vorherrschen, nur niedrige Getreideerträge erreicht. Der überwiegende Teil der landwirtschaftlichen Produktion dient der Selbstversorgung. Der Anbau von Sonderkulturen, wie Tabak (fast 50% der gesamten Tabakanbau-

fläche in Polen) und Hopfen nimmt einen großen Raum ein.

Die Karpaten-Region (9) (Wojewodschaften: Tarnów, Rzeszów, Przemyśl, Krosno und Nowy Sącz). Die ländlichen Gebiete dieser Region gehören neben den großstadtnahen Landgemeinden zu den am dichtesten besiedelten in Polen. Charakteristisch für diese Agrarlandschaft sind große, sich oft kilometerweit ziehende Dörfer mit einer äußerst stark zersplitterten Flur.

Beispiel: Das Dorf Binarowa liegt 3 km von der Stadt Biecz entfernt im äußersten Nordwesten der heutigen Woj. Krosno. Die Anlage des Dorfes, an der deutsche Siedler beteiligt waren, geht auf die erste Hälfte des 14. Jh. zurück. Es ist, wie auch viele andere, ein Waldhufendorf (Bodenaufteilung nach der fränkischen Hufe ca. 24,2 ha) in einem Tal an einem kleinen Fluß (Zufluß der Biała). Das Dorf wurde Anfang der 70er Jahre von ca. 2000 Einwohnern bewohnt, wobei beinahe 40% der Bevölkerung ihren Unterhalt mit nichtlandwirtschaftlicher Arbeit bestritten. Zur Gemarkung des Dorfes gehörten 1213 ha landwirtschaftliche Nutzfläche, ein rund 6 ha großer Wald – Eigentum des Staates – und ein 5 ha LN großer Besitz des Staatlichen Bodenfonds. Der bäuerliche Besitz war im Durchschnitt 1,8 ha groß und meist in drei bis vier, in Gemengelage verteilten Parzellen verstreut. Der Landbesitz einer der größten Betriebe von rund 15 ha war auf 13 Parzellen verteilt. Im Laufe der Zeit wurden im Zusammenhang mit dem Bevölkerungswachstum die Flurformen verändert. Ferner kam es zur Verdichtung der Siedlerstellen, die zum Teil die Hänge hinauf gewandert sind. Die ehemaligen Hufe wurden zunächst längs- und schließlich quergeteilt (Abb. 17). In der Gemarkung des Dorfes liegen auch die Felder (ca. 100 ha LN) von 150 Einwohnern aus den Nachbardörfern.

Infolge des außerordentlich großen Wachstums der Bevölkerung seit dem 19. Jh. und der herrschenden Realerbteilungs-Gewohnheiten dehnte sich der Ackerbau auch auf die steilen Hänge aus, die extrem von der Bodenerosion gefährdet sind (häufig hangparalleler Pflug). Die bäuerlichen Betriebe bewirtschafteten im Mittel 2,7 ha LN. Da die kleinen Betriebe kaum eine Existenz boten, mußten viele Familienmitglieder seit eh und je entweder dieses Gebiet verlassen oder sich eine nichtlandwirtschaftliche Erwerbsmöglichkeit in der Umgebung suchen. Am Ende der 70er Jahre waren hier 30 bis 44% der in bäuerlichen Betrieben arbeitenden Personen in ihren Betrieben nur nebenbeschäftigt. Auf fruchtbaren Böden werden hier neben Weizen in größerem Umfang Futterpflanzen, Kartoffeln und Gemüse angebaut. Trotz des hohen Arbeitsaufwands bei gartenmäßig betriebenem Ackerbau erreicht man nur relativ niedrige Erträge. Schwerpunktmäßig, so in der Umgebung von Nowy Sącz, wird im Vorkarpatenraum Obstbau betrieben. In den Karpaten dagegen gewinnt die Milchwirtschaft an Bedeutung. Die Produktion der kleinbäuerlichen Betriebe ist in erster Linie auf Selbstversorgung ausgerichtet. Anfallende Überschüsse werden zum großen Teil auf den Wochenmärkten verkauft. Charakteristisch für dieses Gebiet ist ferner das Beharren auf der bäuerlichen Wirtschaft. Der hier seit jeher bestehende Bodenhunger führte zu einer engen Bodenverbundenheit der Bevölkerung, die sich nur ungern von ihrem Besitz trennt. Dies spiegelt sich in der geringen Abnahme des privaten Besitzes an Grund und Boden und in der größeren Bereitschaft der jüngeren Generation, die Höfe zu übernehmen (als z. B. in Nordwestpolen) wider. Das Einkommen aus nichtlandwirtschaftlicher Tätigkeit erhöht das Budget der bäuerlichen Familien und wird in erster Linie für die Verbesserung der Wohnverhältnisse eingesetzt. Die hier traditionelle Holzbauweise wird zusehends von neuen, meist gemauerten Häusern, leider oft ohne jegliche Anpassung an die traditionelle Formen, abgelöst. Nur in Podhale werden die neuen Häuser eher dem für diese Gegend charakteristischen Stil angeglichen. Eine rege Bautätigkeit konnte vor allem in den 70er Jahren beobachtet werden. Fast 30% des gesamten Wohnungsbestands auf dem Lande sind hier im Zeitraum von 1970 bis 1978 entstanden und zwar aus festen Baustoffen wie z. B. Ziegelsteinen.

Die Oberschlesisch-Krakauer-Region (10) umfaßt die Wojewodschaften Kattowitz, Krakau, Bielitz Biala und Tschenstochau. In diesem stark industrialisierten und urbanisierten Gebiet spielt die Landwirtschaft als Haupterwerbsquelle nur eine untergeordnete Rolle. In den Wojewodschaften Kattowitz und Bielitz Biala steigt der Anteil der Nebenbeschäftigten an allen in den bäuerlichen Betrieben Tätigen auf 57,8% an, wobei 65 bis 84% der ländlichen Bevölkerung ihren Unterhalt aus nichtlandwirtschaftlichen Quellen beziehen. Die bäuerlichen Betriebe, im Durchschnitt 2 ha LN groß (Woj. Tschenstochau 3,7 ha), produzieren vornehmlich für den Eigenbedarf. In den Umlandgemeinden des Oberschlesischen Industriereviers und der Krakauer Agglomeration spezialisieren sich viele Betriebe auf Gemüsebau und Geflügelzucht.

Wenn auch bei der Gliederung Polens in Agrarräume die großstadtnahen Bereiche nicht eigens betrachtet wurden, so ist hervorzuheben, daß sich hier die Bedingungen für die Entwicklung der Landwirtschaft und für die Gestaltung der Produktionsstruktur in vieler Hinsicht von den übrigen Gebieten unterscheiden. In diesen Bereichen, vor allem im näheren Umland der Städte Warschau, Lodz, Krakau und des Oberschlesischen Industriereviers, aber auch zum Teil in der nächsten Umgebung von Breslau, Posen, Stettin und Danzig hat man es mit einer relativ kapital- und arbeitsintensiven, weitgehend spezialisierten und hochproduktiven Landwirtschaft zu tun. Das spiegelt sich auch im Wert der landwirtschaftlichen Gesamtproduktion, in Währungseinheiten ausgedrückt und bezogen auf eine Flächeneinheit (1 ha LN unter Berücksichtigung der Bodenbonität) wider. So übersteigt beispielsweise der in den Wojewodschaften Warschau und Kattowitz erreichte Wert der landwirtschaftlichen Gesamtproduktion je ha LN den Landesdurchschnitt um 67,1% bzw. um 30,4% (1981). Auch in Gebieten mit einer sehr arbeitsintensiven Wirtschaftsweise, z. B. in den Wojewodschaften Nowy Sącz, Tarnów oder Rzeszów, zeichnet sich die Landwirtschaft durch eine überdurchschnittlich hohe Bodenproduktivität aus. Im Gegensatz dazu stehen Agrarräume mit einer Dominanz der kapitalintensiven, kollektiven Wirtschaftsweise, für die eine unterdurchschnittliche Bodenproduktivität bezeichnend ist, so z. B. in den Wojewodschaften Köslin und Stolp (11,4% bzw. 15,2% unter dem Landesmittel).

Im Hinblick auf die noch gegenwärtig andauernde Krise in der Agrarwirtschaft müßten seitens des Staates Maßnahmen ergriffen werden, die wenigstens die beträchtlichen regionalen Disparitäten in der Agrarstruktur vermindern und die Leistungskraft der Landwirtschaft steigern könnten.

5 Die Industrie – der bevorzugte Wirtschaftssektor

5.1
Ausgangssituation nach 1945

Am Ende des Zweiten Weltkriegs lebten zwei Drittel der polnischen Bevölkerung auf dem Lande, und für die Mehrheit der Erwerbstätigen stellte die Landwirtschaft nach wie vor die Haupterwerbsquelle dar. Die Bedeutung der Industrie war, entsprechend ihrem Beitrag zum Volkseinkommen (1947: 22%) oder dem Anteil der Beschäftigten (1950: 20,7%), noch relativ gering. Die insgesamt ungünstige Ausgangssituation für die industrielle Entwicklung Polens war zusätzlich durch die Folgen des Krieges verschärft worden.

- Nach polnischen Angaben wurden während des Krieges rund 65% der Industriebetriebe in unterschiedlichem Maße zerstört. Die Schäden an den Industriegebäuden beliefen sich auf 35%, bei Energieversorgungsanlagen auf ca. 52% und bei der technischen Ausrüstung auf ca. 45%. Im Juli 1945 (Industriezählung) waren aber schon etwa 70% der Industriewerke in Betrieb und beschäftigten zum Zeitpunkt der Zählung ca. 0,74 Mill. Arbeitskräfte (A. Jezierski, 1980).
- Der Zerstörungsgrad der einzelnen Industriegebiete Polens war ebenfalls recht unterschiedlich. Geringe Schäden erlitten die alten Industriekomplexe von Oberschlesien und Lodz, deren technische Ausrüstung relativ überaltert war, während die verhältnismäßig modernen Industrieanlagen am Rande des Oberschlesischen Industrieriers (z. B. in Auschwitz und Heydebreck), Warschau, Breslau oder Stettin in erheblichem Maße zerstört worden waren.
- Durch die Eingliederung der deutschen Ostgebiete (West- und Nordgebiete) wurden trotz der beträchtlichen Kriegsschäden und der nachkriegszeitlichen Demontagen die industriellen Kapazitäten Polens um etwa ein Viertel erweitert. Nach sowjetischen Angaben wurden hier Industrieanlagen im Wert von 0,5 Mrd. US-Dollar demontiert und in die Sowjetunion überführt.
- Eine erhebliche Belastung für die Volkswirtschaft Polens waren die Reparationsverpflichtungen in Höhe von 5,4 Mrd. US-Dollar, die Polen an die Sowjetunion für die Übergabe der deutschen Ostgebiete unter polnische Verwaltung, vor allem in Form von Steinkohlenlieferungen zu Sonderpreisen (1 US-Dollar je t Kohle) abzahlen sollte.

Kennzeichnend für die Ausgangslage nach dem Zweiten Weltkrieg waren darüber hinaus erhebliche regionale Unterschiede im Entwicklungsstand der Produktionsmittel, in der Infrastruktur sowie der Arbeitskräfte-Ausstattung der einzelnen Landesteile:

- Traditionelle Industriestandorte und wirtschaftlich verwertbare Bodenschätze konzentrierten sich in den südwestlichen und südlichen Landesteilen.
- Beträchtliche Arbeitskräfteüberschüsse gab es dagegen in den infrastrukturellen bzw. industriell unterentwickelten südöstlichen und östlichen Gebieten Polens. Deren unmittelbare Eingliederung in den Produktionsprozeß war wegen des niedrigen Bildungs- bzw. Qualifikationsniveaus sowie ihrer fernen Wohnlage zu den Industriezentren bei einem unterentwickelten Verkehrsnetz nur bedingt möglich.
- Eine Überwindung der regionalen Strukturunausgewogenheit konnte nur über Versuche eines räumlichen Transfers der Produktionsfaktoren Arbeit und Kapital erreicht werden.

5.2
Ideologische Grundlagen: „Sozialistische" Industrialisierung

Mit der Veränderung der politischen Landschaft Ende 1948 wurde zugleich eine neue Phase der Wirtschaftsentwicklung Polens eingeleitet, in der man dem Aufbau der Industrie eine absolute Priorität einräumte. Die ideologische Basis dieser Entwicklungsstrategie bildete eine These Lenins (1921), die besagt, daß „für die Sicherung der dauerhaften Reserven der Entwicklung einer sozialistischen Gesellschaft eine reelle und einzige Basis nur und ausschließlich die Großindustrie ist (. . .). Ohne die auf einem hohen Entwicklungsniveau stehende Industrie kann überhaupt nicht vom Sozialismus gesprochen werden und vor allem dann nicht, wenn es sich um ein Land der Bauern handelt" (nach A. Karpiński, 1974, S. 98).
Die Bestimmungen des 1. Parteitages der Polnischen Vereinigten Arbeiterpartei (Dezember 1948), die sich an der erwähnten leninistischen These orientierten, waren dabei richtungsweisend. Damit galten folgende Ziele der sozialistischen Industrialisierung als vorrangig:
– Ein rascher Aufbau der Industrie, der sich auf die Ausnutzung der heimischen Bodenschätze stützen und in erster Linie die Schwerindustrie bzw. Produktionsgüterindustrie umfassen sollte. Die Industrie sollte zum einen die materielle Basis des Sozialismus' und die Grundlagen für die Entwicklung der übrigen Wirtschaftszweige schaffen, zum anderen bildete sie die Voraussetzungen für die Stärkung des militärischen Potentials. Diesem Ziel lag der Autarkiegedanke zugrunde, der nach der Oktoberrevolution in der Sowjetunion infolge der stalinistischen wirtschafts- und außenpolitischen Isolierung entwickelt wurde. Dieser Gedanke wurde nach dem Zweiten Weltkrieg, zur Zeit der weltpoliti-

tischen Spannungen (kalter Krieg), wieder aufgegriffen und als Entwicklungsmodell auf die Wirtschaft Polens und die der anderen Ostblockländer, ungeachtet deren nationaler Möglichkeiten und Erfordernisse, übertragen.
– Eine Erweiterung des Arbeitsplatzangebotes im sekundären Sektor, nicht zuletzt in Hinblick auf die Stärkung des Industrieproletariats, der Basis der Staatspartei.
– Eine Umgestaltung Polens von einem Agrarland zu einem Industriestaat.
– Beseitigung der Disparitäten im Entwicklungsstand der einzelnen Landesteile.

In der polnischen Literatur, wie übrigens auch in der der anderen Ostblockländer, wird durchweg zwischen der „sozialistischen" und „kapitalistischen" Industrialisierung unterschieden. Diese Unterscheidung wird deshalb vorgenommen, weil man davon ausgeht, daß angesichts der verschiedenen Wirtschafts- und Gesellschaftsordnungen, unter denen der Industrialisierungsprozeß abläuft, Ziele, Methoden, Dynamik und Folgen der Industrialisierung grundlegend verschieden sind. Hervorgehoben wird dabei insbesondere die unterschiedliche Entwicklungsreihenfolge von einzelnen Industriezweigen.
Die sozialistische Industrialisierung begann mit dem Aufbau der Schwerindustrie bzw. Produktionsgüterindustrie, die den Grundstein für die Entwicklung der übrigen Industriezweige bzw. Wirtschaftssektoren bilden sollte und nicht mit dem Aufbau jener Industriezweige, die den größten Profit brachten, wie dies angeblich der Fall bei der Industrialisierung unter kapitalistischen Bedingungen war.

5.3
Natürliche Grundlagen: Rohstoffe, Wasser, Energie

Im Vergleich zu vielen Industrieländern oder zu den meisten RGW-Ländern kann Polen als ein rohstoffreiches Land gelten. Zu den wirtschaftlich wertvollsten Rohstoffvorkommen zählen Stein- und Braunkohle, Kupfer- und Zinkerze sowie Schwefel.

Steinkohle

Die Steinkohlenvorräte wurden bis vor kurzem auf 150 Mrd. t geschätzt, von denen etwa 120 Mrd. t als abbauwürdig, d. h. bis zu einer Tiefe von 1000 m bei einer Flözmächtigkeit über 0,5 m galten. Somit könnte Polen zu den steinkohlenreichsten Ländern der Welt gezählt werden. Zur geologischen Bildung der Steinkohle kam es im Oberkarbon. In dieser Zeit entstanden im Gebiet des heutigen Polens drei räumlich voneinander getrennte Steinkohlenbecken:

Das *Oberschlesische Steinkohlenbecken* gehört zu den größten Europas. Seine Gesamtfläche beträgt ca. 5400 qkm, wovon 4450 qkm, d. h. 82% innerhalb der Grenzen Polens liegen. Die Schätzungen der abbauwürdigen Vorräte beliefen sich hier auf etwa 80 Mrd. t.
Die Abbaubedingungen sind hier recht günstig; eine relativ große Mächtigkeit der Flöze (im Mittel 2 m, im Nordosten des Beckens bis über 10 m), eine fast horizontale Lagerung und eine geringe Tiefe (im Durchschnitt 400 m) verursacht geringe Abbaukosten. Etwa 60% der abgebauten Kohle kommen aus einer Tiefe bis zu 500 m. Ihr durchschnittlicher Heizwert beträgt 6000 kcal. Etwa ein Viertel dieser Vorräte entfällt auf Kokskohle, vor allem im Raum Rybnik. Von den rund 192 Mill. t Steinkohle, die 1984 gefördert wurden, kamen ca. 98% aus Oberschlesien. In diesem Gebiet waren 64 Zechen untertage in Betrieb, 20 von ihnen entstanden nach 1945 vornehmlich im Rybniker-Revier (ca. 25% der Förderung).
Das *Waldenburger Kohlenrevier* in Niederschlesien ist viel kleiner als das Oberschlesische Kohlenrevier und umfaßt eine Fläche von nur 550 qkm, von denen 450 qkm zu Polen gehören. Die Vorräte schätzte man auf etwa 1,2 Mrd. t, davon 0,6 Mrd. t als abbauwürdig. Die Abbaubedingungen sind hier wesentlich schwieriger als in Oberschlesien, was zu höheren Förderkosten führt. Die Flözmächtigkeit beträgt meist 0,4 bis 1,4 m. Die Flöze haben einen großen Einfallwinkel und weisen zahlreiche Verwerfungen und tektonische Störungen auf. Der Anteil an der Gesamtkohlenförderung ist auf 1,2% zurückgegangen (1984: 2,73 Mill. t). Für die Fortsetzung der schwierigen und kostspieligen Kohlenförderung spricht vor allem die Qualität der Kohle (ca. 70% Kokskohle).
Das *Lubliner Kohlenrevier:* Die Erschließung dieser Steinkohlenlagerstätten befindet sich erst im An-

fangsstadium. Ihr Name bezieht sich auf ein Karbon-Sedimentationsbecken, das eine Fläche von rund 8000 qkm umfaßt (J. Porzycki, 1978). Bis Mitte 1978 stellte man in diesem Gebiet zunächst Kohlenvorkommen auf einer Fläche von 809 qkm fest. 1975 wurde mit dem Bau einer Pilotgrube „Bogdanka" im Nordosten von Łęczna begonnen. Eine zweite Zeche soll in Stefanów (Woj. Chełm) entstehen.
Die Kohlenvorräte schätzte man zunächst auf 60 Mrd. t; im zentralen Bereich, in dem der Abbau in erster Linie geplant ist, vermutete man 4 Mrd. t, davon 70% in einer Tiefe bis 1000 m. Der Heizwert dieser Kohle beträgt ca. 5900–6000 kcal. Die Abbauverhältnisse sind vergleichsweise ungünstig, da die meisten abbauwürdigen Flöze in einer Tiefe von 500–800 m liegen und generell nur eine geringe Mächtigkeit aufweisen. Ferner wird die Förderung angesichts der komplizierten hydrologischen Verhältnisse der hangenden Schichten (Karstgebiete) nur bei Verfrostung der Schachtwände möglich sein, was verständlicherweise hohe Förderkosten verursachen wird.

Die oben angegebenen Schätzungen der Steinkohlenvorräte hielt man noch vor nicht langer Zeit für zuverlässig. Sie werden gegenwärtig jedoch weitgehend revidiert; man geht davon aus, daß die abbauwürdigen Vorräte sich nur auf insgesamt ca. 57 Mrd. t belaufen (bis zu einer Tiefe von 1000 m und Steinkohlen-Flözmächtigkeit ab 0,8 m bzw. Kokskohlen-Flözmächtigkeit ab 0,5 m). Ein Teil dieser Vorräte liegt unter den Siedlungs- und Verkehrsflächen und dürfte de facto nicht abgebaut werden. Aus verschiedenen technischen Gründen (Mangel an geeigneten Fördermaschinen, Ausschöpfung der Lagerstätten) ist die auf 300 Mill. t geplante Steinkohle-Jahresförderung nicht zu erreichen. Bei sehr optimistischen Prognosen könnte die jährliche Förderung bis zum Jahre 2000 nur auf etwa 200–210 Mill. t erhöht werden, dabei dürfte der Steinkohleexport, unter Berücksichtigung des wechselnden Inlandbedarfs, nicht über 20 bis 25 Mill. t jährlich steigen.

Braunkohle

Die Braunkohle führenden Schichten weisen in Polen eine flächenhafte Verbreitung innerhalb des Polnischen Tieflands auf und erstrecken sich vom Sudetenrand im Westen bis zum Heiligkreuz-Gebirge im Osten und bis zur Ostsee im Norden; sie besitzen nur an wenigen Stellen einen wirtschaftlichen Nutzwert. Die abbauwürdigen Vorräte wurden auf 14 Mrd. t berechnet. Als abbauwürdig gelten in Polen solche Braunkohlenlagerstätten, deren Flözmächtigkeit zur Deckschichtenmächtigkeit in einem Verhältnis 1 zu 5 steht (in der Bundesrepublik entsprechend 1 zu 4). Die abgebaute Braunkohle wird in der Regel in tagebaunahen Kraftwerken zur Stromerzeugung genutzt. 1984 lag die jährliche Fördermenge bei 50,4 Mill. t. Der Abbau konzentriert sich zur Zeit auf folgende Gebiete:

Das *Zittauer Becken* bei Türchau in Niederschlesien, von dem rund 42% (1984) der Landesförderung kommen (Vorräte etwa 1 Mrd. t). In zwei Tagebaugruben wurden hier 1984 21,3 Mill. t Braunkohle abgebaut. Angesichts der günstigen Relation zwischen Flözmächtigkeit und Deckschichten ist hier der Förderkostenaufwand relativ gering.
Im *Raum Konin-Turek* (Großpolnisches Tiefland) sind die Braunkohlenvorräte kleiner und die Abbaubedingungen wesentlich ungünstiger. In den letzten Jahren waren hier 6 Tagebaugruben in Betrieb, die 1984 17,8 Mill. t Braunkohle, d. h. rund 35% der Landesproduktion, lieferten. Die tagebaunahen Kraftwerke waren 1984 mit 9,8% an der gesamten Stromproduktion beteiligt.
In *Schönow* in der Woj. Grünberg arbeitet die einzige in Polen gelegene Untertagebaugrube, in der nur etwa 0,3% der Braunkohlenproduktion gewonnen werden.
Das Revier bei *Bełchatów*, südlich von Lodz, befindet sich im Anfangsstadium der Entwicklung, wobei man die hiesigen Vorräte auf 3,3 Mrd. t berechnete. Dabei soll die Durchschnittsmächtigkeit der Flöze 54 m, die der Deckschichten 142 m betragen. Seit 1975 wurden Aufschließarbeiten in der Grube „Bełchatów I" begonnen. Geplant ist eine zweite Tagebaugrube „Szczerców" (Bełchatów II). Beide Gruben sollen bis 1987 30–40 Mill.

t Braunkohle jährlich liefern (1984 11 Mill. t, rund 22% der Landesförderung). Die Erschließung ist derzeit jedoch schon schwieriger als erwartet (größere Deckschichtenmächtigkeit als angenommen, hoher Schwefelgehalt der Kohle, Gefahr von Bergschäden u. a. m.). Der Bau des Großkraftwerks mit 12 Blöcken je 360 MW-Leistung hat sich verzögert, in Betrieb sind erst fünf Blöcke.

Erdgas und Erdöl

Von den anderen Energieträgern, über die Polen verfügt, besitzt *das Erdgas* eine größere wirtschaftliche Bedeutung. Beinahe 60% des Erdgasbedarfs deckt Polen aus eigenen Quellen. Die Vorräte an Erdgas schätzte man auf 150 Mrd. cbm. Die größten Vorkommen (80% der Gewinnung) sind in Südostpolen im Raum Lubaczów-Przemyśl-Zamość zu finden. Ende der 60er Jahre wurden neue Erdgaslagerstätten im südwestlichen Teil des Polnischen Tieflands in der Nähe von Ostrowo (Woj. Kalisch), Neusalz (Woj. Grünberg) und in der Umgebung von Trebnitz (Woj. Breslau) entdeckt. Die letztgenannten Lagerstätten sind wegen ihres hohen Stickstoffgehalts und des niedrigen Heizwertes weniger wertvoll als die in Südostpolen. Die Erdgasgewinnung ist von 0,5 Mrd. cbm 1960 auf rund 8,0 Mrd. cbm 1978 angestiegen (1984: 6,1 Mrd. cbm).

Auch bei der Erdgaslagerstätten-Erkundung sind erhebliche Fehler unterlaufen. Hierzu ein Beispiel: Als im Raum Pöhlitz bei Stettin Erdgasvorkommen festgestellt wurden, entschied man sich, dort eine Mineraldüngerfabrik zu bauen, obwohl keine genauen Untersuchungen gemacht worden waren. Bald stellte sich aber heraus, daß diese Erdgasquelle wenig ergiebig und mit einem Stickstoffgehalt von ca. 70% für den Betrieb des Werkes ungeeignet war. Deshalb mußte eine ca. 350 km lange Erdgasrohrleitung aus der Umgebung von Ostrowo (Woj. Kalisch) bis nach Pöhlitz gelegt werden – unvorhergesehene Ausgaben, die den Baukostenvoranschlag für das Werk in Pöhlitz weit überzogen. Am Rande sei bemerkt, daß diese Fabrik, die seit zehn Jahren mit französischer Lizenz ausgebaut wird, bis dato die geplante Produktionskapazität nicht erreicht hat. Die teuren, im Westen eingekauften Maschinen bzw. Anlagen verrotten auf dem Bauplatz.

Die polnischen *Erdölvorkommen* sind nur gering. Sie liegen östlich von Krakau im Raum Bochnia sowie entlang des Außenkarpatenbogens in der Zone von Gorlice über Jasło, Krosno, Sanok bis zur sowjetischen Grenze. Die ergiebigeren Quellen bei Borysław gehören seit Ende des Zweiten Weltkriegs der UdSSR. Der größte Teil des Erdöls kommt aus den neuentdeckten Quellen östlich von Krakau (Grobla-Pawłowice), aus dem Tiefland in der Umgebung von Cammin i. P. und von der Insel Wollin. Die Erdölförderung ist allerdings rückläufig (1975: 0,55 Mill. t, 1978: 0,36 Mill. t und 1984: 0,19 Mill. t) und fällt, gemessen am Bedarf, kaum ins Gewicht.

1978 importierte Polen beispielsweise 16,6 Mill. t Rohöl, davon 80% aus der Sowjetunion. Das sowjetische Erdöl wird durch die RGW-Pipeline „Freundschaft" nach Polen (und weiter in die DDR) geleitet und in der Raffinerie in Płock an der Weichsel verarbeitet. Nach einem geplanten Ausbau sollte die Verarbeitungskapazität auf ca. 12 Mill. t Erdöl jährlich steigen. Seit Mitte der 70er Jahre bezog Polen immer mehr Erdöl aus Drittländern, 1978 z. B. 7,7% aus Großbritannien, 6,9% aus dem Irak und 4,7% aus dem Iran. Dieses Erdöl gelangt auf dem Seeweg und dem zu diesem Zweck ausgebauten Danziger-Nordhafen nach Polen und wird in der neu errichteten Erdölraffinerie in Danzig (1975) verarbeitet. 1984 sank der Erdölimport allerdings auf 13,6 Mill. t, der aus den Drittländern auf 4,9%.

Erzlagerstätten

Eine relativ große wirtschaftliche Bedeutung für Polen haben die Kupfererze sowie die Zink- und Bleierze.
Die Kupfererzlager, die in der Nachkriegszeit in Polen entdeckt wurden, gehören zu den reichsten der Welt, was Polen den 9. Platz unter den Kupferförderländern verschafft hat. Die Förderung stieg von 1,8 Mill. t

(1960) auf 29,4 Mill. t (1984) rasch an, entsprechend auch die Elektrolytkupferproduktion von 21 700 t auf 372 000 t. Die Kupfererze kommen in Zechstein-Sedimenten, vor allem im Vorfeld der Sudeten in Niederschlesien vor.

Im Bereich *Brunzlau-Goldberg* wurden die Kupfererze seit 1938 in größerem Umfang abgebaut. Der Reinkupfergehalt dieser Erzlager war jedoch sehr gering (0,5–1,2%). Nach dem Zweiten Weltkrieg nahm man in den Jahren 1948 und 1952 erneut zwei frühere Kupferbergwerke in Betrieb, ein weiteres entstand im Zeitraum von 1950 bis 1954. Da die Lagerstätten jedoch erschöpft und die Abbaukosten hoch sind, wurde die Förderung schrittweise eingestellt; derzeit ist nur noch ein Bergwerk in Betrieb.
Im *Raum Lüben* wurden Kupferlagerstätten erst 1957 entdeckt. Diese weisen einen relativ hohen Reinkupfergehalt und eine größere Mächtigkeit auf, was einen mechanisierten Abbau ermöglicht. Im Raum Lüben-Glogau waren Ende der 70er Jahre drei Kupferbergwerke in Betrieb.
Die Lagerungsverhältnisse sind hier allerdings recht ungünstig. Eine beträchtliche Tiefe (620 bis 1050 m) der kupferführenden Schichten, zahlreiche Verwerfungen, komplizierte hydrologische Bedingungen und eine hohe geothermische Stufe erschweren den Abbau. Eine starke Vernässung der hangenden Schicht erfordert einen kostspieligen Abbau bei Verfrostung der Schachtwände.

Zink- und Bleierze (Zinkblende, Galmei) kommen am nördlichen Rand des Oberschlesischen Steinkohlenbeckens, im Raum Beuthen, Olkusch, Zawiercie und Chrzanów vor. Sie treten in geringer Tiefe in Form von Anreicherungen und Nestern innerhalb der Kalk- und Dolomitenablagerungen auf. Der Abbau wird in diesem Raum seit beinahe 200 Jahren betrieben. Gegenwärtig konzentriert er sich auf die Umgebung von Beuthen und zunehmend auch auf die Gegend um Olkusch und Chrzanów. In der Nähe von Olkusch wurden 1985/86 zwei neue Erzbergwerke in Betrieb genommen, ein drittes wurde vergrößert. In Trzebinia und Chrzanów sind zwei weitere Bergwerke in Betrieb. In den sieben 1980 arbeitenden Gruben wurden 5,5 Mill. t (1984: 5,4 Mill. t)

Zink-Bleierze gefördert, dazu rund 0,6 Mill. t aus der Erzwiedergewinnung der alten Halden, was Polen in dieser Hinsicht eine Spitzenstellung in Europa verschafft.

Die Eisenerzvorräte sind dagegen auf unbedeutende Mengen geschrumpft. Der Abbau dieser Erze, die nur einen geringen Eisengehalt aufweisen, ist seit längerer Zeit rückläufig. Die Förderung verminderte sich von 2,5 Mill. t (1970) auf rund 0,5 Mill. t (1978) und schließlich auf 0,01 Mill. t (1984). Somit ist Polen gänzlich auf Importe angewiesen, die von 11,8 Mill. t (1970) auf 23,3 Mill. t (1984) zunahmen, wobei die Sowjetunion der Hauptlieferant ist. Der Abbau von Eisenerzen konzentrierte sich in den 70er Jahren auf zwei Bereiche: den Raum Tschenstochau-Wieluń (95% der Förderung) und den Raum Łęczyca. In den alten Abbaugebieten (Sudeten und Altpolnisches Industriegebiet) wurde der Eisenerzbergbau in den 60er bzw. zu Beginn der 70er Jahre aufgegeben. Über die Frage der Erschließung der in den 60er Jahren entdeckten hochwertigen Eisenerzlagerstätten (Magnetit) im Raum Suwałki wurde bislang nicht entschieden.

Diverse Metallerze, wie z.B. Nickel, Kobalt, Uran und Silber treten in geringen Mengen vor allem in Niederschlesien auf.

Andere Rohstoffe

Auf polnischem Territorium sind reiche Vorkommen an chemischen Grundstoffen zu finden. *Die Elementarschwefel-Lagerstätten* wurden 1953 im Raum Tarnobrzeg entdeckt. Die Vorräte bis zu einer Tiefe von 300 m schätzte man auf 500 Mill. t. Die Förderung lag 1984 bei 4,99 Mill. t (Reinschwefelgehalt), davon wurden etwa 80% exportiert. Damit liefert Polen ein Viertel der Weltproduktion an Elementarschwefel. Die Abbaubedingungen im Raum Tarnobrzeg sind angesichts der geringen Tiefe und relativ großer Mächtigkeit der schwefelführenden Schichten verhältnismäßig günstig. Der Reinschwefelgehalt schwankt zwischen 15 und 20%. Der Abbau findet entweder im Tagebau oder in Bohrlochgruben statt, wo mittels des unter Druck stehenden heißen Wassers Schwefel ausgewaschen und in Bohrlöchern zutage gebracht wird. Mit Hilfe der zweiten Abbaumethode können gegenwärtig etwa 90% der möglichen Förderung erreicht werden. Zur Zeit fördert man Schwefel in einer Tagebaugrube bei Machów und in zwei Bohrlochgruben bei Jeziórko und Grzybów. In den letzten Jahren wurden in der Nähe von Lubaczów (Südostpolen) neue Schwefelvorkommen festgestellt. Hier wurde vor kurzem eine Pilotgrube in Betrieb genommen.

Stein- und Kalisalz finden sich in Zechstein-Ablagerungen im Vorfeld der Sudeten und Heiligkreuz-Gebirge. Die Salze, die verhältnismäßig tief im Untergrund des Polnischen Tieflands liegen, werden an Stellen abgebaut, an denen die Salzstöcke in die Nähe der Erdoberfläche vorstoßen, innerhalb des Mittelpolnischen Walls z.B. bei Hohensalza, Kłodawa und Wapno. Ferner kommt Steinsalz in den Vorkarpatenbecken vor, wo es in Wieliczka (heute Bergwerkmuseum und Heilanstalt) bei Krakau und bei Bochnia abgebaut wird. Kalisalze treten zusammen mit Steinsalz bei Kłodawa auf. Seit 1964 sind weitere Kalisalzvorkommen im Raum Putzig bekannt, sie wurden jedoch bis Ende der 70er Jahre noch nicht abgebaut. Die Steinsalzförderung belief sich 1984 auf 4,7 Mill. t. Darüber hinaus verfügt Polen über reiche Vorkommen an Steinen und Erden, die in der Baustoff- und Keramikindustrie Verwendung finden (Abb. 3).

Wasservorräte

Die Wasservorräte müssen in diesem Zusammenhang auch als Rohstoff gelten, da sie für die Expansion der Industrie, des größten

Wasserverbrauchers, von entscheidender Bedeutung sind. Der Wasserverbrauch der Industrie wächst seit Jahren kontinuierlich; in den Jahren 1970–1980 erhöhte er sich um 46% von 6,9 Mrd. cbm auf 10,1 Mrd. cbm. Im gleichen Zeitraum stieg der gesamte Wasserverbrauch um 40% (von 10,1 auf 14,2 Mrd. cbm im Jahr). Angesichts der stetig wachsenden Wasserentnahme wird die Sicherstellung der bedarfsgerechten Wasserversorgung in Polen immer schwieriger. Aus der Wasserbilanz geht hervor, daß Polen jährlich über ein Wasserpotential von über 200 Mrd. cbm verfügt, davon 193 Mrd. cbm aus Niederschlägen und ca. 10 Mrd. cbm aus Grundwasserreserven. Da die oberirdischen Gewässer mit ca. 84% die Hauptwasserversorgungsquellen bilden, sind deren Wasserführung bzw. Abflußmengen die wichtigsten wirtschaftlich verwertbaren Größen.

Gemessen an den durchschnittlichen Abflußmengen pro Tag und Kopf der Bevölkerung gehört Polen aber zu den wasserärmsten Ländern der Welt. Die wichtigsten Ursachen dafür sind in der Lage Polens im Gebiet der europäischen Hauptwasserscheide und in der großen Niederschlagsvariabilität zu suchen. Das führt zu erheblichen Jahresschwankungen der Wasserabflußmengen. Die durchschnittliche Abflußmenge lag beispielsweise im Zeitraum von 1951 bis 1975 bei 59,4 Mrd. cbm, schwankte jedoch zwischen 32 Mrd. cbm in trockenen und 90 Mrd. cbm in relativ feuchten Jahren. Die Wasserversorgungsprobleme sind um so gravierender, als Polen nur über relativ wenig Wasserspeicherbecken verfügt, die zudem nur eine geringe Speicherkapazität haben (1980: 84 Speicherbecken, 51 davon mit einem Speichervermögen unter 10 Mill. cbm). Darin können nur etwa 4,6% des oberirdischen Wasserabflusses gespeichert werden. Hierzu kommt das Problem der überaus starken Verschmutzung der oberirdischen Gewässer. Schon 1977 konnte fast

ein Drittel des Flußwassers für wirtschaftliche Zwecke überhaupt nicht mehr genutzt werden, also weder für Trinkwasserversorgung noch für die Landwirtschaft oder Industrie; seit dieser Zeit hat sich dieser Zustand noch erheblich verschlechtert. Aus diesen Gründen kam es schon relativ früh zu Wasserversorgungsengpässen in Oberschlesien. Seit den 70er Jahren sind auch zunehmend andere Regionen Polens, wie z. B. die Stadt Lodz und die Städte der Wojewodschaften Kielce, Breslau, Waldenburg und Posen von Wassermangel betroffen.

Energieerzeugung

Die Energieerzeugung stützt sich in Polen fast ausschließlich auf die beiden Primärenergieträger Stein- und Braunkohle. Seit der fortschreitenden Erschließung der Braunkohlenlagerstätten in den 60er Jahren wurde die Steinkohle, die einen hohen Exportwert für Polen besaß, bei der Stromerzeugung zunehmend durch die Braunkohle ersetzt. Der Braunkohleeinsatz für die Stromerzeugung stieg zunächst von 4,4% (1960) auf 31,9% (1970) sprunghaft an und fiel dann auf 19,3% (1980) wegen der fortschreitenden Ausschöpfung der Lagerstätten im Konin-Turek-Revier zurück. Seit der Inbetriebnahme des Kraftwerks in Bełchatów basiert die Stromerzeugung gegenwärtig zu 25,6% auf Braunkohle. Die übrigen Brennstoffe wie z. B. Mineralöl und Erdgas sowie Wasserkraft spielten mit einem Anteil von ca. 4% bzw. 2% bei der Energiegewinnung nur eine untergeordnete Rolle. Die geringe Ausnutzung der Wasserkraft resultiert aus den ungünstigen hydrologischen Verhältnissen, wie geringes natürliches Gefälle, sowie der kaum durchgeführten Regulierung der Flüsse. Bislang besitzt Polen keine Kernkraftwerke, eins befindet sich allerdings nordwestlich von Danzig im Bau. In der Nachkriegszeit wurden zahlreiche neue Kraftwerke gebaut und die Kapazitäten der älteren erheblich erweitert. 1946 gab es in Polen insgesamt 361 Kraftwerke mit einer Leistungskraft von 2353 MW. Bis 1984 erhöhte sich ihre Zahl auf 406 mit einer Gesamtleistung von 28 856 MW (darunter 119 Wasserkraftwerke mit einer Leistung von 2005 MW). Trotz der bemerkenswerten Fortschritte auf diesem Gebiet steht Polen mit einer Stromerzeugung von 3637 KWh (1984) pro Kopf der Bevölkerung recht ungünstig da. Sie ist beispielsweise um mehr als 40% kleiner als in der Bundesrepublik Deutschland, obwohl Polen hinsichtlich der Primärenergieträger-Produktion zur europäischen Spitze (3. Platz) gehört. Zu einer Zeit, in der Entwicklungsstand und zukünftiges Wirtschaftswachstum vor allem von Umfang und Steigerung der Energieerzeugung abhingen, hat Polen seine heimischen Energieträger offenbar in einem unzureichenden Maße für die Energiegewinnung eingesetzt. Bezeichnend ist hierbei, daß das Wachstumstempo der Energieerzeugung in der Nachkriegsperiode hinter dem der Industrie bzw. der gesamten Volkswirtschaft lag. Die langjährige Vernachlässigung des Energiebereichs führte schließlich Ende der 70er Jahre zu einer tiefgreifenden Energiekrise.

5.4
Strukturwandel in der Nachkriegsperiode

Nach der Überführung der Produktionsmittel in das vergesellschaftete Eigentum (Gesetz vom 3. 1. 1946) wurde der Staat zum größten Industrieunternehmer. Ihm gehörten 1984 zwar nur 7,6% der Industrie- und Gewerbebetriebe; es handelte sich dabei aber um die größten und strategisch wichtigsten Betriebe, die 83,7% der Gesamtindustrieproduktion bestreiten und 76,9% aller Industriearbeitskräfte beschäftigen. Die kleinen und weniger bedeutenden Produktionsstätten (mit durchschnittlich 21 Personen Belegschaft je Betrieb und insgesamt 13,8% Beschäftigten) sind genossenschaftlich organisiert. Der Beschäftigtenzahl nach dominiert in allen Branchen mit 70% bis 100% der staatliche Sektor, ausgenommen die Bekleidungs- und Nahrungsmittelindustrie, die vorwiegend Genossenschaftseigentum sind. Die zahlenmäßig stark vertretenen privaten Betriebe (205 800: 79,1%) sind meist kleine Handwerksbetriebe (mit je ca. zwei Beschäftigten), die 2,6% der Industrieproduktion liefern. Seit Anfang der 80er Jahre ist ihre Zahl im Anstieg begriffen, eine Folge der verstärkten Gründung privatwirtschaftlicher, oft ausländisch-polnischer Unternehmen (poln. sog. Przedsiębiorstwa Polonijne), die seit 1976 gesetzlich erlaubt sind.

Da der Staat weiterhin das Produktionsmonopol besitzt, gibt es keinen echten marktwirtschaftlichen Wettbewerb, zumal der Staat die Preise festsetzt (z. Z. gewisse Veränderungen im Gange), und der permanente Mangel an Waren aller Art den Absatz auf dem Binnenmarkt garantiert. Das einzelne Industrieunternehmen hatte bislang den Weisungen von „oben" zu folgen und verfügte über geringe Entscheidungsfreiheit bezüglich der Produktions- und Preisgestaltung. Die Reformversuche, die seit Mitte der 50er Jahre zur Dezentralisierung und Flexibilisierung der starren Industrieorganisationsstruktur und zugleich zur Steigerung der Rentabilität der Betriebe führen sollten, zeigten wenig Erfolg; das Primat der Politik über die Ökonomie blieb erhalten.

5.4.1
Investitionsschwerpunkte in der Industrie

Gemäß den politischen Zielen wurden durch einen gezielten Einsatz von Investitionsmitteln in verschiedenen Planungsperioden der

Entwicklung der Industrie, bzw. deren einzelnen Branchen ein unterschiedliches Gewicht gegeben (Tab. 11). Dabei läßt sich folgendes erkennen:

– Der Umfang der für die Industrieentwicklung bereitgestellten Investitionsmittel wurde meist von der innenpolitischen Situation bestimmt; hohe Investitionszuwendungen in politisch relativ ruhigen Zeiten, kurzfristige Beschränkungen der Mittel nach politischen Unruhen.
– Die Verteilung der Investitionsmittel auf die einzelnen Industriezweige war unausgewogen.
– Die Investitionen konzentrierten sich auf die Zweige der Produktionsmittelindustrie. Zur Zeit des Sechsjahrplans (1950–1955) lag der Schwerpunkt beispielsweise auf den Branchen Bergbau, Eisenhütten- und Maschinenbauindustrie mit besonderen Präferenzen für die Rüstungsindustrie; in diesem Zusammenhang ist auch die Forcierung des unrentablen Eisenerzbergbaus zu sehen. Ab En-

de der 50er Jahre wurde neben der Inbetriebnahme früher begonnener Industrieanlagen vor allem die Erschließung der zum Teil neu entdeckten Rohstofflagerstätten wie Braunkohle, Schwefel und Kupfer, vorangetrieben.
– Die Entwicklung der Branchen bei den Wachstumsindustrien (u. a. chemische und elektronische Industrie) und der energetischen Industrie wurde langfristig vernachlässigt.
– Eine stärkere, allerdings kurzfristige Forcierung der Konsumgüterindustrie war immer die Folge innenpolitischer Unruhen. Nach einer solchen Phase wurde die Produktionsmittelindustrie jeweils erneut bevorzugt.

Nach den Dezemberereignissen 1970 wurden neue Akzente für die zukünftige Industrieentwicklung gesetzt. Vorrangiges Ziel des neuen Kurses war es, Rahmenbedingungen für den Übergang von extensiven zu intensiven Formen des industriellen Wachs-

Tabelle 11: Verteilungsstruktur der Investitionsmittel in der vergesellschafteten Industrie

Industriezweige		1950–1955	1956–1960	1961–1965	1966–1970	1971–1975	1976–1980	1981–1984
Insgesamt	absolut in Mrd. Zloty	·	·	256,0	367,9	939,4	1203,3	1346,0
	in Prozent	100,0	100,0	100,0	100,0	100,0	100,0	100,0
Brennstoffindustrie und energetische Industrie		26,8	30,5	33,9	26,2	22,5	23,8	36,6
Energetische Industrie		9,7	11,5	12,1	10,1	9,3	10,5	15,9
Brennstoffindustrie		17,1	19,0	21,8	16,1	13,2	13,3	20,7
Metallhüttenindustrie		21,2	12,6	11,8	11,7	13,4	15,2	5,9
Eisenhüttenindustrie		·	9,6	8,4	6,7	8,7	11,2	3,5
Buntmetallhüttenindustrie		·	3,0	3,4	5,0	4,7	4,0	2,4
Elektro- und Maschinenbauindustrie		17,1	14,5	15,5	19,5	22,8	24,9	22,8
Maschinenbau und Feinmechanik		·	·	5,3	6,9	6,7	8,7	9,0
Elektrotechnische Industrie		·	·	2,7	2,8	3,7	3,9	3,3
Fahrzeug- und Transportmittelbau		·	·	4,5	5,7	7,3	7,3	6,1
Metallverarbeitende Industrie		·	·	3,0	4,1	5,1	5,0	4,4
Chemische Industrie		13,9	12,9	12,1	15,6	10,3	11,6	9,9
Baustoff- und Glas-Industrie		5,2	8,3	7,8	7,2	7,3	5,1	3,9
Holz- und Papier-Industrie		·	3,8	3,6	3,8	4,0	4,8	3,3
Leichtindustrie (Textil-, Bekleidungs- und Lederindustrie		} 10,6	6,1	4,7	6,1	7,2	4,4	4,2
Nahrungsmittelindustrie			9,0	8,9	8,4	11,2	8,9	11,9
Übrige Branchen		5,2	2,4	1,7	1,5	1,3	1,3	1,5

Quelle: A. Jezierski, 1980; Rocznik Statystyczny 1965, 1971; Rocznik Statystyczny Przemysłu 1980, 1981, 1985

tums zu schaffen. Darunter verstand man Modernisierung und Hebung des technischen Niveaus der Industrie sowie stärkere Spezialisierung, um die Konkurrenzfähigkeit der polnischen Industrieerzeugnisse auf dem Weltmarkt zu erhöhen. Angesichts der verbesserten Wirtschaftsbeziehungen zu den westlichen Industriestaaten und der Möglichkeit Kredite in diesen Ländern aufzunehmen, schien die Realisierung der gesteckten Ziele zunächst keine größeren Schwierigkeiten zu bereiten.

Der 4. Fünfjahresplan (1971–1975) ging von den veränderten und durchaus günstigen Bedingungen aus. Das Investitionsvolumen für die Industrieentwicklung in diesem Zeitraum wurde auf 606 Mrd. Zloty festgesetzt, d. h. es war im Jahresdurchschnitt um das 1,5fache höher als 1970. Neben den oben erwähnten Zielen wurde ein umfangreicher Katalog von Vorhaben zusammengestellt, welche die innenpolitischen Probleme lösen sollten. Hierzu gehörte eine Beschleunigung des Produktionswachstums für den Bedarf des Binnenmarktes. Besondere Präferenzen sollten auch den mit dem Wohnungsbau verbundenen Branchen eingeräumt werden. Auch wurde eine verstärkte Förderung der für den Bedarf der Landwirtschaft produzierenden Zweige in Aussicht gestellt. Die Investitionsmittel für die Konsumgüterindustrie wurden zwar erheblich vergrößert, ihr Anteil am gesamten Investitionsvolumen blieb jedoch vergleichsweise niedrig. Nach wie vor forcierte man die Entwicklung der Schwerindustrie, insbesondere der Eisenhütten- und Maschinenbauindustrie. Ein auffallend geringer Anteil der Investitionsgelder entfiel auf die Entwicklung der Brennstoffindustrie und auf die energetische und chemische Industrie. Das Investitionsprogramm sah sowohl die Errichtung von neuen Industrieobjekten als auch eine technische Modernisierung der vorhandenen Produktionskapazitäten vor. Eine rege industrielle Neubautätigkeit verschluckte aber zunächst

den überwiegenden Teil der Investitionsmittel (1975 z. B. 56,4%). Da die Kapazitäten im Bauwesen nicht ausreichten, verzögerte sich die Fertigstellung der laufenden Projekte, so daß die Herstellungskosten in die Höhe schnellten und eine Aufstockung des Investitionsmittelvolumens notwendig wurde. Der Industrieanteil an allen Investitionszuwendungen stieg in diesem Jahrfünft auf 42,2%, auf einen Prozentsatz also, der seit Anfang der 50er Jahre nicht mehr so hoch gewesen war.

Der Ankauf von modernen Technologien bzw. Ausrüstungen in den westlichen Industriestaaten machte die polnische Industrie zunehmend von Rohstoff-, Vorprodukten- und Ersatzteil-Importen abhängig. Im Zusammenhang mit der sich seit 1973 verschlechternden Weltwirtschaftssituation geriet auch Polen schrittweise in eine schwierige Finanzlage (Preisanstieg für Rohstoffe, anhaltende weltweite Konjunkturschwäche, wachsender Konkurrenzdruck auf dem Weltmarkt für Industrieerzeugnisse). In den Jahren 1974/1975 wurden die Investitionszuwendungen für die Industrie geringfügiger erhöht als in den Jahren zuvor. Die Konsumgüterindustrie mußte dabei erneut Kürzungen von Investitionsgeldern hinnehmen. Trotz dieser Schwierigkeiten war das Wachstumstempo der industriellen Produktion in diesen fünf Jahren merklich höher als zur Laufzeit der zwei davor liegenden Fünfjahrespläne. Der Einsatz von moderner Ausrüstung zeigte zunächst seine Wirkung in der Produktivitätssteigerung, die in diesem Zeitraum schätzungsweise 31% betrug.

Im 5. Fünfjahresplan (1976–1980) sollte das Investitionsprogramm in Anbetracht ungünstiger allgemeinwirtschaftlicher Rahmenbedingungen und angespannter innenpolitischer Lage insgesamt gekürzt und die Investitionsmittel auf die Zweige der Konsumgüterindustrie und exportorientierten Branchen umverteilt werden. Nachdem sich die Finanzlage Polens zusehends verschlechterte, verfügte man 1976 einen Baustopp für alle Industrieobjekte, deren Fertigstellung mehr als anderthalb Jahre dauern sollte. Bis Ende 1981 waren laut der offiziellen Statistik 372 industrielle Bauprojekte vom Baustopp betroffen.

Die Investitionsbeschränkungen erfaßten allerdings zunächst nicht die Eisenhütten- und Maschinenbauindustrie, hier stiegen die Kapitalaufwendungen sogar noch merklich an. Da die überaus schlechte finanzielle Situation kaum eine Aufnahme von neuen Auslandskrediten zuließ, mußten nicht nur die Importe von Konsumgütern beträchtlich eingeschränkt werden, sondern auch die von Rohstoffen, Vorprodukten und Ersatzteilen. Das Rohstoff- und Vorproduktedefizit führte aber zur mangelhaften Ausstattung der mit hohem Kapitalaufwand geschaffenen industriellen Kapazitäten, vor allem der Maschinenbau-, Chemie-, Baustoff-, Möbel- und Leichtindustrie sowie einiger Branchen der Nahrungsmittelindustrie. Neben dem Grundstoff- und Ersatzteilmangel und der unzureichenden Energieversorgung waren zahlreiche andere Faktoren für diesen Zustand verantwortlich. Dazu zählten beispielsweise Überkapazitäten im Bereich der Endproduktion, zu geringe Produktionskapazitäten in der Zulieferindustrie, mangelnde zwischenbetriebliche Kooperation und ein wenig leistungsfähiges Transport- und Verteilungssystem (Rządowy Raport..., 1981). Dadurch stagnierte der Warenexport, und die Kredite konnten nicht termingerecht zurückgezahlt werden.

Nachdem sich die Wirtschaftslage weiter verschlechterte, mußten zu Beginn der 80er Jahre die Kapitalaufwendungen für die Industrie erheblich vermindert werden. 1981 lagen sie z. B. um rund 44% niedriger als im Jahresdurchschnitt für den Zeitraum 1976–1980. Wie aus der Verteilungsstruktur der Investitionsmittel für 1981 zu entnehmen ist, versuchte man in erster Linie, im Kohlenbergbau und in der energetischen Indu-

strie die Investitionslücken gering zu halten. Dies geschah nicht zuletzt, wie es scheint, in Hinblick auf die Erhaltung des Steinkohleexports und zur Bewältigung der Energiekrise im Lande. Der Ausbaustopp der Hütte „Katowice" läßt darauf schließen, daß dagegen die Geldmittel für die Metallhüttenindustrie stark gekürzt wurden.

Im Zeitraum 1983–1985 ging es – entsprechend der Leitlinie des Dreijahresplans – um Ansätze zur Umgestaltung der Wirtschaftsstruktur, vor allem aber um die Verbesserung der Effizienz in der Industrie. Dabei sollte die Entwicklung jener Branchen bzw. Betriebe gefördert werden, die material- und rohstoffsparend produzieren oder wenig von Importen aus dem westlichen Ausland abhängig sind. Sie mußten bereit sein, neue Technologien (Innovationen) in den Produktionsprozeß einzubeziehen und rentabel zu arbeiten. Darüber hinaus beabsichtigte man, die Entwicklung der Kleinindustrie (in unserem Sinne Industriegewerbe) stärker zu unterstützen, weil man offensichtlich einsieht, daß diese material- und kostensparender produziert und sich auch schneller der Marktnachfrage anpassen kann als große Staatsbetriebe.

5.4.2
Entwicklungsdynamik, Branchenstruktur und Produktionsprofil

Die Bemühungen um eine rasche Industrialisierung des Landes brachten, allgemein gesehen, recht beachtenswerte Erfolge. Der Stellenwert der Industrie in der gesamten Volkswirtschaft Polens ist nach 1945 erheblich gewachsen. So stieg beispielsweise der Industriebeitrag zum erwirtschafteten Nationaleinkommen von 24,3% (1950) auf 50,2% (1980) an (1984: 49,0%). Auf diesen Wirtschaftszweig konzentrierten sich 1980 47,9% und 1984 44,2% des gesamten Wertes der Produktionsmittel im Lande und rund 30% aller Erwerbstätigen fanden hier einen Arbeitsplatz (1980: 30,3%, 1984: 29,4%).

Innerhalb von drei Jahrzehnten hat sich die Beschäftigtenzahl in der Industrie mehr als verdoppelt (1950: 2,1 Mill., 1980: 5,2 Mill., 1984: 5,0 Mill.). Diese Zunahme war erheblich größer als die in den meisten hochentwickelten Ländern, wo bei der Arbeitskräfteausstattung schon ein gewisser Sättigungsgrad erreicht worden war. In Polen nahm die Gesamtzahl der Industriebeschäftigten von 1960 bis 1979 um 60% zu, dagegen z. B. in der ČSSR um 25%, in der DDR um 17%, in den USA um 25% und in Frankreich um 3%; in den meisten EG-Ländern war diese Zahl rückläufig. Somit hat der Faktor Arbeit in Polen einen wesentlich größeren Beitrag zur Erhöhung der Industrieproduktion geleistet, als dies in den Industriestaaten der Fall war, wo die Arbeitsproduktivitätssteigerung eine primäre Rolle spielte. Der starke Zuwachs von Arbeitsplätzen in der polnischen Industrie fand nicht zuletzt seine Begründung in der Vollbeschäftigungspolitik. Diese war angesichts der agrarischen Überbevölkerung und des überaus hohen natürlichen Bevölkerungswachstums nur durch Schaffung einer ausreichenden Anzahl außerlandwirtschaftlicher Arbeitsplätze zu erreichen. Seit Anfang der 80er Jahre zeichnet sich ein rückläufiger Entwicklungstrend der Industriebeschäftigung ab, der in direktem Zusammenhang mit dem Rückgang der Industrieproduktion bzw. der verminderten Auslastung der Produktionskapazitäten zu stehen scheint.

Trotz der relativ hohen Zunahme der Industriebeschäftigten war ihr Anteil an allen Beschäftigten in Polen mit 30,3% (1980) merklich geringer als etwa der der ČSSR (37,9%) oder der DDR (43,1%). Dies rührt vor allem daher, daß in Polen angesichts der vorwiegend privatwirtschaftlich organisierten Landwirtschaft und der kleinbäuerlichen

Betriebsstruktur die Zahl der Erwerbstätigen im primären Wirtschaftssektor erheblich größer ist als in den erwähnten Ländern.

Parallel zu dem quantitativen Zuwachs der Industriebeschäftigten vollzog sich eine qualitative Verbesserung der Berufsausbildung. 1958 konnten beispielsweise 80% der in der Industrie beschäftigten Personen nur eine 4- bis 8jährige Grundschulbildung vorweisen, darunter 33% ohne Abschluß. Bis 1984 ging ihr Anteil auf rund 40% zurück. Unterdessen stieg der Prozentsatz der Arbeitskräfte mit einer Berufsbildung in einer Berufsmittel- bzw. Berufsoberschule von 14,3% auf 51,7% und derjenigen mit einem Hochschulabschluß von 1,7% auf 4,3% an.

Zwischen 1950 und 1980 konnte die industrielle Produktion um das Zehnfache gesteigert werden, nicht zuletzt infolge einer konsequenten Industrialisierungspolitik, die vordergründig das Ziel eines quantitativen industriellen Wachstums verfolgte. Bei einer derartigen Strategie wurde der Erfolg an der Menge der produzierten Güter gemessen; Qualität und Brauchbarkeit der Güter waren zweitrangig. So lagen die durchschnittlichen jährlichen Wachstumsraten der Industrieproduktion seit 1951 stets über dem Weltniveau und überstiegen zeitweilig die Wachstumsraten der übrigen europäischen RGW-Länder (z. B. 1951–1955, 1961–1965, 1971–1975). Das Wachstumstempo verlangsamte sich dann in der zweiten Hälfte der 70er Jahre allerdings schon merklich und sank 1980 auf Null ab. 1981 ging die Industrieproduktion im Vergleich zum Vorjahr zurück. Trotz des erneuten langsamen Anstiegs war sie noch 1984 um 2,4% niedriger als 1980.

Die Daten von Abb. 18 gewähren einen Einblick in die ökonomische Effizienz der polnischen Industrie. Besonders auffallend ist die große Diskrepanz in den 70er Jahren zwischen dem Wachstum der Investitionsaufwendungen, dem Zuwachs des Wertes der Produktionsmittel und der Zunahme der

Abb. 18: Ausgewählte Daten zur Industrieansiedlung 1961–1984 im vergesellschafteten Sektor

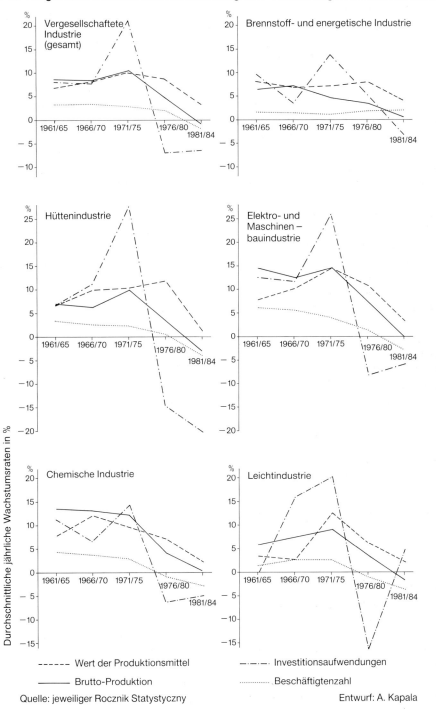

------ Wert der Produktionsmittel   —·—·— Investitionsaufwendungen

———— Brutto-Produktion   ·········· Beschäftigtenzahl

Quelle: jeweiliger Rocznik Statystyczny   Entwurf: A. Kapala

Produktion. Dies zeigt, daß der außerordentlich hohe Kapitaleinsatz weder zu der offensichtlich erwarteten Erweiterung der Produktionskapazitäten noch zum entsprechenden Produktionswachstum führte.

Branchenstruktur

Im Zusammenhang mit der dynamischen Produktionsentwicklung in der Nachkriegszeit vollzog sich ein tiefgreifender Wandel in der Branchenstruktur der Industrie. Im Zuge dieser Veränderungen gewann die verarbeitende Industrie zunehmend an Gewicht. Der Bedeutungsverlust der Montanindustrie kann ganz allgemein der fortschreiten-

den Industriemodernisierung zugeschrieben werden.

Es ist dabei zu berücksichtigen, daß in Polen die Kosten der bei der Produktion verbrauchten Rohstoffe dem Wert der Brutto-Produktion der verarbeitenden Industrie zugeschlagen werden. Dadurch sind die Angaben zur Produktion der verarbeitenden Industrie überhöht, zumal der Rohstoff- bzw. Materialverbrauch in der polnischen Industrie wegen veralteter Produktionstechnologie sowie eines schlecht funktionierenden Verteilungssystems vielfach höher als in den Industrieländern ist. Innerhalb der verarbeitenden Industrie verlagerte sich im Verlauf des Industrialisierungsprozesses der Produktionsschwerpunkt von Branchen der

Tabelle 12: Branchenstrukturen der Industrie (Gliederung nach der Beschäftigung)

Industriezweige	Beschäftigte in der Industrie				
	1950	1960	1970	1980	1984
Insgesamt in 1000	1983,7	3111,0	4276,1	5032,2	4831,1
in Prozent	100,0	100,0	100,0	100,0	100,0
davon vergesellschaftete Industrie	97,6	94,8	95,2	94,6	91,4
davon staatliche Industrie	88,3	82,1	82,2	79,9	76,9
genossenschaftliche Industrie	9,3	11,7	11,9	13,8	13,8
private Industrie bzw. Industriegewerbe	2,4	5,2	4,8	5,4	8,6
Montanindustrie	14,7	13,9	11,0	10,5	12,3
Verarbeitende Industrie	85,3	86,1	89,0	89,5	87,7
Brennstoffindustrie und energetische Industrie	15,7	13,6	11,5	11,3	12,6
davon Brennstoffindustrie	12,8	11,5	9,4	9,1	10,1
Energetische Industrie	2,9	2,1	2,1	2,2	2,5
Metallhüttenindustrie	6,5	5,5	5,3	5,1	4,6
davon Eisenhüttenindustrie	5,0	4,2	4,1	3,7	3,3
Buntmetallhüttenindustrie	1,5	1,3	1,2	1,4	1,3
Elektro- und Maschinenbauindustrie	17,5	24,9	31,0	33,6	31,5
davon Metallverarbeitende Industrie	4,2	6,2	7,1	7,3	6,9
Maschinenbauindustrie	6,2	7,1	8,8	10,1	9,5
Feinmechanische Industrie	·	1,1	1,7	1,9	1,9
Fahrzeugbauindustrie	5,1	6,8	8,4	8,4	7,7
Elektrotechnische und elektronische Industrie	2,0	3,7	5,0	5,9	5,5
Chemische Industrie	5,7	6,0	6,6	6,5	6,4
Baustoff- und Glasindustrie	7,1	7,5	6,8	5,9	5,8
Holz- und Papierindustrie	8,4	7,2	6,6	6,0	5,8
Leichtindustrie	30,1	20,9	18,5	17,0	16,1
davon Textilindustrie	16,8	12,0	10,3	8,8	7,5
Bekleidungsindustrie	5,8	4,9	4,6	4,8	5,1
Lederindustrie	3,5	4,0	3,6	3,4	3,5
Nahrungsmittelindustrie	10,9	12,1	11,1	10,8	11,6
Übrige Industriezweige	2,1	2,3	2,6	3,8	5,6

Quelle: Rocznik Statystyczny 1971; Rocznik Statystyczny Przemysłu 1981, 1985

Grundstoff-, Leicht- und Nahrungsmittelindustrie zur Schwerindustrie mit einer höheren Verarbeitungsstufe. Als Folge der hohen Kapitalaufwendungen zeichnete sich die Elektro- und Maschinenbauindustrie in Produktion und Beschäftigung durch eine sehr hohe Wachstumsdynamik aus (Tab. 12). Ihr Beitrag zur industriellen Produktion (vergesellschafteter Sektor) stieg von ca. 8% (1950) auf 23,7% (1984) und der zur Beschäftigung von 17,5% auf 31,5% an. Einen Bedeutungszuwachs erfuhr auch die chemische Industrie, deren Anteil an der gesamten Industrieproduktion sich von 4,6% (1950) auf 8,5% (1984) erhöhte. Die Entwicklung der übrigen Industriezweige blieb dagegen merklich zurück. Besonders auffallend ist das relativ geringe Wachstum der Produktion in der Brennstoff- und energieerzeugenden Industrie (Abb. 18).

Am Beispiel gerade dieser für die gesamte Industrie bzw. Volkswirtschaft wichtigen Produktionszweige läßt sich die strukturelle Unausgewogenheit des Industrialisierungsprozesses in Polen deutlich demonstrieren. Die Entwicklung der Brennstoffindustrie, vor allem des Steinkohlenbergbaus sowie der energieerzeugenden Industrie blieb schon seit Anfang der 50er Jahre hinter den anderen, insbesondere energieintensiven Industriezweigen zurück. Auch der relativ stark gestiegene Einsatz der Braunkohle zur Stromerzeugung und die neuerrichteten Braunkohlenkraftwerke vermochten nicht, die immer größer werdende Energielücke zu schließen. Die Tragweite des Energieversorgungsproblems in Polen wird besonders deutlich im Vergleich mit der Bundesrepublik Deutschland, wo das Wachstum der Stromerzeugung stets dem der industriellen Produktion voraus war, während in Polen die Zunahme der Stromerzeugung langfristig nicht mit der wachsenden Industrieproduktion Schritt halten konnte. Darin bestand das Kernproblem der Energieverknappung in Polen.

Parallel zum Wandel in der Branchenstruktur der Industrie sind auch merkliche Veränderungen in deren Betriebsgrößengefüge eingetreten, die auf eine Konzentration von Beschäftigung und Produktion in immer größeren Betrieben hinausliefen. Dies wurde entweder durch Zusammenlegung kleinerer Produktionsstätten oder durch den Bau von Großbetrieben erreicht. Auch eine wesentliche Erweiterung der Produktionskapazitäten in älteren Werken trug hierzu bei. Zwischen 1970 und 1980 vergrößerte sich so die durchschnittliche Belegschaft eines staatlichen Betriebes von 248 auf 410 Personen. Die Errichtung von industriellen „Giganten" lag in dieser Zeit durchaus im Sinne der zentralen Staatsorgane und entsprach ihren Vorstellungen von der raschen wirtschaftlichen Entwicklung des Landes. Von der großmaßstäbigen Produktionsweise versprach man sich erhebliche ökonomische Vorteile, die jedoch, wie sich nachträglich zeigte, weit überschätzt wurden oder ausblieben. Meist übersah man auch die Gefahren, die sich aus einer hohen Industriekonzentration für die Umwelt ergaben oder zog sie nicht in Erwägung. Die Großbetriebe sind überdurchschnittlich stark im Steinkohlenbergbau und in der Eisenhüttenindustrie vertreten, wo Ende 1984 auf einen Betrieb im Mittel 4964 bzw. 4149 Arbeitskräfte entfielen.

In der Industriestruktur der einzelnen Wojewodschaften hat die Elektro- und Maschinenbauindustrie – bis auf wenige Ausnahmen – eine führende Position. Nicht selten liefern nur einige wenige Werke oder auch nur eine einzige Fabrik die gesamte Landesproduktion eines bestimmten Industrieerzeugnisses. So entfällt beispielsweise auf das Werk in Ursus bei Warschau die gesamte Traktorenherstellung, auf ein Werk in Świdnik bei Lublin die ganze Motorradherstellung (seit kurzem Produktion eingestellt), auf das Cegielski-Werk in Posen und die Pafawag-Fabrik in Breslau fast die gesamte Produktion der Reisezugwagen (Abb. 19).

Abb. 19: Die wichtigsten Industriestandorte

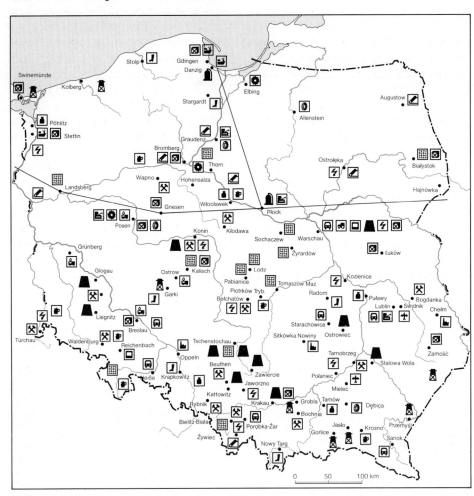

Bergwerke (Stein- u. Braunkohlengruben, Kupfer- u. Zinkbergwerke, Schwefel- u. Salzbergwerke)

Erdgas- u. Erdölförderung

Hütten   Fe-, Cu-, Zn- u. Al-Hütten

Kraftwerke

Erdölraffinerie, Erdölverarbeitung

Werften

Werkzeug- u. Turbinenfabriken

Landmaschinenfabriken

Lokomotiv- u. Waggonbau

Kraftfahrzeugbau

Traktorenbau

Flugzeugbau

Radio- u. TV-Geräteherstellung

Mineraldüngerherstellung

Gummierzeugung

Zementwerke

Glas- u. Porzellanherstellung

Holz- u. Papierbetriebe

Textil- u. Bekleidungsfabriken

Schuhfabriken

Nahrungsmittelindustrie

Erdölrohrleitung

nach: Atlas Geograficzny Polski, 1986

Entwurf: A. Kapala

130

Produktionsprofil und Absatz

Wenn auch in der Steigerung der Produktion und in der Erweiterung der Palette von industriellen Erzeugnissen durchaus große Erfolge erzielt wurden, so ist dennoch das Entwicklungsniveau der polnischen Industrie gegenüber dem der Industriestaaten deutlich im Rückstand. Die Industrie konzentriert sich vorwiegend auf die Herstellung von traditionellen Erzeugnissen, obgleich in einigen Branchen, wie z.B. im Fahrzeugbau und Schiffbau, ein recht beachtlicher Fortschritt erzielt werden konnte. Die Entwicklung solcher Branchen wie Elektronik oder Petrochemie ist jedoch über das Anfangsstadium kaum hinausgegangen. Besonders deutlich wird Polens Rückstand in der Erzeugung von Produkten der modernen Chemie (Kunststoffe, synthetische Fasern, Haushaltschemieartikel). Auch in der Konsumgüterindustrie entspricht ein nur wenig differenziertes Produktionsprofil und ein geringes Produktionsvolumen kaum der Nachfrage des Binnenmarktes. Ein Überblick über die Produktionspalette der Industrie bietet die Tabelle 13.

Zu den ausländischen Hauptabnehmern der polnischen Industrieerzeugnisse zählen seit 1945 die sozialistischen Länder. 1970 gingen 63,9% und 1984 53,1% des gesamten Exportes in diese Staaten, darunter 60,6% und 49,0% in die RGW-Länder. Dabei entfielen auf die UdSSR selbst 29,6% des Exportvolumens (Import: 36,4%). In Verbindung mit den RGW-Kooperationsabsprachen lieferte Polen vornehmlich Erzeugnisse der Branchen Maschinenbau und

Tabelle 13: Produktion ausgewählter Industrieerzeugnisse

Erzeugnisse	1950	1960	1970	1978	1981	1984
Elektrische Energie (Mrd. KWh)	9,4	29,3	97,2	115,6	115,0	134,8
Rohstahl (in Mill. t)	2,5	6,7	11,8	19,2	15,7	16,5
Walzerzeugnisse (Mill. t)	1,7	4,4	8,1	13,6	11,1	12,2
Kaltwalzerzeugnisse (Mill. t)	–	0,3	0,7	1,3	1,4	1,5
Aluminium (1000 t)	–	26,0	98,8	100,0	66,0	46,0
Elektrolytkupfer (1000 t)	–	–	72,2	332,0	327,0	372,0
Werkzeugmaschinen (1000 Stück)	4,2	25,9	36,3	39,6	39,1	34,3
davon elektronisch gesteuerte (Stück)	–	–	13,0	31,0	201,0	275,0
Personenkraftwagen (1000 Stück)	–	12,1	64,1	325,7	240,0	278,0
Lastkraftwagen (1000 Stück)	0,8	20,9	43,9	65,0	42,7	46,9
Autobusse (1000 Stück)	–	2,4	9,0	13,5	11,5	8,3
Traktoren (1000 Stück)	4,0	7,7	38,7	59,5	50,5	58,8
Seeschiffe über 100 tdw (1000 tdw)	7,6	256,0	518,0	742,0	322,0	485,0
Seeschiffe über 100 tdw (in Stück)	3	72	57	59	38	43
Kühlschränke (1000 Stück)	–	37,7	444,0	890,0	553,0	543,0
Automat. Waschmaschinen (1000 Stück)	–	–	–	273,0	310,0	291,0
Rundfunkgeräte (1000 Stück)	116,0	627,0	987,0	2569,0	2797,0	2418,0
Farbfernsehgeräte (1000 Stück)	–	–	–	60,6	147,0	224,0
Schwefel (100 % S-Gehalt) (Mill. t)	–	–	2,7	5,1	4,8	5,0
Schwefelsäure (1000 t)	285,0	685,0	1901,0	3172,0	2776,0	2769,0
Mineraldünger (NPK-Reingehalt) (1000 t)	160,0	477,0	1629,0	2621,0	2241,0	2356,0
Pflanzenschutzmittel (1000 t)	3,8	69,3	59,9	59,6	36,2	46,4
Kunststoffe (1000 t)	2,0	40,1	224,0	467,0	476,0	601,0
Synthetische Faser (1000 t)	.	4,4	53,8	155,9	139,0	161,0
Zement (Mill. t)	2,5	6,6	12,2	21,6	14,2	16,6
Papier (1000 t)	270,0	495,0	764,0	1070,0	909,0	1042,0
Strickwarenbekleidung (Mill. Stück)	6,6	48,4	74,6	160,7	121,0	135,0
Lederschuhe (Mill. Paar)	11,5	39,0	62,2	73,5	66,2	73,2
Steinkohle (Mill. t)	78,0	104,4	140,1	192,6	163,0	191,6
Braunkohle (Mill. t)	4,8	9,3	32,8	41,0	35,6	50,4

Quellen: Rocznik Statystyczny Przemysłu 1980, 1985

Fahrzeugbau. Der zweitwichtigste Außenhandelspartner Polens ist – mit einem Anteil von 8,5% am Export und 7,4% am Import – die Bundesrepublik Deutschland. 1984 führte Polen z. B. rund 98% der Schiffs-, 31% der Autobus- und 44% der Güterwaggonproduktion aus. Der Absatz einiger Industrieerzeugnisse brachte beispielsweise 1984 folgende Anteile am gesamten Exportgewinn: Anlagen für chemische Industrie (1,5%), Werkzeugmaschinen (0,9%), Seeschiffe, Schiffsausstattung und -überholung (4,2%), Güterwaggons (0,8%), LKW, PKW und Ausstattung (2,0%), Autobusse (0,1%). Die Ausfuhr von Maschinen und Transportmitteln leistete zwar mit insgesamt 38,6% (1984) einen wesentlich höheren Beitrag zum gesamten Exporterlös, allerdings entfiel nur ein geringer Anteil davon auf die hochentwickelten Länder (4,1%, davon EG-Länder 2,7%).

Auf den westlichen Märkten setzte man vor allem Seeschiffe und PKW's ab, während die übrigen oben genannten Erzeugnisse fast gänzlich in die sozialistischen Staaten oder in die Entwicklungsländer exportiert wurden. Unter den anderen Industriegütern, die 1984 23,1% des Exportgewinns ausmachten, rangierten an den vordersten Stellen Erzeugnisse der Möbel-, Textil-, Bekleidungs-, Schuh- und Lederindustrie. Rund 40% dieser Waren verkaufte man an die westlichen Industrieländer, davon 27% in die EG. Um dem wachsenden Außenhandelsdefizit entgegenzuwirken, erhöhte man den Export von Erzeugnissen der Konsumgüterindustrie, darunter auch der Nahrungs- und Genußmittel, vor allem in der zweiten Hälfte der 70er Jahre, zu einer Zeit also, da schon Versorgungsengpässe auf dem Binnenmarkt auftraten. Den überwiegenden Teil seiner Exporteinnahmen erzielte Polen vom Verkauf der Roh- bzw. Grundstoffe und von Erzeugnissen der Nahrungsmittelindustrie (rund 56%). Das macht deutlich, daß für den Absatz der polnischen Industriegüter angesichts ihrer insgesamt geringen Konkurrenzfähigkeit auf dem Weltmarkt nur begrenzte Möglichkeiten bestehen.

5.5
Industriestandorte und regionale Investitionen

Das räumliche Verteilungsmuster der Industrie, das durch die Verteilung von Rohstoffvorkommen und die überlieferten Industriestandorte vorgezeichnet war, wurde im Zuge der nachkriegszeitlichen Industrialisierung unter veränderten politischen Bedingungen mehr oder weniger umgestaltet.

Im Verlauf des Industrialisierungsprozesses hatte es nicht nur in bezug auf die Produktion, sondern auch auf die räumliche Verteilung der Produktionsstätten unterschiedliche Leitbilder bzw. Zielvorstellungen gegeben. Dabei lassen sich drei Perioden unterscheiden.

1949–1960: Das Konzept der „sozialistischen Standorttheorie"

Im Zeitraum 1949–1960, vor allem aber in den Jahren 1950–1955, stützte sich die regionale Investitionstätigkeit des Staates auf die Konzeption der „sozialistischen Standorttheorie", d. h. der Theorie einer gleichmäßigen Verteilung von Produktionskräften über das ganze Land. Sie orientierte sich nicht in erster Linie an ökonomischen, sondern an wehrpolitischen und gesellschaftlichen Grundsätzen – trotz der Bestrebungen nach wirtschaftlichem Wachstum. Durch die räumliche Streuung der Industrie sollten u. a. folgende Ziele erreicht werden.

– Ausnutzung des natürlichen Potentials (z. B. Rohstoffe und Arbeitskraftreserven), dies sollte zur regional komplexen

Entwicklung der Wirtschaft, zur wirtschaftlichen Selbstversorgung (Autarkie) und damit zur Erhöhung der Wehrfähigkeit der einzelnen Teilräume führen.

– Verbreitung und Stärkung des Industrieproletariats, der Basis der kommunistischen Partei, auch in den bis dahin bäuerlich geprägten Gebieten bzw. vom Bürgertum (und Intelligenz) bestimmten städtischen Zentren.

– Wirtschaftliche Aktivierung der unterentwickelten Räume in Hinblick auf eine regionale Angleichung des Lebensstandards der Bevölkerung.

Das galt vor allem für die Zielsetzung des Sechsjahresplans (1950–1955), in dem eine wirtschaftliche Aktivierung besonders der in der Entwicklung zurückgebliebenen östlichen und zentralen Landesteile vorgesehen war. Geplant waren etwa 1000 neue Industrieobjekte, in der Mehrzahl außerhalb der alten Industriebezirke, die etwa zwei Drittel der neu geschaffenen Arbeitsplätze umfassen sollten. Als es aber um die Planrealisierung ging, wurde deutlich, daß beide Ziele – die gleichmäßige räumliche Verteilung der Produktionskräfte, die mit immensen Kosten verbunden war und das Streben nach wirtschaftlichem Wachstum, das eine Konzentration von Mitteln erforderte – zueinander in Widerspruch standen: bei der Kapitalschwäche Polens ließen sie sich kaum realisieren. In den letzten Jahren 1953–1954 stoppte man den Bau von 470 Betrieben, darunter 200, die ursprünglich in den unterentwickelten Landesteilen errichtet werden sollten (A. Jezierski, 1980). Die Investitionstätigkeit konzentrierte sich statt dessen auf die rohstoffnahen Standorte (Oberschlesien, Erschließung der Braunkohlenlagerstätten im Raum Konin) und auf die politisch bevorzugten Standorte, also auf die von Bürgertum und Intelligenz geprägten Großstädte (z. B. Krakau, Warschau) oder auf die Zentren des polnischen Klerus (Tschenstochau,

Lublin), wo es um Stärkung des Industrieproletariats ging. Unter diesen Umständen konnte eine wirtschaftliche Angleichung der zurückgebliebenen Gebiete kaum erreicht werden. Zum Symbol dieser Industrialisierungsphase wurde der Bau des Eisenhütten-Kombinats „Lenin" in Nowa Huta bei Krakau. In dieser Zeit entstanden noch Industrieobjekte wie die „Bierut"-Hütte in Tschenstochau, die Aluminiumhütte in Skawina bei Krakau, die Hütte „Warszawa", die PKW-Fabrik in Warschau und die LKW-Fabrik in Lublin.

In der zweiten Hälfte der 50er Jahre versuchte man die „sozialistische Standorttheorie" der gleichmäßigen Verteilung von Produktionskräften zu modifizieren. Man propagierte eine Konzeption der „rationellen" Verteilung der Produktivkräfte„ die den polnischen Verhältnissen besser entsprechen sollte. Während im ersten Fall die Grundsätze der gleichmäßigen Verteilung der Produktivität recht deutlich formuliert wurden, konnte im zweiten Fall der Begriff „Rationalität" verschieden interpretiert und somit fast jeder Standortentscheidung angepaßt werden.

Die 60er Jahre: Investitionen zur Aktivierung strukturschwacher Gebiete

In den 60er Jahren sollten sich die Investitionen auf die wirtschaftliche Aktivierung der strukturschwachen Gebiete – unter besonderer Berücksichtigung der Mittelstädte – konzentrieren. Diese Städte waren ihrer eigentlichen Funktionen als regionale Handels- und Versorgungszentren beraubt worden und stagnierten wirtschaftlich, nachdem man den Handel fast gänzlich verstaatlicht bzw. genossenschaftlich organisiert hatte.

In Verbindung mit diesem Ziel standen die seit 1958 verstärkt angewandten Maßnahmen zur Industriedeglomeration. Sie waren eine Folge der immer geringer werdenden

Tragfähigkeit der sozialen Infrastruktur in den großen städtisch-industriellen Ballungsgebieten.

Davon betroffene Industriebetriebe verlagerte man in die Randzonen der Ballungszentren oder in die Mittel- bzw. Kleinstädte der peripheren Gebiete, wo es zwar Arbeitskraftüberschüsse gab, aber qualifizierte Kräfte fehlten. Diese mußten wiederum in den Industriegebieten angeworben werden. In den verlagerten bzw. neugegründeten meist kleineren Filial-Einzelbetrieben war ein störungsfreier Produktionsablauf häufig kaum möglich, weil sie von den Versorgungs- und Absatzmärkten zu weit entfernt waren und weil die zwischenbetriebliche Kooperation fehlte. Letzteres beruhte auf dem unzulänglich funktionierenden Transport- und Kommunikationssystem. In den städtisch-industriellen Agglomerationen kürzte man unterdessen die Investitionsaufwendungen für den Ausbau der sozialen Infrastruktur und führte Zuzugssperren ein. Da die Deglomerationsmaßnahmen relativ selten Großbetriebe der Schlüsselindustrie – die teilweise sogar noch erweitert wurden – erfaßten, entstand in den Agglomerationen ein Arbeitskräftedefizit, das schließlich nicht selten zur Nichtauslastung der hier vorhandenen Produktionskapazitäten führte.

Nachdem die Deglomerationsmaßnahmen wenig Wirkung zeigten und weder eine spürbare Milderung des Wohnungsproblems in den Industriegebieten noch wirtschaftliche Vorteile brachten, wandte man sich der Entwicklung von neuen Industriekomplexen zu. Damit knüpfte man an die Konzeption des in der Zwischenkriegszeit ausgebauten Zentralpolnischen Industriegebietes (poln. Abk.: C.O.P.) und an die Konzeption der „rationellen" Verteilung der Produktionskräfte an. Der Wachstumsimpuls für die neuen Industriekomplexe sollte in erster Linie von der Erschließung neuentdeckter Rohstoffquellen und von der darauf aufbauenden Industrie ausgehen. Die so geschaffe-

nen Infrastruktureinrichtungen und Möglichkeiten für eine betriebliche Kooperation konnten dadurch weitere Industrieansiedlungen nach sich ziehen.

Bei der Vergabe der Investitionsmittel in den 60er Jahren vermied man dementsprechend eine übermäßige räumliche Streuung der Mittel. Sie wurden einerseits in die traditionellen Industriegebiete gelenkt, andererseits floß aber ein beträchtlicher Anteil in die oben genannten neuen Industriekomplexe. Sonst wurden Investitionsgelder nur noch für den Ausbau einiger rohstofforientierter Industriestandorte, die in den zurückgebliebenen Gebieten lagen, eingesetzt; das galt vor allem für einige größere Objekte der chemischen Industrie an der Weichsel (Abb. 20).

In den 60er Jahren begannen sich allmählich neue Industriegebiete zu entwickeln, die außerhalb der traditionellen Industrieschwerpunkte lagen und einen Ansatz zur Veränderung des überkommenen räumlichen Verteilungsmusters der Industrie bildeten: die Braunkohlereviere von Konin-Turek und Türchau, das Rybniker Steinkohlerevier, das Schwefelrevier von Tarnobrzeg, das Liegnitz-Glogauer Kupferrevier, die Industriebezirke Płock (Petrochemisches Kombinat), Puławy (Mineraldüngerkombinat) und Włocławek (Chemiekombinat).

Die 70er Jahre: „gemäßigte Konzentration" und „Knoten-Band-System"

Für die Jahre nach 1970 wurden die Leitlinien für die zukünftige Investitionspolitik im „Landes-Raumbewirtschaftungsplan bis zum Jahre 1990" fixiert (poln. Plan przestrzennego zagospodarowania kraju do roku 1990). Leitidee dieses Plans war das Konzept der „gemäßigten Konzentration des polyzentrischen Knoten-Band-Systems", dem die zukünftige Entwicklung bzw. Umgestaltung von Territorialstruktur und Siedlungs-

Abb. 20: Wichtigere nach 1945 gebaute bzw. erweiterte Industriebetriebe

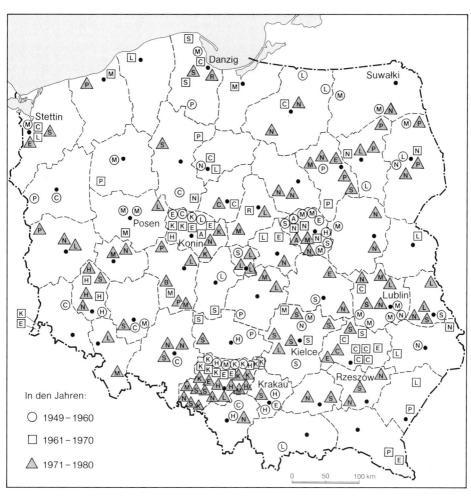

Industriebetriebe:

K Kohlenbergwerke

E Elektrizitätswerke

R Raffinerien

B Brennstoff- und energetische Industriebetriebe

H Hütten

M Elektro- und Maschinenbau-Industriebetriebe

C Chemiewerke

S Baustoff-Industriebetriebe

P Holz- und Papier-Industriebetriebe

L Betriebe der Leichtindustrie

N Betriebe der Nahrungsmittelindustrie

A Andere Industriebetriebe

Entwurf: A. Kapala verändert nach Atlas Geograficzny Polski, 1974

netz folgen sollte. Die Knotenpunkte bildeten die städtisch-industriellen Agglomerationen und die ausgewählten städtischen Entwicklungszentren, welche die Verkehrs-, Transport- und Kommunikationsbänder der technischen Infrastruktur miteinander verknüpften.

Als Wachstumspole oder Knotenpunkte wurden 23 städtische Agglomerationen ausgewiesen, davon zehn bereits bestehende, sieben, die sich gerade entwickeln, sechs potentielle städtische Agglomerationen sowie 15 Landesentwicklungszentren. In dieses System sollten ferner bis zum Jahr 2000 die neuen, in der Nachkriegszeit entstandenen Industriegebiete integriert werden (Rybniker Steinkohlenrevier, Braunkohlenrevier Türchau, Liegnitz-Glogauer Kupferrevier, Schwefelrevier von Tarnobrzeg sowie Płock und Puławy). Eine Ausnahme bildet nur das Koniner Braunkohlenrevier, dessen Vorräte bald erschöpft sind. Als potentielle Bergbaureviere wurden im Plan das Lubliner Steinkohlenrevier und das Braunkohlenrevier von Bełchatów ausgewiesen.

Diesen Leitbildern folgend sollten Produktionskräfte, Infrastruktureinrichtungen und andere sozio-ökonomische Aktivitäten in den genannten Wachstumszentren und -gebieten konzentriert werden. Ferner sollte zur industriellen Entlastung Südpolens die wirtschaftliche Entwicklung der nördlichen Küstenregion verstärkt gefördert werden. Ihre Schwerpunkte sind Danzig, Stettin und Köslin einschließlich der Bereiche am Unterlauf von Oder und Weichsel – als günstige Standorte für wasserintensive Industrien. Zur Strukturverbesserung für die rückständigen Landesteile, vor allem in der nordöstlichen Region, sah dieser Plan ein wirtschaftliches „Aktivierungsmodell" vor. Dieses besagte, daß der wirtschaftliche Aufstieg dieser Gebiete sich primär auf die Intensivierung der Landwirtschaft, die Entwicklung von Gewerbe und Dienstleistungen einschließlich des Fremdenverkehrs und nicht, wie bisher, ausschließlich auf die Industrieförderung gründen sollte.

In der Investitionspraxis folgte man den im Raumbewirtschaftsplan genannten Leitlinien jedoch häufig nicht. Allein schon deshalb nicht, weil in den Vorschriften von 1971 – die formell bis 1978 galten – beispielsweise eine Dekonzentration von Industriepotential bzw. Industrieansiedlung in Städten mittlerer Größenordnung als Ziel genannt wurde. Das stand im Widerspruch zu den Auflagen des Raumbewirtschaftsplans. Ebenfalls begünstigte die in den 70er Jahren durchgeführte territoriale Verwaltungsreform eher eine räumliche Streuung der Industrieinvestitionen, zumal es um eine beschleunigte Entwicklung der neuen Wojewodschaftshauptstädte ging, von denen eine recht große Anzahl zu den früher vernachlässigten Städten gehörte. 1977 wurden neun Agglomerationen als „bereits herausgebildet" und neun als „in Entstehung begriffen" ausgewiesen. Alle übrigen Wojewodschaftshauptstädte (außerhalb der genannten Agglomerationen) und die Städte Lyck, Puławy und Graudenz wurden zu Landesentwicklungszentren erklärt (Abb. 30).

Die 70er Jahre waren in der Wirtschaftsentwicklung Polens eine Periode, in der hauptsächlich die Interessen der privilegierten Industrieressorts im Vordergrund der wirtschaftlichen Beschlüsse standen und so die Investitionsentscheidung bzw. Standortwahl stark beeinflußten. Die regionalen und lokalen gesellschaftlichen Interessen wurden bei der Investitionsverteilung nur dann berücksichtigt, wenn sie den Brancheninteressen nicht zuwiderliefen. Regional gesehen übten die Politik- und Wirtschaftsvertreter der städtisch-industriellen Agglomerationen, vornehmlich die aus Oberschlesien und Warschau, den größten Einfluß auf die Wirtschaftspolitik des Landes aus. Die Dominanz der Brancheninteressen und der Einfluß einiger Regionalvertreter begünstigte somit die Industriekonzentration in den schon ohnehin von ökonomischen, sozialen und ökologischen Problemen geplagten Industriegebieten. Die Woj. Kattowitz z.B. partizipierte zu 23% an den Industrie-Investitionsausgaben der Dekade 1971–1980.

Allein für den Bau der Hütte „Katowice" am Rande des Oberschlesischen Industriereviers wurden bis Ende 1980 175 Mrd. Zloty ausgegeben (Rządowy Raport, 1981), das sind 35% der gesamten industriellen Investitionsaufwendungen in der Woj. Kattowitz in den Jahren 1971–1980; geplant waren ursprünglich 20 Mrd. Zloty. Die Größenordnung des Kostenaufwands für diese Investition wird durch die Umrechnung in US-Dollar deutlich. Bei einem offiziellen Umrechnungskurs von rund 86 Zloty = 1 US-Dollar (1982) dürfte der Bau dieser Hütte, der übrigens zunächst nur im ersten Abschnitt fertiggestellt wurde, annähernd 2,0 Mrd. US-Dollar gekostet haben.

In der Praxis traten die größten Schwierigkeiten bei der Koordination der Investitionsentscheidungen und der Standortwahl auf. Im Zeitraum 1971–1977 war es beispielsweise üblich, daß die Investoren – z.B. Industrieressorts – Anträge auf Genehmigungen von gleichzeitig mehreren Industrieansiedlungen stellten, also entsprechend über mehrere Standortgenehmigungen verfügten. Sie hatten dann freie Hand und konnten jene Standorte wählen, die ihren Interessen am ehesten entsprachen. Diese Verfahrensweise war einer der Gründe für die geringe Wirksamkeit der standortpolitischen Zielvorstellungen. Sie begünstigte auch die Erweiterung des gesamten Investitionsprogramms und die räumliche Streuung der Investitionen. In den 70er Jahren mußten für mehr als 6000 industrielle Investitionsvorhaben die Standortgenehmigungen bewilligt werden. Auf diese Investitionsflut waren die Planungs- und Entscheidungsträger weder personell noch sachlich vorbereitet; so wurden trotz der häufig unvollständigen Antragsunterlagen Genehmigungen erteilt, die vor allem die Nachteile der betreffenden Industrielokalisierung nicht berücksichtigten. Um diese Probleme zu verringern, versucht man seit 1978, die Standortentscheidungen und Investitionsbeschlüsse enger zu binden und Vorratsgenehmigungen zu vermeiden.

Im regionalen Maßstab läßt sich mit dem verfügbaren Datenmaterial für den Zeitraum von 1961 bis 1980 folgendes Fazit ziehen:

– Die Investitionspraxis wich häufig von den Leitlinien der einzelnen Konzeptionen ab.
– Übermäßig stark förderte man nach wie vor die Industrieentwicklung in den traditionellen Industriegebieten, wie z.B. in den Wojewodschaften Kattowitz und Warschau, die zwischen 1961 und 1980 knapp 30% der gesamten industriellen Investitionsmittel erhielten.
– Das erklärte Ziel einer wirtschaftlichen Angleichung bzw. Aktivierung der unterentwickelten Landesteile wurde nicht erreicht, denn gerade die am weitesten in der Entwicklung zurückgebliebenen nordöstlichen und östlichen Gebiete erhielten sowohl anteilmäßig als auch in bezug auf ihre Flächen und Bevölkerungsgröße am wenigsten Geld für den Industrieaufbau. Erfolgreicher war die Förderung der Industrieansiedlung an der Ostseeküste und entlang der Weichsel sowie die Entwicklung von neuen Industriegebieten in Verbindung mit der Rohstofflagerstätten-Erschließung in den zentralen Landesteilen.

Raumwirksamkeit der Investitionen

Die Wirksamkeit des Industrialisierungsprozesses in den einzelnen Landesteilen wird hier an Indikatoren wie Veränderung der Zahl der Industriebeschäftigten und der Gesamt-Industrieproduktion verdeutlicht. Bei der Entwicklung der genannten Indikatorenwerte zeichnet sich folgender Trend ab: der größte absolute Zuwachs von Industriebeschäftigten und Gesamt-Industrieproduktion wurde bis 1970 ausnahmslos in den industriell verhältnismäßig hochentwickelten Gebieten registriert, wie z. B. in den Wojewodschaften Kattowitz und Breslau sowie in den Stadtwojewodschaften Warschau und Lodz. (Verwaltungsgliederung bis 1975). Die höchsten relativen Zuwachsraten hatten dagegen die strukturschwachen, vorwiegend agrarisch geprägten Räume, wie z. B. die Wojewodschaften Białystock, Rzeszów, Allenstein und Lublin, in denen die Beschäftigtenzahl und der Wert der Industrieproduktion annähernd doppelt so schnell wie im Landesdurchschnitt anstieg. Dadurch wurde eine Abschwächung der starken regionalen Gegensätze im Industrialisierungsgrad erreicht, wenngleich insgesamt das industrielle Übergewicht des Südens noch weiter gestärkt wurde.

Für die Dekade 1971–1980 konnte zunächst ein ähnlicher Trend der Entwicklung von Beschäftigung und Produktion in der vergesellschafteten Industrie beobachtet werden. Das änderte sich jedoch ab 1978, als ein auffallend starker Beschäftigungs- und Produktionsrückgang in den relativ hochindustrialisierten Gebieten, darunter in den Wojewodschaften Warschau, Bielitz, Lodz, Waldenburg und Breslau einsetzte. In einigen wenig industrialisierten Wojewodschaften gab es ähnliche Entwicklungen, so z. B. in den Wojewodschaften Zamość, Suwałki und Chełm. In den meisten strukturschwachen Gebieten war allerdings weiterhin eine positive Entwicklung der Beschäftigtenzahl feststellbar. Eine Sonderstellung nahm während der ganzen Zeit die Woj. Kattowitz ein. Hier nahm die Zahl der Arbeitskräfte noch erheblich zu, als landesweit schon die Zahl der Industriebeschäftigten zurückging; erst seit Anfang der 80er Jahre verringert sich auch in der Woj. Kattowitz der Beschäftigungsgrad in der Industrie.

Die Entwicklung läßt sich auch aus dem regionalen Industriebesatz (Beschäftigte in der vergesellschafteten Industrie/1000 Einwohner) ablesen. Im Landesdurchschnitt stieg er von 127 (1970) auf 140 (1975) an und fiel anschließend auf 134 (1980) bzw. 120 (1984) Industriebeschäftigte je 1000 Einwohner. Bezogen auf die gesamte Industrie und das private Industriegewerbe gestaltete sich der Industriebesatz wie folgt: 1970: 135, 1975: 155, 1980: 152 und 1984: 138 Beschäftigte je 1000 Einwohner. Die Abnahme der Industriebeschäftigten war mit dem Rückgang der Gesamtbeschäftigung im vergesellschafteten Sektor verbunden (zum Teil durch den Abbau der Arbeitskraftüberschüsse bedingt). Einen gewissen Einfluß darauf hatte auch die langsame Verlagerung der Arbeitskräfte auf den Dienstleistungsbereich und eine intersektorale Umverteilung der Beschäftigten – zum privaten Sektor hin. Die Zahl der im privaten Industriegewerbe Tätigen hatte sich beispielsweise zwischen 1980 und 1984 um 134 495, d. h. um 46,2% vergrößert.

Die regionalen Gegensätze im Industrialisierungsgrad waren auch 1984 noch recht erheblich. Den überdurchschnittlich stark industrialisierten Gebieten wie z. B. den Wojewodschaften Kattowitz, Lodz, Bielitz Biala, Waldenburg, Hirschberg oder Liegnitz, wo 1984 von 1000 Einwohnern 150 bis 215 in der vergesellschafteten Industrie beschäftigt waren, stehen die industriearmen östlichen und nordöstlichen Teile Polens gegenüber. In den Wojewodschaften Łomża, Biała Podlaska und Zamość zum Beispiel fanden weniger als 60 von 1000 Einwohnern einen Arbeitsplatz in der Industrie. In vielen der einst unterentwickelten Wojewodschaften ist der Industriebesatz erheblich gestiegen, vor allem in solchen Gebieten, in denen die Erschließung der Rohstoffe die Industrialisierung vorantrieb und somit ansatzweise zum Abbau der großen Überschüsse an Arbeitskräften beitrug. Als Beispiel können hier die Wojewodschaften Tarnobrzeg und Konin dienen, in denen seit 1950 die Industriebeschäftigtenzahl um das Mehrfache gewachsen ist.

Auch wenn die nachkriegszeitliche Industrialisierungswelle die strukturschwachen Gebiete beeinflußte, konnte doch mit den Bemühungen um eine Abschwächung der regionalen Disparitäten im Industrialisierungsgrad kein durchschlagender Erfolg erzielt werden.

Die südwestlichen und südlichen Wojewodschaften Hirschberg, Waldenburg, Liegnitz, Breslau, Oppeln, Kattowitz, Tschenstochau, Bielitz Biala, Krakau und Kielce, einschließlich der Wojewodschaften Warschau und Lodz, die 1984 nur 19,8% der Fläche und 38,3% der Einwohner Polens umfaßten, waren mit rund 51% an der Gesamtproduktion der vergesellschafteten Industrie beteiligt. Hier konzentrierten sich ferner 52% der Industriebeschäftigten und 56% der gesamten industriellen Produktionsmittel.

5.6
Industriebezirke

Seit den 60er Jahren wurden mehrere Arbeiten veröffentlicht, die sich mit der Frage der Abgrenzung von Industriegebieten bzw. Industriebezirken beschäftigten. Sie unterschieden sich stark in Methode und Wahl der Abgrenzungskriterien. Die neueste Abgrenzung der Industriebezirke wurde im Statistischen Hauptamt in Warschau unter Mitwirkung der Angehörigen des Instituts für Geographie und Raumplanung der Polnischen Akademie der Wissenschaften erarbeitet (St. Rola-Kunach, 1982). Sie basiert im wesentlichen auf der Volkszählung von 1978 und auf ergänzenden Daten von 1980. Als Bezugseinheiten für die Abgrenzung von Industriebezirken wählte man einzelne Städte und Gemeinden. Zu den Industriebezirken wurden Städte und Gemeinden mit folgenden Voraussetzungen gerechnet:
– räumliche Verflechtung durch Industriependler;

Abb. 21: Industriebezirke

(Namen der Bezirke siehe Tabelle 14)

Entwurf: A. Kapala
Quelle: Rola-Kunach, St., Wojtan, J.: 1982

– Industriebesatz (Industriebeschäftigte/1000 Ew.) größer als 100 oder Anteil der Erwerbstätigen in der Industrie an der gesamten Erwerbstätigenzahl über 20%;
– Industriebeschäftigte je 10 qkm mehr als fünf Personen;
– im jeweiligen Industriebezirk sollte mindestens 1% des gesamten Industriepotentials des Landes, d. h. 1% der Industriebeschäftigten, 1% der Industrieproduktion und 1% des Bruttowertes der Kapitalgüter in der Industrie konzentriert sein. Ferner wurden, je nach Informationsstand, die räumlichen Verflechtungen hinsichtlich Organisation, Produktion, Versorgung und Absatz berücksichtigt.

Auf diese Weise gliederte man insgesamt 24 Industriebezirke aus (Abb. 21). Sie umfaßten 1980 eine Fläche von 81 500 qkm, d. h. 26,1% der Landesfläche und 59,7% der gesamten sowie 75% der städtischen Bevölkerung Polens. Ferner konzentrierten sich in den genannten Industriebezirken 57,6% der vergesellschafteten Industriebetriebe und 78,8% aller Industriebeschäftigten (Tab. 14). Zu diesen Industriebezirken gehören

139

Tabelle 14: Ausgewählte Daten zur Charakteristik der Industriebezirke

LN	Industriebezirke 1980	Fläche in km² 1980	Bevölkerung (Stand: 31.12.1980)			Erwerbstätige in der Industrie 1978		vergesellschaftete Industrie			
								Brutto-Industrieproduktion 1980[1] in 1000 Zloty		Brutto-Wert der Kapitalgüter 1980[2] in 1000 Zloty	
			insgesamt in 1000	davon Stadtbevölkerung in 1000	je 1 km²	insgesamt in 1000	davon mit Nebenerwerb in der LW in 1000	je 1 Beschäftigten	je 1 km²	je 1 Beschäftigten	je 1 km²
	Polen insgesamt	312683	35734,9	20978,5	114	5340,1	483,7	604,3	9163	543,4	8348
	davon Industriebezirke insgesamt	81505	21322,8	16011,8	262	4053,4	313,7	600,8	27539	557,1	25872
1	Białystok	1081	299,4	264,9	277	47,6	2,2	546,5	22905	381,5	16309
2	Bromberg-Thorn	3169	791,1	660,0	250	145,4	2,0	628,0	27886	573,9	25807
3	Bielitz	3272	806,2	407,4	246	186,7	31,0	704,2	34088	507,1	24741
4	Tschenstochau	2829	507,0	300,6	179	108,2	17,2	540,4	16814	464,8	14671
5	Danzig	1076	900,8	868,1	837	133,7	0,7	641,3	73216	567,2	65600
6	Oberschlesischer IB	7702	3831,8	3285,5	497	885,7	46,2	536,8	60340	696,6	79401
7	Kalisch	1580	301,8	207,1	191	58,6	3,3	508,6	18953	351,1	13283
8	Karpatischer IB	3370	577,7	243,5	171	85,0	27,3	528,6	13442	456,3	11819
9	Krakau	1916	1046,2	808,8	546	164,7	15,9	780,8	59700	610,8	47348
10	Liegnitz-Glogau	2421	254,1	259,8	146	61,3	2,3	1105,6	28089	1088,7	27976
11	Lublin	682	386,5	342,2	567	53,2	2,0	641,0	50279	405,5	32875
12	Łódź	3635	1438,2	1214,2	396	352,3	11,6	523,2	43938	353,7	30036
13	Oppeln	3645	530,0	291,8	145	94,0	10,5	665,6	16128	746,2	18351
14	Piotrków-Bełchatów	2362	298,6	145,6	126	54,1	7,8	472,1	9713	396,9	8334
15	Płock-Włocławek	1212	284,1	229,4	234	49,4	1,3	1168,7	53109	1137,9	52272
16	Posen	1677	725,8	626,0	433	111,2	1,0	594,0	34612	429,1	25412
17	Rzeszów-Tarnów	4683	859,1	374,0	183	133,4	32,6	522,7	14622	513,8	14593
18	Sudetischer IB	9081	1250,0	856,4	138	291,7	13,9	512,3	14477	407,3	11585
19	Altpolnischer IB	7628	1195,9	669,8	157	235,3	39,5	521,2	14944	533,8	15436
20	Stettin	2254	600,8	558,7	235	94,1	0,8	741,9	26081	736,3	26261
21	Tarnobrzeg	3643	401,6	170,6	110	71,2	21,3	680,4	12626	703,7	13272
22	Warschau	5903	2662,1	2214,1	451	409,4	15,0	620,7	35757	479,0	27967
23	Breslau	3012	903,5	752,2	300	156,5	4,8	670,1	32145	445,2	21534
24	Grünberg	3372	370,5	261,1	110	70,7	3,5	586,1	11436	370,2	7289

Anmerkungen: 1 in Preisen vom 1.1.1979
2 in laufenden Preisen, Stand vom 31.12.1980

Quelle: St. Rola-Kunach, J. Wojtan, 1982

140

allerdings nicht alle der sich seit den 60er Jahren entwickelnden neuen Industriegebiete, wie z. B. das Koniner Braunkohlenrevier oder die Stadt Puławy. Daran erkennt man, daß hier die Industrieansiedlung nicht zu einem tiefgreifenden Wandel der Wirtschaftsstruktur führte.

Wie die Abb. 21 zeigt, stimmen die Grenzen der jeweiligen Industriebezirke mit denen der Wojewodschaften nicht überein. So muß bei einer weiteren Betrachtung der Industriegebiete oder der städtisch-industriellen Agglomeration notwendigerweise auf das statistische Datenmaterial auf Wojewodschaftsebene zurückgegriffen werden. Denn von den auf Gemeindebasis erhobenen Daten wird nur eine sehr begrenzte Auswahl veröffentlicht.

6 Konfliktfeld Ökonomie und Ökologie

Hat man die Auffassung der marxistischen Theoretiker vor Augen, daß in sozialistischen Ländern, im Gegensatz zu den kapitalistischen, das Allgemeinwohl den Vorrang vor den einzelwirtschaftlichen Profitinteressen besitze, so sollte man meinen, daß hier die Interessenkonflikte gerade in bezug auf den Umweltschutz, der dem Allgemeinwohl dienen soll, kaum auftreten dürften.

Nichtsdestoweniger bleibt die Tatsache, daß seit 1970 in Polen, im Gegensatz zu den meisten westeuropäischen Ländern wo z.B. der Anstieg der Luftverunreinigung wenn nicht vermindert, so zumindest zum Stillstand gebracht werden konnte, die Luftverschmutzung bzw. der Zerstörungsgrad aller Umweltkomponenten stark zunahm; und dies, obwohl die polnischen Regierungen seit langer Zeit bemüht waren, gesetzliche Grundlagen zum Schutz der Umwelt, insbesondere der Luftreinhaltung, zu schaffen.

Die ersten Aktivitäten in diesem Bereich gehen auf die Vorkriegszeit zurück, als 1927 eine allgemein formulierte Umweltbestimmung für das Oberschlesische Revier verfaßt wurde.

Nach dem Zweiten Weltkrieg schrieb das erste Gesetz von 1950 die Einrichtung von Schutzzonen um Industrieanlagen vor (vor allem in den Ballungsgebieten), wobei allerdings noch keine konkreten Bestimmungen bzw. Grenznormen, z.B. zur Luftreinhaltung, vorgegeben wurden. Ende der 50er Jahre starteten die oberschlesischen Parteiorgane ein Programm unter dem Motto „Blauer Himmel über Oberschlesien" zur Begrenzung von Staubemissionen.

Im Gesetz von 1961 wurden Bestimmungen über finanzielle und technische Mittel für die Begrenzung von Staubemissionen festgelegt. 1966 verabschiedete man ein Gesetz, das die umweltbelastenden Industriebetriebe zur Messung von Emissionen bzw. zu Emissionserklärungen verpflichtete und das für sieben Schadstoffe Immissionsgrenznormen für die sog. „besonders geschützten Gebiete" (Naturschutzgebiete, Kurorte u.a.) und die sog. „geschützten Gebiete" (übrige Landesteile) festsetzte.

An Gewicht gewann der Umweltschutzgedanke in Polen – ähnlich wie in westeuropäischen Ländern und in den USA – in den 70er Jahren. Dies äußerte sich z.B. in größeren Aktivitäten bei der Ausgestaltung der Umweltpolitik und in der Gründung bzw. dem Ausbau von Forschungsinstituten für Umweltschutz (teilweise von der UNO unterstützt). Seit 1974 wird auch eine umfangreiche, regional gegliederte Umweltstatistik geführt und vom Statistischen Hauptamt publiziert. Das 1980 erlassene Gesetz zur Luftreinhaltung legte u.a. relativ strenge Immissionsgrenzwerte für 54 Schadstoffe fest und verfügte Sanktionen für den Fall der Nichteinhaltung.

Mit den Ereignissen des Sommers 1980 und mit der Gründung der Gewerkschaft „Solidarność" lebten dann auch die Umweltschutz-Bürgerinitiativen auf, die nicht nur über das Ausmaß der Umweltschäden informierten, sondern auch nachdrücklich von der Regierung einen wirksameren Vollzug der Gesetze und die Verbesserung der Umweltqualität forderten. Diese Bewegung wurde mit der Ausrufung des Ausnahmezustands Ende 1981 weitgehend lahmgelegt.

Betrachtet man als Beispiel für die Umweltproblematik die Entwicklung des Umfangs von Schadstoffemissionen, so ergibt sich ein besorgniserregendes Bild. Innerhalb von fünf Jahren nahm die Ausstoßmenge von staubförmigen Schadstoffen um 5% zu, die der gasförmigen aber um beinahe 69%. Dabei stiegen die Schwefeldioxid-Emissionen um 32,4%, die des Kohlenmonoxids hatten sich mehr als verdreifacht, die der Stickstoffoxide und Kohlenwasserstoffe jeweils mehr als verdoppelt. Zu berücksichtigen ist hierbei, daß diese Angaben der Umweltstatistik entnommen wurden, die nicht alle Emittenten (z.B. Verkehr oder Hausbrandbereich) und auch nur einen geringen Teil der industriellen Emissionsquellen erfaßt (Tab. 15). Die anhand des Brennstoffverbrauchs geschätzten Schadstoffemissionen für 1978 er-

Tabelle 15: Angaben zur Umweltverschmutzung in Polen

	1975	1976	1977	1978	1979	1980	1983
Luftverschmutzung	871	924	930	931	931	928	1071
Anzahl der stark luftverschmutzender							
Betriebe	736	772	791	798	802	799	943
Ausgestattet mit Filteranlagen für							
staubförmige Emissionen	·	81	88	89	94	99	105
Ausgestattet mit einer „Schutzzone"	52	62	76	80	78	69	·
Staubförmige Emissionen (1000 t)[1]	2226	2335	2315	2441	2382	2338	1731
Gasförmige Emissionen (1000 t)[1]	3040	3347	3439	4477	4830	5135	4967
darunter: SO_2	2081	2308	2336	2521	2525	2755	2465
CO	592	681	690	1570	1901	1946	1610
Stickstoffoxide	88	·	·	·	164	187	629
Reduktionsgrad (%)							
staubförmiger Schadstoffe	89,0	90,1	90,8	91,2	91,3	91,7	93,3
gasförmiger Schadstoffe	·	14,4	14,4	11,6	10,3	11,4	11,5
Investitionen für Umweltschutz							
Anteil (%) an Gesamtinvestitionen des							
vergesellschafteten Wirtschaftssektor	1,2	1,2	1,4	1,3	1,2	1,0	2,2
Anteil (%) am verteilten Volkseinkommen	0,41	0,41	0,46	0,38	0,33	0,27	0,40

Anmerkung:
1 Abzüglich der in Filteranlagen reduzierten Schadstoffe

Quelle: Materialy Statystyczne GUS Nr. 3 Ochrona Środowiska i Gospodarka Wodna 1981;
Rocznik Statystyczny 1984, 1985.

gaben viel größere Mengen als die in der Umweltstatistik aufgeführten. Demnach beliefen sich die Emissionen von staubförmigen Schadstoffen auf 3,8 Mill. t (54% mehr als in der Umweltstatistik), von Schwefeldioxid auf 4,3 Mill. t (71% mehr) und von Kohlenmonoxid auf 5,2 Mill. t (228% mehr). Die Emissionen von Stickstoffoxiden und Kohlenwasserstoffen wurden auf 1,2 Mill. t und 0,43 Mill. t berechnet (in der Statistik für 1980 nur 0,19 bzw. 0,12 Mill. t). Die Kontrolle von Schadstoffimmissionen wird durch die Wojewodschafts-Stationen für Hygiene und Epidemilogie (poln. Wojewódzkie Stacje Sanitarno-Epidemiologiczne) durchgeführt, die in etwa mit den Gesundheitsbehörden bzw. -ämtern in der Bundesrepublik Deutschland vergleichbar sind. Sie unterstehen unmittelbar dem Ministerium für Gesundheits- und Sozialwesen und sind somit von der Wojewodschaftsadministration unabhängig. Die durch diese Ämter ermittelten Schadstoffimmissionswerte werden in Jahresberichten zusammengefaßt, aber grundsätzlich geheimgehalten; Maßnahmen bis hin zur Stillegung können zwar verfügt werden, sie werden jedoch kaum durchgeführt.

Zu den größten Emittenten von staub- und gasförmigen Schadstoffen zählten die Stein- und Braunkohlenkraftwerke (Anteil 38,9%). Ihnen folgten die Metallhütten mit 31,5%, Betriebe der chemischen Industrie mit 8,7% und die der Baustoffindustrie mit 7,9%.

Aus der unterschiedlichen räumlichen Konzentration von Industriestandorten ergibt sich auch eine unterschiedlich starke Belastung der einzelnen Regionen (vgl. Abb. 22). So entfielen 1980 von den gasförmigen Gesamtemissionen in Polen auf die Wojewodschaften Kattowitz 34,6%, Krakau 16,4%, Liegnitz 9,8%, Hirschberg 4,5%, Stettin 3,8%, Konin 3,4% und Płock 2,4%. Bemerkenswert ist dabei, daß die Schadstoffemissionen in einigen meist ohnehin gefährdeten Landesteilen überdurchschnittlich stark zugenommen haben, so in der Wojewodschaft Kattowitz, wo sich die gasförmi-

Abb. 22: Stadtverteilung und Umweltbelastung

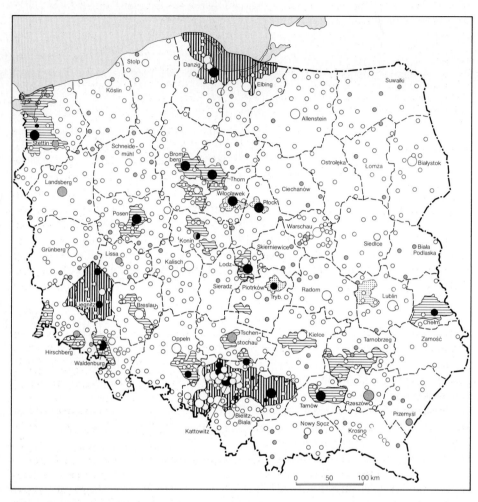

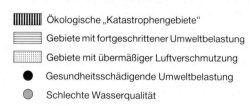

Städte mit Einwohnerzahl (in 1000)

o	unter 50
○	50 – 100
◯	über 100
––·–·–	Staatsgrenze
–––––	Wojewodschaftsgrenzen

|||||| Ökologische „Katastrophengebiete"

≡ Gebiete mit fortgeschrittener Umweltbelastung

▨ Gebiete mit übermäßiger Luftverschmutzung

● Gesundheitsschädigende Umweltbelastung

● Schlechte Wasserqualität

Entwurf: A. Kapala
nach A. Kassenberg, Cz. Rolewicz 1985

144

gen Schadstoffe verdoppelten und in der Wojewodschaft Krakau, wo sie sich sogar mehr als verfünffachten.

In der Wojewodschaft Krakau beliefen sich die von der Statistik erfaßten gasförmigen Emissionen 1975 auf 151 700 t, 1980 auf 844 700 t. Auf 1 qkm Fläche entfielen in der Stadt Krakau 1980 rund 2363 t gasförmiger Schadstoffe (in Warschau 156 t und in der Wojewodschaft Kattowitz im Durchschnitt 267 t). In Anbetracht dieser Emissionsmengen nimmt es nicht wunder, daß auch die Immissionsgrenznormen in Krakau z.B. für Schwefeldioxid zuweilen um das 100fache, die für Kohlenmonoxid und für Kohlenwasserstoffe um das 30–50fache überschritten wurden und daß Krakau 1980 zum ökologischen Notstandsgebiet erklärt wurde.

Ferner fällt auf, daß die größte Zunahme der Staubemissionen in den zuvor wenig industrialisierten Wojewodschaften auftritt, die aber in den 70er Jahren zum Standort für neue Industrieansiedlungen geworden waren; Das heißt, daß hier nur äußerst selten Umweltschutzmaßnahmen getroffen wurden. Somit sind die gegenwärtigen Umweltprobleme in Polen nicht nur das Erbe der früheren, kapitalistischen Entwicklungsphasen, sondern zum großen Teil Folgen der Versäumnisse der jüngsten Zeit.

Die nach 1945 intensiv vorangetriebene Industrialisierung, bei der Güter wie Boden, Wasser, Luft u. a. verschwendet wurden, als seien sie frei und unerschöpflich verfügbar, hat dazu geführt, daß in manchen Landesteilen die Umweltzerstörung ein Ausmaß erreichte, das nicht nur die Pflanzen- und Tierwelt, sondern auch die Menschen bedroht. Als Beispiel kann hier das Liegnitz-Glogauer Kupferrevier dienen, das zu den am stärksten umweltgefährdeten Gebieten in Polen gehört. Untersuchungen aus den Jahren 1974/75 haben ergeben, daß die Bleikonzentration im Blut der Bewohner um die Kupferhütten „Głogów I" und „Głogów II" den normalen Gehalt um 30–80% überstieg. Die meisten Menschen litten an Bindehautentzündungen und Erkrankungen der

Atemwege. Bei einer durchschnittlichen Säuglingssterblichkeit von 20‰ in Polen schwankte diese hier von 30‰ bis über 60‰. Aus den erwähnten Gründen ist eine Evakuierung der Bevölkerung aus fünf Dörfern um die Kupferhütten „Głogów I" und „Głogów II" und aus zwei Dörfern um die Kupferhütte „Legnica" vorgesehen.

Bei den Kühen dieses Gebietes wurden ebenfalls Erkrankungen der Atemwege, Störungen der Fortpflanzungsfähigkeit und eine nachlassende Milchleistung festgestellt. Die Milch wies eine überdurchschnittlich hohe Konzentration an Blei und Kupfer auf. In den Feldfrüchten (z.B. Kartoffeln, Möhren) überstieg der Bleigehalt den Normalwert um das 40fache. Auch viele andere hier erzeugte Nahrungsmittel enthalten mehr Kupfer und Zink als üblich. Ähnliches gilt – noch in verstärktem Maße – für das Oberschlesische Ballungsgebiet.

Neuerdings werden Versuche unternommen, die wirtschaftlichen und gesellschaftlichen Kosten der Umweltschäden empirisch zu erfassen bzw. zu bewerten. Als Beispiel kann hierfür die 1981 für die Kupferhütte „Legnica" in Liegnitz aufgestellte ökonomische Rechnung dienen.
Auf der einen Seite stand der erwirtschaftete Produktionswert dieser Hütte, der sich 1980 auf 2,3 Mrd. Zloty belief. Auf der Verlustseite wurden die Gebühren und Bußgelder aufgeführt, die die Hütte für den übermäßigen Ausstoß von Schadstoffen entrichten mußte, ferner die materiellen Umweltschäden, die sie anrichtete, und schließlich die sozialen Kosten (ohne Berücksichtigung ihrer gesundheitsschädigenden Einwirkung). Die Bilanz zeigte, daß der Betrieb dieser Kupferhütte der Volkswirtschaft bzw. der Gesellschaft einen Jahresverlust von 1,1 Mrd. Zloty brachte.

Diese Beispiele machen deutlich, daß die Umsetzung der gesetzlichen Umweltschutzbestimmungen in die Praxis in Polen sehr weit von den Wunschvorstellungen entfernt ist. Das hat seine Ursachen einmal in der nach 1945 verfolgten Entwicklungsstrategie, bei der die ökonomischen Interessen eindeutig im Vordergrund standen, zum anderen in der Leitungsstruktur der Wirtschaft bzw. in der behördlichen Kompetenzverteilung. Das in den 70er Jahren verantwortliche Ministerium (Ministerium für Administration, Territorialwirtschaft und Umweltschutz (wie auch die Wojewodschaftsbehörden (auf unterer Ebene) konnten sich wegen ihrer geringen Einflußmöglichkeiten gegen die politisch und wirtschaftlich gewichtigeren Industrieministerien bzw. -vereinigungen, in deren Hand auch die Entscheidungen über die Umweltschutzinvestitionen lagen, nicht durchsetzen. Dabei waren schon in der Organisationsstruktur dieses Ministeriums Interessenkonflikte (zwischen Ökonomie und Ökologie) vorprogrammiert, denn es agierte zugleich auf wirtschaftlichem Gebiet und trat zum Teil selbst als Investor auf. Erst 1983 wurde ein selbständiges Ministerium für Umweltschutz gegründet. Weitere Schwierigkeiten bei der Durchsetzung der Umweltschutzbestimmungen ergaben sich aus dem mangelhaften Instrumentarium, das den Vollzugsbehörden zur Verfügung steht.

7 Der Verstädterungsprozeß

Innerhalb von 34 Jahren (1951–1984) hat sich die städtische Bevölkerung mehr als verdoppelt. Die absolute Zunahme der Stadtbewohner um fast 13 Mill. war größer als die heutige Gesamtbevölkerung so mancher europäischer Länder. Sie vermittelt einen ersten Eindruck von der Intensität des Verstädterungsprozesses sowie vom Ausmaß der gesellschaftlichen Veränderungen, die sich in wenigen Jahrzehnten in Polen vollzogen haben. Kurz vor dem Zweiten Weltkrieg (1939) lebten in den Städten des damaligen Polens nur 28% (9,8 Mill.) aller Einwohner, wobei die jüdische Bevölkerung einen beträchtlichen Teil der Städter bildete (ca. 25%, in den Städten Ostpolens 50% und mehr). Auf dem heutigen Territorium Polens dürften 1939 rund 12 Mill., d. h. fast 37% der Bevölkerung in den Städten gewohnt haben. Trotz außerordentlich großer Verluste, vor allem unter der jüdischen Bevölkerung und der polnischen Intelligenz, füllten sich nach dem Krieg insbesondere die von der deutschen Bevölkerung verlassenen Städte wieder schnell mit Menschen. 1950 wohnte etwa der gleiche Prozentsatz der Bevölkerung in den Städten wie 1939, obwohl deren absolute Zahl noch deutlich geringer war (9,6 Mill.). Bis Ende 1984 ist die städtische Bevölkerung auf rund 22,2 Mill. oder 60,0% aller Einwohner des Landes angewachsen. Im Vergleich zur Entwicklungsdynamik der Gesamt- und Stadtbevölkerung war der absolute und relative Rückgang der ländlichen Bevölkerung sehr bescheiden (0,96 Mill. bzw. 6,1%), was zum einen mit den Eigentumsverhältnissen in der Landwirtschaft, zum anderen mit der geringen Aufnahmefähigkeit der Städte zusammenhängt. Mit einem Anteil von 60% der städtischen Bevölkerung ist Polen innerhalb der europäischen RGW-Länder vom 3. Platz, den es in den 60er Jahren innehatte, auf den 4. Platz zu Beginn der 80er Jahre zurückgefallen.

Die räumliche Verteilung der Städte

Das räumliche Muster der Städte-Verteilung in Polen, das im wesentlichen auf das 13. bis 16. Jahrhundert zurückgeht, blieb ohne gravierende Veränderungen bis ins 19. Jahrhundert erhalten. In der vorindustriellen Zeit war das heutige Territorium Polens, von wenigen Ausnahmen abgesehen, ziemlich gleichmäßig mit vergleichsweise wenig differenzierten Städten (hinsichtlich der Größe und des wirtschaftlichen Entwicklungsstands) besetzt. Ihre Verteilung hing stark von den natürlichen Rahmenbedingungen ab (Wasserläufe, Rohstofflager, Qualität der Böden u. a.). Erst im Zuge der Industrialisierung im 19. Jahrhundert und zu Beginn des 20. Jahrhunderts kam es zur Umgestaltung der räumlichen Siedlungsstruktur, vor allem durch die Entwicklung des Verkehrs- bzw. Eisenbahnnetzes. Besonders schnell wuchsen Industriesiedlungen in den expandierenden Bergbaurevieren zu Städten und städtischen Verdichtungsgebieten heran. Ganz ähnlich entwickelten sich die Städte in den Gebieten der Textilindustrie. Damit wurde das relativ gleichmäßige räumliche Verteilungsmuster der älteren Städte – das inzwischen infolge des ökonomischen Niedergangs der kleineren Städte gelichtet war – durch ein unregelmäßiges Netz der neugewachsenen Industriestädte überlagert. Weitere tiefgreifende Veränderungen im nationalen Siedlungsgefüge brachte die Westverschiebung der Staatsgrenzen nach dem

Tabelle 16: Städte und städtische Bevölkerung 1931–1984

Städteklassen nach der Zahl der Einwohner in 1000	Anzahl der Städte				Städtische Bevölkerung in %			
	1931	1950	1970	1984	1931	1950	1970	1984
insgesamt	636	706	889	812	100,0	100,0	100,0	100,0
< 5	308	393	359	258	10,7	11,5	6,4	3,4
5–10	177	159	220	187	14,2	11,6	9,2	5,9
10–20	83	76	162	165	12,6	10,8	13,1	10,7
20–50	46	50	97	122	16,0	15,8	17,1	17,3
50–100	11	12	27	41	7,9	8,7	10,9	12,9
100–200	6	11	14	21	9,0	17,1	12,8	12,9
> 200	5	5	10	18	29,6	24,9	30,5	36,9
Städtische Bevölkerung in 1000					8689	9605	17064	22234
Städtische Bevölkerung in %					27,1	34,3	52,3	60,0

Anmerkung:
1931 damaliges Staatsgebiet

Quelle: Rocznik Statystyczny 1965 und 1985

Zweiten Weltkrieg. Die an Polen angegliederten deutschen Ostgebiete wiesen bereits ein engmaschiges Netz an Städten auf, die relativ gut mit infrastrukturellen Einrichtungen ausgestattet waren. Viele Städte lagen jedoch nach dem Krieg in Schutt und Asche, so z. B. Warschau, Breslau, Danzig, Stettin, Kolberg, Neiße, Glogau u. a. Zahlreiche kleinere Städte konnten sich von den Kriegszerstörungen nicht mehr erholen, weil das private Handwerk und der Handel, die Lebensgrundlage dieser Städte, unter den neuen wirtschaftspolitischen Bedingungen kaum Existenzchancen erhielten. Die zerstörten Wohngebäude in den Städten wurden, von wenigen Ausnahmen wie z. B. Warschau abgesehen, relativ langsam erneuert, weil man zunächst alle verfügbaren Mittel für den Aufbau von Produktionsanlagen und die Erschließung der Rohstofflager einsetzte.

Vor dem Hintergrund des wirtschaftlichen und gesellschaftlichen Entwicklungsprogramms der Nachkriegszeit, dem eine rasche Industrialisierung zugrunde lag, wurden die Planungen im Industriebereich zur

Tabelle 17: Städtewachstum 1950–1984 (in %)

	Wachstumskomponenten davon		
	Geburtenüberschuß	Wanderungsgewinn	durch Eingemeindung
1951–1984	44,1	34,3	21,6
1951–1955	37,3	22,2	40,6
1956–1960	45,2	14,5	40,3
1961–1965	55,0	34,4	10,6
1966–1970	39,7	45,0	15,3
1971–1975	37,6	52,7	9,7
1976–1980	44,3	46,1	9,6
1981–1984	59,8	37,4	2,8

Quelle: Rocznik Statystyczny Miast 1985

Hauptantriebskraft des Städtewachstums. Ebenso wie man um Erfolge im Produktionsbereich bemüht war, die sich am eindrucksvollsten anhand relativer Wachstumsraten demonstrieren ließen, strebte man auch eine schnelle Umgestaltung der Gesellschaftsstruktur an, die man dann plakativ anhand steigender Prozentsätze der Stadtbevölkerung darstellen konnte. Eine sprunghafte Zunahme der städtischen Bevölkerung wurde zunächst mittels zahlreicher Eingemeindungen der stadtnahen Gebiete und durch die Neuverleihung von Stadtrechten bzw. des „Osiedle"-Status erzielt (Tab. 16, 17). Der „sozialistische Städtebau" in Gestalt völliger Neugründungen wurde in Polen kaum praktiziert; die Gründung und der Aufbau von Nowa Huta und der Stadt Tichau blieben Ausnahmen. Um die Ortschaft zum „Osiedle" bzw. zur Stadt zu erheben, reichte häufig die Ansiedlung eines Industriebetriebes aus.

Der „Osiedle"-Status wurde 1954 eingeführt und an Siedlungen mit mehr als 1000 Einwohnern vergeben, wenn deren größter Teil nicht von der Landwirtschaft lebte. „Osiedle" läßt sich als eine Mischung aus ländlicher und städtischer Siedlung beschreiben. Nach dem Krieg erhielten 162 Ortschaften den „Osiedle"-Status, wobei ihre Einwohner dann statistisch zur städtischen Bevölkerung gezählt wurden. Siedlungen, die sich dynamisch entwickelten, erhielten anschließend das Stadtrecht. Anderen Siedlungen und auch zahlreichen kleineren Städten, die voreilig „Osiedle"- bzw. Stadtrechte bekommen hatten, wurden diese Rechte später wieder entzogen.

Infolge der häufigen rechtlich-administrativen Veränderungen variierte die Städtezahl ab 1950 bis Mitte der 70er Jahre von Jahr zu Jahr erheblich. Nach der völligen Aufhebung des „Osiedle"-Status (1973) pendelte sich schließlich die Anzahl der Städte zu Beginn der 80er Jahre bei 800 ein. 1984 gab es 812 Städte mit Einwohnerzahlen zwischen 809 (Stadt Wyśmierzyce, Wojewodschaft Radom) und 1649051 (Warschau). Zwergstädte (bis zu 2000 Einwohner) behielten dabei bis heute vor allem aus traditionellen Gründen ihre Stadtrechte. Im Laufe der Zeit ist allerdings die Durchschnittsgröße der Städte kontinuierlich gewachsen. So entfielen 1950 im Mittel 13 100 Einwohner auf eine Stadt, 1984 dagegen 27 400 Einwohner, während es 1939 etwa 16 000 und um die Mitte des 19. Jahrhunderts weniger als 3000 Einwohner waren. In der Nachkriegszeit zeichnete sich, mit Ausnahme der „Osiedle"-Phase, ein stetiger Trend zur Verminderung der Anzahl von kleinen Städten mit weniger als 5000 Einwohnern zugunsten einer wachsenden Zahl der Mittel- und Großstädte ab (Tab. 16). Wegen der wechselnden Städte-Größenklassen in der Statistik kann dieser Trend aber nur allgemein angesprochen werden.

Bei der Anordnung der polnischen Städte nach Rang und Größe läßt sich keine ausgesprochene Dominanz einer Stadt bzw. der Hauptstadt feststellen, wie dies beispielsweise in Frankreich der Fall ist. Das ausgeglichene Größenprofil der polnischen Städte und das verhältnismäßig geringe Übergewicht der Hauptstadt ist nicht zuletzt eine Folge der Zuzugssperren bzw. des staatlicherseits gelenkten Wachstums Warschaus und auch anderer Großstädte. Neben Warschau, das Ende 1984 rund 1,65 Mill. Einwohner hatte, zählten vier weitere Städte mehr als 0,5 Mill. Einwohner (Lodz 0,85, Krakau 0,74, Breslau 0,64 und Posen 0,57 Mill. Einwohner). 1984 gab es in Polen insgesamt 39 Städte mit mehr als 100 000, darunter 18 Städte mit mehr als 200 000 Einwohnern.

Die Expansion der Großstädte führte zum räumlichen Zusammenwachsen der Nachbarstädte und somit zur Herausbildung von Agglomerationen (Ballungsgebieten). Neun Agglomerationen gelten dabei als „bereits herausgebildet" und neun weitere als „in Entwicklung begriffen". Berücksichtigt man auch die Verteilung der übrigen Städte, so lassen sich große regionale Gegensätze in der Dichte des Städtenetzes erkennen. Neben den Verdichtungsgebieten wie z. B. Oberschlesien, der Warschauer oder der Lodzer Agglomeration, zeichnet sich der Sudetenraum und das übrige Schlesien sowie Großpolen durch ein engmaschiges, das Gebiet des ehemaligen Kongreßpolen dagegen durch ein weitmaschiges Städtenetz aus. Relativ wenig Städte sind in Masowien, Podlasien und im Lubliner Hügelland zu finden, was auch mit den ungünstigen natürlichen Verhältnissen (z. B. Sumpf-, Moor- oder Karstgebiete) zusammenhängt (Abb. 22).

7.1
Regionale Unterschiede des Städtewachstums

In Polen wie auch in anderen RGW-Staaten, in denen ein rascher Industrieaufbau zur Maxime der wirtschaftlichen und gesellschaftlichen Entwicklung wurde, war*(neben dirigistischen Maßnahmen wie Zuzugssperren) der Einfluß der Industrialisierung auf das Städtewachstum verständlicherweise stark. Das Wachstum der städtischen Bevölkerung und der Industriebeschäftigten zeichnete sich allerdings in den einzelnen Perioden durch eine unterschiedliche Dynamik aus und wies auffällige Parallelen zu den Schwankungen der gesamten Wirtschaftsentwicklung auf. Bemerkenswert ist hierbei das Zurückbleiben des Bevölkerungswachstums in den Städten (verursacht u. a. durch Wohnungsmangel) hinter der Zunahme der industriellen Arbeitsplätze in den 60er Jahren und der umgekehrte Trend ab Mitte der 70er Jahre. Diese Trendwende ist vor allem auf den immer geringer werdenden Bedarf der Industrie an neuen Arbeitskräften zurückzuführen und auf einen gewissen Fortschritt in der Entwicklung des Dienstleistungssektors sowie auf die verstärkten Aktivitäten im Wohnungsbau.

Einen Einblick in die unterschiedliche Entwicklungsdynamik der polnischen Städte (im Zeitraum von 1960 bis 1973) in Abhängigkeit von ihrer Größe und ihrer Funktion bietet eine Untersuchung des Statistischen Hauptamtes von 1977 (Statystyczna charakterystyka miast). Wie aus ihr hervorgeht, zeichneten sich die Mittelstädte (mit 20000 bis 100000 Einwohnern) durch die höchste Wachstumsdynamik aus (+ 34,7%), darunter jene mit einem Übergewicht an Dienstleistungsfunktionen (+ 39,1%). Ein schwächeres Wachstumstempo (+ 24,3%) zeigten die Großstädte (mit 100000 Einwohnern) vor allem wegen der Zuzugsbeschränkungen und der Deglomerationsmaßnahmen. Auffallend ist hierbei, daß von den insgesamt 27 Großstädten (1973) nur fünf überwiegend dienstleistende Funktionen (mit Beimischung industrieller) erfüllten. Hierzu gehörten neben der Hauptstadt die Hafenstädte Stettin und Gdingen sowie die Städte Lublin und Allenstein. Für alle übrigen Großstädte war eine Dominanz der industriellen Funktionen charakteristisch. Mit 22,8% war die Bevölkerungszunahme in diesen Städten merklich kleiner als die in den Dienstleistungsstädten (+ 28,1%). Die kleinen Agrarstädte (meist unter 5000 Einwohner) hatten die geringste Bevölkerungszunahme zu verbuchen. Mit dem langsamen Wachstum der Kleinstädte ging eine immer größer werdende Bevölkerungskonzentration in den Großstädten einher. 1950 lebte zum Beispiel jeder 10., 1984 jeder 4. Pole in Städten mit 200000 und mehr Einwohnern.

Zu den am stärksten verstädterten Gebieten gehörten 1950 die Wojewodschaften Lodz, Warschau und Kattowitz, in denen mehr als 80% der Gesamtbevölkerung in Städten wohnte. Betrachtet man die Entwicklung der städtischen Bevölkerung im Zeitraum von 1951 bis 1984, so heben sich die Wojewodschaften Kattowitz und Warschau mit einem absoluten Zuwachs von rund 1,4 Mill. bzw. 1,0 Mill. weit von den übrigen Landesteilen ab. Eine relativ hohe Zunahme der Stadtbevölkerung hatten auch die Wojewodschaften Danzig (0,59 Mill.), Krakau (0,43 Mill.), Stettin (0,42 Mill.) und Breslau (0,42 Mill.) zu verbuchen. Während des betrachteten Zeitraums hatte sich die städtische Bevölkerung in 37 von insgesamt 49 Wojewodschaften mehr als verdoppelt, wobei es sich hier gleichermaßen um die Wojewodschaf-

Tabelle 18: Bevölkerungsentwicklung in ausgewählten Städten 1950–1984

	1984 in 1000	1984 von 1950 in %
Warschau	1649,0	205,1
Lodz	620,2	137,0
Krakau	740,3	215,5
Breslau	636,0	205,9
Posen	574,1	179,0
Danzig	467,2	240,1
Stettin	390,8	218,4
Kattowitz	363,3	161,6
Gleiwitz	212,5	160,4
Lüben	72,5	2685,2
Liegnitz	97,7	250,5
Konin	74,4	614,9
Płock	114,5	345,9
Tarnobrzeg	41,6	1040,0
Lublin	324,1	278,0
Białystok	245,4	358,2
Kielce	200,5	327,1
Radom	213,5	265,9

Quelle: Rocznik Statystyczny 1971 und 1985

ten in West- als auch in Ostpolen handelte. Durch den geringsten relativen Zuwachs der Stadtbevölkerung zeichneten sich vornehmlich die Gebiete aus, die schon 1950 höhere Prozentsätze der in den Städten lebenden Bevölkerung vorzuweisen hatten. Weit über dem Landesdurchschnitt liegende Zuwachsraten konnten insbesondere in folgenden Wojewodschaften beobachtet werden: Liegnitz, Köslin, Rzeszów, Tarnobrzeg und Białystok. In der Wojewodschaft Liegnitz hatte sich die städtische Bevölkerung vervierfacht, in den vier letztgenannten Gebieten verdreifacht (Tab. 18). Eine intensive Zunahme der städtischen Bevölkerung in den zuvor schwächer verstädterten Gebieten führte zu einer gewissen Nivellierung der räumlichen Disparitäten im Verstädterungsgrad, wovon der sich vermindernde Variationskoeffizient zeugt. 1950 erreichte er einen Wert von 48,1%, 1982 dagegen 31,8%.

Trotzdem sind 1984 die regionalen Gegensätze immer noch auffällig genug. Abgesehen von den Wojewodschaften Danzig, Kattowitz, Warschau und Lodz, wo 76% bis 91% aller Einwohner in Städten lebten, wiesen die Nord- und Westgebiete (mit Ausnahme der Wojewodschaft Suwałki) eine städtische Bevölkerung von 50 bis 75% auf. In Mittel- und Ostpolen dagegen wohnte noch die Mehrheit der Bevölkerung auf dem Lande, wobei hier die Wojewodschaften Białystok und Lublin eine Ausnahme bildeten.

7.2
Infrastrukturelle Hemmnisse des Städtewachstums

Das ständig aktuelle Wohnungsproblem war neben der Entwicklung von Arbeitsplatzkapazitäten ein wichtiger Bestimmungsfaktor des Städtewachstums.

Wohnungsproblem

In den 50er Jahren wurde die rasche Entwicklung der städtischen Bevölkerung weniger durch eine rege Wohnbautätigkeit erreicht, sondern mittels der rechtlich-administrativen Statusänderungen der Siedlungen und der in den Städten der Nord- und Westgebiete noch bestehenden Wohnraumreserven. Die Aufgaben konzentrierten sich zunächst auf den Wiederaufbau und die Rekonstruktion zerstörter historischer Stadtbilder, vor allem der baugeschichtlich wertvollen Stadtkerne wie z. B. die Warschauer Altstadt, die Danziger Rechtsstadt oder die Marktkomplexe in Posen und Breslau. Dabei wurde der Aufbau historischer Stadtzentren in erster Linie als Mittel zur Stärkung des nationalen Bewußtseins angesehen. Dieser in der Welt einzigartige Städteaufbau erforderte einen immensen Aufwand und materielle Opfer der gesamten Bevölkerung, brachte aber einen relativ geringen Wohnraumzuwachs.

Als Folge des wachsenden Zustroms der Landbevölkerung in die Städte (intensiviert durch die Kollektivierung der Landwirtschaft) und des herrschenden Wohnungsmangels in den Großstädten selbst, wurden schon in den frühen 50er Jahren Zuzugssperren eingeführt (z. B. in Warschau, Lodz und Krakau). Auch die Maßnahmen zur Industriedeglomeration hatten zum Ziel, die Zuwanderung von den Großstädten abzulenken, um den Druck auf den Wohnungsmarkt zu mildern. Das relativ bescheidene Ausmaß des Wohnungsbaus in den 60er Jahren hing mit dem abnehmenden Wachstumstempo des Nationaleinkommens, mit der verringerten Baustoffproduktion und mit der Einschränkung der privaten Wohnbautätigkeit zusammen. Die sinkenden Realeinkommen der landwirtschaftlichen Bevölkerung führten, neben Zuzugsbeschränkungen und Wohnungsknappheit zum Anstieg der Berufspendlerzahlen. Dem wachsenden Bedarf an Arbeitskräften in den Städten versuchte man dabei durch den von den Betrieben organisierten Transport von Arbeitskräften, sogar aus weit entlegenen ländlichen Räumen oder durch Errichtung von „Arbeiterhotels" am Arbeitsort zu begegnen.

Erst die zunehmende Verbreitung der Fertigbauweise erlaubte ein schnelleres Bauen, dies vor allem in den 70er Jahren, als eine ganze Reihe von sogenannten Hausfabriken entstand. Die Fertigbauelemente werden zu uniformen Wohnblocks zusammengefügt, die oft monströse Hochhausgruppierungen entlang der Hauptverkehrsadern bilden. Die Neubausiedlungen beherbergen zuweilen mehr als 30 000 Menschen und bieten mit ihrer dichten Bebauung, den wenigen Grünflächen sowie ausgesprochen schlechter Bauqualität einen trostlosen Anblick. Da die Wohngebäude schon belegt werden, noch bevor sie richtig fertig sind, dauert es oft Jahre, bis diese Wohnsiedlungen mit den notwendigsten Versorgungseinrichtungen (Schulen, Kindergärten, Geschäften mit Waren des täglichen Bedarfs) ausgestattet werden.

Der Vorrang für die Erstellung von Neubauwohnungen hatte katastrophale Folgen für die Erhaltung bzw. Instandhaltung der alten, bauhistorisch weniger bedeutsamen Bausubstanz, die im Laufe der Zeit zunehmend verfiel (besonders in den Nord- und Westgebieten). Der Verfall der alten Bausubstanz vergrößert nicht nur den Druck auf den Neubauwohnungsmarkt, sondern ist meist auch die Ursache für eine sozio-demographische Aushöhlung dieser Wohnbereiche, indem hier z. B. nur einkommensschwache, wenig ausgebildete Bevölkerungsgruppen und alte Menschen verbleiben.

Nach dem Zweiten Weltkrieg wurde der vergesellschaftete Wirtschaftssektor zum Hauptträger des Wohnungsbaus in den Städten (z. B. Kommunen, verschiedene Institutionen und Betriebe sowie Wohnbaugenossenschaften). In den 50er Jahren dominierte der staatlich geförderte (kommunale) Wohnungsbau. Seit den 60er Jahren übernahmen die Wohnbaugenossenschaften zunehmend diese Aufgaben; sie bauen Miet- und Eigentumswohnungen oder Einfamilienhäuser, wobei am weitesten der genossenschaftliche Mietwohnungsbau verbreitet ist.

Um das Anrecht auf die Zuteilung einer Genossenschafts-Mietwohnung zu erwerben, müssen die betreffenden Personen zu vollen Mitgliedern der Baugenossenschaft werden, d.h. einen festgelegten Anteil der Baukosten aufbringen. Zu Beginn der 70er Jahre belief sich beispielsweise der Eigenbeitrag für eine Zweizimmerwohnung (Genossenschafts-Mietwohnung) auf etwa 56 000 Zloty (durchschnittliches Monatsgehalt ca. 2500 Zloty). Wenn dieser Beitrag entrichtet ist, beginnt die Wartezeit, die je nach Stadt etwa 10 bis 15 Jahre beträgt. Laut Angaben der statistischen Jahrbücher finanziert die Bevölkerung aus eigenen Mitteln mehr als ein Drittel der Baukosten des vergesellschafteten Wohnbausektors.

Wer eine genossenschaftliche Mietwohnung erwirbt, hat das Recht, diese Wohnung selbst zu nutzen, entrichtet eine monatliche Miete, kann aber diese Wohnung weder verkaufen, vererben noch den Familienangehörigen, die keine Genossenschaftsmitglieder sind, überlassen.

Der Käufer einer Eigentums-Genossenschafts-Wohnung hat das Besitzrecht für die Wohnung, entrichtet keine Miete, kann die Wohnung vererben bzw. verkaufen. Der Käuferkreis wird durch die Satzung der Genossenschaft bestimmt; z.B. kann die Wohnung nicht an Ausländer verkauft werden.) Die Verwaltung der Eigentums-Genossenschaftswohnungen liegt jedoch bei der Genossenschaft, und sie bleibt auch der Eigentümer.

Die genossenschaftlichen Vereinigungen zum Bau von Einfamilienhäusern erstellen Häuser für Privatpersonen (maximale Nutzfläche 110 qm). Die Käufer erwerben nach der Fertigstellung des Hauses das individuelle Eigentumsrecht nur auf das Haus, das Grundstück unterliegt dagegen dem Erbpachtrecht (meist für 99 Jahre).

Mit der Einschränkung der privaten Wohnbautätigkeit in den Städten (der Bau von privaten Mietshäusern ist überhaupt nicht erlaubt) hatte sich die Eigentumsstruktur des Wohnraumbestandes nach 1945 stark zugunsten des vergesellschafteten Sektors verschoben (Tab. 19). 1978 gehörten rund 28% der Stadtwohnungen Privatpersonen, wobei ca. 10% dieser Wohnungen sich in privaten Mietshäusern befanden. Die Mehrheit der privaten Wohnungen stammt aus der Vorkriegszeit und ist häufig nur unzulänglich mit sanitären Einrichtungen versehen. Die Neubauwohnungen sind generell mit den Grundinstallationen (Spül-WC, Bad und Zentralheizung) ausgestattet. Die zwischen 1971 und 1981 vom vergesellschafteten Sektor erstellten Wohnungen verfügten im Durchschnitt über 3,4 Räume (Küche eingeschlossen) und 48,4 qm Nutzfläche, die von Privatpersonen erbauten dagegen waren im Mittel 96,9 qm groß und hatten fünf Räume. Die handwerkliche Qualität der privat gebauten Wohnungen bzw. Häuser ist im allgemeinen besser.

Wenn auch im Zeitraum von 1950 bis 1982 rund 5,5 Mill. Wohnungen, davon 4,1 Mill. in den Städten, gebaut wurden, so war dies, verglichen mit der Nachfrage, nur der „Tropfen auf den heißen Stein". Ende 1981 warteten noch rund 2,2 Mill. Menschen auf eine eigene Wohnung, und fast ein Fünftel der Haushalte hatte die Wohnung nicht für sich allein. Mit wachsendem Anteil der Neubauwohnungen haben sich die allgemeinen Wohnbedingungen merklich verbessert (Tab. 20), dennoch leben heute viele einkommensschwache und kinderreiche Familien sowie die ländliche Bevölkerung in kaum zumutbaren Wohnverhältnissen. Setzt man ein ähnliches Bautempo wie in den 70er Jahren voraus, so braucht man etwa ein Jahrzehnt, um die Wohnungslücke – abgesehen vom laufenden Bedarf – zu schließen.

Um das Wohnungsproblem schneller lösen zu können, werden für die Zukunft höhere Investitionen, die Wiederbeteiligung der Kommunen (zwischen 1976 und 1981 wurde der kommunale Wohnungsbau unterbrochen) und eine Belebung der privaten Wohnbautätigkeit geplant. Die beträchtliche Mietpreiserhöhung in jüngster Zeit soll die Instandhaltungskosten, die vom Staat subventioniert wurden, senken.

Mit dem Wohnungsproblem wurde hier nur ein Bereich der gesamten Infrastrukturausstattung angesprochen. An dieser Stelle soll stichwortartig auf einige weitere Probleme hingewiesen werden, die sich aus dem Nachholbedarf der Infrastruktureinrichtungen ergeben. Im Vergleich zum Industrieausbau

Tabelle 19: Fertiggestellte Wohnungen 1950–1984

Jahre	Polen insgesamt im Jahresdurchschnitt in 1000	Polen Vergesellschafteter Sektor als Bauträger in %	davon Städte insgesamt im Jahresdurchschnitt in 1000	davon Städte Vergesellschafteter Sektor als Bauträger in %	Wohnungen je 1000 geschlossene Ehen insgesamt	Wohnungen je 1000 geschlossene Ehen Städte
1950–1955	66,9	69,8	42,6	94,1	253	350
1956–1960	124,4	58,2	74,0	84,1	478	582
1961–1965	150,9	68,8	112,0	86,9	677	979
1966–1970	188,4	73,2	139,4	90,7	740	1068
1971–1975	224,2	75,3	170,3	90,4	544	1018
1976–1980	261,7	74,1	206,6	87,8	643	1090
1981–1984	191,2	72,0	145,9	86,2		

Quelle: Rocznik Statystyczny 1969, 1971, 1981, 1985

Tabelle 20: Angaben zu den Wohnverhältnissen der Bevölkerung

	Städte 1960	Städte 1970	Städte 1984	Land 1960	Land 1970	Land 1984
Zahl der Haushalte je 100 Wohnungen	122	120	116 [2]	113	111	113 [2]
Durchschnittliche Zahl der Räume je Wohnung[1]	2,50	2,77	3,17	2,42	3,00	3,38
Durchschnittliche Nutzfläche je Wohnung	·	46,8	50,9	·	55,7	63,4
je Person	·	12,8	16,0	·	12,9	16,4
Zahl der Personen je Wohnung	3,83	3,64	3,19	4,35	4,32	3,87
je Raum	1,53	1,32	1,01	1,80	1,44	1,14
% der Wohnungen ausgestattet mit Wasserleitung	55,4	75,2	88,9	3,6	12,1	40,2
Spül-WC	35,6	55,5	76,8	1,7	5,5	25,1
Bad	26,0	48,4	73,7	·	5,8	29,8
Zentralheizung	13,2	36,2	63,3	·	4,5	21,3

Anmerkungen:
1 mit Küche
2 1982

Quelle: Rocznik Statystyczny 1971, 1983 und 1985

und Wohnungsbau war bei anderen Infrastruktureinrichtungen eine Lücke entstanden, die die Funktionsfähigkeit der Städte, insbesondere der großen Agglomerationen, außerordentlich stark beeinträchtigt. Zu den gravierenden Problemen gehören die Wasserversorgung, die Abwasserbeseitigung, der Stadt- und Nahverkehr.

Viele Regionen, hauptsächlich die Großstädte, leiden unter Wassermangel. Zu den Hauptbelastungszeiten (morgens und nachmittags) reichen die Kapazitäten der Wasserwerke nicht aus; vor allem die Bewohner höherer Stockwerke müssen oft bis in die späten Abendstunden warten, bis das Wasser „kommt". Das Leitungswasser gleicht nicht selten einer „Brühe" voller Schlamm, Sand und verschiedener anderer Rückstände. Wie aus der Umweltstatistik (1980) hervorgeht, ist das über das öffentliche Netz in die Wohnungen geleitete Wasser zu rund 16% hygienisch nicht einwandfrei. Fast ein Viertel aller kontrollierten Wasserentnahmestellen entsprach überhaupt nicht den hygienischen Anforderungen und rund 32% waren „nicht einwandfrei".

Ein erheblicher Teil der kleinen Städte (unter 5000 Einwohner) verfügt über gar kein Wasser- bzw. Kanalisationsleitungsnetz (1984: 19% bzw. 40% der Kleinstädte). Keine Kläranlagen hatten 1984 413 von insgesamt 812 Städten, davon 97 mit mehr als 10 000 Einwohnern. Darunter befanden sich auch die zwei größten Städte des Landes – Warschau und Lodz.

Die zunehmende flächenhafte Ausdehnung der Städte und die wachsenden Entfernungen zwischen den Arbeits-, Versorgungs- und Wohnstätten stellen immer größere Anforderungen an das öffentliche städtische Verkehrsnetz. Über die öffentlichen städtischen Transportmittel (vor allem Busse und Straßenbahn) werden etwa 90% des Personenverkehrs in den Städten abgewickelt, der Anteil des privaten Pkw-Verkehrs ist gering (Benzin weiterhin rationiert). Da die Zahl der beförderten Passagiere schneller als die Transportkapazität zunahm, gehören stark überfüllte Busse und Straßenbahnen zum Alltagsbild der polnischen Städte. Zwischen 1970 und 1982 stieg z. B. die Zahl der Fahrgäste um 75%, die der Transportmittelkapazitäten nur um 62%.

Ähnliche Versorgungslücken gibt es im Bereich der sozialen Infrastruktur, hier hauptsächlich im Gesundheits- und Schulwesen. Als Beispiel sei hier die Bettenkapazität in den Krankenhäusern genannt. 1983 entfielen in Polen auf 10 000 Einwohner 70 Betten, in Bulgarien 91, in der ČSSR 100 und in der Bundesrepublik Deutschland 109 (1982) Betten.

Die Unterentwicklung der Infrastruktur wird in Polen selbst scharf kritisiert und als ein wesentliches Hindernis des Städtewachstums und der sich infolgedessen nur langsam vollziehenden Veränderungen in den ländlichen Gebieten (z. B. Verbesserung der Agrarstruktur) angesehen.

7.3
Innere Gliederung der Städte

Das räumliche Gefüge der Städte, das als Überlagerung und Verflechtung verschiedener Verteilungsmuster der menschlichen Aktivitäten, der Bevölkerung selbst und den damit verbundenen dauerhaften infrastrukturellen Einrichtungen zu verstehen ist, ist das Ergebnis eines über Jahrhunderte andauernden Entwicklungsprozesses. Die Gründungsperiode und die zu dieser Zeit geltenden Grundsätze baulicher Gestaltung der städtischen Siedlungen, ihrer Funktionen sowie eine spätere Umgestaltung des Grund- und Aufrisses, die Stadterweiterungen, Kriegszerstörungen und gegebenenfalls die Veränderung der früheren Funktionen, haben das ursprüngliche Erscheinungsbild der Städte weitgehend verändert. Die überkommenen Strukturen sind aber noch bis heute wegen ihrer starken Persistenz vielerorts nachzuweisen. Es ist hier allerdings nicht möglich, die Vielfalt der Erscheinungsbilder der Städte darzustellen. Daher sollen nur die markantesten Wesenszüge der polnischen Städte kurz angesprochen und an wenigen Beispielen näher beleuchtet werden.

7.3.1
Funktionsräumliche Gliederung

Die meisten Städte des heutigen Polen wurden zwischen dem 13. und dem 15. Jahrhundert als planmäßige Siedlungen angelegt. Das beherrschende Grundrißelement dieser Städte war der rechteckige oder quadratische Marktplatz; seine Größe entsprach der Bedeutung der jeweiligen Stadt. Die Marktplätze in Breslau und Krakau hatten eine Größe von 200 auf 200 m, in kleineren Städten betrug die Seitenlänge nur einige zehn Meter. Die Hauptstraßen waren auf den Markt ausgerichtet, auf dem sich das Rathaus, die Tuchhallen und Händlerstände, die Waage sowie in der Nähe die Pfarrkirche befanden. Im Gegensatz zu den Städten in Schlesien, in Pommern und im Deutschen Ordensstaat, die seit dem 13. Jahrhundert Wehrmauern erhielten und später häufig mehrmals ummauert wurden, waren die Städte in Kleinpolen selten mit Mauern umgeben. Viele der damals entstandenen Städte, vornehmlich die kleineren, aber auch die Zentren mancher Großstädte (z. B. Krakau und Breslau) haben bis in die Gegenwart die Wesenszüge des ursprünglichen Grundrisses beibehalten. Die im 16. und 17. Jahrhundert vom Hochadel gegründeten Städte wurden als lokale Versorgungs- und Absatzmärkte inmitten großer landwirtschaftlicher Güter oder als Residenzstädte (vor allem in Ostpolen) geplant. Diese kleinen Landstädtchen erhielten neben dem von eingeschossigen Bauten umsäumten Marktplatz weitläufige landwirtschaftliche Nutzflächen, die von den Stadtbürgern bewirtschaftet wurden. Sehr viele dieser Städte, deren Wirtschaftsgrundlagen nicht langfristig gesichert waren, verloren im Laufe der Zeit ihre Stadtrechte. Die Handwerkerstädte, die nach dem 30jährigen Krieg (1618–1648) in Großpolen (an der schlesischen Grenze) entstanden sind, waren meist schachbrettähnliche Anlagen mit einem zentral gelegenen Marktplatz, eingeschossiger Bebauung und bescheidenen öffentlichen Bauten, zu denen relativ große Gartenanlagen gehörten (z. B. Rawitsch und Lissa). Ab dem 16. Jahrhundert wurden die älteren Städte umgestaltet, zu-

nächst im Renaissance- und später im Barockstil (z. B. Warschau und Krakau). Mit der Industrialisierung im 19. Jahrhundert und dem Ausbau des Eisenbahnnetzes setzte ein bis dahin unbekannter Aufschwung im Städtebau ein. Neben der Weiterentwicklung und räumlichen Expansion der älteren, insbesondere der von der Industrialisierungswelle berührten Städte, entstanden auf dem Reißbrett geplante Bergbau- und Textilarbeitersiedlungen; dazu gehören Lodz und die benachbarten Städte sowie mehrere Städte in Oberschlesien.

Nach dem Zweiten Weltkrieg galten in Polen für die Entwicklung der Städte und die Gestaltung des städtischen Raumes neue Prinzipien, die aus der Veränderung der Wirtschaftsordnung und der wachsenden Einflußnahme des Staates bei der Steuerung der wirtschaftsräumlichen Prozesse herrühren. Neben der staatlichen Verfügung über die städtischen Flächen (der Boden ist Staatseigentum) und der Vereinheitlichung der Boden- und Mietpreise beeinflußte vor allem die staatlich gesteuerte Standortwahl für die Industrie und Dienstleistungseinrichtungen sowie den Wohnungsbau die Entwicklung städtischer Teilräume.

Das staatliche Monopol für Boden und Wohnraum schließt die Beteiligung von privaten Trägern im Wohnungsbau und die private Verfügung über den Boden praktisch aus. Mit der Vereinheitlichung der Bodenpreise (nur symbolischer Wert) innerhalb der Stadtgemarkung wurde der Wettbewerb zwischen den unterschiedlichen Formen der Bodennutzung, d. h. beispielsweise Industrie-, Dienstleistungs- und Wohnflächen, ausgeschaltet. Die Aufhebung des „Kern-Rand-Gefälles" der Bodenpreise bedeutet, daß theoretisch z. B. die Industrie ebensogut im Stadtzentrum angesiedelt werden kann, wenn dies notwendig erscheint. Die großdimensionierten neuen Industrieanlagen erforderten allerdings weite Freiflächen, die man in den dichtbebauten Innenstädten heutzutage kaum findet. Es gab aber nach dem Krieg solche Fälle wie z. B. in Breslau, wo zwei Warenhäuser in der Innenstadt in Industriebetriebe umgewandelt wurden. Zu bedenken ist hierbei jedoch der niedrige Stellenwert der tertiären Dienste als städtebildende Funktionen und deren geringe Vielfalt in den sozialistischen Staaten (z. B. bei Versicherungen und Banken). Da neben den Banken und Versicherungen auch der Einzelhandel fast gänzlich verstaatlicht bzw. genossenschaftlich organisiert ist, gibt es anstatt der Kaufleute und Händler einen Distributions- und Handelsapparat, der die Waren im ganzen Land zu einheitlichen Preisen vertreibt. Die Anzahl der Läden, der Spezialisierungsgrad des Warenangebots und auch dessen Reichweite werden nach bestimmten Kriterien, die dem Rang der jeweiligen Stadt in der vom Plan festgelegten Zentralitätshierarchie entsprechen, festgelegt. Sie werden somit kaum von der Nachfrage nach Gütern und Diensten bestimmt. Im Prinzip sollten die Dienstleistungsfunktionen proportional zur Bevölkerungsgröße entwickelt und gleichmäßig im Stadtgebiet verteilt werden. Die Wirklichkeit sah aber häufig anders aus. In Verbindung mit der neuen Wirtschaftsreform sind einige Veränderungen im Gange, so z. B. die größere Beteiligung privater Personen am Handel oder freiere Preisgestaltung.

Die genannten Gründe haben offensichtlich eine Citybildung in den polnischen Großstädten verhindert. Die langsam fortschreitende Sanierung bzw. Modernisierung der alten Bausubstanz (z. B. in Krakau) oder der Ersatz baufälliger Häuser durch für kommerzielle Zwecke bestimmte Gebäude (z. B. der südliche Teil des Stadtzentrums in Lodz), verbunden mit einer Bevölkerungsumquartierung, kann sich allerdings als Ansatz zur Citybildung erweisen. Die Wohnbautätigkeit konzentriert sich gegenwärtig meist auf die Stadtrandzonen, nachdem die infolge der Kriegszerstörungen entstandenen Freiflächen in den innerstädtischen Bereichen bebaut worden sind.

Im „Landes-Raumbewirtschaftunsplan bis zum Jahre 1990" ist eine räumliche Trennung der unterschiedlichen städtischen Funktionen als Leitprinzip der Gestaltung des städtischen Raumes genannt worden. Dadurch sollen, wie es dort heißt „die Kollisionen zwischen den unterschiedlichen Funktionen eliminiert werden, um ein konfliktloses Funktionieren der städtischen Einrichtungen zu ermöglichen". Dabei postulierte man die Bildung von gesonderten Industrievierteln entlang der Hauptverkehrsadern, die von den Wohngebieten durch Grünschutzzonen getrennt werden sollen. Ferner sollen gesonderte Wohnviertel mit einer vielfältigen Bebauungsart und einer guten Verkehrsanbindung an die Arbeits- und Versorgungsstätten entstehen.

Generell ist auch für die polnischen Städte eine vom Kern zur Peripherie hin abnehmende Intensität der Flächennutzung charakteristisch, wobei allenfalls sekundäre Verdichtungen innerhalb der Stadtrandzone in den Neubaugebieten auftreten. Der Differenzierungsgrad und die Komplexität der inneren Struktur der Städte nehmen auch hier mit deren Größe zu.

In einer polnischen Kleinstadt ist die klare räumliche Trennung der verschiedenen Funktionen im allgemeinen wenig ausgeprägt. In Polens alten Kleinstädten mit ihrer langen geschichtlichen Vergangenheit sind allerdings Ansätze zu einer zonalen bzw. ringförmigen Anordnung von unterschiedlichen städtischen Teilräumen erkennbar (Abb. 23). Den Kern der Kleinstadt bildet meist die mittelalterliche Altstadt mit einem zentral gelegenen Marktplatz, um den sich die Mehrheit der Einzelhandelsgeschäfte gruppiert. Es sind vornehmlich Läden mit einem Warenangebot für den täglichen, teilweise auch für den mittelfristigen Bedarf. Während sich die Geschäfte im Untergeschoß befinden, werden die Obergeschosse

Abb. 23: Modell der räumlich-funktionalen Struktur einer Klein- und einer Mittelstadt

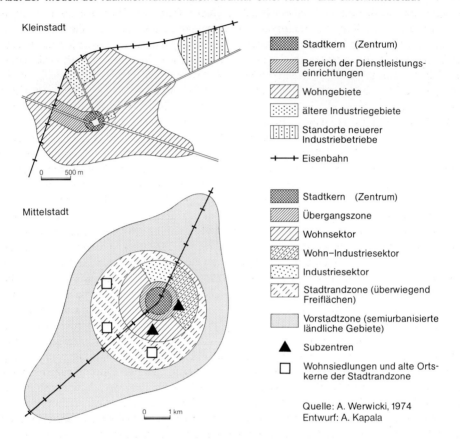

Kleinstadt

▨ Stadtkern (Zentrum)

▨ Bereich der Dienstleistungseinrichtungen

▨ Wohngebiete

⬚ ältere Industriegebiete

▦ Standorte neuerer Industriebetriebe

+—+ Eisenbahn

0   500 m

Mittelstadt

▨ Stadtkern (Zentrum)

▨ Übergangszone

▨ Wohnsektor

▨ Wohn–Industriesektor

⬚ Industriesektor

▨ Stadtrandzone (überwiegend Freiflächen)

▢ Vorstadtzone (semiurbanisierte ländliche Gebiete)

▲ Subzentren

▢ Wohnsiedlungen und alte Ortskerne der Stadtrandzone

0   1 km

Quelle: A. Werwicki, 1974
Entwurf: A. Kapala

für Wohnzwecke genutzt. Der etwaige Wochenmarkt wurde nach dem Krieg aus der Altstadt ausquartiert. Die öffentlichen Einrichtungen (z.B. Schule, Gesundheitsstation, Post u.a.) konzentrieren sich in der Regel im Bereich der neueren, um die Jahrhundertwende oder Anfang dieses Jahrhunderts entstandenen Bebauung, die den Stadtkern, bzw. die Altstadt umschließt, oder sie liegen an der Straße, die den Bahnhof mit der Altstadt verbindet. Die erwähnten Bereiche umgibt ein relativ breiter Wohnring, der sich an der Peripherie entlang der Ausfallstraßen bandartig ausdehnt. Die Bauweise ist hier recht unterschiedlich und reicht von Miets- über Einfamilienhäuser bis zu bäuerlichen Gehöften. Innerhalb des Wohnrings finden sich vereinzelt kleinere Gewerbe- bzw. Industriebetriebe, die meist an der Bahnlinie, nicht selten auch in der Nähe der Altstadt ihren Standort haben. Neuere Industrieanlagen liegen am Stadtrand außerhalb des Wohnrings.

Die polnische Mittelstadt ist – in einer modellhaften Darstellung – aus mehreren mehr oder weniger konzentrisch angeordneten Ringen aufgebaut, in denen die einzelnen Funktionsarten eine unterschiedliche Konzentration bzw. Kombination aufweisen (Abb. 23). Der Stadtkern (Stadtzentrum-Altstadt) nimmt einen relativ kleinen Anteil an der gesamten Stadtfläche ein, zeichnet sich aber durch eine hohe Dichte der Bebauung und der Bevölkerung (9000–16000 Einwohner/qkm) aus. Gleichzeitig konzentriert sich hier mehr als die Hälfte aller Handels- und anderen Dienstleistungseinrichtungen. Typisch für diesen Stadtteil ist also eine Mischung von Dienstleistungs- und Wohnfunktion. Eine Übergangszone läßt sich nicht für jede Stadt ausweisen. Sie fehlt völlig in solchen Städten, die im Krieg sehr zerstört worden sind, oder in solchen, deren räumliche Expansion erst jüngsten Datums ist. Die Größe der Übergangszone ist von Größe, Alter und Bebauungsart der Stadtkerne abhängig. Innerhalb dieser Zone kommt es zur Vermischung von Wohn-, Dienstleistungs- und Industrienutzung, wobei die Wohnflächen mit einer relativ hohen Bevölkerungsdichte (5100–9700 Einwohner/qkm) den größten Anteil haben. Die innere Außenzone (Industrie-Wohnzone) ist der an Fläche und Bevölkerung umfangreichste Teil einer Stadt mittlerer Größenordnung. Diese Zone zerfällt in zwei oder drei Sektoren:

1. Einen gesonderten Industriesektor (wenn ausgebildet). Ist er vorhanden, so konzentriert sich hier in der Regel die Mehrheit aller Industrie- und Lagerflächen der Stadt, die Wohndichte ist gewöhnlich niedrig (300–900 Einwohner/qkm).

2. Einen Industrie-Wohnsektor. Er ist am verbreitetsten und umfaßt bis zu 45% des gesamten Stadtgebietes. Gibt es keinen gesonderten Industriesektor, so liegen in diesem Stadtbereich 50–90% aller Industrieanlagen und Lagerflächen, ansonsten geht hier der Anteil dieser Flächen auf etwa 25% zurück. Bei einer durchschnittlichen Wohndichte von 1200–3000 Einwohner/qkm leben in diesem Stadtteil ca. 17–32% der Bevölkerung.

3. Einen Wohnsektor. Ihn gibt es in jeder Stadt, wobei hier die Einwohnerdichte meist niedriger als im Industrie-Wohnsektor ist. Flächenmäßig sind diese beiden Sektoren aber etwa gleich groß. Manchmal häufen

sich im Wohnsektor die öffentlichen Einrichtungen (Schulen, Krankenhäuser, Verwaltungsgebäude u. a.), die jedoch auch einen gesonderten Komplex bilden können. Für die Stadtrandzone sind noch relativ große unerschlossene Flächen charakteristisch, innerhalb derer einzelne Neubausiedlungen und größere Industriebetriebe ihren Standort haben. Hier wohnen nur etwa 2–5% der Stadtbevölkerung, deshalb ist auch die Einwohnerdichte gering. Die Industrie- und Lagerflächen in dieser Zone stellen dagegen manchmal sogar ein bis zwei Drittel aller dieser Flächen der jeweiligen Stadt.

Die Vorstadtzone liegt außerhalb der Stadtgemarkung. Ihre Größe hängt im wesentlichen von der Größe der betreffenden Stadt und ihrer Rangstellung in der Hierarchie der städtischen Siedlungen ab. Innerhalb der Vorstadtzone, die sich entlang der Hauptverkehrsader weit ins Umland ausdehnt, sind zwei Arten von Flächennutzung zu unterscheiden. In der Mehrzahl sind es „semiurbanisierte" ländliche Gebiete, die häufig von einer nichtlandwirtschaftlichen Bevölkerung bewohnt werden. Einen zweiten, jedoch selteneren Bestandteil der Vorstadtzone bilden selbständige Siedlungseinheiten wie z. B. Industriesiedlungen oder Kleinstädte. Die durchschnittliche Bevölkerungsdichte der Vorstadtzone schwankt zwischen 100 und 400 Einwohner/qkm. Als Kriterium zur Abgrenzung der Vorstadtzone dienen meist die Pendlerströme.

In einer Großstadt sind die einzelnen Nutzungszonen, mit einem generellen Kern-Rand-Gefälle der Nutzungsintensität mehr oder weniger ringförmig angeordnet, wobei die Vorstadtzone entlang der Hauptverkehrsadern bandartig ausgedehnt ist. Diese Einteilung hat eine gewisse Ähnlichkeit mit der inneren Differenzierung der Mittelstädte. Neben den Gemeinsamkeiten gibt es jedoch eine Reihe von Unterschieden, so z. B. das großstädtische multifunktionale Zentrum mit einer überdurchschnittlich großen

Konzentration von Dienstleistungsbetrieben. Inwieweit die zu beobachtende „Entvölkerung" bzw. „Entdichtung" der Stadtzentren von Warschau, Krakau, Breslau und Lodz auch andere Großstädte betrifft, ist noch offen. Die Randzone einer Großstadt ist hinsichtlich der Anzahl und Größe der selbständigen Struktureinheiten (ehemalige Vororte, Industriesiedlungen, neue Wohnkomplexe), die im Laufe der Zeit eingemeindet wurden, stärker differenziert. Damit wäre ein Ansatz zur Bildung von Sub- bzw. Nebenzentren und zu einem weitaus komplizierteren inneren Aufbau der Großstadt vorhanden. Die im Anschluß an dieses Kapitel vorgestellten Beispiele einiger Agglomerationen geben einen näheren Einblick.

7.3.2
Sozialräumliche Differenzierung

In Polen fehlte es bis vor kurzem in der geographischen Stadtforschung an sozialräumlichen Strukturanalysen der Städte, denn dies war, nicht zuletzt aus politischen Gründen, ein unerwünschtes Forschungsthema. Mit der Veränderung der Gesellschaftsordnung und nach dem Übergang zur „klassenlosen" Gesellschaft, in der jedem gleiche Chancen und vergleichbare Lebensbedingungen zugestanden wurden, konnte es theoretisch zu keiner sozialen Differenzierung bzw. Segregation kommen. Die dieses Thema berührenden Untersuchungen, vor allem aus den 60er Jahren, bezogen sich vornehmlich auf die Vorkriegszeit. Vergleicht man aber die großstädtische Bevölkerung nach Ausbildungsstand, Stellung im Beruf oder Alter, so lassen sich in Warschau, Krakau oder Breslau schon auf der relativ großen Stadtbezirksebene deutliche Unterschiede feststellen. Somit liegt die Vermutung nahe, daß diese Unterschiede

auf kleinräumliche Bezugsbasis wesentlich stärker ausgeprägt sind. Die in den 70er Jahren durchgeführten Analysen der sozialräumlichen Struktur einiger Städte wie z. B. Warschau, Breslau, Krakau, Radom und Rzeszów, die sich auf den Stand von 1970 beziehen, geben einen näheren Einblick in diese Problematik.

Die Boden- und Mietpreisunterschiede, die in den Ländern mit einer mehr oder weniger freien Marktwirtschaft zur Differenzierung der Wohnstandorte verschiedener sozialer Gruppen beitragen, hatten in Polen bislang kaum eine Bedeutung, weil in den Städten das vergesellschaftete bzw. staatliche Eigentum an Boden und Wohnraum vorherrscht und die Boden- und Mietpreise (auch in privaten Miethäusern) innerhalb der Städte ausgeglichen waren (seit Anfang der 80er Jahre zeichnen sich gewisse Veränderungen ab). Es gab allerdings eine ganze Reihe anderer landes- und systemspezifischer Faktoren, die dennoch eine differenzierende Wirkung hatten. Hierzu gehören die Art des Wohnungsbaus (kommunal, genossenschaftlich, betriebseigen) und das Wohnungszuteilungsverfahren. Dabei ist die Wohnungszuteilungspraxis ein kaum durchschaubarer Bereich.

Die Zerschlagung des geschichtlich gewachsenen Sozialgefüges in der Nachkriegszeit führte zunächst dazu, daß die Besitzerschicht und das Bürgertum aufhörten zu existieren und die überwältigende Mehrheit der städtischen Bevölkerung zu Arbeitnehmern wurde. Die soziale Position der betreffenden Person bestimmten seither nicht so sehr Kriterien, wie Ausbildungsstand, Stellung im Beruf oder Einkommen, sondern die Zugehörigkeit zu ausgewählten Gruppen, die besondere Privilegien genießen (z. B. Parteifunktionäre, Angehörige der Armee, des Staatssicherheitsdienstes und der Miliz oder Angestellte in bevorzugten Industriebranchen).

Unmittelbar nach dem Krieg übernahmen

die staatlichen Verwaltungsorgane (Wohnungsämter) aufgrund gesetzlicher Bestimmungen die Verfügung über die vorhandenen Wohnraumkapazitäten in den Städten (sog. Zwangsbewirtschaftung des Wohnraums). Die bestehenden Wohnungen wurden nach gleichen Einquartierungsnormen mit einer entsprechenden Zahl von Personen oder Haushalten belegt. Damit erreichte man eine gewisse Angleichung der Wohnsituation unterschiedlicher Bevölkerungsgruppen. Nachdem von Mitte der 50er bis Mitte der 60er Jahre die staatlichen Institutionen zum fast alleinigen Wohnungsbauträger gewachsen waren, sollten auch vergleichbare Wohnbedingungen für alle Bevölkerungsgruppen geschaffen werden. Der Vorrang bzw. die Vergünstigungen bei der Wohnungszuteilung für bestimmte Personenkreise oder für einige Berufgruppen führte zu einer Selektion innerhalb der auf eine Wohnung wartenden Bevölkerung. Das hatte dann eine zunehmende räumliche Segregation bestimmter Gruppen zur Folge.

Die schnell fortschreitende Entwicklung des genossenschaftlich organisierten Wohnungsbaus bei gleichzeitiger drastischer Einschränkung des kommunalen Wohnungsbau ab Mitte der 60er Jahre, spaltete die Stadtbewohner in solche, die es sich leisten konnten, die Kosten für eine Genossenschafts-Miet- oder Eigentumswohnung zu tragen, und in die sozial schwachen Gruppen, die auf eine kommunale Wohnung angewiesen waren. Nachdem die Wohnungsbaugenossenschaften in den 70er Jahren die Hauptlast des Wohnungsbaus übernahmen und Wohnungen sowohl für ihre Mitglieder als auch für verschiedene Betriebe und für die Kommunen zur Verfügung stellten, wurden nicht nur die Wartezeiten für die Mitglieder länger, sondern es begann auch ein Konkurrenzkampf um die vorrangige Behandlung bei der Wohnungszuteilung, um günstigere Standorte und um besseren Standard der Wohnungen. Eine derartige Wohnungspolitik spielte somit – zum Teil unbeabsichtigt – eine wesentliche Rolle bei der Gestaltung sozialräumlicher Strukturen der Städte.

Untersuchungen in einigen polnischen Städten haben ergeben, daß der „soziale Status" und die „Wohnverhältnisse" in engem Zusammenhang stehen (besser ausgestaltete Wohnungen in bevorzugter Lage bewohnen meist höhere soziale Schichten, z. B. Führungskräfte der Wirtschaft und Partei, leitende Angestellte bzw. Akademiker oder auch andere „Privilegierte"). Dabei zeigte sich, daß die Anordnung von Wohnbereichen mit unterschiedlichem sozialen Status im allgemeinen eine zentral-periphere Ordnung aufweisen, die in Großstädten zu einer sektoralen Gliederung der Wohnviertel tendiert. Das zentral-periphere Gefälle des sozialen Status ist vor allem für die Städte typisch, deren Stadtzentren zerstört waren und nach dem Krieg neu aufgebaut oder gründlich saniert bzw. restauriert wurden.

Diese Abfolge kommt beispielsweise sehr deutlich in der Stadt *Radom* zum Ausdruck. Hier bildet das Stadtzentrum mit seinem höherem Wohnstandard ein zusammenhängendes Gebiet, das von Bereichen umgeben ist, in denen der soziale Status der Bewohner zur Peripherie hin (mit unzulänglichen Wohnbedingungen) immer niedriger wird.

In *Krakau* dagegen neigt die Verteilung der Bevölkerung nach dem sozialen Status zu einer eher sektoralen Anordnung. Die höheren sozialen Schichten konzentrieren sich vornehmlich auf die zwei Sektoren westlich und östlich der Altstadt. Dies sind Bereiche von hohem Wohnwert mit einer Villen- bzw. Einfamilienhausbebauung aus der Zwischenkriegszeit. Auch die Altstadt gehört teilweise zu den „statushohen" Wohnvierteln. Bemerkenswert ist aber, daß auch in der „sozialistischen" Stadt Nowa Huta (heute Stadtteil von Krakau) Ansätze zu einer sozialen Segregation erkennbar sind. Die zunächst selbständige Stadt Nowa Huta, die als Werksiedlung geplant war, wurde von Grund auf neu gebaut. Hier wohnten vor allem die Angehörigen des Hüttenkombinats „Lenin". Die homogene soziale Zusammensetzung (vorwiegend vom Lande stammende Arbeiter) der Bevölkerung bildete zunächst einen auffälligen Kontrast zu der Heterogenität der Krakauer Einwohnerschaft. Nach zwei Jahrzehnten (bis 1970) ist es aber auch hier zu einer sozialräumlichen Differenzierung gekommen.

In *Warschau* sind die Innenstadtbereiche ebenfalls bevorzugte Wohngebiete der höheren sozialen Schichten; viele Schriftsteller, Journalisten, Künstler u. ä. wohnen hier. Diese Bevölkerungsgruppen wurden bei der Zuteilung der relativ schnell nach dem Krieg aufgebauten Wohnungen besonders bevorzugt. Dabei können in der Regel die in den 50er Jahren mit staatlichen Mitteln gebauten Wohnbereiche und die Gebiete mit Einfamilienhausbebauung aus der Zwischen- und Nachkriegszeit zu denjenigen mit hohem bzw. sehr hohem sozialen und teilweise hohem ökonomischen Status gezählt werden. Im allgemeinen läßt sich in Warschau, vom Stadtzentrum ausgehend, eine mehr oder weniger ausgeprägte, sternförmige (sektoralbandartige) Anordnung der Wohnbereiche von hohem bzw. sehr hohem sozialen Status beobachten. Zu den „statushohen" Wohngebieten auf dem linken Weichselufer gehören neben der fast ganzen Innenstadt (mit Ausnahme der Viertel Muranów und Powiśle), die Stadtviertel Marymont und Żolibórz Zachodni mit wohlhabender Bevölkerung und die Wohnviertel Babice (Neubausiedlung für Akademiker) sowie Bemowo im Stadtbezirk Wola. Als eine exklusive Wohngegend auf dem rechten Weichselufer gilt ein Teil des Stadtviertels Saska Kępa (Sachseninsel) mit einer Villenbebauung aus der Zwischenkriegszeit. Dies ist ein bevorzugtes Wohngebiet von Diplomaten und auch einige Botschaften sind hier gelegen, u. a. die der Bundesrepublik Deutschland. Durch einen hohen, teilweise einen sehr hohen sozia-

len Status zeichnen sich auf dem Ostufer hauptsächlich die an die Bahnlinie nach Otwock liegenden Wohnbereiche (u. a. ein Teil von Wawer und Falenica) und das Zentrum des Stadtbezirks Praga Północ.

Die Bevölkerung mit dem niedrigsten sozialen Status bewohnt häufig die an die Industrie- und Gewerbeflächen angrenzenden Arbeiterquartiere oder Wohnsiedlungen aus den 60er Jahren. Ein erheblicher Teil dieser Bevölkerungsgruppe rekrutierte sich aus den Zuwanderern vom Lande, die weniger als zehn Jahre in Warschau wohnten. Die Bevölkerung mit niedrigem sozialen Status bewohnt vorwiegend die Peripherie Warschaus. Hier gehört z. B. der überwiegende Teil des Stadtbezirks Praga Północ (Ostufer) zu den sanierungsbedürftigen Arbeiter-Wohnbereichen. Die Peripherie stellt allerdings hinsichtlich der Nutzungsart ein Mischgebiet dar. Hier wechseln sich Wald und landwirtschaftlich genutzte Areale mit Industrie- und Gewerbeflächen ab. Die Siedlungskerne treten hier meist noch als vereinzelte Inseln auf. Im südlichen Teil Warschaus (Moktów, Praga Południe) liegen die meisten Gemüse- und Obstanbauflächen der Stadt. Diese Stadtbereiche sind zugleich bevorzugte Wohngebiete der wohlhabenderen Bevölkerung. Zu dieser Gruppe gehören neben Führungskräften in Partei und Wirtschaft auch die „auf eigene Rechnung Arbeitenden", darunter die Gemüse-, Obst- und Blumenbauern – die sogenannten Gemüse-Millionäre.

Auch in der Stadt *Breslau,* deren Bevölkerung nach dem Krieg vollständig wechselte, ist es in einer relativ kurzen Zeit (bis 1970) zu einer sozialräumlichen Segregation der zugewanderten Bevölkerung gekommen, wenn vielleicht auch nicht so auffällig wie in anderen Großstädten. Die „statushohen" Gebiete sind hier u. a. die Villenviertel aus der Vorkriegszeit (z. B. das sich nordöstlich an die Innenstadt anschließende Gebiet) und die Neubausiedlungen aus den 60er Jahren, südlich der Innenstadt. Arbeiter-Wohnsiedlungen schließen sich an die Industrie- und Gewerbeflächen im Nordosten und Nordwesten der Stadt an. Die Innenstadt selbst zeigt ein heterogenes soziales Gefüge; sozialschwache Gruppen bewohnen die alten Wohnhäuser, die Bevölkerung mit höherem Status konzentriert sich in den neueren Häusern.

In den Städten, die im Krieg nicht zu sehr zerstört worden sind, hat sich nach 1945 eine andere sozialräumliche Ordnung herausgebildet; der soziale Status nimmt vom Zentrum zum Stadtrand hin zu und fällt in Richtung Peripherie wieder ab. Die älteren, nicht modernisierten Wohnbereiche des Stadtzentrums mit unzulänglicher Ausstattung und mangelndem Wohnkomfort werden meist von altansässigen, älteren Bevölkerungsgruppen mit niedrigem Bildungsniveau und Einkommen bewohnt (Beispiel: Płock). In den Neubausiedlungen am Stadtrand konzentriert sich die jüngere Bevölkerung, vorwiegend in Mehrpersonenhaushalten, die nicht selten einen höheren Ausbildungsstand aufweisen und sich oft aus den Zuwanderern rekrutieren. Innerhalb der neuen Wohnbereiche kommt es allerdings häufig zu einer räumlichen Segregation verschiedener sozioberuflicher Gruppen. In den peripheren Bereichen, die zuletzt eingemeindet wurden, geht noch ein erheblicher Teil der Bevölkerung einer Tätigkeit in der Landwirtschaft nach, bzw. verbindet diese mit einer anderen Beschäftigung meist in der Industrie als Arbeiter. Der technische Zustand der Bausubstanz und der Wohnstandard an der Peripherie ist oft niedrig.

8 Die städtisch-industriellen Agglomerationen

Im „Landes-Raumentwicklungsplan bis zum Jahre 1990" wurden neun städtisch-industrielle Agglomerationen als „bereits herausgebildet" ausgewiesen (Abb. 30). Sechs dieser Agglomerationen wurden als „monozentrisch" (Warschauer, Lodzer, Krakauer, Breslauer, Posener und Stettiner), zwei als „bizentrisch" (Danziger und Thorn-Bromberger) und eine als „polyzentrisch" (die Oberschlesische) bezeichnet. Ihre landesweite Bedeutung – vor allem die der Kernstädte – ergibt sich aus der Tatsache, daß sie Brennpunkte des gesellschaftlichen Lebens und Steuerungszentren der politischen und wirtschaftlichen Macht sind. In den Kernstädten, die nicht mehr als 1,3% der Landesfläche ausmachen, leben heute beinahe 25% aller Polen; jeder dritte Beschäftigte hat hier seinen Arbeitsplatz und 35,7% industrieller Arbeitsplätze sind hier konzentriert (Tab. 21). Bezieht man auch das Umland der Kernstädte (jeweils in den Grenzen der gleichnamigen Wojewodschaft) mit ein, so umfassen diese zehn Wojewodschaften ein Fünftel des Staatsgebietes, aber fast rund 41% aller Einwohner, 47% aller Beschäftigten und beinahe die Hälfte aller Industriearbeitsplätze.

Nach 1945 wurden mehrere Versuche zur Abgrenzung der Ballungsgebiete unternommen, wobei es je nach Autor und gewählten Kriterien verschiedene Vorschläge gab. Daher ist eine statistische Kennzeichnung über einen längeren Entwicklungsabschnitt kaum möglich. Da die bei der Gebietsreform 1975 gebildeten Wojewodschaften in etwa an die Grenzen der Stadt- bzw. Wirtschaftsregionen anknüpften, sollen sie in dieser Darstellung als das jeweilige Umland gelten.

Tabelle 21: Städtisch-industrielle Agglomeration 1980

Kernstädte	Fläche (qkm)	Wohnbevölkerung 1980	Veränderung der Wohnbevölkerung 1960/1980		Einwohnerdichte Ew./qkm 1980
			absolut	%	
Oberschlesische Agglomeration					
darunter GOP[1]	1137,9	2 069 903	+357 619	+20,9	1819
ROW[2]	469,1	441 230	+243 796	+81,0	941
Warschau	485,3	1 596 100	+438 204	+37,8	3289
Lodz	214,3	835 700	+125 201	+17,6	3900
Krakau	321,7	715 700	+214 070	+42,7	2225
Danzig Gdingen Zoppot	406,8	744 429	+252 383	+51,3	1830
Breslau	292,8	617 700	+179 338	+40,9	2110
Posen	228,6	552 900	+143 350	+35,0	2419
Stettin	299,9	388 300	+116 859	+43,0	1295
Bromberg Thorn	290,2	523 000	+179 870	+52,4	1802
Agglomerationskerne insgesamt	4146,6	8 484 962	+2 250 690	+36,1	2046
Polen insgesamt	312 683	35 734 900	+5 939 700	+19,9	114
Anteil der Agglomerationskerne	1,33 %	23,7 %	+ 37,9%	–	–

Kernstädte	Beschäftigte 1980 insgesamt[3]	Industrie-beschäftigte[3] 1980	Arbeits-platzdichte je qkm 1980	Industrie-besatz je 1000 Einwohn. 1980
Oberschlesische Agglomeration				
darunter GOP[1]	1 006 499	540 861	884	261
ROW[2]	204 505	128 422	436	291
Warschau	815 037	245 246	1679	154
Lodz	406 898	202 493	1899	242
Kakau	358 620	122 847	1115	172
Danzig, Gdingen und Zoppot	337 383	110 288	829	148
Breslau	290 899	101 392	993	164
Posen	271 755	88 836	1189	161
Stettin	183 360	60 595	611	156
Bromberg und Thorn	253 474	108 081	873	207
Agglomerationskerne insgesamt	4 128 430	1 709 061	996	201
Polen insgesamt	12 205 169	4 787 144	39	134
Anteil der Agglomerationskerne	33,8 %	35,7 %	–	–

Anmerkungen:
1 GOP (Oberschlesisches Industriegebiet) umfaßt 14 Städte: Gleiwitz, Hindenburg, Ruda, Kattowitz, Siemianowitz, Königshütte, Swientochlowitz, Bendzin, Myslowitz, Piekar, Beuthen, Sosnowitz, Czeladz und Dombrowa
2 ROW (Rybniker Steinkohlenrevier) umfaßt 6 Städte: Jastrzemb, Knurow, Leschczin, Rybnik, Loslau und Sohrau
3 vergesellschafteter Wirtschaftssektor.

Quelle: Rocznik Statystyczny Miast 1980, Rocznik Statystyczny 1981, Rocznik Statystyczny der jeweiligen Wojewodschaften 1981

8.1
Warschauer Agglomeration

Warschau ist mit 1,65 Mill. Einwohnern die größte Stadt Polens und zugleich die Kernstadt des zweitgrößten Ballungsgebietes mit insgesamt 2,4 Mill. Einwohnern. Im Gegensatz zur Oberschlesischen Agglomeration, die das „industrielle Herz" Polens bildet, stellt Warschau als Hauptstadt das politische, wirtschaftsleitende, wissenschaftliche und kulturelle Herzstück des Landes dar. Der intensive Industrieausbau nach dem Zweiten Weltkrieg in und um Warschau hat dazu beigetragen, daß der Warschauer Agglomeration auch eine hohe wirtschaftliche Bedeutung zukommt. Mit einem Anteil von 6,0% an der gesamten Industriebeschäfti-

gung und von 6,9% (1984) an der industriellen Wertschöpfung steht die Wojewodschaft Warschau an zweiter Stelle hinter der Oberschlesischen Agglomeration (Tab. 22).
Daß Warschau nach fast totaler Vernichtung während des Zweiten Weltkriegs wieder zur Metropole aufgebaut wurde, ist auf die traditionell enge emotionale Bindung der Polen an ihre Hauptstadt zurückzuführen, die – insbesondere nach der Ausradierung des polnischen Staatswesens von der politischen Karte Europas im 19. Jahrhundert – zum Symbol des Widerstands gegen die fremde Obrigkeit und des Selbstbehauptungswillens der polnischen Nation wurde.

Tabelle 22: Strukturdaten zur Hauptstadt – Wojewodschaft Warschau

Fläche 1984 (qkm)	3788		Wanderungssaldo (in %)		
Bevölkerung 1984 (in 1000)				1980	1984
gesamt	2395,6				
Warschau	1649,0		Warschau	+9,4	+3,5
Umland	746,6		Umland	−1,8	+0,9
davon Städte	470,1				

Bevölkerungsentwicklung
1961–1984 (in 1000)

	1961–1970	1971–1980	1981–1984
Warschau	+187,4 (+16,2 %)	+250,8 (+18,6 %)	+52,9 (+3,3 %)
Umland	+ 84,3 (+14,8 %)	+ 79,6 (+12,2 %)	+23,6 (+3,3 %)

Wohnungsbestand (in 1000)

Warschau (1984)	566,2
Veränderung 1971–1980	+126,7 (+31,1 %)
1981–1984	+ 31,5 (+ 5,9 %)
Umland (1984)	200,0
Veränderung 1971–1980	+ 19,3 (+10,7 %)
1981–1984	+ 13,5 (+ 6,7 %)

Wohnungen 1978 (in %)	Warschau	Umland
mit: Wasserleitung	95,3	54,2
Spül-WC	91,6	48,5
Bad	86,3	48,4
Zentralheizung	84,4	43,6

Erwerbstätige nach Wirtschaftsbereichen
1978 (in 1000)

gesamt	1196,6
Veränderung seit 1970	+152,5 (+14,6 %)
Land- und Forstwirtschaft	79,8
Industrie und Bauwirtschaft	476,2
Veränderung seit 1970	+ 52,4 (+12,4 %)
Dienstleistungen	640,6
Veränderung seit 1970	+105,6 (+19,7 %)

Beschäftigte im vergesellschafteten Sektor
(in 1000)

Warschau (1984)	742,2
Veränderung 1971–1980	+109,0 (+15,4 %)
1981–1984	− 72,8 (− 8,9 %)
Umland (1984)	164,2
Veränderung 1971–1980	+ 13,1 (+ 8,2 %)
1981–1984	− 8,9 (− 5,1 %)

Beschäftigte in Industrie und Bauwirtschaft
– vergesellschafteter Sektor (in 1000)

Warschau (1984)	292,0
Veränderung 1971–1980	+39,0 (+12,7 %)
1981–1984	−54,9 (−15,8 %)
Umland (1984)	71,6
Veränderung 1971–1980	− 8,5 (− 9,5 %)
1981–1984	− 9,6 (−11,8 %)

Tabelle 22: (Fortsetzung)

Führende Industriezweige (Woj. Warschau) Beschäftigte in 1000	1980	1984
gesamt	297,0	265,6
Elektro- und Maschinenbauindustrie	176,0	150,3
Textil-, Bekleidungs- und Lederindustrie	21,5	18,3
Chemische Industrie	20,3	19,1
Nahrungs- und Genußmittelindustrie	20,2	18,6
Metallurgische Industrie	10,3	10,4
Baustoffindustrie	9,2	9,5
Holz- und Papierindustrie	9,2	6,8

Quelle: Rocznik Statystyczny Województw 1981, 1984; Rocznik Statystyczny Stołecznego Wojewodztwa Warszawskiego 1981; Rocznik Statystyczny Warszawy 1974; Rocznik Statystyczny Miast 1980

8.1.1
Grundzüge der Entwicklung bis 1945

Bevor Warschau seit Ende des 16. Jahrhunderts schrittweise hauptstädtische Funktionen übernahm, hatte es eine weitaus geringere wirtschaftspolitische Bedeutung als die Städte Danzig oder Krakau. Seine Geschichte als Stadt beginnt an der Wende des 13. zum 14. Jahrhundert. Die planmäßige Stadtanlage entstand am linken Weichselufer neben einer Burg der masowischen Herzöge (in der Nähe des damaligen Dorfes Warszowa) am Rande einer ca. 26 m tief zur Weichsel abfallenden Hochfläche. Größere Bedeutung erlangte Warschau erst, als die masowischen Herzöge 1406 ihren Sitz von Czersk hierher verlegten. Die Stadt erhielt zahlreiche Privilegien und das Kulmer Stadtrecht (1413). Gleichzeitig entwickelte sich im Norden der Altstadt eine ebenfalls planmäßig angelegte Handwerker-, Bauern- und Fischersiedlung, die sog. Neustadt, die ab 1408 selbständig war und 1447 ebenfalls das Kulmer Stadtrecht erhielt. In dieser Zeit entstanden zwei weitere Vorstädte: Freta und Czerski (die spätere Krakauer Vorstadt). Anfang des 16. Jahrhunderts zählte die Altstadt ungefähr 3600 Einwohner; die Neustadt ca. 1100, und in den Vorstädten lebten ca. 780 Menschen (Krakau hatte im

14. Jahrhundert etwa 10000 Einwohner). Nach dem Tod der letzten masowischen Herzöge wurde das Herzogtum Masowien der polnischen Krone angegliedert.

Aufstieg zur Hauptstadt

Der politisch-wirtschaftliche Aufstieg der Stadt begann, als Warschau nach der Realunion mit Litauen zum ständigen Ort von Sejmzusammenkünften (Reichstage), Königswahlen (ab 1573) und schließlich – zur Zeit des Königs Sigismund III. Wasa – zum Sitz des königlichen Hofes (1596) und der Zentralverwaltung (1611) wurde. Seine Lage inmitten des großen Reiches machte Warschau zum wichtigsten Zentrum im westöstlichen Transithandel. Nachdem Warschau Hauptstadt geworden war, begann eine kontinuierliche Zuwanderung von Adels- und Magnatenfamilien. Mitte des 17. Jahrhunderts hatte Warschau ungefähr 20000 bis 30000 Einwohner (Danzig mit Vorstädten in der ersten Hälfte des 17. Jahrhunderts ca. 70000 Einwohner, Krakau ca. 20000 Einwohner).

Das 17. und 18. Jahrhundert brachte tiefgreifende Veränderungen in der räumlichen Struktur Warschaus mit sich. Mit dem raschen Einwohnerzuwachs wurde die Bebauung innerhalb der mittelalterlichen Mauern immer dichter, bis sie schließlich den zwischen 1621 und 1624 errichteten Befestigungsring, der die Alt- und Neustadt sowie einen Teil der Vorstäde zu einer Einheit verband, sprengte. Die Stadt dehnte sich vornehmlich in südlicher Richtung, entlang der allmählich von der Weichsel zurückweichenden Hochflächenkante aus. Im Schwedischen Krieg, der sogenannten Schwedischen Sintflut (1654–1660), wurde viel Bausubstanz vernichtet (Neustadt und Vorstädte verbrannten, zahlreiche Häuser in der Altstadt und die Wehrmauer wurden zerstört). Aber selbst die großen Bevölkerungsverluste (1659 nur noch ca. 6000 Einwohner) konnten die Weiterentwicklung Warschaus nicht aufhalten. Die Alt- und Neustadt wurden bald wieder aufgebaut. Eine stürmische Entwicklung erfuhren aber vor allem die Vororte und die sogenannten Juridiken (Stadtteile, die zum Privateigentum von Adel oder Klerus gehörten und nicht der Gerichtsbarkeit der Städte unterlagen). Sie stellten nicht nur eine beträchtliche Konkurrenz für die in der Alt- und Neustadt ansässigen Handwerker dar, sondern beschnitten auch lebenswichtige Interessen des Bürgertums.

Dadurch verlor die Altstadt – das Zentrum des Bürgertums – ihre Bedeutung als funktionaler Mittelpunkt der Stadt. Die Verlagerung des Handels- und Kulturschwerpunktes auf andere Stadtteile teilte die Stadt de facto in eine Bürger- und Adelsstadt. Das neue Handels- und Geschäftszentrum entstand in der Gegend des heutigen Theaterplatzes, wo zwischen 1691 und 1695 von der Königin gestiftete Markthallen, die sogenannten Marywil, gebaut wurden.

Eine großzügige Grundrißgestaltung erhielt Warschau unter der Herrschaft der Sachsenkönige; August II. (1713–1730) schuf die nach ihm benannte Oś Saska (Sächsische Achse) mit Barockpalästen und -gärten. Mit der breiten, gerade nach Süden führenden Allee (Aleje Ujazdowskie), der Verlängerung des Traktes Krakowskie Przedmieście – Nowy Świat (Krakauer Vorstadt – Neue Welt), wurde eine entscheidende Achse für die spätere Entwicklung der Südstadt hergestellt. Auch in nachfolgenden Jahren wurde die Umgestaltung fortgeführt (u. a. Anlage der Marszałkowska Straße). Während der Regierungszeit des letzten Königs Stanisław August Poniatowski (1764–1795) wurden neue Straßen und Plätze im Sternsystem angelegt (u. a. die Plätze: Na Rozdrożu, Zbawiciela und Unii Lubelskiej), die jedoch erst im 19. Jahrhundert bebaut wurden. 1770 erhielt die Stadt einen neuen Befestigungsgürtel, der ein Stadtgebiet (ohne Praga) von ca. 1500 ha umgrenzte. Damals verloren auch die Juridiken ihre Selbständigkeit und wurden teilweise durch den Befestigungsring an Warschau angegliedert. Nach 1775 begann man mit der Errichtung des Łazienkowski-Parks (Park Łazienkowski). Südwestlich der Altstadt (zwischen Marszałkowska und Krakowskie Przedmieście) entwickelte sich das neue Geschäftszentrum mit eleganten Geschäften, Hotels und anderen Einrichtungen. Ende des 18. Jahrhunderts zählte Warschau ca. 100000 Einwohner und war zum wirtschaftlichen und kulturellen Zentrum des Landes geworden. Zur Zeit der regen Bautätigkeit im 18. Jahrhundert zogen viele ausländische Architekten, Handwerker, Bildhauer und andere Künstler nach Warschau. Einer von ihnen, Bernardo Belotto (genannt Canaletto), hat in seinen Bildern das Warschau des 18. Jahrhunderts festgehalten. Sie dienten nach dem Zweiten Weltkrieg als Vorlage bei der Rekonstruktion vor allem der Altstadt, der Krakowskie Przedmieście und der Nowy Świat.

Die Zeit der Teilungen und der Industrialisierung

Nach 1815 erfüllte Warschau zwar weiterhin hauptstädtische Funktionen, jedoch nur für das kleinere Gebiet Kongreßpolens

(Kap. 1.3). Das schnelle Bevölkerungswachstum war ein wesentlicher Impuls des
wirtschaftlichen Aufschwungs; 1816 zählte
Warschau ca. 81000, 1830: 143000 und 1866
ca. 243000 Einwohner. In dieser Zeit wandelte sich auch weiterhin das Erscheinungsbild der Stadt. Die mittelalterlichen Stadt-
mauern, die Rathäuser der Alt- und Neustadt wurden abgetragen, man legte Reprä-
sentationsplätze (z.B. Schloßplatz), neue
Verkehrsachsen (z.B. die West-Ostachse:
Aleje Jerozolimskie) an, zahlreiche öffentliche Gebäude wurden gebaut. In den 20er
Jahren des 19. Jahrhunderts wurden die südlichen und südöstlichen Vororte eingemeindet (ca. 160 ha). Nach dem Novemberauf-
stand (1830) wurde eine weitere räumliche
Expansion Warschaus durch die Errichtung
eines Festungsrings und einer Zitadelle
(1832–1836) im Norden der Stadt eingeschränkt.
Gleichzeitig aber erlebte das Gewerbe einen
Aufschwung. In und um Warschau entstanden zahlreiche Manufakturen vor allem des
Textil-, Leder- und Pelzverarbeitungsgewer-
bes, der Metallverarbeitung und der Chemie. Ein weiterer Wachstumsimpuls ging
vom Bau der Eisenbahnlinien aus, die Warschau mit Oberschlesien (durch die Warschauer-Wiener Bahn 1845–1848) und den
russischen Absatzmärkten (mit St. Petersburg 1862 und Moskau 1866) verbanden.
1876 wurde die Ringeisenbahnstrecke eröffnet, die über eine Eisenbahnbrücke die Verbindung zwischen Warschau und dem rechts
der Weichsel liegenden Vorort Praga schuf.
Eine feste Brücke für den Straßenverkehr
gab es seit 1864 (most Kierbedzia). Warschau erhielt allerdings keinen seiner Bedeutung entsprechenden Zentralbahnhof,
sondern nur eine Anzahl von kleineren Ein-
zelbahnhöfen, vor allem deshalb, weil es
zwei verschiedene Bahnsysteme gab. Am
rechten Weichselufer wurden dem russischen System angepaßte Breitspurlinien be-
nutzt, am linken Normalspurlinien.

Nach der Bauernbefreiung (1864) strömten
immer mehr Menschen nach Warschau. Einen großen Anteil an diesen Zuwanderern
stellte die aus den westlichen Gouverne-
ments Rußlands stammende jüdische Bevölkerung, die sich im Zarenreich nur in zwei
Großstädten niederlassen durfte. 1866 lebten in Warschau ca. 243000 Menschen,
1888: 385000, 1894: 524000 und 1897 schon
597000. Mit der massenhaften Zuwanderung der Bevölkerung vom Lande und der
industriellen Entwicklung wandelte sich die
Sozialstruktur der Bewohner. Ein Teil der
wohlhabendsten Adelsfamilien verließ Warschau. Die verbliebene Adelsschicht, durch
Bauernbefreiung und Enteignungen wirtschaftlich geschwächt, zunehmend von Industriellen, Bankiers und Kaufleuten von ihrer
gesellschaftlichen Position verdrängt, begann die Reihen der Intelligenz zu stärken.
In dieser Zeit gewann auch das Kleinbürger-
tum an Bedeutung. Den größten Zuwachs
allerdings erfuhr die Gruppe der lohnabhän-
gigen Fabrikarbeiter und des Dienstperso-
nals.
1870 gab es in Warschau 250 Fabriken, die
ca. 5800 Arbeiter beschäftigten, 1914 dagegen schon 1690 Fabriken mit ca. 80200 Arbeitern. Warschau war nach Lodz die zweitgrößte Industriestadt Kongreßpolens, in der
sich zu Beginn des 20. Jahrhunderts 17%
aller Fabriken und 18% aller Arbeiter konzentrierten; darunter 85% aller Arbeiter der
Bekleidungsbranche, 70% der Druckindustrie, 55% der metallverarbeitenden Branchen, 53% der Leder- und 48% der chemischen Industrie. Im Handwerk (ohne das
nichtorganisierte) erhöhte sich die Beschäftigtenzahl von ca. 15000 (1866) auf 53000
(1894). Zu den führenden Handwerksbran-
chen gehörten die Konfektionsherstellung
mit ca. 62% aller Beschäftigten und die Nah-
rungs- und Genußmittelproduktion mit ca.
12% aller Handwerksbeschäftigten. Die
Zahl der im Handel Tätigen hatte sich zwischen 1882 und 1897 von ca. 15000 auf

30000 verdoppelt. In Handwerk und Handel waren die Juden besonders stark vertreten. Gleichzeitig entstanden rund um Warschau mehrere kleinere mit Warschau kooperierende Industriezentren (1913 mit ca. 35000 Beschäftigten), die gemeinsam mit Warschau den Warschauer Industriebezirk bildeten.

Mit dem außerordentlich großen Bevölkerungszuwachs war der Ausbau der Stadtviertel im Norden und Westen verbunden, wo große Mietskasernen-Siedlungen mit einer hohen Anzahl kleiner und kleinster Wohnungen entstanden. Da durch die Befestigungsanlagen der Ausdehnung der Stadt Grenzen gesetzt waren, mußte auf möglichst engem Raum und in die Höhe gebaut werden. 1863 waren ca. 13% der Gebäude höher als drei Stockwerke, 1914 schon 55%. Viele Park- und Gartenanlagen fielen in dieser Zeit der Bebauung zum Opfer.

Bis zur Mitte des 19. Jahrhunderts war das Stadtviertel Powiśle am stärksten industrialisiert, in den 70er Jahren des 19. Jahrhunderts wurde es in dieser Hinsicht von dem westlichen Stadtviertel Zachodnia Dzielnica Przemysłowa abgelöst. Um die Jahrhundertwende siedelte sich die Industrie am rechten Weichselufer und im westlichen Stadtviertel Wola an.

Für die Entwicklung des Vorortes Praga hatte die Errichtung der Ringbahn und der Eisenbahnbrücke (1875) eine außerordentlich wichtige Bedeutung. Praga ist dadurch zum Hauptumschlagsplatz aller über Warschau nach Rußland gehenden Exportgüter geworden, die hier von Waggons der Normalspur auf die der Breitspur umgeladen werden mußten. Dafür wurden Güter- und Rangierbahnhöfe errichtet. In deren Nähe siedelten sich zunehmend Industriebetriebe an, die zur Entstehung ganzer Fabrikviertel führten, so z.B. Nowa Praga, Targówek Fabryczny und Kamionek Fabryczny.

Die industrielle Entwicklung trieb auch den Ausbau der technischen Infrastruktur voran, die sich aber im wesentlichen auf die zentralen Stadtbereiche beschränkte. Ein Teil der Innenstadt erhielt Wasserleitungen (1855), Kanalisation (1864–1872) und Gasbeleuchtung (1856–1857), ein zweites Gaswerk wurde 1888 erbaut. 1866 nahm die Pferdestraßenbahn den Betrieb auf, 1881 die Telefonzentrale, 1903 ein Elektrizitätswerk, 1908 die elektrische Straßenbahn. 1913 wurde die dritte Weichselbrücke (most Poniatowskiego) fertiggestellt.

Die wirtschaftsräumliche Ausgestaltung Warschaus wurde im wesentlichen bis zum Ende des 19. Jahrhunderts vollendet. Die einzelnen Stadtviertel waren: die Alt- und Neustadt, Muranów (ein jüdisches Viertel), das Industrieviertel Praga und das innerstädtische Viertel (Śródmieście). Innerhalb der Innenstadt zwischen den Verkehrsadern Krakowskie Przedmieście – Nowy Świat und der Marszałkowska Straße kristallisierte sich im 19. Jahrhundert das wirtschaftliche Zentrum Warschaus heraus, das sich auch auf mehrere benachbarte Plätze und Querstraßen ausdehnte, mit der Marszałkowska als Hauptgeschäftsstraße. Der zwischen Marszalkowska Straße und dem Nowy Świat Trakt liegende Teil des Stadtzentrums mit den Plätzen Bankowy, Napoleona und Wareckiego stieg im 19. Jahrhundert zur Warschauer City auf. Hier konzentrierten sich politische, wirtschaftliche und kulturelle Einrichtungen (Banken, Hotels, Kaufhäuser, Restaurants, Vergnügungslokale u.a.). Die Altstadt, die schon seit Ende des 17. Jahrhunderts als wirtschaftliches Zentrum an Bedeutung verlor, füllte sich mit Kleinhandwerkern und Händlern. Die Proletarisierung der Altstadt spiegelte sich im beklagenswerten technisch-sanitären Zustand der dortigen Bauten wider. Um die Altstadt vor dem völligen Verfall zu retten, entstand 1906 eine Gesellschaft für Denkmalspflege, auf deren Initiative die baufälligen Häuser instand gesetzt wurden. Die Altstadt begann zunehmend in Künstlerkreisen als Wohngebiet an Image zu gewinnen.

Obwohl Warschau zum bedeutendsten

Wirtschaftszentrum Kongreßpolens geworden ist, verlor es nach der Autonomieaufhebung Kongreßpolens (1864) und infolge zaristischer Repressionen seine führende Position als kulturelles Zentrum. Diese Funktion übernahmen die im österreichischen Teilungssektor liegenden Städte Krakau und Lemberg. Warschau dagegen wurde zum Symbol des nationalen Widerstandes gegen die fremde Obrigkeit. Hierbei sei an den Kościuszko-Aufstand (1794), den November-Aufstand (1830) und den Januar-Aufstand (1863) erinnert, Erhebungen, die alle von Warschau ausgingen.

Der Erste Weltkrieg bedeutete einen wirtschaftlichen Niedergang. Durch Demontagen von Industrieanlagen und deren Abtransport nach Rußland wurden der Industrie schwere Schäden zugefügt. Die Zahl der Industriebeschäftigten sank infolgedessen von über 80 000 (1914) auf nur noch 20 000 (1915). Auch das Verkehrsnetz wurde stark zerstört. Die Bevölkerungsverluste schätzte man auf ca. 200 000 Menschen (1914 ca. 885 000 Einwohner).

Hauptstadt eines souveränen Staates

Nach dem Ersten Weltkrieg wurde Warschau erneut Hauptstadt eines unabhängigen Polens. Im Zuge der Organisation des neuen Staatswesens entstanden in Warschau zentrale Verwaltungs-, Kultur- und Wirtschaftsinstitutionen. Die Infrastruktur und die Industrie wurden schrittweise wieder aufgebaut bzw. weiterentwickelt. Auch das äußere Erscheinungsbild der Stadt veränderte sich. Nach der Beseitigung der Befestigungsanlagen wurde 1916 das Stadtgebiet beträchtlich erweitert (von 33 auf 115 qkm), was mit einem Bevölkerungszuwachs von 109 600 Personen verbunden war. Die städtebauliche Umgestaltung Warschaus knüpfte an den schon 1916 entstandenen Plan an, der 1931 verbindlich wurde. Diesem Plan

entsprechend wurden z. B. die Eisenbahnlinie unter der Innenstadt und der neue Hauptbahnhof (1933–1939) gebaut, ferner wurden die Eisenbahnstrecken rechts der Weichsel auf Normalspur umgestellt, das Eisenbahnnetz erweitert und teilweise elektrifiziert. Geplant war auch der Bau einer U-Bahn. Neues Bauland gab es in den eingemeindeten Gebieten: Żolibórz, Mokotów, Ochota und Aska Kępa, wo neue Wohnsiedlungen entstanden. Trotz einer relativ regen Wohnbautätigkeit besonders in der zweiten Hälfte der 30er Jahre, konnte diese mit dem rasanten Bevölkerungswachstum nicht Schritt halten. 1918 lebten in Warschau ca. 667 000, 1921: 937 000 und 1939 fast 1,3 Mill. Menschen. Im Durchschnitt entfielen 1931 auf einen qkm 9930 Personen (Berlin 1925: 4554), und in den besonders eng bebauten innerstädtischen Gebieten wohnten über 21 000 Personen auf einem qkm.

Die Warschauer Industrie hatte in den 30er Jahren ca. 100 000 Beschäftigte, wobei die metallverarbeitende Branche mit ca. 47% eine dominierende Rolle spielte. Seit dieser Zeit trat auch der Staat zunehmend als Unternehmer auf. Ihm gehörten u. a. Rüstungswerke, neugebaute Telefon- und Radiotechnische Werke (1931) und eine Flugzeugmotorenfabrik. Die staatliche Industrie beschäftigte 1938 ca. 25% aller Industriearbeitskräfte.

Die Industriebetriebe konzentrierten sich auf das westliche Industrieviertel (ca. 35% aller Industriebeschäftigten). Hinzu kam, daß der Stadtteil Praga, vor allem wegen seiner Nähe zum Ostbahnhof und seines preiswerten Baulands, eine immer größere Bedeutung als Industriestandort gewann. Kurz vor dem Zweiten Weltkrieg konzentrierten sich hier 14% aller Industriearbeitsplätze. In kleineren Gruppierungen traten Industriebetriebe in den Stadtvierteln Wola, Czyste und Koło auf, die die räumliche Verteilung der Arbeiterwohnquartiere im Stadtgebiet beeinflußten.

1939 gab es in Warschau ca. 65000 Handwerksbetriebe (etwa 150000 Beschäftigte), von denen sich ungefähr ein Viertel in den Händen der jüdischen Bevölkerung befand. Die Juden stellten etwa ein Drittel der Warschauer Einwohnerschaft. Entscheidend für die räumliche Verteilung der Juden in Warschau war nicht, wie in anderen Städten, ihre kulturelle Eigenart, sondern ihr sozio-ökonomischer Status (P. Węcłowicz, 1975). Die meisten Juden wohnten westlich der Altstadt (Stadtteil Muranów), allerdings nur die Armen und Ärmsten. Die wohlhabenderen jüdischen Familien (z. B. Juristen und Ärzte) wohnten in bevorzugten Stadtvierteln.

Der Ausbau des Warschauer Eisenbahnknotens, mit radial von Warschau aus verlaufenden Vorortbahnstrecken beeinflußte nicht nur die Bevölkerungsverteilung im Umland, sondern auch die Gestaltung der wirtschaftsräumlichen Struktur der gesamten Warschauer Agglomeration. An der nach Südwesten verlaufenden Eisenbahnstrecke entstanden schon im 19. Jahrhundert Industriestädte wie: Pruszków, Grodzisk Mazowiecki und Żyrardów. An der nordöstlichen Radialachse gruppierten sich die Industriesiedlungen: Zielonka, Kobyłka, Wołomin und Tłuszcz. In südöstlicher Richtung entlang der Bahn nach Otwock entstanden auf dem rechten Weichselufer zahlreiche Sommerfrische-Kolonien, wo die wohlhabenderen Warschauer Bürger ihre Land- bzw. Ferienhäuser errichteten.

Der Wohnungsmangel in Warschau, hohe Mietpreise sowie die relativ günstigen Nahverkehrsverbindungen haben dazu beigetragen, daß sich immer mehr Menschen vor den Stadttoren Warschaus ansiedelten und nur zur Arbeit nach Warschau fuhren (1935 ca. 73000, d.h. 10% der in Warschau Beschäftigten). Davon zeugt auch die Entwicklung der Einwohnerzahl von 1921 bis 1931 in Warschau und im damaligen Landkreis Warschau; in der Hauptstadt stieg die Bevöl-

kerungszahl um 25,8%, im Umland dagegen um 79,4%. Auf dem Gebiet der heutigen Wojewodschaft Warschau wohnten kurz vor dem Zweiten Weltkrieg ca. 1,9 Mill. Menschen, davon etwa 1,3 Mill. in Warschau.

Der Zweite Weltkrieg und seine Folgen

Mit dem Ausbruch des Zweiten Weltkriegs begann das tragischste Kapitel der polnischen Geschichte und der Stadt Warschau. Schon wenige Tage nach Kriegsanfang fiel Warschau in die Hände der deutschen Truppen (Kapitulation am 28. 9. 1939). In den ersten Kriegstagen wurden ca. 14% der Bausubstanz zerstört, die nationalen Kunstschätze beschlagnahmt und größtenteils außer Landes geschafft.

Im November 1940 wurde westlich der Altstadt ein ca. 400 ha großes Judenghetto eingerichtet. Nach der Judenumsiedlungen aus anderen Teilen des Landes stieg die Einwohnerzahl auf über 0,5 Mill. an. Somit war das Warschauer Ghetto das größte in Ostmitteleuropa. In eineinhalb Jahren starben dort am Hunger und infolge schlechter sanitärer Verhältnisse rund 100000 Menschen. Im Zuge der Ghettoauflösung wurden im Sommer 1942 ca. 310000 Juden in das Konzentrationslager Treblinka deportiert. Im April 1943 kam es im Ghetto zum Aufstand, in dessen Verlauf ca. 60000 Menschen ums Leben kamen. Nach der Niederschlagung des Aufstands wurde das Ghettogebiet dem Boden gleichgemacht.
Angesichts der sich Warschau nähernden Ostfront und in der Hoffnung auf Hilfe von der Roten Armee begann am 1. August 1944 der Warschauer Aufstand. Organisiert worden war er von der Landesarmee (Armia Krajowa), die der Exilregierung unterstand; das moskautreue Lager repräsentierte die in der Sowjetunion gebildete Volksarmee (Armia Ludowa). Der Aufstand dauerte 63 Tage (bis zum 2. Oktober) und wurde von den SS-Truppen brutal niedergeschlagen. Die Rote Armee, die seit dem 14. 9. 1944 am rechten Weichselufer in Praga stand, leistete keine Hilfe; sie ließ die Aufständischen ausbluten, indem sie den alliierten Streitkräften, die Hilfe bringen wollten, die Landeerlaubnis auf dem von ihr eingenommenen Gebiet verweigerte. Auf diese Weise hatte man sich eines Teils der politischen Opposi-

tion entledigt. Die Bilanz des Aufstandes: 170000 Tote (darunter ca. 150000 aus der Zivilbevölkerung) und mehrere Tausend Verletzte.

Die Antwort der deutschen Besatzungsmacht auf den Warschauer Aufstand war eine fast gänzliche Vernichtung des am linken Weichselufer liegenden Stadtteils. Etwa 80% der Bausubstanz und ca. 90% der Baudenkmäler lagen in Schutt und Asche. Insgesamt sind schätzungsweise 850000 Einwohner Warschaus ums Leben gekommen, davon ca. 400000 in der Stadt selbst und ca. 450000 in Konzentrationslagern.

8.1.2
Wiederaufbau und städtebauliche Neugestaltung

Am 17.1.1945 wurde Warschau von der Roten Armee eingenommen. Die auf dem linken Weichselufer gelegenen zentralen Stadtviertel wie Altstadt, Krakowskie Przedmieście, Nowy Świat und Muranów (Ghettogebiet) waren völlig zerstört, während die auf dem rechten Ufer und an der Peripherie gelegenen Stadtteile mit einem geringeren Wohnstandard zum großen Teil erhalten geblieben waren. Bei Kriegsende lebten in Warschau nur noch 162000 Menschen, davon 22000 am linken Weichselufer. Der starke Rückstrom der Bevölkerung nach Warschau – von Januar bis Mai ist deren Zahl links der Weichsel von 22000 auf 185000 angewachsen – sowie die Tatsache, daß noch zwei Drittel der unter- und oberirdischen Einrichtungen der technischen Infrastruktur erhalten geblieben waren, führten, abgesehen von der emotionalen Seite, zu der Entscheidung, die Hauptstadt wieder aufzubauen.

Im Februar 1945 wurde ein Büro für den Wiederaufbau der Hauptstadt (poln. Biuro Odbudowy Stolicy; Abk. BOS) gegründet. Dieses hatte bereits im März den Entwurf des Generalwiederaufbauplans und die Richtlinien der Städtebaupolitik erarbeitet. Die ganze Bevölkerung wurde zu Spenden aufgerufen. Anschließend gründete man den sogenannten Gesellschaftlichen Fonds für den Wiederaufbau der Hauptstadt (poln. Społeczny Fundusz Odbudowy Stolicy), der u.a. mit Geldern, die aus den Lohn- bzw. Gehaltsabzügen der Beschäftigten stammten, aufgefüllt wurde. Um Hilfe beim Wiederaufbau wurde auch im Ausland geworben, u.a. in Schweden und in den USA, wo z.B. eine Ausstellung unter dem Motto: „Warschau lebt wieder" gezeigt wurde.

Den planmäßigen Wiederaufbau ermöglichte ein Gesetz, nach dem ab Oktober 1945 sämtlicher Boden in den damaligen Stadtgrenzen in staatliches bzw. kommunales Eigentum überführt wurde. Nachdem die Trümmer beseitigt und die Versorgungsleitungen repariert waren, begann man zunächst mit der Rekonstruktion der wichtigsten historisch wertvollen Baukomplexe. 1947 wurde z.B. mit dem Wiederaufbau der Häuser und Paläste in Krakowskie Przedmieście und Nowy Świat sowie der Alt- und Neustadt begonnen. 1958 war die historisch getreue Rekonstruktion der genannten Baukomplexe im wesentlichen abgeschlossen.

Die Altstadt erhielt dann zum Teil neue Funktionen: neben Wohnungen entstanden in den rekonstruierten Gebäuden Museen, Ausstellungsräume, Restaurants, Kunstgewerbe- und Andenkengeschäfte für die Touristen. Das Geschäftsleben Warschaus spielt sich, wie früher, zwischen dem ältesten Trakt (Krakowskie Przedmieście – Nowy Świat) und der Marszałkowska Straße (weiterhin Hauptgeschäftstraße) ab, wo mit Geschäften des gehobenen Bedarfs noch etwas vom früheren Glanz bewahrt worden ist. Nördlich der West-Ost-Achse (Aleje Jerozolimskie) begann man ab Mitte der 60er Jahre mit der Bebauung der Ostseite der Marszałkowska Straße (sog. „Ostwand"). In den errichteten Hochbauten wurden Büros, Geschäfte, Kaufhäuser, Restaurants, Kinos, Theater und Hotels untergebracht. Die „Ostwand" bildet das neue Geschäfts- und Handelszentrum der Innenstadt. Zu diesem Baukomplex gehören auch acht elfstöckige Wohnhäuser. Auf der Westseite der Marszałkowska Straße steht, an einem großzügig angelegten Platz, der anläßlich staatlicher Feiertage bzw. Parteitage als Aufmarschplatz dient, der „Kultur- und Wissenschaftspalast“. Der in den Jahren 1952 bis 1955 im spätstalinistischen Repräsentationsstil „als Geschenk der Sowjetunion“ errichtete Palast beherbergt wissenschaftliche und kulturelle Institutionen, Geschäfte und Freizeiteinrichtungen. Dieses riesige 234 m hohe und 38 Stockwerke zählende, unter den Warschauern recht unbeliebte Gebäude, beherrschte über mehrere Jahre völlig das Stadtbild, bis seine Dimensionen durch die Errichtung von Wohnhäusern mit mehr als 20 Stockwerken relativiert worden sind.

Den gleichen Stil wie der „Kulturpalast“ weist die in den 50er Jahren entstandene Marszałkowska Wohnsiedlung (poln. Abk. MDM) auf. In den 50er Jahren wurde das Gebiet des ehemaligen Ghettos aufgebaut und dann in den 60er Jahren ein Teil der noch vorhandenen Freiflächen in der Innenstadt vorwiegend mit Hochhaussiedlungen versehen. In den 70er Jahren erbaute man westlich des „Kulturpalastes“ an der Aleje Jerozolimskie den Zentralbahnhof, um den bald ein neues Geschäftszentrum entstehen soll. Der historische Baukomplex der Altstadt wurde durch das in den 70er Jahren wiederaufgebaute Königsschloß ergänzt.

Der Schwerpunkt des Wohnungsbaus hatte sich seit 1960 zunehmend auf den Stadtrand verlagert, wo ältere Wohnviertel aus der Vorkriegszeit oder die wenigen aus den 50er Jahren weiter ausgebaut wurden. Daneben entstanden meist neue große Hochhaus-Wohnkomplexe, die sich immer weiter zur Stadtperipherie hin ausdehnen. Zu solchen riesigen Wohnsilos, die Dimensionen von Mittel- und Großstädten annehmen, gehört beispielsweise die Siedlung Bródno (Stadt-

bezirk Praga Północ) aus den 60er Jahren, in der 70 000 Menschen leben. Mit ihrer dichten, monotonen Bebauung vermittelt sie einen ebenso trostlosen Eindruck wie der Wohnkomplex Ursynów-Natolin (südlicher Teil des Stadtbezirks Mokotów), der 160 000 Menschen beherbergen soll und wo schon Anfang der 80er Jahre in noch teilweise unverputzten Häusern über 120 000 Personen lebten. Eine weitere Großsiedlung entsteht auf dem Gebiet des ehemaligen Sportflughafens im Stadtteil Gocław. Es gibt auch Beispiele für etwas großzügiger geplante Wohnviertel, wie sie z. B. im Stadtbezirk Żolibórz zu finden sind.

Bei der räumlichen Neugestaltung Warschaus kam der Verkehrsplanung eine wichtige Bedeutung zu, die angesichts der vorhandenen Freiflächen gerade im innerstädtischen Bereich großzügiger ausfallen konnte. So baute man außerhalb der historischen Kerne breite Ost-West- und Nord-Süd-Achsen, die zwar an das ehemalige Schachbrettmuster anknüpften, den Innenstadtbereich jedoch nicht mit einem dichten, engen Straßennetz überzogen. Die bestehenden drei Ost-West-Achsen wurden in den 70er Jahren durch eine weitere (sog. Trasa Łazienkowska) ergänzt. Die größte verkehrsbauliche Investition wird die geplante neue Ost-West-Achse (sog. Trasa Toruńska) mit einer Brücke über die Weichsel, als Verlängerung der Toruńska Straße (in Praga) darstellen. Eine wesentliche Entlastung der das Stadtzentrum durchquerenden Nord-Süd-Verkehrsader (Marszałkowska und Marchlewskiego Straße) brachte die in den 70er Jahren gebaute Schnellstraße am linken Weichselufer (sog. Wisłostrada). Schließlich soll auch der seit Jahrzehnten geplante Bau der U-Bahn mit sowjetischer Hilfe realisiert werden (hierzu ein Kooperationsvertrag vom April 1983).

Da das wiederaufgebaute Warschau nicht nur ein politisches, kulturelles und wissenschaftliches Zentrum des Landes, sondern auch wieder ein wichtiges Industriezentrum werden solle, kam dem Aufbau bzw. Erweiterung der Industrie eine große Bedeutung zu. Im Zuge der Neugestaltung der innerräumlichen Struktur Warschaus kam es deshalb auch zu Änderungen bei den Industriestandorten. Bei der Raumentwicklungsplanung verfolgte man nun zunächst das Ziel der Entmischung der Wohn- und Industriebereiche. In jüngerer Zeit ist man allerdings von dieser Konzeption der strikten Trennung wieder etwas abgerückt und will nun die kleineren, weniger umweltbelastenden Industriebetriebe in der Nähe der Wohnbereiche belassen. Ein Beispiel für einen Funktionswandel vom Industrie- zum Wohngebiet bietet das im innerstädtischen Bereich liegende älteste Industrieviertel Warschaus, Powiśle. Die heutigen Industrieviertel knüpfen teilweise an die vor dem Krieg bestehenden an, so wie z. B. Wola, Okęcie, Kamionek und Targówek oder entstanden völlig neu auf ehemals landwirtschaftlich genutzten Flächen, wie z. B. Służewiec, Młociny und Żerań. Die Standorte der neuen Industriebetriebe haben sich im Nachhinein zum Teil als nicht besonders günstig erwiesen, wie z. B. der Standort des Stahlwerks „Warszawa" im nördlichen Bereich des Stadtbezirks Żoliborz (Młociny), der heute die (gerade von den Stadtplanern bevorzugte) räumliche Ausdehnung Warschaus blockiert. Die Hütte behindert den Zugang zum nordwestlich von Warschau liegenden Nationalpark Kampinos-Heide und belastet zudem die Umwelt dieses Naturschutzgebietes sowie die naheliegenden Wohnviertel erheblich.

Im Jahre 1977 wurde das Stadtgebiet Warschaus durch die Eingemeindung der Industriestadt Ursus (Ende 1976: 37000 Einwohner, 9,5 qkm) in den Stadtbezirk Ochota und eines rund 30 qkm großen, relativ dünn besiedelten Gebietes in den Stadtbezirk Praga Północ von 445,9 qkm auf 485,3 qkm (das 3,6fache der Vorkriegszeit) erweitert. 1980 war Warschau in sieben Stadtbezirke unterteilt: Śródmieście (Innenstadt), Żoliborz im Norden, Wola und Ochota im Westen und Mokotów im Süden, auf dem rechten Weichselufer liegen Praga Północ (Praga Nord) und Praga Południe (Praga Süd). Schon wegen ihrer flächenhaften und bevölkerungsmäßigen (Einwohnerzahl der Bezirke schwankte 1980 zwischen rund 178000 und 329000 Personen) Dimension sind das keine homogen strukturierten Gebiete wie dies die Abb. 24 verdeutlicht. Die in der Tab. 23 für die einzelnen Stadtbezirke zusammengestellten Strukturdaten bieten dagegen nur einen generalisierten Überblick über die innere Differenzierung des großstädtischen Raumes.

Dabei spielt der Innenstadt-Bezirk eine besondere Rolle. Auf einer Fläche von 15,6 qkm konzentrieren sich die zentralen politischen Institutionen, die Verwaltungs- und Wirtschaftsbehörden, die kulturellen Einrichtungen und zahlreiche ausländische Botschaften. 1973 entfielen 70% aller Arbeitsplätze des Dienstleistungsbereichs Kultur, Kunst, Finanzwesen und Staatsverwaltung sowie 47% des Handels auf die Innenstadt; bei einem durchschnittlichen Anteil der Innenstadt von 29,5% an allen Arbeitsplätzen in Warschau.

1980 lebten hier 178426 Personen, das sind 11,2% aller Warschauer. In Verbindung mit dem Wiederaufbau stieg hier die Bevölkerungszahl noch bis Mitte der 60er Jahre kräftig an (1950–1965: +43,3%). Trotz des merklichen Rückgangs in den nachfolgenden Jahren (1965–1980: −16,2%) ist die Innenstadt mit 11438 Personen pro qkm der am dichtesten bewohnte Stadtteil. Die Bevölkerungsabnahme ist zunächst, wie es scheint, darauf zurückzuführen, daß die Anzahl der Bewohner in den noch immer überbelegten Wohnungen allmählich zurückgeht. Im Hinblick auf die Struktur ihrer Bewohner unterscheidet sich die Innenstadt deutlich von den anderen Stadtbezirken: ein hoher Frauenüberschuß (127 je 100 Männer), über-

175

Tabelle 23: Strukturdaten für die Stadtbezirke Warschaus

	Gesamt-Warschau	(Innenstadt) Śród-mieście	Mokotów	Ochota	Wola	Żoliborz	Praga Północ	Praga Południe
Fläche 1980 (qkm)	485,3	15,6	116,0	47,5	44,5	40,6	109,6	111,5
Bevölkerung 1980 (in 1000)	1596,1	178,4	329,1	188,2	234,7	206,8	226,3	232,6
1971–1980 (in 1000)	+280,4	−24,8	+105,0	+36,1	+36,1	+45,8	+69,8	+12,3
Geburtenüberschuß (in ‰)	3,2	−1,4	4,0	1,0	5,9	4,0	2,9	4,0
Wanderungssaldo 1980 (in ‰)	+9,1	+4,4	+14,1	+3,8	+10,7	+5,8	+10,3	+9,7
Frauen je 100 Männer (1980)	114	127	112	113	113	112	111	116
Kinder < 15 Jahre 1980 (%)	17,5	12,2	18,7	15,6	17,7	17,9	21,4	17,1
Personen > 60 Jahre 1980 (%)	15,4	23,4	13,0	15,5	14,4	13,5	13,8	16,8
Sozialstruktur-Index[1] 1970	0,74	0,45	0,62	0,67	0,89	0,81	1,44	0,87
Industriebeschäftigte 1980 (in 1000)	239,4	20,6	32,1	32,9	48,7	15,9	48,0	41,8
1961–1973	+151,3	+14,5	+31,6	+18,0	+23,5	+31,8	+11,6	+20,3
Wohnungen 1970 (%) mit:								
Spül-WC	83,1	93,8	87,5	84,5	88,6	90,2	61,2	73,9
Bad	75,0	85,8	83,2	77,2	79,3	86,2	46,1	64,3
Zentralheizung	73,5	86,2	82,4	75,1	83,0	86,0	41,1	57,7
Schadstoffimmissionen 1980[2] 24-Stunden-Werte (mg/cbm)								
Staub	0,46	0,34	.	0,28	0,64	0,56	0,60	0,36
Schwefeldioxid (SO_2)	0,42	0,56	0,28	0,46	0,39	0,42	0,44	0,42

Anmerkungen: In den jeweiligen Grenzen
1 Verhältnis der Arbeiterzahl zur Angestelltenzahl
2 24-Stunden-Grenzwerte: für Staubimmissionen 0,15 mg/cbm
            für SO_2 0,35 mg/cbm

Quelle: Rocznik Statystyczny Warszawy 1974 und Rocznik Statystyczny Stołecznego Województwa Warszawskiego 1981

Abb. 24: Räumlich-funktionale Gliederung der Stadt Warschau

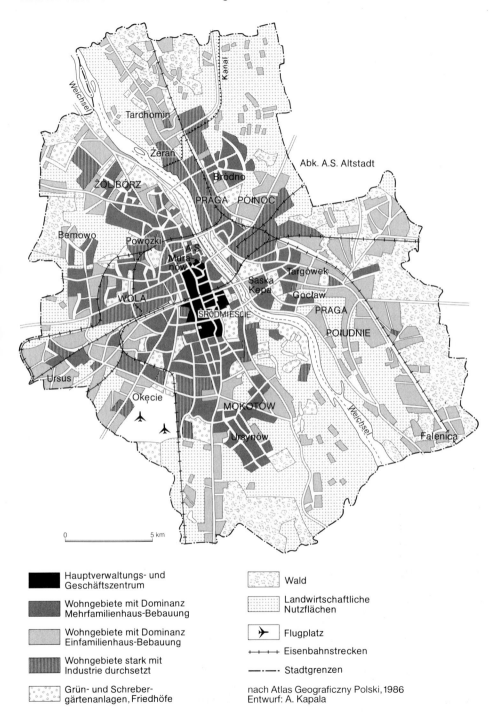

Abk. A.S. Altstadt

Hauptverwaltungs- und Geschäftszentrum	**Wald**
Wohngebiete mit Dominanz Mehrfamilienhaus-Bebauung	**Landwirtschaftliche Nutzflächen**
Wohngebiete mit Dominanz Einfamilienhaus-Bebauung	✈ **Flugplatz**
Wohngebiete stark mit Industrie durchsetzt	++++ **Eisenbahnstrecken**
Grün- und Schreber-gärtenanlagen, Friedhöfe	—·— **Stadtgrenzen**

nach Atlas Geograficzny Polski, 1986
Entwurf: A. Kapala

177

durchschnittlich viel ältere Menschen (23,4%: > 60 Jahre) und relativ wenig Kinder (12,2%: < 15 Jahre) sind die charakteristischen Merkmale. Überdurchschnittlich stark vertreten sind hier Einpersonen-Haushalte, Personen mit akademischer Bildung bzw. Schriftsteller, Künstler und Journalisten.

Entwicklungsprobleme nach 1945

Das gravierendste Problem in der Entwicklung Warschaus nach dem Zweiten Weltkrieg war die Diskrepanz zwischen Wiederaufbauprozeß, Arbeitsplatz- bzw. Bevölkerungswachstum und Wohnungsbau.
Im Zeitraum von 1951 bis 1980 wurden in Warschau 442400 neue Arbeitsplätze im vergesellschafteten Wirtschaftssektor geschaffen, wobei das Arbeitsplatzangebot verständlicherweise zu Beginn dieser Zeitperiode am schnellsten erweitert wurde (1951–1960: rund 204000). Die zahlreichen Arbeitsplätze zogen die Bevölkerung aus der näheren Umgebung Warschaus und anderen Landesteilen an. Neben der starken Zuwanderung hatten das hohe natürliche Bevölkerungswachstum und die erhebliche Vergrößerung des Stadtgebietes (von 134,7 qkm auf 411,4 qkm 1950; ohne Fläche der Weichsel) die Einwohnerzahl schnell anwachsen lassen. 1946 zählte Warschau 478800 Einwohner, 1950: 819000, 1953: 958500 und 1955 schon rund eine Million. Der Wanderungsgewinn belief sich (bis 1953) auf 35 bis 40‰, der Geburtenüberschuß – noch bis 1955 stetig ansteigend – auf 12,5‰ (1950) und 16,4‰ (1955). Dem starken Arbeitsplatz- und Bevölkerungszuwachs stand kein entsprechender Wohnraumzuwachs gegenüber (1951–1955 ca. 41000 fertiggestellte Wohnungen). Die wenigen neuen, noch relativ kleinen Wohnsiedlungen außerhalb der Innenstadt entstanden z. B. in den Stadtvierteln Mokotów, Koło, Żolibórz und Bielany.

Die wenigen Wohnungen wurden zudem noch unter bevorzugte Personenkreise verteilt.
Durch die Zuzugssperre (1954) konnte die Zuwanderung nach Warschau wesentlich eingedämmt werden. Die Zahl der Zuzüge je 1000 Einwohner fiel von 62‰ 1953 auf 16,3‰ 1960 und 13,4‰ 1967 zurück. Dadurch wurde aber auch die Abwanderung geringer und der Migrantenaustausch blockiert. Die Stadtgrenzen waren nur für bestimmte Bevölkerungsgruppen „durchlässiger" (Kap. 3.1.3). Die Zuzugsbeschränkungen in Warschau trugen zum verstärkten Bevölkerungswachstum in den Vororten der Hauptstadt bei, die zunächst bessere Wohnbedingungen als das zerstörte Warschau boten.
Das Bevölkerungswachstum in Warschau versuchte man ab Mitte der 60er Jahre außerdem mit den Mitteln einer Deglomerationspolitik einzuschränken, die auf die Drosselung der Arbeitsplatzzunahme, insbesondere in der Industrie, abzielte. Die Entwicklung der Beschäftigten im vergesellschafteten Sektor und die der Wohnraumkapazitäten kann die Erfolge bzw. Mißerfolge der Deglomeratikonspolitik veranschaulichen. In den Jahren 1961 bis 1965 stieg die Zahl der Beschäftigten in Warschau um 17% auf rund 98000 (in der Industrie auf 38000; 22%), dann für 1966–1970 nur noch auf rund 31000 (4,5%), wobei jetzt die Industrie mehr als zur Hälfte (ca. 17000; 8%) von dieser Zunahme profitierte. Darin kommt zum Ausdruck, daß die Industrie, vor allem die Schlüsselindustrie, von den Deglomerationsmaßnahmen vergleichsweise wenig betroffen wurde. Zwischen 1971 und 1975 stieg die Beschäftigtenzahl in Warschau erneut kräftig an (um 15% auf rund 108000), allerdings bei einem geringen Zuwachs in der Industrie (3,6%). Im Umland von Warschau entstanden in dieser Zeit nur knapp 30000 Arbeitsplätze, davon 4700 in der Industrie. Der Aufschwung im Wohnungsbau kam

auch in Warschau erst nach den Bevölkerungsunruhen von 1956.

Im Zeitraum 1961–1970 wurden 151 623 Wohnungen fertiggestellt, per Saldo betrug aber der Zuwachs nur 100 483 Wohnungen, weil viele baufällige Häuser abgerissen bzw. für Renovierungen geräumt werden mußten. Im 70er Jahrzehnt entstanden in Warschau 126 737 neue Wohnungen, was fast 87% der gesamten Wohnungszunahme in der Wojewodschaft Warschau ausmachte, ähnlich wie in den 50er und 60er Jahren, als auf Warschau beinahe 80% aller neuen Wohnungen entfielen. Diese Entwicklung der Arbeitsplatz- und Wohnraumkapazitäten stand im Widerspruch zu den Plänen, in denen die Entlastung der Hauptstadt, bzw. die Industriedeglomeration vorgesehen war. Zu Anfang der 80er Jahre gingen die Beschäftigungszahlen in Warschau und im Umland zurück, vor allem in der Industrie und Bauwirtschaft, was mit der Kürzung von Investitionsmitteln für diese Wirtschaftsbereiche zusammenhing. Auch beim Wohnungsbau scheint sich eine Trendwende abzuzeichnen, denn es wurden ab dem Anfang der 80er Jahre mehr Wohnungen als bisher im Umland von Warschau gebaut (47 600). In der Wojewodschaft Warschau entfielen im Zeitraum von 1981 bis 1983 nämlich nur noch 51,5% der Wohnungen auf Warschau selbst. Die lange Warteschlange der Anwärter für eine Genossenschaftswohnung zeigt, daß das Wohnungsproblem noch lange nicht gelöst ist. Die Vollmitglieder der Wohnbaugenossenschaften in allen Städten der Wojewodschaft Warschau belief sich 1980 auf 318 472 Personen, von denen 44 461 schon länger als fünf Jahre auf eine Wohnungszuteilung warteten.

Wirtschaftsstruktur

Die meisten Arbeitsplätze des vergesellschafteten Wirtschaftssektors entfallen auf den Dienstleistungsbereich. Der Hauptstadtfunktion Warschaus entsprechend, stehen dabei die Bereiche Wissenschaft, Bildung, Kultur und Kunst sowie des Verwaltungs-, Finanz- und Versicherungswesen im Vordergrund; 1984 arbeiteten 21,6% aller Beschäftigten in diesen Bereichen. Auf den Handel entfielen dagegen nur 11,8% der Arbeitskräfte. Die führende Rolle Warschaus als wissenschaftliches und kulturelles Zentrum des Landes wird dadurch unterstrichen, daß sich hier rund 38% aller Angestellten des Wissenschaftswesens in Polen und 18% der in der Kultur und Kunst Beschäftigten konzentrieren. Mit rund 50 000 Studenten (mit Fernstudiengängen 75 000) und ca. 10 000 Hochschullehrern ist Warschau das größte akademische Zentrum Polens.

Die Warschauer Industrie wurde nach dem Zweiten Weltkrieg, ganz im Sinne ihrer Vorrangstellung nicht nur wiederaufgebaut, sondern beträchtlich ausgebaut und hat heute (1984) mit 28,6% der Beschäftigten ein relativ großes Gewicht. Sie beschäftigte 1984 211 995 Personen, also etwa doppelt soviele wie vor dem Krieg. In der Warschauer Industrie dominieren die Branchen mit hoher Verarbeitungsstufe – ein typisches Merkmal aller Hauptstädte. Eine überragende Bedeutung fällt dem Elektro- und Maschinenbau zu, ein Industriezweig, dessen Beschäftigtenanteil von 1961 bis 1980 von 49,4% auf 62,4% angestiegen ist.

Innerhalb dieses Industriezweigs, in dem 1974 58,4% aller Beschäftigten der vergesellschafteten Industrie tätig waren (für 1980 lagen keine detaillierten Angaben vor), führte die elektrotechnische und elektronische Branche mit 22,4% der Industriebeschäftigten die Liste an. Mit 19,8% (1974) aller Beschäftigten und mit 22,3% an der Gesamtproduktion dieser Branche ist Warschau das größte Zentrum der elektrotechnischen und elektronischen Industrie Polens. Die Feinmechanik- und die metallverarbeitende Branche (1974: 19,1% der Beschäftigten) ist zum Teil schon seit der Jahrhundertwende auf die Produktion von Präzisionswerkzeugmaschinen, Präzisionsgeräten und

Tabelle 24: Entwicklung der Warschauer Agglomeration (Zielvorstellungen bis 1990)

		Agglo-mera-tion gesamt	War-schau	Umland (Sektoren)					
				Nord	Nord-ost	Süd-ost	Süd	West	Nord-west
Bevölkerung 1990	(in 1000)	2600	1650	182	170	128	129	281	60
1975–1990	(in 1000)	+445	+214	+90	+55	+10	+29	+48	−1
	(in %)	+21	+15	+98	+48	+8	+29	+21	−2
Arbeitsplätze 1990	(in 1000)	1369	969	81	56	37	63	142	21
1975–1990	(in 1000)	+200	+80	+40	+20	+7	+14	+39	0
	(in %)	+17	+9	+98	+55	+23	+29	+38	0
Wohnungen 1990	(in 1000)	1114	679	83	76	57	53	139	27
1975–1990	(in 1000)	+416	+185	+58	+46	+24	+25	+67	+11
	(in %)	+60	+37	+232	+153	+73	+89	+93	+69

Quelle: A. Smoczyński, 1980

von optischen Geräten spezialisiert. Die Maschinenbaubranche (1974: 10,1% der Beschäftigten) produziert u. a. Baumaschinen. Den Fahrzeugbau repräsentiert vor allem die 1951 errichtete Pkw-Fabrik. Nach der Eingemeindung der Industriestadt Ursus mit ihrer Traktorenfabrik (1977), die 99,8% der Landesproduktion an Traktoren liefert, hat sich sicherlich die Gewichtung zugunsten dieser Branche verschoben.

Die Leichtindustrie (1974: 8,8% der Beschäftigten) ist hier vor allem durch die Bekleidungsbranche (mit 5,3% der Beschäftigten) vertreten. Unter den Industriezweigen mit langer Tradition finden sich hier die Nahrungs- und Genußmittelindustrie (7,6% der Beschäftigten), die chemische Industrie (6,5% der Beschäftigten) mit den Schwerpunkten: pharmazeutische Branche (ca. 25% aller Beschäftigten dieser Branche in Polen) und Kosmetikherstellung sowie die Druckindustrie (6,0% der Beschäftigten). Die eisenschaffende Industrie repräsentiert das 1957 errichtete Edelstahlwerk, das ca. 10000 Arbeitskräfte beschäftigte (1974) und ca. 0,75 Mill. t Rohstahl sowie 0,83 Mill. t Walzstahl (1980), d. h. 3,9% bzw. 6,1% der Landesproduktion lieferte.

Das Umland von Warschau

Die räumliche Entwicklung bzw. Expansion der Agglomeration verlief nach dem Zweiten Weltkrieg in den schon früher vorgegebenen Bahnen. Die radial von Warschau ausgehenden Verkehrsstränge, vor allem die Vorortbahnstrecken waren und sind die Hauptachsen, an denen sich die Vororte

konzentrieren. Einige dieser Vororte bzw. Städte bieten ihren Bewohnern an Ort und Stelle Arbeitsplätze, beispielsweise Pruszków, Piaseczno, Góra Kalwaria oder Ożarów Mazowiecki; die Mehrheit jedoch erfüllt vorwiegend Wohnfunktionen für die Hauptstadt. Zwischen diesen „Radialachsen" erstrecken sich noch vergleichsweise dünn besiedelte, zum Teil bewaldete und landwirtschaftlich genutzte Sektoren.

Schwerpunkte zukünftiger Raumplanung

Die Raumentwicklungspläne für Warschau bzw. die Warschauer Agglomeration haben sich in ihrem Kern seit den ersten Nachkriegsjahren nicht entscheidend verändert. Die Wiederaufbaupläne knüpften an die Raumentwicklungskonzeption Warschaus aus den 30er Jahren an, die von S. Syrkus (1933) und J. Chmielewski (1934) erarbeitet worden waren. Darin wurde die Entlastung der Kernstadt und die Entwicklung eines leistungsfähigen Nahverkehrsnetzes (u. a. auch der Bau der U-Bahn) angestrebt. Die von Warschau radial ausgehenden Stränge der Hauptverkehrsachsen sollten das Rückgrat der flächenhaften Expansion der Hauptstadt bzw. die räumliche Siedlungsstruktur der entstehenden Agglomeration bilden.

Der „Raumbewirtschaftungsplan für die Warschauer Agglomeration" von 1968 wies ganz ähnliche Schwerpunkte auf. Die bisherige Entwicklung der Arbeitsplatzsituation und der Bevölkerung in der Hauptstadt verlief jedoch in fast entgegengesetzter Richtung zu den Planforderungen. Der Trend zur wachsenden Konzentration von Arbeitsplätzen und die Bevölkerungszunahme in Warschau führen zur Überlastung der öffentlichen Verkehrsmittel, die im Zusammenhang mit dem zurückbleibenden Ausbau leistungsfähiger Nahverkehrssysteme und der noch geringen privaten Motorisierung steht. Die Zahl der Einpendler nach Warschau, die im vergesellschafteten Wirtschaftssektor tätig waren, belief sich 1983 auf 141 365 Personen, die Zahl der Auspendler auf 17 235. So war auch das Hauptziel des 1978 vom Wojewodschafts-Nationalrat bestätigten Raumentwicklungsmodells für die Warschauer Agglomeration wieder die Entlastung der Hauptstadt bzw. ihr begrenztes Wachstum. Dem Plan entsprechend sollte sich die Einwohnerzahl Warschaus bis 1990 nur auf 1,65 Mill. erhöhen; diese war aber schon 1984 fast erreicht.

Im Zusammenhang mit dem geforderten begrenzten Wachstum Warschaus soll der Ausbau der technischen und sozialen Infrastruktur im Umland intensiviert werden, um die bestehenden Disparitäten in diesen Bereichen zwischen der Hauptstadt und ihrem Umland zu beseitigen. Die Wohn- und Schlafstädte im Umland von Warschau sollen durch neue Arbeitsplätze aufgewertet werden. Für das Umland wurden für den Zeitraum von 1976 bis 1990 120 000 neue Arbeitsplätze außerhalb der Landwirtschaft geplant und für Warschau 80 000 (Tab. 24). Die räumliche Expansion soll vorzugsweise in nördlicher Richtung fortgesetzt werden. Dorthin sollen auch verstärkt die Investitionsaktivitäten und die Bevölkerungszunahme gelenkt werden. Ferner sind 20 Erholungsbezirke mit unterschiedlichem Freizeitangebot vorgesehen. Zu den größten Komplexen gehören hierbei der Nationalpark Kampinos-Heide und das Gebiet um den Stausee an der Narew (Zalew Zegrzyński). Darüber hinaus werden wirksamere Umweltschutzmaßnahmen bzw. die Verminderung der Umweltverschmutzung gefordert, die insbesondere im Bereich von Ursus, Pruszków, Grodzisk Mazowiecki, Kampinos-Heide und Piaseczno ein besorgniserregendes Ausmaß erreichte.

8.2
Oberschlesisches Ballungsgebiet – der Wirtschaftsschwerpunkt Polens

Das Oberschlesische Ballungsgebiet (Oberschlesisches Revier) als Wirtschaftsregion entspricht in etwa dem Territorium der 1975 gebildeten Wojewodschaft Kattowitz mit 6550 qkm (2,1 % der Landesfläche). Die Wojewodschaft Kattowitz deckt den überwiegenden Teil des Oberschlesischen Steinkohlenbeckens (geologische Einheit) ab, das sich zwischen den Oberläufen der Oder und der Weichsel erstreckt und das sich von Tarnowitz im Norden über die polnisch-tschechische Grenze bis nach Mähren im Süden fortsetzt (Kap. 5.3). Unter der verbreiteten Bezeichnung „Oberschlesisches Industriegebiet" (poln. Górnośląski Okręg Przemysłowy, Abk. GOP) versteht man dagegen nur den dichtbesiedelten Revierkern (hier 14 Städte, ca. 1100 qkm) (Tab. 25).

Zur Zeit seiner Entstehung in der zweiten Hälfte des 18. Jahrhunderts und während der Hochentwicklungsphase im 19. Jahrhundert war diese Region durch politische Grenzen zerrissen. Auf dem Gebiet der heutigen Wojewodschaft Kattowitz, südöstlich der Stadt Myslowitz, trafen sich bis zum Ersten Weltkrieg die Grenzen der drei Kaiserreiche („Dreikaiserecke"). Der größte Teil davon,

Tabelle 25: Strukturdaten für das Oberschlesische Ballungsgebiet

Fläche 1984 (qkm)   6650

Bevölkerung 1984 (in 1000)

gesamt	3895,5	Wanderungssaldo 1984 (in ⁰/₀₀)	
Kerngebiet (GOP)	2114,6	Kerngebiet	+4,2
Umland	1739,7	Umland	+4,6
davon Städte	1264,6		

Bevölkerungsentwicklung 1981–1984 (in 1000)

gesamt	+161,6 (+4,3 %)
Kerngebiet (GOP)	+ 54,6 (+2,6 %)
Umland	+107,0 (+6,4 %)
davon Städte	+ 97,5 (+8,2 %)

Erwerbstätige nach Wirtschaftsbereichen 1978 (in 1000)

gesamt	1724,1
Veränderung seit 1970	+154,1 (+ 9,8 %)
Land- und Forstwirtschaft	118,5
Industrie und Bauwirtschaft	1091,3
Veränderung seit 1970	+128,5 (+13,3 %)
Dienstleistungen	514,3
Veränderung seit 1970	+ 86,2 (+20,1 %)

Beschäftigte im vergesellschafteten Sektor (in 1000)

Kerngebiet (GOP) (1984)	944,3
Veränderung seit 1980	−62,2 (−6,2 %)
Umland (1984)	629,8
Veränderung seit 1980	+ 9,2 (+1,5 %)

Beschäftigte in Industrie und Bauwirtschaft
– vergesellschafteter Sektor (in 1000)

Kerngebiet (GOP) (1984)	615,2
Veränderung seit 1980	−62,0 (−9,2 %)
Umland (1984)	408,7
Veränderung seit 1980	− 4,0 (−1,0 %)

Strukturbestimmende Industriezweige

Beschäftigte in 1000	1984	1976–1980	1981–1984
gesamt	835,1	+45,2 (+ 5,5 %)	−25,0 (− 2,9 %)
Brennstoff- und energetische Industrie	425,6	+37,1 (+10,3 %)	+27,6 (+ 6,9 %)
Elektro- und Maschinenbauindustrie	163,3	+11,1 (+11,3 %)	−25,1 (−13,3 %)
Metallurgische Industrie	101,9	+ 5,9 (+ 5,1 %)	−18,6 (−15,5 %)
Nahrungs- und Genußmittelindustrie	31,4	− 2,5 (− 7,4 %)	+ 0,4 (+ 1,4 %)
Chemische Industrie	29,6	− 3,2 (− 8,7 %)	− 3,9 (−11,7 %)
Textil-, Bekleidungs- und Lederindustrie	29,9	− 2,6 (− 7,2 %)	− 3,5 (−10,5 %)
Baustoff- und Glasindustrie	27,4	− 2,8 (− 7,6 %)	− 7,1 (−20,5 %)

das eigentliche Oberschlesische Revier westlich der Brynica, gehörte zu Preußen. Das Gebiet östlich der Brynica und nördlich der Przemsza (sog. Dombrowaer Revier) war kongreßpolnisch bzw. russisch, der südöstliche Teil mit den Zentren Chrzanów, Trzebinia, Libiąż und Jaworzno gehörte zu Österreich und war ein Bestandteil des sog.

Tabelle 25: (Fortsetzung)

Rohstoffproduktion und die wichtigsten Industrieerzeugnisse (1984)		
		in % von Gesamtpolen
Steinkohle (Mill. t)	188,6	98,4
Koks (Mill. t)	5,2	31,6
Elektrischer Strom (Mrd. kWh)	36,6	27,2
Rohstahl (Mill. t)	8,9	53,7
Walzwerkerzeugnisse (Mill. t)	5,7	46,5
Stahlhalbprodukte (1000 t)	60,8	22,5
Pkw (1000 St.)	143,3	51,4
Kinderfahrräder (1000 St.)	137,4	34,4
Gummiprodukte (1000 t)	47,3	12,6
Fensterglas (qkm)	25,2	36,2
Pflanzenfett (1000 t)	50,0	17,7
Wursterzeugnisse (1000 t)	89,3	14,0
Bier (Mill. hl)	1,1	11,2

Quelle: Rocznik Statystyczny Województw 1981, 1985

Krakauer Reviers. Infolge des unterschiedlichen politisch-historischen Werdegangs erhielten diese drei Revierteile auch eine differierende wirtschaftsräumliche Prägung.

Seit dem Ende des Zweiten Weltkriegs gehören alle Teile zu Polen; das Oberschlesische Revier wurde mit seiner montanindustriellen Basis zum Zugpferd des Wiederaufbaus und der späteren Entwicklung der gesamten polnischen Volkswirtschaft. Bis heute hat das Revier, das weder Kohle- noch Stahlkrise kennt, wenig von seiner volkswirtschaftlichen Bedeutung eingebüßt. Hier konzentrierten sich 1984 (3,9 Mill. Einwohner) rund 98% der Steinkohlenförderung, 32% der Produktion an Koks, 54% an Rohstahl, 46% an Walzstahl, 100% an Zink und Blei sowie 27% der Energieerzeugung Polens.

8.2.1
Entstehungsgeschichte des Reviers

Vor rund zweihundert Jahren wurde der Grundstein für die industrielle Entwicklung des Oberschlesischen Reviers gelegt. Es waren zunächst nicht die Kohlenlagerstätten, sondern die Erzvorkommen (Eisen, Blei, Silber und Zink) im Raum Tarnowitz und Beuthen, die das Interesse des Preußischen Staates weckten. Mit großen Investitionen begann Preußen, die Rohstofflagerstätten auszubeuten. 1784 wurde die erste Blei-Silbergrube („Friedrich-Grube") bei Tarnowitz in Betrieb genommen. Die anfänglichen Schwierigkeiten beim Erzabbau, die sich aus den ständigen Überflutungen der Grube ergaben, konnten bald durch den Einsatz der 1788 aus Südwales eingeführten Dampfmaschine (die erste im kontinentalen Mitteleuropa) behoben werden. 1786 nahm die staatliche Blei- und Silberhütte („Friedrichshütte") die Produktion auf. Da man für den wachsenden Dampfmaschineneinsatz immer mehr Kohle brauchte, ließ der preußische Staat ab 1791 zwei Steinkohlebergwerke in Hindenburg und Königshütte errichten. Die Hochkonjunktur für den Steinkohlebergbau begann mit dem Kokseinsatz zur Eisenverhüttung. 1796 nahm in Gleiwitz die erste Eisenhütte auf dem europäischen Festland den Betrieb auf, in der Koks anstatt Holzkohle im Eisenverhüttungsprozeß verwendet wurde. Auch beim Einsatz dieser technologischen Errungenschaft war – ähnlich wie bei der Dampfmaschine – das Oberschlesische Revier dem Ruhrgebiet voraus (erste Dampfmaschine im Ruhrgebiet 1799, Eisenverhüttung auf Koksbasis erst ab 1849).

Standortdominante Steinkohle

Mit dem stetig wachsenden Kohlebedarf wurde etwa ab 1800 der Bereich des Karbonhauptsattels (von Gleiwitz im Westen bis nach Jaworzno im Osten) zur Hauptachse der neuen Industriestandorte. In der ersten Hälfte des 19. Jahrhunderts entstanden in Königshütte, Beuthen, Kattowitz und an anderen Stellen zahlreiche neue Zechen, nach denen die Standorte der Eisen- und Zinkverhüttung sowie der Zulieferbetriebe ausgewählt wurden. Die technologischen Errungenschaften hatten ab 1798 zum Aufschwung der Zinkverhüttung beigetragen (erste mitteleuropäische Zinkhütte 1809 in Königshütte). Das Oberschlesische Revier war der größte Zinkproduzent der Welt, bis es gegen Ende des 19. Jahrhunderts von den USA abgelöst wurde. Um die Mitte des 19. Jahrhunderts erzeugte man hier außerdem ca. 40% des gesamten deutschen Roheisens.

Um den Abtransport der Steinkohle aus dem Oberschlesischen Revier zu erleichtern, wurde in den Jahren 1792–1812 der Klodnitzer Kanal gebaut, der auf dem Gelände einer Zeche in Hindenburg begann und südlich von Cosel in die Oder mündete. In den Jahren 1933–1939 wurde er dann durch den breiteren und tieferen Gleiwitzer Kanal ersetzt. Auch der Ausbau der Oder Ende des 19. Jahrhunderts war für den Transport der Kohle und der schwedischen Eisenerze (als Rückfracht) wichtig. Der Hauptanstoß für die Entwicklung des Steinkohle- und Erzbergbaus kam aber vom Ausbau des Eisenbahnnetzes (ab 1845).

Einen wesentlichen weiteren Impuls für die Industrieenwicklung gab ab 1807 die Bauernbefreiung im preußischen Teil, die viele Arbeitskräfte freisetzte. Nachdem der Preußische Staat mit seinem finanziellen und organisatorischen Engagement die industriellen Grundlagen im Oberschlesischen Revier geschaffen hatte, überließ er die weitere Bergbau- und Industrieentwicklung der unternehmerischen Kraft der dortigen Großgrundbesitzer. Sie haben innerhalb ihrer Ländereien zahlreiche Zechen, Eisen-, Zink- und Bleihütten errichtet, weil sie über das notwendige Kapital und teilweise auch über das Bergregal auf ihren Gütern verfügten. Solche adligen Magnatenfamilien wie die Hohenlohe, Henckel von Donnersmarck, Ballerstrem und Pless haben zum Teil bis zum Zweiten Weltkrieg die industrielle Entwicklung Oberschlesiens mitgeprägt, wenn auch viele dieser Familienunternehmen wegen Kapitalmangels in Aktiengesellschaften umgewandelt worden sind.

Der Fortschritt im Industrialisierungsprozeß schlug sich in den stetig wachsenden Beschäftigtenzahlen, besonders aber in der rapide ansteigenden Steinkohlenförderung und Eisen- oder Zinkproduktion nieder, die sich innerhalb einiger Jahrzehnte vervielfachte. Im preußischen Teil stieg die Steinkohlenförderung von 0,98 Mill. t (1850) auf 43,4 Mill. t (1913); die Roheisenproduktion von ca 15 000 t (1800) auf 995 000 t (1913); die Zinkproduktion erhöhte sich von ca. 40 000 t (1860) auf 169 000 t (1913). Zu Beginn des 20. Jahrhunderts war das Preußisch-Oberschlesische Revier mit seiner modernen Industrie einer der größten Montanreviere des kontinentalen Mitteleuropas, obgleich die sich im Ausbau befindenden Industriereviere in West- und Mitteldeutschland zu immer größeren Konkurrenten wurden und die periphere Lage des Reviers im Deutschen Bund immer mehr Nachteile mit sich brachte.

Im Dombrowaer Revier (russischer Teil) gehen die Anfänge industrieller Entwicklung auf die Zeit der preußischen Verwaltung dieser Gebiete zurück (1795–1807). Nach 1815 übernahm hier die kongreßpolnische Regierung und ab 1828 die Polnische Bank die Schirmherrschaft über die Industrieentwicklung oder wurde selbst unternehmerisch tätig. In Dombrowa und Bendzin ent-

Tabelle 26: Steinkohlenförderung im Oberschlesischen Revier 1825–1913

	Steinkohlenförderung in 1000 t (Schätzwert)			Zahl der Bergbauarbeiter in 1000		
	Preußisch Oberschlesien	Dombrowaer Revier	Krakauer Revier	Preußisch Oberschlesien	Dombrowaer Revier	Krakauer Revier
1825	360	70	50	2,7	0,7	0,5
1850	980	140	30	5,5	.	.
1875	8 250	400	320	32,2	2,7	2,0
1900	24 800	4 110	1 170	70,2	15,8	4,2
1913	43 810	6 830	1 970	123,3	25,8	7,0

Quelle: Encyklopedia..., 1981

standen Zinkhütten und die Polnische Bank baute die zwei Eisenhütten „Henryków" in Niwka und „Huta Bankowa" (Bankhütte) in Dombrowa. Da die hiesige Steinkohle sich nicht für die Verkokung eignete, prosperierten diese Hütten nicht besonders. Die Steinkohlenförderung erhöhte sich merklich erst, als 1859 von der Warschau–Wien-Bahn Stichbahnstrecken zu den Kohlefeldern um Bendzin, Dombrowa und Sosnowitz eröffnet wurden. Einen wirtschaftlichen Aufschwung erlebte das Dombrowaer Revier ab den 70er Jahren des 19. Jahrhunderts, als hier (insbesondere in Sosnowitz) die preußisch-oberschlesischen Hütten- und Bergbaukonzerne mehrere moderne Filialbetriebe errichteten, um die russischen Einfuhrbeschränkungen zu umgehen. Die staatlichen Hütten und Steinkohlenbergwerke wurden sodann an private Unternehmen verkauft. Gegen Ende des 19. Jahrhunderts entwickelten sich auch andere Industriebranchen wie z. B. Metallverarbeitung und Glasindustrie, Textilindustrie (in Sosnowitz und Zawiercie) sowie die chemische Industrie. 1913 waren hier ca. 55 000 Arbeiter beschäftigt, davon etwa 26 000 Personen im Bergbau, ca. 20 000 in der Hütten- und metallverarbeitenden Industrie und ca. 10 000 in der Textilindustrie.

Im Krakauer Revier (österreichischer Teil) bildeten ebenfalls die Steinkohlen-, Blei- und Zinkerzlagerstätten die Basis der industriellen Entwicklung. In dem Teil des Krakauer Reviers, der heute zur Wojewodschaft Kattowitz gehört, entfalteten sich Jaworzno, Chrzanów und Trzebinia zu den wichtigsten Industriezentren. In und um Jaworzno entstanden in den Jahren 1805 bis 1815 acht Zechen (die erste 1792), vier Zinkhütten (1808 und 1823) sowie sechs Zinkbergwerke. Um die Jahrhundertwende kamen andere Branchen wie eine Zement- und Sodafabrik, eine Glashütte in Szczakowa und ein Elektrizitätswerk (1911) in Jaworzno hinzu. Im Raum Chrzanów-Trzebinia begann der Industrialisierungsprozeß erst um die Jahrhundertwende. Auch hier dominierte der Steinkohlen- und Zinkerzbergbau. Aber weder im Dombrowaer noch im Krakauer Revier erreichte der Industrialisierungsprozeß auch nur annähernd das Ausmaß wie im preußischen Teil des Oberschlesischen Reviers. Die Unterschiede in der Wirtschaftskraft bzw. Größe dieser Bereiche spiegeln sich am deutlichsten im Umfang der Steinkohlenförderung und in der Entwicklung der Bergbauarbeiterzahlen wider (Tab. 26).

Neue Situation in der Zwischenkriegszeit

Nach der Teilung Oberschlesiens 1922 gehörten fast zwei Drittel von preußisch Oberschlesien zu Polen; die Grenze verlief östlich der Städte Gleiwitz, Hindenburg und Beuthen. Infolge der Teilung und des Außenhandelskrieges (ab 1925) wuchs das Industriepotential in dem bei Deutschland verbliebenen Revierteil ständig, während die Industrieentwicklung im polnischen Teil stagnierte oder gar rückläufig war. Die Gründe hierfür waren der Verlust der traditionellen Absatzmärkte, insbesondere für Kohle (Einfuhrbeschränkungen nach Deutschland) und die geringe Aufnahmefähigkeit des polnischen Binnenmarkts. Polen exportierte zwischen 9 und 15 Mill. t Steinkohle jährlich (ca. 30–40% der Förderung) und es war auf diesen Export angewiesen. Daß der Steinkohlenbergbau in Polnisch-Oberschlesien die Krisen überhaupt überlebte, ist dem polnischen Staat zu verdanken, der zahlreiche Maßnahmen zur Exportunterstützung ergriffen hatte, z.B. Steuererleichterungen, verbilligter Bahntarif, Exportprämien und schließlich die Errichtung der Eisenbahnstrecke von Oberschlesien zum Ostseehafen Gdingen, der sogenannten Kohlenmagistrale. Trotz der staatlichen Hilfen nahm die Steinkohlenförderung in Polen im Zeitraum von 1922 bis 1938 nur um 10%, in dem 1922 an Polen angegliederten Revierteil um 12,3% (von 25,5 auf 28,8 Mill. t) zu. In der gleichen Zeit stieg die Steinkohlenförderung in Deutsch-Oberschlesien um 194,3% (von 8,8 Mill. t auf 26 Mill. t) an. Zur Zeit der Weltwirtschaftskrise (1930–1933) mußten Bergbau und Industrie in beiden Teilen Rückschläge hinnehmen; im polnischen Revierteil wurden zahlreiche Zechen, Zinkhütten und die letzten Eisenerzbergwerke stillgelegt. Trotz der konjunkturellen Erholung nach 1934 konnte bis zum Beginn des Zweiten Weltkrieges der Produktionsumfang aus der Zeit vor dem Ersten Weltkrieg nicht mehr erreicht werden.

Während des Zweiten Weltkrieges befanden sich alle Revierteile unter deutscher Verwaltung. Die Großindustrie des Oberschlesischen und Dombrowaer Reviers wurde, sofern sie nicht im deutschen Besitz war, der deutschen „Treuhänder-Verwaltung" unterstellt oder Großkonzernen (z.B. Reichswerke, Preussag) angegliedert. Im Zuge der intensiven kriegswirtschaftlichen Nutzung stieg die Steinkohlenförderung erheblich an; im Oberschlesischen Revier von 54,7 Mill. t (1938) auf 68,3 Mill. t (1944), im Dombrowaer Revier von 6 Mill. t auf rund 10 Mill. und im Krakauer Revier von 2,6 Mill. t auf 4,8 Mill. t (Encyklopedia . . . , 1981).

8.2.2
Grundzüge der Wirtschaftsentwicklung nach 1945

Nach der Übernahme des Reviers durch den neuentstandenen polnischen Staat wurden die Montanindustrie und fast alle übrigen größeren Industriebetriebe (mit 50 und mehr Beschäftigten) Oberschlesiens verstaatlicht. In Anbetracht des ehrgeizigen Plans, eine starke heimische schwerindustrielle Basis zu schaffen, wurden der oberschlesischen Industrie immense Produktionsaufgaben gestellt. In diesem Zusammenhang kam dem Steinkohlenbergbau und der eisenschaffenden Industrie eine strategische Bedeutung zu: sie wurden zum Motor der „sozialistischen" Industrialisierung. Da die Produktionsanlagen dieser Industrien während des Krieges kaum zerstört worden waren, konnte die Produktion unmittelbar nach Kriegsende wieder aufgenommen werden. Bereits 1949 wurde hier mehr Kohle gefördert und mehr Rohstahl produziert als 1938. Die Bedeutung Oberschlesiens bzw. der damaligen Wojewodschaft Kattowitz für die gesamte Volkswirtschaft Polens in den ersten Nachkriegsjahren ist am Anteil der Gesamtindustrieproduktion von 36% (1950) und an dem Exporterlös aus dem Kohle- und Koksverkauf von 43,2% (1956) abzulesen.

Steinkohlenbergbau weiter entwicklungs-bestimmend

62 der 67 Steinkohlenzechen, die Ende der 70er Jahre in Betrieb waren, befanden sich im Oberschlesischen Revier. Abgesehen vom Revierkern mit den meisten Zechen, konzentriert sich der Steinkohleabbau im Rybniker Bezirk, der erst ab den 60er Jahren eine dynamische Entwicklung erfuhr. 1977 gab es dort 16 Kohlezechen in Betrieb, von denen acht erst nach 1945 entstanden sind. 1983 kam eine weitere in Suszec hinzu. 1977 wurden hier 37 Mill. t Kohle (1950 ca. 9 Mill. t) gefördert, zum großen Teil Kokskohle, die im Revierkern weitgehend fehlt. Die oberschlesischen Steinkohlenzechen sind relativ groß. Die durchschnittliche jährliche Fördermenge pro Zeche liegt bei ca. 2 Mill. t, in neuen moderneren Zechen sogar bei drei bis sechs Mill. t.

Nach dem Zweiten Weltkrieg konnte der Steinkohlenbergbau in Polen nur mit Mühe dem stetig wachsenden Bedarf nachkommen. Die Ursachen dafür lagen vornehmlich in der geringen Arbeitsproduktivität, die teilweise vom Mangel an qualifizierten Arbeitskräften, von der hohen Arbeitskraftfluktuation und vom geringen Mechanisierungsgrad beim Abbau herrührte. Mit erheblichen Investitionsmitteln konnten in den 50er Jahren die Abbaumethoden allmählich modernisiert und so die Arbeitsbedingungen verbessert werden. Den Löwenanteil der Mittel verwendete man jedoch für die Errichtung neuer Zechen im Revierkern und für die Erschließung der Kokskohlenlagerstätten im Rybniker Bezirk.

Als die Industrieländer von Kohle insbesondere auf Mineralöl als Energieträger übergingen, schien es auch in Polen eine kurze Unsicherheitsperiode über die Zukunft des Steinkohlenbergbaus gegeben zu haben. Diese äußerte sich in verminderten Investitionsaufwendungen (60er Jahre) und in vergrößerten Ausgaben für Versuchsbohrungen nach Erdöl. Nachdem die Suche nach Erdöl ohne größere Erfolge blieb und die Energieerzeugung weiterhin auf Steinkohle angewiesen war (1967 zu 85%), wandte die Aufmerksamkeit sich wieder dem Steinkohlenbergbau zu.

Umfangreiche Modernisierungsinvestitionen in den 70er Jahren steigerten die Arbeitsproduktivität und somit die Fördermengen erheblich. Der Anteil der mechanisch abgebauten Kohle stieg bis 1975 auf 94% an, die Schichtleistung pro Mann erhöhte sich von 3065 kg (1970) auf 3799 kg (1975). Bei einem relativ geringen Arbeitskräftezuwachs nahm die Fördermenge um 22,5% zu (von 140,1 auf 171,6 Mill. t), wobei sich die Förderung der Kokskohle fast verdoppelte. 1975 wurden 40,1 Mill. t Kohle exportiert (1970: 28,8 Mill. t). Der Export von Kohle und Koks brachte 1975 18,1% (1970: 11,3%) des gesamten Exporterlöses ein. 1979 erreichte die Kohleförderung mit 201 Mill. t und einer Schichtleistung von 4188 kg pro Mann den höchsten Stand. Für 1980 war sogar eine Fördermenge von 200–210 Mill. t geplant.

Die Kohleförderung konnte so schnell nur gesteigert werden, weil man den Abbau um jeden Preis vorantrieb, ohne Rücksicht auf die Arbeitsbedingungen der Bergleute oder auf die immer größer werdenden Bergschäden, die sich aus dem Abbau sogenannter Kohlensicherheitspfeiler ergaben. Mit dem Abbau dieser Kohlensicherheitspfeiler, die man unter den Städten bzw. den Industriebetrieben zurückgelassen hatte, begann man schon in den 50er Jahren; 37% der im Zeitraum von 1976 bis 1980 geförderten Steinkohle stammten schließlich von Sicherheitspfeilern. Dabei verzichtete man zunehmend auf einen Versatz der ausgeräumten Flöze und ließ die hangenden Schichten nachbrechen. 1970 stammten 47% der Kohle aus Zechen, in denen kein Versatz angewendet wurde. 1983 bereits 81%. Da die Kohlenflöze im Oberschlesischen Revier mächtig sind, sind auch die Bergschäden bei dieser Abbauweise groß. Plötzliche Hauseinstürze, erhebliche Schäden bei Versorgungsleitungen, Gebäuden, Gleiskörpern und Straßen waren die Folgen. 1980 mußten deshalb beispielsweise 660 km Wasser- und 110 km Kanalisationsleitungen ausgewechselt werden. Etwa 20000 Familien wohnten in stark beschädigten Häusern und warteten auf eine Umquartierung.

Um die Fördermengen zu steigern, wurden im Zeitraum von 1978 bis 1980 in 29 Zechen vier Schichten sowie Sonderschichten an Sonn- und Feiertagen gefahren. Für den Betrieb der Zechen rund um die Uhr brauchte man zusätzliche 17000 Bergleute. Die 4-Schichtenarbeit in den Zechen ließ keine Zeit für die Wartung der Maschinen und Anlagen, ihr schlechter technischer Zustand war dann Ursache für eine große Zahl von Unfällen. Außerdem führten die schwierigen und gefährlichen Arbeitsbedingungen zu einer großen Fluktuation der unter Tage arbeitenden Bergleute und gaben auch Anlaß für die Arbeiterproteste im Sommer 1980.

Eine Ursache für den ständig wachsenden Kohlebedarf liegt nicht zuletzt im verschwenderischen Umgang mit diesem Rohstoff, vor allem im hohen Verbrauch bei verschiedenen Produktionsprozessen. So verbrauchte man in Polen bei der Stromerzeugung noch 1979 je kWh annähernd soviel Kohle (0,59 kg) wie 1950 in der Bundesrepublik Deutschland (0,58 kg, Mitte der 70er Jahre 0,35 kg). In der Rohstahlproduktion werden je Tonne ca. 96 kg mehr Koks benötigt als in der Bundesrepublik.

Infolge der Streiks im Sommer 1980 wurden das 4-Schichtsystem und die Sonderschichten aufgehoben, wodurch die Kohlefördermengen rapide sanken. 1981 belief sich die Kohleförderung auf rund 163 Mill. t bei einer Schichtleistung von 3784 kg pro Mann. Gegenwärtig scheint sich die Krise allmählich zu entschärfen. Bis 1984 stieg die Menge der abgebauten Kohle merklich an (191,6 Mill. t, Schichtleistung pro Mann: 3890 kg), und der Export erreichte mit 42,9 Mill. t (1984) den bisherigen Höchststand. (Dieser Export dient vor allem dem Abbau der Auslandsschulden.) Zwischen 1981 und 1984 nahm die Zahl der Untertage arbeitenden Bergleute um 8,1% zu und lag 1984 bei rund 259100 (Gesamtpolen), dies waren 72,7% mehr als 1950.

Schlüsselposition der eisenschaffenden Industrie

Die eisenschaffende Industrie gehört neben dem Steinkohlenbergbau und den metallverarbeitenden Branchen zu den Schlüsselindustrien. Die vorrangige Entwicklung der Produktionsmittelindustrie, die zugleich der größte Stahlverbraucher ist, hat die Position der eisenschaffenden Industrie stetig gestärkt. In diesem Zusammenhang nimmt das Oberschlesische Revier mit seiner traditionsreichen Eisen- und Stahlindustrie, die noch Mitte der 50er Jahre 82% der gesamten Stahlproduktion lieferte, eine außerordentlich wichtige Stellung ein. Der wachsende Bedarf an Stahl und Stahlerzeugnissen hat zur Errichtung neuer Eisenhüttenkombinate, allerdings außerhalb des Reviers, geführt (z. B. die „Lenin"-Hütte in Nowa Huta, die „Bierut"-Hütte in Tschenstochau und das Edelstahlwerk „Warszawa" in Warschau). Das hat die Bedeutung der oberschlesischen Eisen- und Stahlindustrie nicht zuletzt deshalb geschmälert, weil im Zuge des Ausbaus der neuen Hüttenkombinate nur wenig in die Modernisierung der alten Revierhütten investiert wurde. Deren veraltete Produktionsanlagen sind auf dem technologischen Stand des 19. Jahrhunderts zurückgeblieben. Bei verschiedenen Produktionsprozessen war der Einsatz von Menschenkraft und von Dampfmaschinen bis in jüngste Zeit keine Seltenheit, was sich in der relativ niedrigen Qualität der Erzeugnisse niederschlug.

Von den 26 (1977) in Polen existierenden Eisenhüttenwerken (ohne die neue Hütte „Katowice") lagen 15 in zehn Städten des Revierkerns (GOP). Mit dem Ausbau neuer Hüttenwerke außerhalb des Oberschlesischen Reviers hat die dortige eisenschaffende Industrie ihre Vorrangstellung als Lieferant von Eisen- und Stahlerzeugnissen verloren. Von der Mitte der 50er Jahre bis 1975 sank der Anteil der Wojewodschaft Kattowitz an der Gesamtproduktion von Roh- und Walzstahl von über 80% auf 36% und 40%.

In den Stahlwerken des GOP (Oberschlesisches Industriegebiet) wurde weiterhin hauptsächlich nach dem veralteten Siemens-Martin-Verfahren produziert. Es gab hier auch keine modernen Sauerstoff-Konverter für die Stahlerzeugung im LD-Verfahren. Im Elektro-Verfahren wurde Stahl nur in der „Baildon"-Hütte in Kattowitz (1975: 59,8% im GOP), in der „Batory"-Hütte in Königshütte (28,2%) und in der „Zygmunt"-Hütte in Beuthen (12,8%) hergestellt. Die Beschäftigtenzahl in der eisenschaffenden Industrie im GOP war von 1945 bis 1975 ziemlich stabil. Die maximale Zunahme überstieg nie die 10%-Marke, während in der gesamtpolnischen Eisenhüttenindustrie die Beschäftigtenzahl fast um 86% anstieg. Somit ist der Anteil des GOP an der Gesamtbeschäftigung in diesem Industriezweig von rund 80% (1950) auf 45,3% (1975) zurückgegangen. Mitte der 70er Jahre entfielen je Hüttenwerk im GOP 5200 Arbeitskräfte bei einem Landesdurchschnitt von 6600.

Trotz der stetig ansteigenden polnischen Stahlproduktion machte sich die Diskrepanz zwischen Nachfrage und Angebot schon gegen Ende der 60er Jahre deutlich bemerkbar. Die Produktion von Roheisen und Eisenlegierungen erhöhte sich beispielsweise von 4,6 Mill. t (1960) auf 8,2 Mill. t (1975). Die Importe stiegen in gleicher Zeit von 16000 t auf rund 1,8 Mill. t. 1960 wurden 4,4 Mill. t Walzstahl produziert und 392000 t importiert. Die vergleichbaren Zahlen für 1970 beliefen sich auf 8,1 Mill. t bzw. 1,2 Mill. t, für 1975 11,1 Mill. t bzw. 1,7 Mill. t. Um die Importe zu drosseln, wurde in den Parteigremien schon Ende der 60er Jahre der Bau einer neuen Hütte mit einer Jahresproduktion von drei bis vier Mill. t Rohstahl in Erwägung gezogen.

Die neue Hütte „Katowice"

Am 1. Juli 1971 hatte die Regierung das Projekt einer Rohstoffhütte bestätigt, für die 15 Standortvarianten zur Debatte standen. Man entschied sich schließlich für den Nordostrand des Revierkerns (GOP) im Raum Ząbkowice-Łosień (heute Stadtteile von Dombrowa).

Für die Standortentscheidung der „Huta Katowice" sprachen die Nähe des Steinkohlenbergbaus und die dadurch gesicherte Brennstoffbasis, die günstige Verkehrslage zum Transportweg der sowjetischen Eisenerze (zwischen Tschenstochau und Nowa Huta), die Nähe der Hauptabnehmer für Rohstahl bzw. Walzerzeugnisse und die berufserfahrenen, qualifizierten Arbeitskräfte, die hier zur Verfügung standen. Wenig berücksichtigt wurden dagegen u.a. die Wasserversorgungsprobleme und die zusätzliche Belastung für das schon ohnehin stark umweltgefährdete Gebiet.

Die Hütte „Katowice" sollte nach ursprünglichen Plänen eine Rohstoffhütte werden, die die alten Hütten im Revierkern mit Roheisen und -stahl beliefern sollte, nachdem deren Fließphasenabteilungen stillgelegt worden wären. Neben der Agglomerieranlage sollte sie nur eine Hochofenabteilung mit zwei Hochöfen von 3200 cbm Fassungsvermögen und ein Stahlwerk mit zwei 350 t Sauerstoff-Konvertern umfassen. Die Gesamtherstellungskosten wurden auf 20 Mrd. Zloty veranschlagt. Nachträglich beschloß man, zusätzlich eine Walzwerkabteilung zu errichten.

Im März 1972 wurde in Warschau ein polnisch-sowjetischer Vertrag über die wirtschaftliche und technische Zusammenarbeit bei der Errichtung der Hütte abgeschlossen; neben der Sowjetunion zählten auch westeuropäische Länder, darunter die Bundesrepublik Deutschland, zu den Lieferanten technischer Ausrüstung.

Im März 1972 erklärte die Regierung das Bauprojekt „Huta Katowice" zur Prioritätsinvestition des laufenden Fünfjahrplans. Die Baustelle wurde somit vorrangig mit Bau- und Montagegruppen, mit Baumaschinen und -materialien (notfalls von anderen Baustellen abgezogen) und mit Arbeitskräften, die man überdurchschnittlich hoch bezahlte, versorgt. Der Bau nahm schließlich riesige Dimensionen an. Schon das Baugelände umfaßte 1000 ha. Bei fast 60000 am Bau beschäftigten Personen herrschte ein organisatorisches Chaos, Baustoffe wurden verschwendet und gestohlen. Viele Bau- und Montagearbeiten wurden mangelhaft ausgeführt. Arbeitsunfälle häuften sich, von denen viele tödlich ausgingen. Von allen diesen Problemen wurde in den Massenmedien nichts berichtet, statt dessen wurde der Bau der Hütte als hervorragende Leistung gefeiert.

Am 3. 12. 1976 erfolgte der erste Hochofenabstich, die Fertigstellung des Stahlwerks sollte sich freilich wegen fehlender Bauteile bis Dezember 1978 verzögern. Die Hütte umfaßte folgende Produktionsanlagen: Agglomerierabteilung mit einer Kapazität von 9 Mill. t, Hochofenabteilung mit zwei Hochöfen je 3200 cbm Fassungsvolumen und einer Jahresproduktionskapazität von 4.4 Mill. t Roheisen, Stahlwerk mit zwei Sauerstoff-Konvertern von 300–500 t Fassungsvermögen und einer Jahresproduktionskapazität von ca. 4,5 Mill. t Rohstahl und Walzwerkabteilung mit Block-, Konti- und Grobstraße. Nach Abschluß des ersten Bauabschnitts beschäftigte die Hütte ca. 12000 Personen. Es war eine sehr junge Belegschaft, von der ca. 70% jünger als 35 Jahre waren. Im zweiten Bauabschnitt sollten bis 1980 ein dritter Hochofen, zwei weitere Konverter und ein Dünnblech-Walzwerk errichtet worden sein. Für 1980 war eine Produktion von 7,7 Mill. t Roheisen, 9,0 Mill. t Rohstahl, 4,5 Mill. t Warmwalzblech und 2,0 Mill. t Kaltwalzblech geplant. Aus der Analyse der Produktionsentwicklung der genannten Erzeugnisse in den letzten Jahren geht allerdings hervor, daß diese Pläne nicht realisiert worden sind. 1979 lieferte die Hütte rund 4,4 Mill. t Rohstahl und ca. 1,4 Mill. t Walzwerkerzeugnisse.

1976 ist die Hütte „Katowice" in ein „Metallurgisches Kombinat – Hütte Katowice" umbenannt worden, das vom 1. 10. 1980 an unmittelbar dem Hüttenwesen-Ministerium unterstand. Zum Kombinat gehören ferner die „Dzierżyński-Hütte" in Dombrowa und die Kokereiwerke „Powstańców Śląskich" in Deschowitz.

Am 27. 5. 1976 wurde in Moskau ein polnisch-sowjetisches Abkommen über die wirtschaftliche und technische Kooperation beim Bau einer dem sowjetischen System angepaßten Breitspur-Bahnlinie unterzeichnet. Sie sollte in der Nähe von Hrubieszów die polnisch-sowjetische Grenze überschreiten und über das Schwefel-Abbaugebiet bei Tarnobrzeg bis zur Hütte „Katowice" geführt werden. Dadurch sollte die Zulieferung der Eisenerze aus der Sowjetunion und gleichzeitig der Schwefeltransport in die UdSSR erleichtert werden, da sich das Umladen an der Grenze – Polen besitzt ein Normalspur-Bahnnetz – nun erübrigte. Die ca. 400 km lange Strecke wurde 1979 fertiggestellt.

Nach der Errichtung der Hütte „Katowice" ist die Produktion von Rohstahl und Walzwerkerzeugnissen in der Wojewodschaft Kattowitz wesentlich gestiegen. 1976 wurden hier 5,9 Mill. t Rohstahl und 4,7 Mill. t Walzstahl, d. h. 37,9% und 41,2% der Landesproduktion, hergestellt; 1984 entsprechend 8,9 Mill. t Rohstahl (53,7%) und 5,7 Mill. t Walzstahl (46,5).

Bis Ende 1980 hatte der Bau der Hütte „Katowice" anstatt der veranschlagten 20 Mrd. Zloty, 175 Mrd. Zloty verschlungen. Dabei wurden kaum Vorsorgemaßnahmen zur Luftreinhaltung getroffen. Die Hütte ging ohne jegliche Filteranlagen zur Verminderung der gasförmigen Schadstoffemissionen in Betrieb. Mit einer Emission von 413900 t/Jahr (1980) ist sie nach der „Lenin"-Hütte in Krakau (739000 t/Jahr) der zweitgrößte Emittent gasförmiger Schadstoffe in Polen. Von den staubförmigen Emissionen werden zwar 87,2% in Filteranlagen zurückgehalten, aber dennoch gelangen 62300 t pro Jahr in die Luft (davon 34% Metallstaub).

Strukturverbesserungen in der Stahlindustrie/Andere Industriezweige

Abgesehen vom Bau der modernen Hütte „Katowice" wurde ein umfangreiches Modernisierungsprogramm für die alten oberschlesischen Hütten geplant, das teilweise mit der Stillegung der veralteten, stark umweltbelastenden Hochofenabteilungen im Revierkern einhergehen sollte.

Für die Entwicklung und technische Renovierung der alten Produktionsabteilungen der eisenschaffenden Industrie wurden beispielsweise im Zeitraum von 1971 bis 1975 ca. 80 Mrd. Zloty, d. h. 180% mehr als im vorangegangenen Jahrfünft ausgegeben. Das Oberschlesische Revier partizipierte fast zu 50% an diesen Geldern; damit vergrößerte sich hier das Investitionsvolumen für diesen Industriezweig um das dreifache. In den Jahren 1976–1979 wurden weitere 200 Mrd. Zloty in die eisenschaffende Industrie investiert, wovon aber ca. 50% dem Bau der Hütte „Katowice" zugute kamen (H. Rola, 1981). Wenn auch der Bau der Hütte „Katowice" weit mehr Geld als ursprünglich geplant verschlang, so fiel dennoch einiges für die Modernisierung der alten Eisenhüttenwerke im Revier ab.

Von einer Stahlkrise, von der die eisenschaffende Industrie des Ruhrgebietes und anderer alter Montanindustrieregionen Westeuropas seit den 60er Jahren betroffen ist, ist in Polen bisher wenig zu spüren. Der Bedarf an Eisen und Stahl war in der ganzen Nachkriegszeit größer als die Produktion, so daß auch die unwirtschaftlichen alten Hütten in Betrieb blieben.

Trotz der Verbesserung der Produktionssituation sind die Produkte der polnischen Eisen- und Stahlindustrie auf dem Weltmarkt kaum konkurrenzfähig. Das gilt vor allem für die Produkte der höheren Verarbeitungsstufen (z. B. Dünnkaltwalzbleche oder Antikorrosions-Blecharten). Den technologischen Stand von 1978 in der Stahlverarbeitung von veredelten Produkten hatten die hochentwickelten Länder bereits 20 Jahre früher erreicht.

Nach der Inbetriebnahme der Hütte „Katowice", die auch in internationalem Maßstab als modern gelten kann, hatten sich zwar die allgemeinen technologischen Parameter der eisenschaffenden Industrie in Polen verbessert, ein Vergleich mit hochentwickelten Industrieländern fällt jedoch weiterhin zuungunsten Polens aus. Im veralteten Siemens-Martin-Verfahren wurden 1984 noch rund 36% des Stahls produziert, im modernen LD-Verfahren 42,6%.

Auch die *Nichteisen-Metallurgie* in Oberschlesien spielt im Rahmen der gesamten Volkswirtschaft eine relativ wichtige Rolle für Polen. Von hier stammen die gesamte Zink- und Bleiproduktion sowie 50% der Kupferhalbprodukte. Seit zwei Jahrhunderten wurden Zink- und Bleierze im Raum Tarnowitz-Beuthen abgebaut und in den nahe gelegenen Hütten verarbeitet. Neuerdings verlagert sich der Erzbergbau in den Bereich Chrzanów-Olkusch, weil die Lagerstätten um Beuthen bald erschöpft sein werden. Ähnlich wie die eisenschaffende Industrie des Oberschlesischen Reviers sind der Zink-Bleibergbau und dessen Aufbereitungsstufen durch eine weitgehend rückständige Technologie und Überalterung der Produktionsanlagen gekennzeichnet. Modernere Technologie gibt es nur in der Zinkhütte „Miasteczko Śląskie" bei Tarnowitz, die in den Jahren 1961 bis 1968 erbaut und in den 70er Jahren erweitert wurde. 1975 lieferte sie z. B. 55 000 t Elektrolythzink, das ist ein Viertel der Gesamtproduktion. Über modernere Produktionsanlagen verfügen auch die Zink-Bleihütten des Erzbergbau- und Hüttenkombinats „Bolesław" mit Sitz in Bukowno bei Olkusch. 1970 begann man bei Olkusch mit der Errichtung eines neuen großen Zink- und Bleibergwerks, das 1978 den Betrieb aufgenommen hat; 1979 betrug hier die Förderung schon ca. 2 Mill. t. In den 70er Jahren wurden auch Schritte zur Modernisierung alter Zink-Bleiwerke im Revierkern unternommen.

Dank der Kapazitätserweiterung und Modernisierung ist die Produktion von Zink bzw. Zinkerzeugnissen bis 1975 erheblich gestiegen, danach fiel sie jedoch merklich ab. Sie betrug 1960: 176 000 t, 1975: 243 000 t, 1983: 170 000 t. Die Bleiproduktion lag 1960 bei 37 700 t, 1977 bei 104 000 t und 1983 bei 81 000 t. Für 1980 war eine Zink- und Bleiproduktion von 260 000 t und 120 000 t geplant, erreicht wurden aber nur 217 000 t bzw. 82 000 t. Der Produktionsrückgang war vornehmlich durch die Energieverknappung verursacht worden. An der Weltproduktion von Zink war Polen 1970 mit 4%, 1982 dagegen mit 2,9% beteiligt.

Die *Energiewirtschaft* im Oberschlesischen Revier spielt zwar als Arbeitgeber keine große Rolle, ist aber mit 27% an der gesamten Stromerzeugung beteiligt. Sie basiert ganz auf Steinkohle und konzentriert sich vorwiegend am Rande des Revierkerns, wo nach 1945 mehrere Großkraftwerke errichtet wurden. Zu den größten gehören: „Łagisza" in Bendzin (840 MW Leistung), „Łaziska Górne" (1225 MW), „Rybnik" (1600 MW) und „Jaworzno III (1200 MW). In den 70er Jahren hatte sich die Produktion der elektrischen Energie mehr als verdoppelt 1970: 17 Mill. kWh, 1980: 37,1 Mill. kWh) und lag 1984 bei 36,7 Mill. kWh. Die Steinkohlenkraftwerke sind die größten Luftverschmutzer im Revier, denn keines ist bislang mit Rauchentschwefelungsanlagen ausgestattet.

Die *Elektro- und Maschinenbauindustrie* nimmt bei der Beschäftigtenzahl den zweiten Platz ein. Sie hatte in den 70er Jahren die höchsten Wachstumsraten zu verzeichnen. Stark repräsentiert ist hier die Maschinenbaubranche, die sich auf die Herstellung von schweren Maschinen für den Bedarf des Bergbaus, des Hüttenwesens und der Energiewirtschaft sowie auf Stahlkonstruktionen konzentriert. Relativ schwach vertreten sind dagegen Branchen, wie Elektrotechnik, Feinmechanik oder andere Wachstumsindustrien. Einen gewissen Ansatz zur Umgestaltung der traditionellen Industriestruktur des Reviers bildet die Automobilindustrie. Mit der Errichtung eines Pkw-Montagewerks 1975 in Tichau (Lizenz Fiat) bekam sowohl die polnische Automobilindustrie als auch die private Motorisierung einen neuen Entwicklungsimpuls.

1971 erwarb Polen die Lizenz des italienischen Automobilherstellers „Fiat" für die Produktion des Kleinpersonenwagens vom Typ „Fiat 126" (mit 595 ccm Hubraum). Der Lizenzvertrag schloß auch eine gegenseitige Kooperation mit ein. Polen sollte u. a. Motoren für den italienischen „Fiat 126" liefern und damit den 200-Mill.-US-Dollar-Kredit abtragen. Das Automobilunternehmen nennt sich „Kleinwagenfabrik" und umfaßt neben dem Montagewerk in Tichau und dem Werk in Bielitz Biala, das hauptsächlich Antriebssysteme produziert, weitere acht Zulieferbetriebe, die in den Wojewodschaften Bielitz Biala (z. B. in Skoczów) und Kattowitz (z. B. in Sosnowitz) ihren Sitz haben. Am 22. 3. 1979 lief der 500 000. polnische „Fiat 126" vom Band. Ab 1977 wurden diese Pkw mit einem stärkeren und größeren Motor (650 ccm Hubraum) gebaut. 1980 hatten 181 100 und 1983 145 200 Pkw dieses Typs (53,9% der Gesamtproduktion Polens) das Werk Tichau verlassen. Der Export der kleinen „Fiats" nach Italien sollte sich 1978 auf 30 000 belaufen, ausgeführt wurden aber 48 000 Stück (H. Rola, 1981). Im April 1979 wurde ein neuer Kooperationsvertrag mit der italienischen „Fiat"-Firma über den Bau neuer Typen von Kleinwagen unterzeichnet.

Die übrigen Industriezweige sind im Oberschlesischen Revier relativ schwach entwickelt. Besonders auffallend ist die geringe Bedeutung der chemischen Industrie (darunter der Kohlechemie), die sich im niedrigen Beschäftigtenanteil (1980: 3,9% aller Arbeitskräfte der vergesellschafteten Industrie) und in ihrem vergleichsweise kleinen Beitrag (5,8%) zum industriellen Produktionswert widerspiegelt.

Insgesamt gesehen zeigt sich, daß Wandlungen in der Industriestruktur des Oberschlesischen Reviers sich nur sehr langsam vollziehen. Nach der Stärkung der Montanbranchen in den letzten Jahren sind in naher Zukunft keine tiefgreifenden Veränderungen zu erwarten. Die einseitige Ausrichtung der Industrie, des größten Arbeitgebers (1984 rund 53% aller Beschäftigten), wirkt sich u. a. störend auf das Gleichgewicht des Arbeitsmarktes aus. Während in den Montanbranchen Arbeitskräfte fehlen, entsteht ein Überangebot an anderen Berufsgruppen, die hier nur schwer einen Arbeitsplatz finden können. Besonders trifft dies die weiblichen Arbeitskräfte, für die kein ausreichend differenziertes Arbeitsplatzspektrum vorhanden ist. Deshalb, und auch weil in Bergarbeiterfamilien die Berufstätigkeit der Frauen keine starke Tradition hat, ist in der Wojewodschaft Kattowitz die niedrigste Berufsbeteiligungsquote von Frauen zu verzeichnen. Ein weiteres Charakteristikum im Oberschlesischen Revier ist der hohe Anteil der Frauen in Dienstleistungsberufen.

Mit der Dominanz der Beschäftigung in Wirtschaftssektoren (zwei Drittel der Beschäftigten in Industrie und Bauwesen), die sich durch keine besonders fortschrittliche Fertigungstechnologien auszeichnen und wo noch Menschenkraft gebraucht wird, steht das unterdurchschnittliche Bildungsniveau der Revierbevölkerung in direktem Zusammenhang. Von der 1978 in den Städten der Wojewodschaft Kattowitz lebenden Bevölkerung hatten 46,8% der über 15jährigen keine weiterführenden Schulen besucht (Durchschnitt für alle Städte 43,0%). Dieser Prozentsatz schwankte in den einzelnen Städten des Revierkerns zwischen 38,4% bzw. 40,5% (in Gleiwitz bzw. Kattowitz) und 53,8% (in Swientochlowitz). Dementsprechend ist hier der Bevölkerungsanteil mit Hochschulbildung (4,7%) im Vergleich zu anderen Städten Polens (Durchschnitt 7,0%) niedrig. Nur in den Hochschulzentren Kattowitz und Gleiwitz übersteigt er den Durchschnitt (9,2% bzw. 8,9%), ist aber immer noch geringer als beispielsweise in Breslau (11,2%) oder Krakau (12,7%).

8.2.3
Das Primat der Industrie und die Folgen für Infrastruktur und Umwelt

War die Entwicklung einzelner Wirtschaftszweige auf Landesebene nach dem Zweiten Weltkrieg stets von der Priorität des industriellen Wachstums überschattet, so trat das Primat der Industrie im Oberschlesischen Revier, gemessen an der Investitionsstruktur, noch deutlicher zum Vorschein. Am gesamten Investitionsvolumen des vergesellschafteten Wirtschaftssektors der Wojewodschaft Kattowitz partizipierte die Industrie zu rund 60%, z.B. im Zeitraum von 1971 bis 1975 zu 65,6% und in den Jahren 1976 bis 1980 zu 58,5% (Landesdurchschnitt 42,2% bzw. 38,9%). Dementsprechend fiel für die Bereiche der technischen und sozialen Infrastruktur sowie für andere Wirtschaftszweige weniger vom „Investitionskuchen" ab.

Infrastrukturelle Lücke

Auffallend gering waren u. a. die Ausgaben für das Verkehrs-, Transport- und Kommunikationswesen (1971–1980 rund 6%), obwohl hier ein großer Nachholbedarf besteht. Das Oberschlesische Revier verfügt zwar über ein dichtes Eisenbahnnetz, aber dieses entspricht kaum mehr den gegenwärtigen Anforderungen, da es im wesentlichen aus der Zeit vor dem Ersten Weltkrieg stammt. Nach dem Zweiten Weltkrieg hatte man versäumt, das Streckennetz zu modernisieren und auszubauen, um den wachsenden Personen- und Güterverkehr bewältigen zu können. Da der Transport zu Wasser bei der Massengutbeförderung hier keine nennenswerte Rolle spielt (der Gleiwitzer Kanal und die Oder sind nur für 400-t-Kähne befahrbar), fallen diese Aufgaben der Eisenbahn zu. Per Eisenbahn wurden z.B. 1983 158,5 Mill. t Kohle befördert, auf dem Wasserwege aber nur 1,7 Mill. t (Kap. 9.2). Ende 1979 begann man mit dem Bau eines Kohlenhafens an der Oberweichsel (innerhalb der Stadtgrenzen von Tichau), der nach seiner Fertigstellung durch Kohlentransportbänder mit den naheliegenden Zechen verbunden werden soll. Etwa 5 Mill. t Kohle sollen hier verladen werden können.

Die Wojewodschaft Kattowitz verfügte 1984

über ein Eisenbahnnetz von 1432 km Länge, was einer Dichte von 21,5 km je 100 qkm entspricht (Landesdurchschnitt 7,8 km). Von dieser Streckenlänge waren rund 72% elektrifiziert (Polen gesamt 34%). Die Leistungsfähigkeit der Bahn wird aber stark beeinträchtigt durch den relativ hohen Prozentsatz (44%) eingleisiger Streckenführung, durch geringe Zuggeschwindigkeiten wegen Bergschäden und somit durch geringe Zugfolgen sowie Überschneidungen des Fern- und Nahverkehrs bzw. Güter- und Personenverkehrs auf denselben Strecken.

Zu den vernachlässigten Bereichen gehören ferner Wissenschaft, Bildung, Erziehung, Kultur und Kunst. Sie partizipierten beispielsweise im Zeitraum von 1976 bis 1980 zu 1,7% an den Investitionsgeldern (Landesmittel 2,6%). Ebenso wurden auch das Gesundheitswesen und die Sozialfürsorge mit weniger Mitteln (0,9%, Landesmittel 1,5%) bedacht, obwohl bekannt ist, daß der Gesundheitszustand der Revierbevölkerung im allgemeinen schlechter als der der übrigen Bevölkerung ist. 1984 entfielen in der Wojewodschaft Kattowitz 72 Krankenhausbetten auf 10000 Einwohner (Wojewodschaft Warschau 89, Wojewodschaft Lodz 80). Ein Teil der Betten muß zudem immer als Reserve für Katastrophenfälle (z.B. im Bergbau) freigehalten werden. Da sich zahlreiche Krankenhäuser in schlechtem technischen und baulichen Zustand befinden, sind auch aus diesem Grund nicht alle Betten verfügbar. Auch die ärztliche Versorgung ist unzureichend. Während in den Wojewodschaften Warschau oder Lodz im Durchschnitt 39 bzw. 32 Ärzte und jeweils acht Zahnärzte auf 10000 Einwohner entfallen, so gibt es in der Wojewodschaft Kattowitz nur 20 Ärzte und vier Zahnärzte je 10000 Einwohner.

Der Wohnungsbau war neben der Industrie das bevorzugte Investitionsfeld, weil er in der Wojewodschaft Kattowitz stärker als in anderen Regionen als Anreiz für Arbeitskräfte, die vor allem in der Montanindustrie knapp waren, eingesetzt wurde. Wenn auch laufend neue Wohnsiedlungen aus dem Boden wachsen, so ist das Wohnungsproblem auch im Oberschlesischen Revier bislang nicht gelöst worden. Nach der Volkszählung von 1978 verfügten in den Städten der Wojewodschaft Kattowitz rund 143000 Haushalte (davon 92600 in den 14 Städten des Revierkerns) über keine selbständige Wohnung. Hinzu kommen viele Tausend Menschen, die baufällige Häuser bewohnen oder in unmittelbarer Nähe der stark umweltbelastenden Industriebetriebe leben und somit potentielle Bewerber für neue Wohnungen sind. Verglichen mit anderen polnischen Städten sind die Wohnbedingungen in den Revierstädten, insbesondere des Kernraums, schlechter, wobei die Wohnungen in den einzelnen Städten sehr unterschiedlich ausgestattet sind. In alten, schlecht ausgestatteten Häusern lebten 1978 ca. 50–60% der Einwohner von Beuthen, Königshütte, Gleiwitz, Swientochlowitz und Hindenburg. Nicht der hohe Prozentsatz von alter Bausubstanz mindert die Wohnqualität, sondern der Umstand, daß sie sich meist in baufälligem Zustand befindet, weil über Jahrzehnte hinweg keine Renovierungs- bzw. Modernisierungsarbeiten durchgeführt worden sind. Die alten Häuser bewohnt hauptsächlich die alteingesessene Bevölkerung, während die Zuwanderer schneller an eine Neubauwohnung kommen. Dadurch verschlechtern sich die Aussichten auf eine neue Wohnung für die hiesige Bevölkerung, was oft zu sozialen Konflikten führt. Die hohe Zahl der in den „Arbeiterhotels" lebenden Zuwanderer ist ebenfalls eine häufige Ursache für soziale Spannungen, sowohl innerhalb dieser Wohngemeinschaften als auch im weiteren Wohnumfeld.

Katastrophales Ausmaß der Umweltzerstörung

Wohl die gravierendste Folge der außerordentlich großen Ballung von „Schornsteinindustrien" mit ihren überwiegend veralteten Produktionsanlagen und -verfahren ist das bedrohliche Ausmaß der Umweltzerstörung, das 1981 in einer Sitzung des Wojewodschaft-Nationalrats als „einer ökologischen Katastrophe nahekommend" bezeichnet wurde. Eine Bestandsaufnahme des Verschmutzungsgrades der Luft, der Gewässer und des Bodens durch Schwermetalle und deren Konsequenzen liefert der „Rapport zum Zustand der Umwelt in der Wojewodschaft Kattowitz", herausgegeben im Juni 1981 von der Abteilung für Umweltschutz der Wojewodschaftsverwaltung in Kattowitz. Die folgende Schilderung der Umweltsituation im Oberschlesischen Revier zu Beginn der 80er Jahre basiert auf den Angaben dieses „Rapports", auf einer Untersuchung von J. Kapała (1983) und auf der polnischen Umweltstatistik. Sie weist für das Jahr 1980 928 „umweltgefährdende" Industriebetriebe für Gesamtpolen aus, von denen sich 192 in der Wojewodschaft Kattowitz befinden.

Der Ausstoß staubförmiger Schadstoffe der Industrie belief sich 1980 im Oberschlesischen Revier auf 637 500 t und der der gasförmigen Schadstoffe auf 1 776 200 t, d. h. rund 27% bzw. 34.6% der gesamtpolnischen, durch die Umweltstatistik erfaßten industriellen Emissionen (abzüglich der in Filteranlagen zurückgehaltenen Mengen). Während die Emissionen von Staub seit 1975 um 4,2% gestiegen sind, haben sich die der gasförmigen Schadstoffe mehr als verdoppelt. Gegenüber 1970 sollen die gasförmigen Schadstoffemissionen um das vierfache gestiegen sein (Rapport . . ., 1981). Die Schadstoffemissionen aus industriellen und anderen Quellen dürften sich 1980 auf über 3,1 Mill. t, davon 1,03 Mill. t Staub und 2,08 Mill. t gasförmige Substanzen belaufen haben. Bemerkenswert ist dabei, daß der in der Wojewodschaft Kattowitz emittierte Staub von nur 14 Industriebetrieben stammt.

Die Belastung der Umwelt durch Staub ist im Oberschlesischen Revier, insbesondere im Revierkern, außerordentlich hoch. Auf ca. 70% des Wojewodschaftsgebietes überschreitet der jährliche Staubniederschlag die ohnehin nicht allzu strenge Höchstgrenze von 250 t/qkm/Jahr deutlich. Ein Staubfall von über 1000 t/qkm wurde 1980 beispielsweise in Ruda, Beuthen, Königshütte, Trzebinia und der Spitzenwert von 1504 t/qkm in Hindenburg gemessen (Ruhrgebiet: ca. 118 t/qkm Ende der 70er Jahre).

Während die feste Staub großenteils in den Filteranlagen zurückgehalten wird, entweicht der Fein- bzw. Schwebstaub weitgehend ungehindert in die Luft. Somit ist die Konzentration des Schwebstaubs in der Luft an vielen Stellen größer als zulässig (Jahresgrenzwert: 0,022 mg/cbm, 24-Stundenwert: 0,15 mg/cbm). In manchen Orten werden die Jahresgrenzwerte um das 27- bis 41fache überschritten, z. B. in Hindenburg mit 0,895 mg/cbm, Beuthen mit 0,789/cbm, Gleiwitz mit 0,609 mg/cbm, Königshütte mit 0,602 mg/cbm, Łaziska Górne mit 0,550 mg/cbm und Swientochlowitz mit 0,517 mg/cbm (im Ruhrrevier Ende der 70er Jahre meist unter 0,100 mg bis höchstens 0,150 mg). Sogar in den sogenannten sauberen Gegenden ist die Konzentration der staubförmigen Schadstoffe um das sechs- bis achtfache höher als erlaubt. Im gesamten Revierkern wird der 24-Stundengrenzwert an 255 Tagen (70%) überschritten; zulässig sind 2%, d. h. sieben Tage. Nach Berechnungen der Station für Hygiene und Epidemiologie müßten die Emissionen der staubförmigen Schadstoffe in der Wojewodschaft Kattowitz um 68 bis 94% verringert werden, um die festgelegten Immissionsgrenzwerte nicht zu überschreiten.

Gesundheitsschädigend ist vor allem der metallische Staub, darunter Blei und Cadmium. Die größten Emittenten z. B. von Bleistaub sind hier die Zink-Bleihütten und die Siemens-Martin-Hochöfen. Die Konzentrationsgrenzwerte von Blei in der Luft werden auf dem gesamten Wojewodschaftsterritorium um das 1,4fache bis 54fache überschritten. Die jährlichen Bleikonzentrationswerte übersteigen dabei den zulässigen Grenzwert in Kattowitz-Schoppinitz um das 224fache, in Tarnowitz um das 126fache und in der Nähe der Nichteisenmetallhütte „Szopienice" um das 1000fache.

Von den gasförmigen Schadstoffen, die in großen Mengen in die Luft gelangen, gehören außer Schwefeldioxid und Kohlenmonoxid auch Stickstoffoxide und andere toxische bzw. krebserregende Substanzen. Die größten Emittenten von gasförmigen Schadstoffen (ca. 89% der Emissionen), insbesondere von Schwefeldioxid, sind die Hütten und Steinkohlenkraftwerke, in denen vornehmlich minderwertige bzw. stark schwefelhaltige Kohle verfeuert wird (bessere Kohlequalitäten werden exportiert). Allein die vier Großkraftwerke „Jaworzno III", „Rybnik", „Siersza" und „Łaziska" haben 1980 557 400 t Schwefeldioxid (SO_2) emittiert, das sind 73% der Schwefeldioxidemissionen aller 14 hier vorhandenen Steinkohlenkraftwerke. Die gültigen Normen für die Schwefeldioxid-Immissionen (Jahresgrenzwert 0,064 mg/cbm und 24-Stunden-Grenzwert 0,350 mg/cbm) werden auf dem größten Teil der Wojewodschaft Kattowitz überschritten. Die am meisten gefährdeten Gebiete erstrecken sich von der tschechischen Grenze über den Rybniker Steinkohlenbezirk in nordöstlicher Richtung, umfassen den Revierkern und den südöstlichen Teil um Chrzanów-Trzebinia. In den meisten Städten des Revierkerns liegen die 24-Stunden-Durchschnittswerte für die SO_2-Konzentration deutlich über 0,800 mg/cbm, d. h. über dem Wert, bei dem beispielsweise im Ruhrgebiet Smogalarm ausgelöst werden kann (in Polen gibt es keine diesbezüglichen Bestimmungen). Hierbei ist allerdings zu betonen, daß die Angaben bezüglich der SO_2-Konzentration nicht mit denen aus der Bundesrepublik Deutschland verglichen werden können, weil sie auf unterschiedlichen Meßmethoden beruhen.

In den letzten Jahren haben sich ferner die Kohlenmonoxid-Emissionen (CO) drastisch erhöht. Zudem ist die Stickstoffoxide-Konzentration in der Luft um das drei- bis 6,3fache höher als die Grenznorm. Eine eingehende Analyse der Luftverschmutzung anhand 24 ausgewählter staub- und gasförmiger Schadstoffe in 73 Städten und Gemeinden der Wojewodschaft Kattowitz bietet die Untersuchung von J. Kapała (1983). Sie zeigt, daß in allen 73 untersuchten Städten und Gemeinden, in denen rund 3,7 Mill. Menschen leben, der Schadstoffgehalt in der Luft die Grenznormen um das 25fache überschritt. Am extremsten sind dabei die Verhältnisse in Hindenburg, wo alle 24 untersuchten Schadstoffe weit über den zulässigen Grenznormen liegen (insgesamt 250fache Überschreitung der Normen) und bei 17 Schadstoffen die höchsten Konzentrationswerte überhaupt gemessen wurden. In weiterer Reihenfolge stehen die Städte Ruda, Dombrowa (höchste CO-Konzentration) und Kattowitz (höchste Bleikonzentration). Diese Verhältnisse sind auf das Fehlen oder auf die geringe Wirksamkeit entsprechender Anlagen zurückzuführen sowie auf den Zufluß von Schadstoffen aus anderen Industrieregionen (Böhmen und Mähren oder Lausitzer-Niederschlesisches Braunkohlenrevier). Neue Industrieanlagen gehen auch weiterhin ohne entsprechende Luftreinhalte-Ausrüstung in Betrieb. Sie werden meist nur, nach bestehender Vorschrift, mit hohen Schornsteinen versehen, die zwar die Immissionen in der näheren Umgebung etwas reduzieren, statt dessen aber weiter entfernte Gebiete gefährden.

Die Menschen im Oberschlesischen Revier sind durch industrielle Emissionen bzw. Immissionen von toxischen Substanzen um so mehr gefährdet, als hier viele Industriebetriebe in der Nähe bzw. innerhalb von Wohnkomplexen liegen.

Dabei ist zu berücksichtigen, daß die Angaben der Statistischen Ämter über den Emissionsumfang recht unvollständig sind, weil sie nur einen Teil der Emissionsquellen erfassen. Die Berechnungen der Schadstoffemissionen anhand des Brennstoffsverbrauchs und des Umfangs der industriellen Produktion in der Wojewodschaft Kattowitz führen zu erheblich größeren Mengen an emittierten Schadstoffen. So dürfte sich z.B. der Ausstoß von gasförmigen Schadstoffen 1978 in der Wojewodschaft Kattowitz auf rund 4,5 Mill. t belaufen haben (in der Statistik sind 2,08 Mill. t ausgewiesen).

Die Bodenverseuchung durch Schwermetalle hat in der Wojewodschaft Kattowitz ebenfalls ein besorgniserregendes Ausmaß erreicht. Bodenanalysen ergaben, daß nur 51% der landwirtschaftlichen Nutzfläche für den Anbau von Pflanzen, die von Menschen und Tieren verzehrt werden, geeignet sind. Wegen der hohen Konzentration hochgiftiger Substanzen im Boden, darunter Blei und Cadmium, sollten 32% der landwirtschaftlichen Nutzfläche nur mit wenigen Pflanzensorten und 17% dürften überhaupt nicht mit zum Verzehr bestimmten Pflanzen bestellt werden. Somit müßte die landwirtschaftliche Bodennutzung vor allem im Revierkern verboten werden. Eine besonders große Gefahr für die Gesundheit der Revierbewohner bringt der Verzehr von Gemüse und Obst aus den Schrebergärten mit sich. Diese Art der Selbstversorgung mit Erzeugnissen, an denen es auf dem Markt ständig mangelt, ist im Oberschlesischen Revier weit verbreitet. Hier gibt es über 400 Schrebergärtenanlagen, die teilweise in unmittelbarer Nähe stark umweltbelastender Industriebetriebe liegen. Bis 1980 wurde der Boden von 44 Schrebergärten nach der Schwermetallkonzentration analysiert. Die Ergebnisse dieser Untersuchung sind zum Teil erschreckend. Der Bleigehalt erreichte z.B. in Kattowitz 530 mg und in Beuthen 562 mg je kg Boden bei einem zulässigen Wert von 20 mg/kg Boden.

Der Verschmutzungsgrad der Gewässer ist im Oberschlesischen Revier weit höher als in anderen Regionen Polens. 1980 führten 64,4% der kontrolllierten Flüsse der Wojewodschaft Kattowitz Wasser, das sich nicht mehr für Wirtschaftszwecke eignete. Verwendbares Wasser der Güteklassen I, II und III führten nur noch 7,7%, 20,7% und 7,2% der Gewässer. Von den in der Wojewodschaft Kattowitz anfallenden Kommunal- und Industrieabwässern (rund 2,7 Mill. cbm/ Tag) wurden 1980 nur 15% in ausreichendem Maße gereinigt. Der Verschmutzungsgrad der fließenden Gewässer wächst damit stetig, und wenn auch die physikalisch-chemischen Qualitätsparameter die Grenzwerte noch nicht erreichen, so werden die mikrobiologischen Grenzwerte häufig überschritten. Nach der hygienischen Beurteilung der Wasserqualität, mit dem die Bevölkerung der Städte der Wojewodschaft Kattowitz 1980 versorgt wurde, erhielten 5,0% das Prädikat „schlecht", 16,7% „bedenklich" und 78,3% „gut". Für 1975 lagen diese Anteile entsprechend bei 0,0%, 7,7% und 92,3%.

Die außerordentlich große Verschmutzung der Gewässer stellt nicht nur eine ökologische Gefahr dar, sondern verschärft das ohnehin schon bestehende Wasserdefizit. Das Trinkwasserdefizit schätzte man beispielsweise 1975 auf 224 000 cbm pro Tag (bei einer Lieferung von rund 1,33 Mill. cbm pro Tag). Obwohl die Lieferung bis 1980 auf 1,84 Mill. cbm pro Tag angestiegen war, hat sich das Defizit nur geringfügig verringert (auf 183 000 cbm pro Tag). Für 1985 schätzte man das Trinkwasserdefizit auf 537 000 cbm pro Tag, vorausgesetzt, daß alle geplanten Investitionen in der Wasserwirtschaft realisiert werden und der Trinkwasserverbrauch der Industrie (1980: 550 000 cbm/Tag) begrenzt wird.

Hinzu kommt das Problem der Industriemüllbeseitigung bzw. -lagerung. 1980 waren hier z. B. 373 Mill. t Industrieabfälle gelagert (21% mehr als 1975), d.h. rund 41% der von der Umweltstatistik erfaßten Gesamtmenge.

Die verheerenden Folgen der Umweltverschmutzung spiegeln sich im Gesundheitszustand der Revierbevölkerung wider, der sich von Jahr zu Jahr verschlechtert. Beispielsweise stieg die Zahl der Arztkonsultationen von 31 Mill. im Jahr 1975 (8,9 je Einwohner) auf 36 Mill. (9,6 je Einwohner) 1980 an, d.h. um 15% (im Landesdurchschnitt um 8% von 7,8 auf 8,0 Arztbesuche je Einwohner). Erkrankungen der Atemwege kommen hier um 47%, Krebserkrankungen um 30% und Kreislauferkrankungen um 15% häufiger vor als im Landesdurchschnitt. Auch die Berufskrankheiten treten häufiger auf.

Besonders gefährdet sind Kinder und Jugendliche. Untersuchungen von Kindern und Jugendlichen, die im Einflußbereich der Nichteisenmetallhütte „Szopienice" in Kattowitz wohnen, ergaben bei 35% der Untersuchten eine akute Bleierkrankung. Viele Kinder leiden an Schädigungen des zentralen Nervensystems (kann u. a. durch Bleivergiftungen verursacht werden). 1980 befanden sich 3600 solcher Kinder in Rehabilitationsbehandlung. Öfters als in anderen Regionen sind hier Mißbildungen bei Neugeborenen und geistige und körperliche Entwicklungsstörungen bei Kleinkindern beobachtet worden. Die Säuglingssterblichkeit liegt hier ebenfalls über dem Landesdurchschnitt; die häufigste Sterbeursache bei Säuglingen über einem Monat ist Sauerstoffmangel. Auch die höhere Sterblichkeit der Bevölkerung im erwerbsfähigen Alter (vor allem bei Männern) und eine um zwei Jahre geringere Lebenserwartung der Revierbevölkerung werden als Konsequenzen der ungeheuer großen Umweltverschmutzung angesehen. Das erschreckende Ausmaß der Umweltzerstörung im Oberschlesischen Revier weist auf das völlige Versagen des Umweltschutzes hin, das meist auf eine unklare Zuständigkeitsverteilung bei den Behörden zurückgeführt wird (Kap. 6). Die regionalen Umweltschutzbehörden sind sowohl politisch als auch wirtschaftlich zu schwach, um sich gegen die besonders mächtigen Industrieressorts durchzusetzen, die mit Investitionsmitteln für Umweltschutzmaßnahmen ausgestattet werden. Die Industrieressorts ignorieren seit Jahren sämtliche Beschlüsse, die sie zur Ausführung von Umweltschutzinvestitionen verpflichten, obwohl diese stets in die von Ministerrat und Regierungspräsidium erstellten Aufgabenkataloge aufgenommen wurden.

Der Nationalwirtschaftsplan für die Jahre 1976 bis 1980 sah in der Wojewodschaft Kattowitz eine Verminderung der Staubemissionen von Industriebetrieben – die den Ressorts Hüttenwesen, Bergbau und Energie unterstellt sind – um 225000 t pro Jahr vor; statt dessen haben sich diese Emissionen um weitere 125000 t pro Jahr erhöht. Die Emissionen von gasförmigen Schadstoffen sollten jährlich nur um 35000 t steigen, tatsächlich haben sie sich aber um 834000 t pro Jahr erhöht (Rapport..., 1981).

In den Jahren 1973 bis 1975 hatte die Wojewodschaftsverwaltung in Zusammenarbeit mit wissenschaftlichen Forschungsinstituten und Hochschulen ein sechsbändiges „Komplexprogramm zum Schutz und zur Gestaltung der Umwelt in der Wojewodschaft Kattowitz bis zum Jahre 1990" erarbeitet. Darin werden zahlreiche Aufgaben bzw. Maßnahmen aufgezeigt, die zu einer spürbaren Verbesserung der Umweltqualität führen sollen. Wie die bisherigen Erfahrungen gezeigt hatten, wurden die Aufgaben im Bereich des Umweltschutzes nur in geringem Umfang ausgeführt, und auch die geplanten Modernisierungen bzw. Stillegungen der technisch und technologisch veralteten Industrieanlagen (Anfang der 80er Jahre waren etwa 44

Fabriken reif für die Stillegung) wurden nur sehr zögernd in Angriff genommen, so daß auch in naher Zukunft keine durchgreifenden Veränderungen zum Besseren hin zu erwarten sind.

8.2.4
Ererbte Raumstrukturen und Probleme ihrer Umgestaltung

Mit einer Bevölkerung von 3895 500 (1984) auf einer Fläche von 6650 qkm gehört die Oberschlesische Agglomeration (Wojewodschaft Kattowitz) neben der Lodzer und Warschauer Agglomeration zu den am dichtesten besiedelten Regionen Polens. Den Agglomerationskern (bzw. Revierkern), die sog. Oberschlesische „Konurbation", bilden 14 Städte unterschiedlicher Größe von 37517 (Czeladz) bis zu 363270 Einwohnern (Kattowitz). Nach der Gebietsreform von 1975 umfaßte die Oberschlesische Konurbation 1984 rund 1106 qkm und 2124464 Einwohner, d. h., daß hier auf 0,35% der Landesfläche 5,7% der Bevölkerung Polens leben, die die Oberschlesische Konurbation zum größten Ballungsgebiet Polens machen. Den Agglomerationskern umschließen einige weitere Städte, von denen Tichau mit 181833 und Jaworzno mit 95211 Einwohnern (1984) die größten sind. Charakteristisch für die nähere und weitere Umgebung des Kerngebietes sind zahlreiche, weitgehend verstädterte Arbeiter-Dörfer mit einer nichtlandwirtschaftlichen Bevölkerung von über 80%.

Die Oberschlesische Agglomeration ist eine der wenigen Regionen Polens, deren Erscheinungsbild und wirtschaftsräumliches Gefüge sich innerhalb von zwei Jahrhunderten grundlegend verändert hat. In der vorindustriellen Zeit war dieses stark bewaldete Gebiet durch ein lichtes Siedlungsnetz gekennzeichnet. Die wenigen, im Hochmittel-

alter gegründeten Städte wie z.B. Gleiwitz, Beuthen und Myslowitz sowie im Dombrowaer Revier Czeladz und Bendzin, die gewisse zentralörtliche Funktionen erfüllten, gruppierten sich entlang des Fernhandelsweges von Breslau nach Krakau. Sie waren allerdings merklich kleiner als die Städte in den Lößgebieten westlich der Oder. Dieses mittelalterliche Siedlungsnetz behielt seine Form bis zur Mitte des 19. Jahrhunderts fast unverändert bei. Die industrielle Revolution, insbesondere in ihrer Hochentwicklungsphase, brachte einen tiefgreifenden Wandel und eine Verdichtung des überkommenen Siedlungsnetzes. In kurzer Zeit entstanden zahlreiche Arbeiterkolonien, die sich um die einzelnen Standorte der Zechen und Hütten scharten. Mit der Entstehung neuer Siedlungen ging eine Umgestaltung der alten Dörfer und Städte einher, wobei die neuen Siedlungen in ihrer Wachstumsdynamik häufig die älteren übertrafen (Tab. 27). Die flächenhafte Expansion der Siedlungen – im Laufe der Zeit kam es zu zahlreichen Ein- und Umgemeindungen – ließ die einzelnen Siedlungseinheiten zu einem großen Komplex verschmelzen, der den Revierkern bildete. Von den zahlreichen Ortschaften, die es Mitte des 19. Jahrhunderts noch gegeben hat, sind infolge von Zusammenlegungen während der Zwischenkriegszeit nur noch 58 übrig geblieben. Heute lassen sich die Grenzen der einzelnen Orte im Revierkern, die entlang von Gleiskörpern und Straßenzügen verlaufen, mit bloßem Auge nur schwer ausmachen. Gleichwohl bietet das Revier aber ein differenziertes Erscheinungsbild, das von Siedlungen unterschiedlicher Bauphasen bzw. verschiedener Trends in der Arbeitersiedlungsbewegung geprägt ist. Da die Bausubstanz fast unversehrt beide Weltkriege überstand, ist hier die zeitliche Abfolge des Siedlungsgangs so gut wie in kaum einem anderen Industriegebiet zu erkennen.

Die wirtschaftsräumliche Struktur des Re-

Tabelle 27: Bevölkerungsentwicklung einiger Revierstädte 1860–1984 (in 1000)

	1860	1900	1939	1950	1984
Kattowitz	4,8	14,2	134,0	225,0	363,3
Gleiwitz	10,9	17,7	114,0	133,0	212,5
Beuthen	9,4	26,5	101,0	174,0	239,2
Hindenburg	9,5	37,8	126,0	172,0	198,0
Königshütte	1,1	32,1	110,0	129,0	144,2
Sosnowiec[1]	ca. 20,0[2]	99,0[3]	130,0	96,0	255,0

Anmerkungen: 1 in Grenzen von 1902
2 1885
3 1910

Quelle: Rocznik Statystyczny 1965, 1985; 1960 nach A. Horning, 1954

viers war im wesentlichen schon vor dem Ersten Weltkrieg festgelegt. Die folgenden Jahrzehnte brachten, abgesehen von den Einschnitten während der beiden Kriege, eine weitere Verdichtung des Wirtschafts- und Bevölkerungspotentials, die vom fortschreitenden Verstädterungs- bzw. Urbanisierungsprozeß begleitet wurde, ohne daß die wirtschaftsräumliche Struktur grundlegend verändert worden wäre. Kurz vor dem Zweiten Weltkrieg (1939) lebten in den Grenzen der heutigen Wojewodschaft Kattowitz ca. 2,5 Mill. Menschen, davon etwa 1,2 Mill. in den Städten.

Wenn auch die Bevölkerungszunahme in den 14 Städten der Oberschlesischen Konurbation im Zeitraum von 1961 bis 1980 mit 20,9% (von rund 1,71 Mill. auf 2,07 Mill.) unter dem Durchschnitt für alle Städte der Wojewodschaft Kattowitz (34,8%) lag, so war sie – gemessen etwa an der rückläufigen Bevölkerungsentwicklung im Ruhrgebiet – immer noch erstaunlich hoch. Dies ist auch nicht verwunderlich, wenn man berücksichtigt, daß 56,8% des gesamten Wohnungszuwachses in allen Städten der Wojewodschaft Kattowitz (1961–1980: 362 914) auf die Konurbation bzw. den Revierkern entfielen. Diese Entwicklung geht in erster Linie auf die Interessen der einzelnen Industrieressorts bzw. -betriebe zurück, die, im Wettkampf um die begehrten Arbeitskräfte, auf den Bau von weiteren Werkswohnsiedlun-

gen mit einer günstigen Verkehrsverbindung an die Arbeitsstätten im Revierkern bedacht sind. Bei den lokalen Verwaltungsorganen versuchen sie durchzusetzen, daß betriebseigene Wohnsiedlungen jeweils in der Nähe der Betriebe gebaut werden, ohne Rücksicht auf die Konsequenzen für die Gesundheit bzw. die Lebensqualität der Menschen, die sich aus den äußerst schlechten ökologischen Bedingungen und dem oft erschwerten Zugang zu den verschiedenen Versorgungseinrichtungen ergeben (St. Tomaszek, 1981). Dadurch werden auch raumplanerische Forderungen, wie z. B. die Entlastung des Revierkerns aus dem Regionalplan von 1953 häufig zunichte gemacht. Davon zeugt nicht zuletzt die Entwicklung der Erwerbstätigenzahlen im Revierkern.

Zum Hauptzentrum des Reviers ist nach 1945 die Stadt Kattowitz aufgestiegen, die schon während der Zwischenkriegszeit als Wojewodschaftshauptstadt gewisse zentralörtliche Funktionen ausübte. Heute haben hier die regionalen Parteiorgane, die Wojewodschaftsverwaltung, sechs Hochschulen sowie einige Industrie-Forschungsinstitute bzw. industrielle Projekt- und Verwaltungsbehörden ihren Sitz. Daher gibt es in dieser Stadt, die 1984 363 270 Einwohner hatte, ein breiteres Spektrum an nichtindustriellen Arbeitsplätzen. Die 220 902 Beschäftigten des vergesellschafteten Sektors (außer Land- und Forstwirtschaft) verteilten sich hier auf die einzelnen Wirtschaftszweige wie folgt: 37,2% Industrie, 16,6% Bauwirtschaft, 8,5% Transport, 11,4% Handel, 1,7% Wissenschaft und 24,6% übrige Dienstleistungen.

Neben Kattowitz hat noch die Stadt Gleiwitz (1984: 212 518 Einwohner) ein differenzierteres Arbeitsplatzangebot. Von den 111 770 (1984) Beschäftigten im vergesellschafteten Wirtschaftssektor arbeiteten 47,5% in der Industrie, 17,5% in der Bauwirtschaft, 6,8% im Handel und 28,2% in übrigen Dienstleistungsbereichen. Ein auffallend hoher Anteil (1980: 5,1%) der Beschäftigten war in der Wissenschaft und der technischen Enwicklung tätig, weil Gleiwitz seit den 60er Jahren zum wichtigsten Industrie-Forschungszentrum der Region geworden ist. Außer mehreren Forschungsinstituten und Projektbüros, die für den Bedarf der Industrie arbeiten, besitzt Gleiwitz eine Technische Hochschule mit ca. 10 000 Studenten.

In anderen Städten des Revierkerns sind die wichtigsten Arbeitgeber eindeutig die Industrie mit durchschnittlich 57,1% und die Bauwirtschaft mit 12,1% Beschäftigten. Außerhalb des Revierkerns zeichnet sich der innerhalb der Wojewodschaft Kattowitz liegende *Rybniker-Steinkohlenbezirk* durch eine sehr hohe Wachstumsdynamik aus. Seit der Gebietsreform von 1975 umfaßt er sechs Städte: Rybnik, Loslau, Jastrzemb (Kerngebiet) und die Städte Sohrau, Leschczin, Knurów sowie acht Landgemeinden von insgesamt 958 qkm Größe mit rund 0,55 Mill. Einwohnern (1978). Charakteristisch für diese Städte ist eine einseitig ausgerichtete Wirtschaftsstruktur mit deutlicher Dominanz der Industrie, darunter des Steinkohlenbergbaus.

Probleme der Raumplanung

Um die wirtschaftsräumliche Entwicklung in geordnete Bahnen lenken zu können, wurde 1952/1953 ein Regionalentwicklungsplan für das GOP (Górnoślaski Okręg Przemysłowy = Oberschlesisches Industriegebiet) erarbeitet (Abb. 25). Die räumliche Bezugsbasis dieses ersten Regionalplans für das GOP nach dem Zweiten Weltkrieg bildete ein 2374 qkm großes Gebiet, das in die Kernzone, das sog. GOP „A" (704 qkm) und in das unmittelbare Umland des Kerns, das sog. GOP „B" (1670 qkm), unterteilt wurde. In der später verfaßten Expertise zu diesem Plan wurde dem GOP ein Gebiet von 1965 qkm ohne jede Unterteilung ausgegliedert.

Die Entlastung des Revierkerns, in dem der Steinkohlenbergbau weiter intensiviert werden sollte, war das Hauptziel dieses Plans. Sie sollte durch die sogenannte aktive und passive Deglomeration erreicht werden: Industriebetriebe, die nicht unmittelbar auf die Rohstoffbasis des Kerns angewiesen waren, sollten an den Rand verlagert werden. Das benachbarte Umland des Kerns (GOP-B) sollte hauptsächlich dem Wohnen vorbehalten sein, mehrere Satellitengroßsiedlungen bzw. neue „sozialistische" Städte sollten dort entstehen. Hierzu gehören heute die Neubaugroßsiedlungen in Peiskretscham, Radzionkau, Golonog und Neu-Tichau. Bis heute sind sie, mit Ausnahme von Tichau, verkehrsmäßig schlecht angebundene, kasernenähnliche Schlafsiedlungen.

Der „Generalplan des Städtekomplexes GOP" (poln. Plan generalny zespołu miast i osiedli GOP) von 1963 umfaßte nur den Revierkern, die sogenannte Oberschlesische Konurbation. Dieses ca. 1100 qkm große Gebiet wurde in vier Bereiche bzw. Subregionen unterteilt (Tab. 28). Im „Generalplan" sind die Ziele des Regionalplans von 1953 teilweise verworfen bzw. kritisiert worden. Hierzu gehörte u. a. der früher geplante Bau von Satellitensiedlungen.

Mit der Standortentscheidung für die Hütte „Katowice" wurde gleichzeitig eine Modernisierung und Umgestaltung des östlichen Teils des Revierkerns, d. h. des Dombrowa-

Abb. 25: Räumlich-funktionale Gliederung des Oberschlesischen Industriegebietes

größere Siedlungskomplexe — wichtigste Straßenverbindungen
größere Industrieflächen +++ Haupteisenbahnstrecken
Industrieödflächen ◉ Hauptzentrum
Grünflächen, Wald ◯ Nebenzentren
Halden der Zechen Steinkohlenabbaugebiet

Entwurf: A. Kapala
nach Tomaszek, 1981 verändert

er Reviers, das hinsichtlich der infrastrukturellen Ausstattung vernachlässigt war, beschlossen. Die Grundlage dafür bildete der nach 1971 entworfene „Plan für die Bewirtschaftung des östlichen Teils des GOP". Dieser Plan sah vor, die traditionellen und noch sehr auffälligen wirtschaftsstrukturellen Unterschiede zwischen dem früheren preußischdeutschen Teil des Reviers und dem Dombrowaer Revier zu beseitigen.

Die zukünftige Umgestaltung der wirtschaftsräumlichen Struktur des Oberschlesischen Industriegebietes (GOP) bzw. der Konurbation wird sich an folgenden Schwerpunkten zu orientieren haben (St. Tomaszek, 1981):

– Zusätzlich zu Kattowitz und Gleiwitz die Errichtung zweier neuer Geschäfts- und Dienstleistungszentren, dic an den Grenzen der Städte Ruda, Swientochlowitz und Beuthen sowie im östlichen Teil des Revierkerns zwischen den Städten Sosnowitz und Drombrowa liegen sollen.

– Ausbau und Umgestaltung des Verkehrsnetzes, darunter Entlastung der Haupteisenbahnstrecke Gleiwitz–Krakau durch Verlagerung des gesamten Güterverkehrs auf die teilweise vorhandene bzw. erst

Tabelle 28: Strukturdaten für den Revierkern (GOP) 1980

		Wojewodschaft Kattowitz gesamt	GOP gesamt	Subregionen GOP			
				zentrale	westliche	nördliche	östliche
Fläche (qkm) 1980		6650	1138	354,2	294,2	122,3	367,3
Bevölkerung (in 1000) 1980		3733,9	2069,9	720,7	552,6	298,6	498,0
Bevölkerungsentwicklung (in 1000)	1961–1970	+381,2	+139,3	+52,2	+40,6	+12,9	+33,6
	1971–1975	+246,7	+100,0	+46,6	+26,6	+12,1	+14,7
	1976–1980	+246,0	+118,2	+18,9	+2,1	+2,0	+95,2
(in %)	1961–1970	+13,3	+8,1	+8,7	+8,4	+4,7	+9,5
	1971–1975	+7,6	+5,4	+7,1	+5,1	+4,3	+3,8
	1976–1980	+7,0	+6,1	+2,7	+0,4	+0,7	+23,6
Wanderungssaldo (in ‰)	1979	+10,8	+11,6	+8,0	+6,2	+4,2	+27,2
	1980	+7,2	+6,5	+5,0	+2,5	+5,6	+13,9
Geburtenüberschuß (in ‰)	1980	+8,1	+5,7	+4,1	+7,4	+6,3	+6,0
Erwerbstätige nach Wirtschaftsbereichen (in 1000) 1978							
Land- und Forstwirtschaft		118,5	14,2	4,1	3,4	1,7	5,0
Industrie und Bauwirtschaft		1091,3	638,5	216,7	167,9	88,2	165,7
Dienstleistungen		514,2	315,0	125,9	80,7	42,5	65,9
Beschäftigte im vergesellschafteten Sektor							
Zuwachs 1976–1980	(in 1000)	+86,5	+37,6	+4,9	+10,1	+2,5	+20,1
	(in %)	+5,6	+3,9	+1,3	+4,0	+1,9	+19,6
Stand 1980	(in 1000)	1627,1	1006,5	391,7	259,6	130,7	224,4
davon (in %) Industrie		53,2	51,1	43,6	53,6	59,1	56,7
Bauwirtschaft		13,7	16,1	17,9	15,3	11,1	17,1
Transport		7,0	6,1	7,2	5,7	5,4	5,4
Handel		7,3	7,7	9,4	6,7	6,8	6,3
Wohnungsbestand (in 1000) 1980		1146,3	679,6	239,5	182,1	99,1	158,9
Zuwachs 1961–1980	(in 1000)	+379,3	+206,2	+78,0	+46,2	+25,1	+56,9
	(in %)	+49,6	+43,5	+48,3	+33,9	+33,9	+55,8
Wohnungen 1978 (in %) mit: Spül-WC		69,3	66,4	63,0	66,4	66,2	71,9
Bad		67,2	62,7	61,2	60,7	60,6	68,5
Zentralheizung		43,6	37,9	40,3	34,4	26,6	43,4

Anmerkungen: GOP, d.h. die Kernzone umfaßt hier 14 Städte; die Subregionen umfassen die Städte:
– zentrale: Kattowitz, Siemianowitz, Königshütte, Swientochlowitz und Myslowitz
– westliche: Gleiwitz, Hindenburg und Ruda
– nördliche: Beuthen und Piekar
– östliche: Sosnowitz, Bendzin, Czeladz und Dombrowa

Quelle: eigene Berechnung nach Rocznik Statystyczny Województw 1981; Rocznik Statystyczny Miast 1980; Rocznik Statystyczny Województwa Katowickiego 1981

auszubauende Ringbahn um den Revierkern, ferner die Lösung des Personen-
Nahverkehrs durch Errichtung eines S-
Bahnnetzes bzw. der sog. „Schlesischen
Regionalbahn" mit einer ebenfalls ringförmigen Streckenführung sowie Querverbindungen und Abstecher zu den Wohnsied-
lungskomplexen.

- Neue Industriestandorte sollen, wenn
  überhaupt, nördlich des Revierkerns jenseits der Ringbahn, die Wohnsiedlungen
  dagegen zwischen dem Kern und der
  Ringbahn, entstehen. Südlich des Revierkerns müßten neue Wohnsiedlungen jenseits der Ringbahn gebaut werden, weil
  hier die Industrie schon zwischen der
  Ringbahn und dem Kern angesiedelt ist.
- Erweiterung des sich seit 1968 im Ausbau
  befindenden „Waldschutzgürtels" (poln.
  Leśny Pas Ochronny, Abk. LPO), in dem
  zahlreiche Naherholungszentren eingerichtet werden sollen. (Die Errichtung der
  Zinkhütten und neuerdings der Hütte „Katowice" innerhalb oder nahe des Grüngür-
  tels steht allerdings schon im Widerspruch
  zu den oben genannten Plänen.)
- Erweiterung der Grünflächen im Revierkern, z. T. durch Rekultivierung bzw. Be-
  grünung des Industrieödlands und Ausstattung dieser Flächen mit Freizeiteinrichtungen. Als Vorbild kann hier der über 600 ha
  große, auf Industrieödland zwischen den
  Städten Kattowitz, Königshütte und Siemianowitz ab 1951 errichtete Freizeitpark
  (poln. Wojewódzki Park Kultury i Wy-
  poczynku) dienen. Er hat allerdings den
  Nachteil, daß er nahe bei Industriebetrieben liegt, deren Emissionen die Parkluft
  mit Schadstoffen stark belasten.

8.3
Die Lodzer Agglomeration –
der größte Textilindustriebezirk
Polens

Die Stadtwojewodschaft Lodz ist die kleinste (0,5% der Landesfläche) der drei Stadtwojewodschaften, gehört aber zu den am
stärksten industrialisierten Regionen Polens
mit der höchsten Bevölkerungsdichte. Ihr
Beitrag zum Bevölkerungs- und Wirtschaftspotential des Landes ergibt sich aus folgenden Zahlen für 1984: 3,1% der Gesamtbevölkerung, 3,7% der Beschäftigten im vergesellschafteten Wirtschaftssektor, 4,6% der
Industriebeschäftigten und 4,0% der Industrieproduktion. In der Kernstadt konzentrieren sich beinahe drei Viertel der Gesamtbevölkerung und der Industriebeschäftigten der Region (Tab. 29).
Lodz, mit 849441 Einwohnern (1984) die
zweitgrößte Stadt Polens, verdankt ihre Entstehung und das spätere explosionsartige
Wachstum fast ausschließlich der Textilindustrie, genaugenommen der Baumwollindustrie. Daher wird Lodz auch als das
„polnische Manchester" bezeichnet. Aber
im Gegensatz zu Manchester hatte Lodz
keine Standortvorteile für die Entwicklung
der Baumwollindustrie, vielmehr hält man
heute die Gegend um Lodz eher für völlig
ungeeignet. Lodz liegt nämlich im Bereich
der Hauptwasserscheide zwischen dem Ein-
zugsgebiet der Weichsel und der Oder, in
dem es keine größeren Oberflächengewässer
gibt. Die explosive Entwicklung der wasser-
intensiven Textilindustrie gerade in diesem
wasserarmen Gebiet erscheint daher pa-
radox.
Obwohl Lodz inmitten Polens und nicht
weit entfernt von der Hauptstadt liegt, ist
die Stadt verkehrsmäßig mit den anderen
Landesteilen schlecht verbunden. Sie liegt
gewissermaßen in einer „Verkehrssackgas-
se", abseits der wichtigsten Verkehrswege.

Tabelle 29: Strukturdaten zur Wojewodschaft und Stadt Lodz

Fläche 1984 (qkm)	1523			
Bevölkerung 1984 (in 1000)		Wanderungssaldo (in $^0/_{00}$)		
gesamt	1149,1		1980	1984
Kernstadt Lodz	849,4	Lodz	+ 3,9	+1,1
Umland	299,7	Umland davon		
davon Städte	201,2	Städte	+ 6,6	+5,5
		Ländl. Gebiete	−10,4	−8,7

Bevölkerungsentwicklung 1971–1984 (in 1000)

	1971–1980	1981–1984
Lodz	+73,2 (+ 9,6 %)	+13,7 (+1,6 %)
Umland		
Städte	+25,7 (+15,3 %)	+ 7,5 (+3,9 %)
Ländl. Gebiete	− 3,8 (− 3,7 %)	+ 0,1 (+0,1 %)

Erwerbstätige nach Wirtschaftsbereichen 1978 (in 1000)

	gesamt	davon Lodz
	592,6	437,5
Veränderung seit 1970	+36,8 (+ 6,6 %)	
Land- und Forstwirtschaft	37,4	6,7
Industrie und Bauwirtschaft	341,3	254,1
Veränderung seit 1970	+ 5,6 (+ 1,7 %)	
Dienstleistungen	213,9	176,5
Veränderung seit 1970	+36,8 (+20,8 %)	

Strukturbestimmende Industriebranchen	Beschäftigte in 1000	
	1980	1984
gesamt	255,3	204,4
Textil-, Bekleidungs- und Lederindustrie	147,3	109,5
Elektro- und Maschinenbauindustrie	56,6	47,6
Chemische Industrie	17,7	13,8
Nahrungs- und Genußmittelindustrie	12,6	11,5

Beschäftigte im vergesellschafteten Sektor (in 1000)

Lodz (1984)	357,5
Veränderung 1971–1980	+10,6 (+ 2,7 %)
1981–1984	−49,4 (−12,1 %)
Umland (1984)	83,0
Veränderung 1971–1980	+ 6,2 (+ 7,2 %)
1981–1984	− 9,5 (−10,3 %)

Beschäftigte in Industrie und Bauwirtschaft
– vergesellschafteter Sektor (in 1000)

Lodz (1984)	189,8
Veränderung 1971–1980	−18,4 (− 7,2 %)
1981–1984	−47,7 (−20,1 %)
Umland (1984)	51,0
Veränderung 1971–1980	− 2,9 (− 4,5 %)
1981–1984	−10,2 (−16,7 %)

Tabelle 29: (Fortsetzung)

Die wichtigsten Industrieerzeugnisse 1980		% der Landesproduktion
Gewebearten:		
Baumwoll- und baumwollähnliche (Mill. m)	391,5	44,3
Woll- und wollähnliche (Mill. m)	39,0	32,2
Natur- und Kunstseide (Mill. m)	56,6	34,7
Strümpfe (Mill. Paar)	152,2	58,9
Stoffverarbeitung für Konfektion (Mill. m)	53,0	7,4
Textil- und Gummischuhe (Mill. Paar)	6,9	31,7
Weckeruhren (Mill. Stück)	1,4	98,6
Plattenspieler (1000 Stück)	370,1	100,0
Transformatoren (1000 Stück)	10,2	58,9
Spinnmaschinen (Stück)	462,0	29,6

Quelle: Rocznik Statystyczny Województw 1981, 1984; Rocznik Statystyczny Miast 1980; Rocznik Statystyczny Województwa Miejskiego Łódzkiego 1981

So verlaufen z. B. die Haupteisenbahnstrecken für den Rohstoff- bzw. Fertigprodukttransport in relativ großen Entfernungen von Lodz; die Eisenbahnlinie Warschau – Kattowitz in 25 km und die „Kohlenmagistrale" Kattowitz–Gdingen in 40 km Abstand.

8.3.1
Entwicklungsvoraussetzungen

Die Entwicklung der Lodzer Industrie ist nur aus der damaligen gesamtwirtschaftlichen Situation in Kongreßpolen zu verstehen, wie beispielsweise die politische Anbindung Kongreßpolens an das russische Imperium, die Aufhebung der Zollgrenzen zwischen beiden Ländern (1822) und die hohen Schutzzölle auf Importwaren, vor allem aus Preußen (Kap. 1.3). Die kongreßpolnische Regierung wußte sich diese Situation zunutze zu machen. Dem damaligen Schatzminister Drucki-Lubecki ist ein umfangreiches Wirtschaftsförderungsprogramm zu verdanken, in dem die Entwicklung der Textilindustrie eine wichtige Position einnahm. Für die Realisation des Plans, im Bereich der heutigen Stadt Lodz Ansätze für einen großen Industriebezirk zu schaffen,

sorgte der zuständige Präsident der Wojewodschaft Masowien Rajmund Rembeliński. Die Geschichte der Industriestadt Lodz bzw. des Lodzer Textilindustriebezirks ist mit diesen beiden Namen eng verbunden. Schon ab 1816 warb die kongreßpolnische Regierung intensiv und planmäßig um ausländische Fachkräfte und sorgte für deren Ansiedlung in ausgewählten Gebieten bzw. Ortschaften. Die meisten angeworbenen Unternehmer bzw. Fachkräfte stammten aus Schlesien, Sachsen, Großpolen und Böhmen.

Standortbedingungen

Für die Wahl des Gebietes um Lodz als zukünftigen Textilindustriebezirks sprachen zu Anfang des 19. Jahrhunderts folgende Gründe:

– Die Nähe zu Preußen, aus dem die meisten der angeworbenen Arbeitskräfte stammten;
– Das Bestehen deutscher Kolonien (z. B. Nowosolna bei Lodz) aus der Zeit preußischer Herrschaft (1793–1809) – ein zusätzlicher Anreiz für die Zuwanderer, sich hier niederzulassen.
– Die Zugehörigkeit dieses Gebietes zu Staatsdomänen. Damit verfügte die Regierung über genügend Bauland und angesichts der großen Waldkomplexe über ausreichende Mengen an Holz für Bau- und andere Zwecke. Bauland und

Baumaterial wurden den Zuwanderern gratis zur Verfügung gestellt.

– Die vorteilhafte Lage der westlichen Teile der Wojewodschaft Masowien am Exportweg – über Warschau nach Rußland bzw. in den Osten. Die Fertigerzeugnisse mußten nämlich vor dem Export von den zuständgen Wojewodschaftsbehörden (in diesem Fall in Warschau) einen Nachweis über ihre Herkunft erhalten. So konnten die Fertigwaren aus Lodz, Zgierz oder Aleksandrów ohne Umwege über Warschau nach Rußland transportiert werden.

– Der natürliche Wasserreichtum, wenn dies auch heute, angesichts der Wasserversorgungsprobleme, sonderbar klingen mag. Die Hauptwasserscheide, auf der Lodz liegt, war nämlich das Quellgebiet für zahlreiche kleine, aber gefällreiche Flüsse, deren Wasserkraft für den Antrieb von Maschinen ausgenutzt werden konnte. Nach der fast vollständigen Abholzung der Wälder in kurzer Zeit wurde das ökologische Gleichgewicht gestört; viele kleine Bachläufe versiegten, der Grundwasserspiegel sank. Somit mußte Lodz schon um die Jahrhundertwende mit Wasserversorgungsproblemen kämpfen.

Aus seinem „Dornröschenschlaf" erwachte dieses Gebiet, als in den 20er Jahren des 19. Jahrhunderts in unmittelbarer Nähe der „alten" Städte „neue" Textilhandwerkerstädte bzw. Arbeiterstädte gebaut wurden und einige private Unternehmer völlig neue Industriesiedlungen in der Umgebung von Lodz gründeten (z. B. Aleksandrów, Konstantynów und Ozorków).

8.3.2
Entwicklung der Stadt Lodz
bis 1945

Die Entwicklungsgeschichte der Stadt Lodz wird gewöhnlich in zwei Abschnitte unterteilt: in die Zeit der vorindustriellen Stadt (etwa bis 1820) und in die der Industriestadt Lodz.

Die im heutigen Bereich der Altstadt von Lodz seit Anfang des 15. Jahrhunderts bestehende Ortschaft namens Lodzia erhielt 1423 das Magdeburger Stadtrecht. Bis ins 19. Jahrhundert blieb sie ein kleines unbedeutendes Städtchen, dessen Erscheinungsbild eher einem Dorfe glich, zumal dessen Bewohner vorwiegend von der Landwirtschaft lebten. Ende des 18. Jahrhunderts gab es hier ca. 50 strohgedeckte, hölzerne Häuser, die von rund 190 Seelen bewohnt waren. 1820 zählte das Städtchen Lodzia 106 Holzhäuser und 767 Einwohner.

Die Entwicklungsgeschichte der Industriestadt Lodz beginnt 1821 mit dem Bau einer Tuchmachersiedlung südlich der Altstadt (Lodzia). Den Mittelpunkt dieser Siedlung bildete ein achteckiger Marktplatz, genannt Marktplatz der „Neuen Stadt" (heute: Plac Wolności).

In den Jahren 1824 bis 1828 wurde vier km südlich der „Neustadt" eine zweite Industriesiedlung namens „Łódka" angelegt, die sich entlang des Jesień-Bachs zog. Hier siedelten sich die großen Fabriken von Geyer, Scheibler und Grohmann an. Diese beiden Siedlungskerne mit ihren regelmäßigen Straßengittern bilden heute die Innenstadt von Lodz.

Die erste größere Leinenfabrik wurde 1824 mit Regierungsmitteln gebaut und später unter die Verwaltung des aus Sachsen stammenden Unternehmer P. Kopisch gestellt. Ein anderer deutscher Unternehmer, K. Wendisch, errichtete eine Flachs- und Baumwollspinnerei.

In den Jahren \1831 bis 1850 erlebte Lodz seine erste Wirtschaftskrise. Zugleich war dies aber eine Zeit der ersten technischen Innovationen in der Lodzer Industrie. Der Rückschlag für die junge Textilproduktion ergab sich aus der politischen Niederlage Kongreßpolens nach dem November-Aufstand. Danach gab es keine polnische Regierung mehr, die wie früher konsequent die Ansiedlung von neuen Industriebetrieben hätte unterstützen können. Es gab auch keine polnische Armee mehr – ehemals der größte Abnehmer der Tuch- bzw. Wollstoffe – und der Export nach Rußland wurde durch Einführung von Zollschranken zwischen Kongreßpolen und Rußland erheblich erschwert. So verlagerte sich der Schwerpunkt der Textilproduktion auf die Baumwollverarbeitung, die sich als weniger konjunkturanfällig erwies. Als Initiator der industriellen Baumwollverarbeitung in großem Maßstab wird der 1828 aus Sachsen zugewanderte Unternehmer L. Geyer angesehen. Er war der erste Unternehmer in Kongreßpolen, der 1833 moderne Farbdruckmaschinen einführte, die eine mehrfarbige Gewebeproduktion ermöglichen. 1837 führte er auch die erste Dampfmaschine nach Kongreßpolen ein und setzte sie für den Antrieb von Spinnmaschinen ein. L. Geyer wurde zum Inhaber der größten baumwollverarbeitenden Fabriken in Kongreßpolen und beschäftigte 1840 etwa 600 Arbeitskräfte.

Mit dem Bau einer Stichbahnstrecke (1866) von der 25 km entfernten Warschauer-Wiener-Bahn nach Lodz (Fabryczna-Bahnhof) konnte das anfangs schwierige Problem der Kohleversorgung teilweise gelöst werden. Der Eisenbahnanschluß brachte Lodz wesentliche Vorteile, die den Nachbarstädten abgingen.

Nach 1850 förderte vor allem die Aufhebung der russischen Zollschranken (1851) und damit die Wiedereröffnung der aufnahmefähigen russischen Absatzmärkte die rasche weitere Entwicklung. Der wachsende Arbeitskräftebedarf wurde durch die massenhafte Zuwanderung zunächst jüdischer Bevölkerung, nach der Bauernbefreiung 1864 durch den verstärkten Zustrom mitteloser polnischer Landbevölkerung gedeckt, für die Lodz ein „gelobtes Land" war. 1860 zählte Lodz 32000 Menschen, wobei die deutsche Bevölkerung die Mehrheit der Einwohner stellte (1864: 67%). Die polnische, meist lohnabhängige Bevölkerung, war erst 1911 in Lodz mit 50% vertreten (Juden 32%, Deutsche 18%).

Ab 1870 setzte der eigentliche Boom in Lodz ein, der bis zum Ausbruch des Ersten Weltkrieges andauerte. Damals entstanden monumentale Fabrikbauten, in denen immer mehr Arbeitskräfte eine Beschäftigung fanden. Zu den größten Lodzer Unternehmen gehörten die 1854 gegründeten Baumwollgewebefabriken von K. Scheibler. Sie waren 1899 mit etwa 20% an der gesamten Lodzer Industrieproduktion beteiligt. Nach der Fusion mit Großtextilbetrieben von K. Grohmann (1921) wurde dieses Unternehmen mit ca. 12000 Beschäftigten (1923) zum größten im damaligen Polen. Neben der Textilindustrie entwickelten sich auch andere Branchen, die jedoch vorwiegend für den Bedarf der Textilindustrie produzierten (Textilmaschinen, Ersatzteile, Farbstoffe u. a.).

Die Textilindustrie von Lodz und ihren Nachbarstädten (Zgierz, Pabianice, Ozorków, Aleksandrów und Konstantynów) beschäftigte im Jahr 1900 ca. 80000 Arbeitskräfte, wobei mehr als die Hälfte von ihnen (ca. 45000) auf die Baumwollindustrie entfielen.

Der andauernde Strom der Zuwanderer führte zu einem explosionsartigen Bevölkerungswachstum. Innerhalb eines Jahrzehnts (1870–1880) hatte sich die Einwohnerzahl von Lodz mehr als verdoppelt (von 50000 auf 112000), und 1897 zählte die Stadt schon rund 315000 Menschen. Während Lodz beispielsweise im Zeitraum von 1857 bis 1897 einen Bevölkerungsanstieg um 1361% zu verbuchen hatte, nahm die Einwohnerzahl Warschaus in gleicher Zeit um 343% zu. Das unaufhaltsame Bevölkerungswachstum wurde aber nicht von einer flächenhaften Stadterweiterung begleitet (von 1840 bis 1906 blieb die Stadtfläche konstant), was zu einer außerordentlich großen Verdichtung der Bebauung in der Stadt führte. Angesichts des Wohnraummangels in der Stadt wurden immer mehr Zuwanderer in notdürftigen Quartieren in den Vororten Bałuty (im Norden) und Chojny (im Süden) untergebracht, für die es keine Zuzugsbeschränkungen gab. Bałuty z. B. entwickelte sich zu einem Slumgebiet mit einer baracken- und hüttenähnlichen Bebauung, wo es an den notwendigsten Versorgungsleitungen (Wasser und Kanalisation) fehlte. Im Jahr 1915, bevor Bałuty nach Lodz eingemeindet wurde, lebten hier 100000 Menschen.

Einen auffälligen Kontrast hierzu bildete der nördliche Abschnitt der Piotrkowska Straße, die sich zu einer großstädtischen Hauptgeschäftsstraße mit prunkvollen Bankgebäuden, Geschäftshäusern, Hotels und Fabrikanten-Palästen entfaltet hatte. Kurz vor dem Ersten Weltkrieg hatte Lodz die Halbe-Million-Einwohnergrenze überschritten (1913: 502000). Trotz seiner Größe hatte Lodz nur wenig vom Flair einer Großstadt, es war lediglich eine große Industriesiedlung, die fast ausschließlich der Produktion diente, und in der es kaum zur Entfaltung zentralörtlicher Funktionen gekommen war. Nach dem Ersten Weltkrieg stand die Stadt, obwohl sie nicht zerstört worden war, vor völlig veränderten politischen und wirtschaftlichen Rahmenbedingungen. Der Lodzer Industrie gingen vor allem die russischen Absatzmärkte verloren, die einst die Grundlage für ihre Entwicklung gebildet hatten. Der Verlust der wichtigsten Absatzmärkte zwang die ohnehin schon durch den Krieg angeschlagene Industrie zur technischen und ökonomischen Umstrukturierung. Trotz der erheblichen Vergrößerung des Binnenmarktes (Kongreßpolen hatte ca. 12 Mill. Einwohner, der neuentstandene polnische Staat 1921 ca. 27 Mill. Einwohner) konnte nur ein geringer Teil der Textilproduktion, die sich vor allem am Bedarf östlicher Märkte orientierte, im Inland abgesetzt werden. Im Gegensatz zu den letzten Jahren vor dem Ersten Weltkrieg, in denen die Lodzer Textilindustrie nochmals einen gewaltigen Aufschwung erfuhr, zeichnete sich die Zwischenkriegszeit durch eine Stagnation dieser Branche (bei 90000 bis100000 Arbeitskräften) aus. Die Ursachen dafür sind in der Entwicklung auf dem Weltmarkt (wachsende Konkurrenz u. a. der japanischen Baumwollindustrie) zu sehen, in dem politischen und militärischen Konflikt mit der Sowjetunion (1919/1920) und in der Wirtschaftsrezession in den 30er Jahren. Auf die damalige Wojewodschaft Lodz entfielen über 90% der Produktionskapazitäten der Baumwoll- und ca. 50% der Wollindustrie in Polen, woran Lodz selbst mit ca. 80% bzw. 40% beteiligt war.

In der Zwischenkriegszeit gab es Ansätze zum funktionalen Strukturwandel der Stadt Lodz. 1919 wurde sie Hauptstadt der gleichnamigen Wojewodschaft und somit Sitz der Wojewodschaftsverwaltung und anderer staatlicher, militärischer sowie kirchlicher Behörden bzw. Institutionen. Ein kulturelles Leben begann sich zu entfalten und Lodz fing langsam an, eine „richtige" Stadt zu werden, wenn auch die monostrukturelle Ausrichtung in ihrem Wirtschafts-, Beschäftigungs- und Sozialgefüge weiter bestehen blieb.

Die Bemühungen der Stadtverwaltung, die Lebensbedingungen der Bevölkerung zu verbessern, erwiesen sich, angesichts der immensen Vernachlässigungen in der kommunalen Infrastruktur und im Wohnungsbau in den früheren Jahren, als bei weitem unzureichend.

Zur Zeit der deutschen Besatzung während des Zweiten Weltkriegs wurde Lodz in das Deutsche Reich (Warthegau-Gebiet) eingegliedert und hieß eine kurze Zeit lang „Litzmannstadt". Ein Teil der polnischen Bevölkerung wurde aus Lodz ausgewiesen, an ihrer Stelle siedelten sich Deutsche an. Für die jüdischen Bewohner (ca. 200000) richtete man ein Ghetto im südlichen Teil des Stadtbezirks Bałuty ein, das am Ende des Krieges zerstört wurde. Nach Plänen der deutschen Besatzungsmacht sollte die Einwohnerzahl von Lodz auf 50000 bis 100000 reduziert und die Industrie weitgehend aufgegeben werden. Von den ca. 2600 Unternehmen der Textilbranche waren nur noch 1000 in Betrieb. Die Ausrüstung der stillgelegten Betriebe wurde konfisziert und vernichtet, so z. B. ca. 40% der Baumwollspindeln (Encyklopedia..., 1981).

8.3.3
Entwicklungstrends nach dem Zweiten Weltkrieg

Verglichen mit der Blütezeit der Jahre 1870 bis 1913 entwickelte sich Lodz nach dem Zweiten Weltkrieg ziemlich langsam. Bei Kriegsende zählte Lodz ca. 300000 Einwohner gegenüber rund 670000 Einwohner im Jahr 1939. Da die Stadt nicht zerstört worden war, nahm die Bevölkerung zunächst rasch zu (1950: 620192 Einwohner). Ab Mitte der 50er Jahre verlangsamte sich jedoch das Wachstumstempo der Lodzer Bevölkerung und war merklich geringer als das der anderen großen Agglomerationen. Bedingt war dies durch die auffallend niedrigen Geburtenüberschüsse und durch Zuzugsbeschränkungen (ab 1956). Auch die Lodzer Industrie stagnierte. Die Leichtindustrie, darunter die Textilindustrie, gehörte nämlich zu den sogenannten B-Industrien (Konsumgüterindustrien), für deren Entwicklung der Staat, der sich auf den Ausbau der Grundstoffindustrie konzentrierte, wenig Interesse zeigte.

Struktur der Lodzer Industrie

Wenn auch die Lodzer Textil- und Bekleidungsindustrie – infolge der Eingliederung Niederschlesiens mit seiner relativ stark entwickelten Textilindustrie, später durch Gründung neuer Betriebe in strukturschwachen Gebieten – in nationalem Rahmen an Bedeutung verloren hat, so ist Lodz dennoch das größte Textilindustriezentrum Polens ge-

blieben. Hier konzentrierten sich z. B. noch 1974 23,9% aller Beschäftigten der Textilindustrie (1960: 31,8%) und 6,5% der Bekleidungsbranche (1960: 10,2%).

Nachdem die Lodzer Textilindustrie nach 1945 relativ schnell instand gesetzt worden war, blieben – ähnlich wie in der gesamtpolnischen Textilbranche – Modernisierungs- oder Neubauinvestitionen viele Jahre lang aus. Da die Lodzer Industrie ohnehin eine große Anzahl an Arbeitsplätzen zu bieten hatte, gab es kaum Ansätze zu ihrer Umstrukturierung, etwa durch Ansiedlung neuer Branchen. Daher lagen ihre Zuwachsraten, sowohl im Bereich der Beschäftigung als auch der Produktion, weit unter dem Landesdurchschnitt bzw. dem der anderen großen Agglomerationen. Erst in den 70er Jahren profitierte auch die Lodzer Industrie, insbesondere die Bekleidungsbranche vom Investitionsboom dieser Zeit, der teilweise Modernisierung und einige neue Betriebe mit sich brachte. Die Lodzer Konfektionsfabriken sind auch in der Bundesrepublik Deutschland bekannt, denn dort lassen, wegen der niedrigeren Löhne, einige deutsche Firmen Bekleidung aus gelieferten Stoffen fertigen. Zu den neuen Betrieben, die einen Ansatz zur Umstrukturierung der hiesigen Industrie darstellen, gehören u. a. eine Transformatoren- und eine Plattenspielerfabrik. Die Neuinvestitionen trugen aber nur in bescheidenem Maße zu höheren Produktionswachstumsraten bei; sie lagen im jährlichen Durchschnitt weiterhin unter denen der gesamtpolnischen Industrie.

Trotz der – dem allgemeinen Trend entsprechenden – Gewichtsverschiebung in der Zweigstruktur der Industrie zugunsten der Elektro- und Maschinenbaubranche, ist die monostrukturelle Ausrichtung der Lodzer Industrie erhalten geblieben. 1960 waren 69,1% der Industriearbeitskräfte in der Leichtindustrie, darunter 60,6% in der Textil- und 6,4% in der Bekleidungsbranche tätig, 1974 entsprechend 59,5%, 52,0% und

5,9%. In der gleichen Zeit erhöhte sich der Beschäftigtenanteil in der Elektro- und Maschinenbauindustrie von 10,3% auf 18,8% und in der chemischen Industrie von 2,7% auf 6,2%. In der gesamten Stadtwojewodschaft Lodz gehörten 1970 60,7% der industriellen Arbeitsplätze der Leichtindustrie an, 1975 waren es 58,7% und 1984 immer noch 53,6%.

Mit der Dominanz der Textil- und Bekleidungsindustrie ist der hohe Beschäftigungsgrad der weiblichen Bevölkerung und deren überdurchschnittlich hoher Anteil an der Gesamtzahl der Industriebeschäftigten verbunden, allerdings auch die unterschiedlichen Einkommen der Lodzer Bevölkerung im Vergleich zu denen in anderen Agglomerationen. In der Textil- und Bekleidungsindustrie werden nämlich weitaus geringere Löhne als etwa in den Branchen der Schwer- oder chemischen Industrie bezahlt.

Stadt und Stadtbild im Wandel

Charakteristisch für die Lodzer Industrie war der schon ab 1973 einsetzende Abbau der Arbeitskräfte, während in Warschau oder Krakau noch in der zweiten Hälfte der 70er Jahre eine Zunahme der Industriebeschäftigung zu beobachten war. 1984 waren in der Lodzer Industrie 21% weniger Arbeitskräfte tätig als Ende 1980. Dieser Rückgang ist sowohl auf Modernisierungsmaßnahmen als auch auf die Wirtschaftskrise zurückzuführen. Parallel hierzu verringerte sich der Anteil der Industriebeschäftigten an der Gesamtbeschäftigung im vergesellschafteten Sektor (außer Land- und Forstwirtschaft) von 55,6% (1970) auf 50,8% (1974) und auf 49,8% (1980). 1984 waren 53,1% der Arbeitskräfte im produzierenden Gewerbe tätig, davon 44,8% in der Industrie und 8,3 in der Bauwirtschaft, auf den Dienstleistungssektor entfielen somit 46,9%.

Diese wenigen Zahlen deuten auf einen langsam fortschreitenden funktionalen Wandel der Stadt. Lodz wurde beispielsweise nach dem Zweiten Weltkrieg zu einem bedeutenden Hochschulzentrum mit ca. 30 000 Studenten an sieben Hochschulen, darunter die international angesehene Lodzer Filmhochschule. Die Stadt hat einen eigenen Rundfunk- und TV-Sender und mehrere Filmstudios. Die Theater und die Philharmonie sorgen für ein reichhaltiges Angebot an kulturellen Veranstaltungen. Die Polnische Akademie der Wissenschaften hat in Lodz eine Filiale mit zahlreichen Forschungsinstituten und Industrieforschungslabors. Hinzu kommen zwei Verlage und zwei Außenhandelszentralen für die Leichtindustrie.

Trotz dieser sichtbaren Veränderungen ist der höhere Dienstleistungssektor im Vergleich zu den Produktionsfunktionen noch weit unterentwickelt.

Die Entfaltung neuer Funktionen trug allerdings kaum zur Aufbesserung des traditionellen Image von Lodz als einer ziemlich „häßlichen" Industrie- und Arbeiterstadt bei; „häßlich" bezieht sich hier hauptsächlich auf das Erscheinungsbild der Stadt, das u. a. von einer bauhistorisch wertlosen, teilweise stark sanierungsbedürftigen Bausubstanz, von enger Bebauung mit wenig Grünflächen und von einer Gemengelage der Wohn- und Industrieareale betimmt wird. Vor allem in der Innenstadt ballen sich Arbeitsplätze und Wohnungen in einem weit größeren Ausmaß als in anderen Großstadtzentren. Mitte der 70er Jahre belief sich hier die Einwohnerdichte auf 17 714 Personen je qkm und die Arbeitsplatzdichte auf 17 181 je qkm (zum Vergleich 1973: in Krakau 10 172 bzw. 7408 und in Warschau 13 153 bzw. 15 858).

Die größte Standortkonzentration von Arbeitsstätten ist im Stadtzentrum beiderseits der Hauptverkehrsachse – der Piotrkowska Straße bis zur Wolczańska Straße (im Westen) und der Kilińskiego Straße (im Osten)

– zu beobachten; auf 1,5% der Stadtfläche entfallen rund 25% aller Arbeitsplätze des vergesellschafteten Sektors (Innenstadt insgesamt: 50% aller Arbeitsplätze). Die innerstädtische Industrie beschäftigte 1972 ca. 120000 Personen, d.h. rund 53% aller Industrietätigen, während in den Dienstleistungsunternehmen und in der Verwaltung nur 45000 Personen arbeiteten. Charakteristisch für die hiesige, zum Teil stark umweltbelastende Industrie, ist ihre relativ große räumliche Streuung und das Hineindrängen in die Wohngebiete.

An die Innenstadt schließt sich eine Zone mit einer hohen Arbeitsstättendichte an, deren äußere Grenze in etwa die Ringeisenbahn bildet. Diese Zone umfaßt ca. 17% der Stadtfläche und ca. 40% aller Arbeitsplätze der Stadt. Innerhalb dieser Zone gibt es einige größere Industriekomplexe, so am Łódka-Bach und in der Gegend des Lodz-Kaliska-Bahnhofs sowie im Stadtteil Widzew. Hier liegt auch das neuere Industrieviertel Żabieniec-Teofilów. Auf die periphere Zone von Lodz (rund 78% der Stadtfläche) entfallen dagegen nur ca. 10% aller Arbeitsplätze. Ein kleineres Industrieareal befindet sich im Stadtteil Ruda Pabianicka. Derzeit entwickeln sich neue Industrieviertel im Süden (z.B. Stadtteil Dąbrowa) und im Norden der Stadt (z.B. Stadtteil Radogoszcz). Das räumliche Verteilungsmuster der Bevölkerung im Stadtgebiet ist in Lodz stärker an den Arbeitsplätzen orientiert als in anderen.

In der Innenstadt, dem am dichtesten bevölkerten Stadtviertel, lebten 1970 rund 169500 Menschen, das sind mehr als 20% der Lodzer Bevölkerung. Sekundäre Ballungsgebiete sind die neuen Siedlungskomplexe außerhalb der Innenstadt. Der größte Wohnkomplex, mit fast 100000 Bewohnern, schließt sich im Nordwesten an die Innenstadt an und umfaßt hauptsächlich die in den 50er und 60er Jahren in Fertigbauweise errichteten Wohnsiedlungen, wie z.B. Teofilów, Żubardź, Koziny u.a. Einen ähnlichen Charakter hat der südöstlich von der Innenstadt gelegene Wohnkomplex (ca. 68000 Bewohner) im Stadtteil Dąbrowa-Zarzew. Erweitert wird auch das Wohnviertel Retkinia im Westen der Stadt. Ferner gibt es eine ganze Reihe kleinerer neuer Wohnsiedlungen, die sich rund um die Innenstadt verteilen (z.B. Kural, Widzew-Zachód, Karolew u.a.) und sich hauptsächlich entlang der Hauptausfallstraßen gruppieren. 1970 lebten insgesamt 90% der Lodzer Bevölkerung auf 31% der Stadtfläche.

In jüngster Zeit setzt sich auch in der Stadtplanung von Lodz der Trend zur räumlichen Trennung von Industrie- und Wohnfunktionen durch Bildung größerer Industriekomplexe und Wohnviertel an der Peripherie durch. Dadurch ändert sich das überlieferte konzentrische Verteilungsmuster von Arbeitsstätten und Wohnbevölkerung, mit einem Kern-Rand-Dichtegefälle. Wohn- und Arbeitsviertel werden getrennt und breiten sich vor allem entlang der Hauptausfallstraßen aus. In Anbetracht der außerordentlich hohen Bebauungs- und Bevölkerungsdichte zielen die Stadt- bzw. Innenstadtentwicklungspläne in erster Linie darauf ab, den Stadtkern zu lichten.

Im Raumbewirtschaftungslan (bis 1985) war für die Innenstadt z.B. der Abriß von 42000 Wohnräumen vorgesehen, um Freiflächen für neue Geschäfts- bzw. Wohnhäuser und für die Umgestaltung der innerstädtischen Verkehrswege zu erhalten. Geplant war auch die Modernisierung von ca. 12800 Wohnräumen und ihre Nutzung für Dienstleistungs- und Verwaltungszwecke. Im Bereich des Geschäftszentrums solle schrittweise die Mehrfamilienhausbebauung abgeschafft werden, vor allem weil Grünflächen und Kinderspielplätze fehlten. Die Wohnfunktionen sollten nach der Modernisierung nur teilweise beibehalten und hauptsächlich dem Bedarf kleiner Haushalte angepaßt werden. Große Wohnungen wollte man zum Teil anderen Nutzungsformen (z.B. Praxisräume) zuführen. Die Piotrkowska Straße mit einigen Querverbindungen sollte dem Fußgängerverkehr vorbehalten werden.

Probleme der Stadtentwicklungsplanung

Die Aufgaben der Lodzer Stadtverwaltung ähneln derzeit denen der anderen Städte: Ausbau der kommunalen Infrastruktur, Verbesserung der Wohnverhältnisse und Verringerung der Umweltbelastung. Lodz hat allerdings eine sehr viel schwerere Erblast als manch andere polnische Großstadt zu tragen, die aus dem explosiven Wachstum der Stadt in nur wenigen Jahrzehnten herrührt.

Das Ausmaß der Vernachlässigungen im kommunalen Bereich bzw. im Wohnungsbau wird schon anhand weniger Zahlen deutlich: 1950 hatte z. B. nur ein Viertel (25,8%) der Wohnungen in Lodz einen Wasseranschluß. Die Wohnungen verfügten im Mittel über 1,8 Räume (samt Küche) und wurden im Durchschnitt von 3,5 Personen bewohnt. Auf einen Raum entfielen also fast zwei Personen, bei einem Mittel für alle polnischen Städte von 1,55 Personen je Raum. Noch 1960 hatte 41,7% der Wohnungen in Lodz nur einen Raum (Durchschnitt für alle Städte 17,5%), in denen ein Drittel (33,4%) der Einwohner lebten. Zweiraum-Wohnungen machten weitere 33,9% aller Wohnungen aus und beherbergten 34,0% der Einwohner. Bis 1978 hatten sich die Wohnverhältnisse der Lodzer Bevölkerung erheblich verbessert, vor allem dank der regen Neubautätigkeit in den 70er Jahren, weniger infolge von Renovierungen bzw. Modernisierungen der alten Bausubstanz. Die Neubauwohnungen sind in der Regel mit sanitären Grundinstallationen ausgestattet. Ihre Nutzfläche überschreitet aber kaum 50 qm. Durch den hohen Anteil von Altbauwohnungen mit niedrigem bis sehr niedrigem Standard hinkt die durchschnittliche Ausstattung der Wohnungen in Lodz deutlich der in anderen Großstädten hinterher. 1978 verfügten die Wohnungen in Lodz zu 83,7% über einen Wasseranschluß, zu 69,2% über ein Spül-WC, zu 63,3% über ein Bad und zu 60,3% über eine Zentralheizung. Für Warschau sind diese Anteile entsprechend: 95,3%, 91,6%, 86,3% und 84,4%. Die oben genannten Zahlen sind allerdings nur Durchschnittswerte und sagen nichts über die erheblichen Unterschiede der Wohnverhältnisse in den einzelnen Stadtteilen aus. Im allgemeinen bilden die Außenbezirke ein räumlich fast zusammenhängendes Gebiet mit schlechten bis durchschnittlichen Wohnbedingungen; hier fehlt es vor allem an Grund-Versorgungsleitungen. Das Stadtzentrum hingegen bietet zum großen Teil gute Wohnbedingungen, an das sich Areale von höchst unterschiedlichem Wohnstandard – von sehr niedrig bis sehr hoch – anschließen.

Ein weiteres Problem für die Stadtverwaltung ergibt sich aus der hohen Dichte und erheblichen räumlichen Streuung der Industrie und daraus, daß mehr als die Hälfte der Betriebe, die oft die Umwelt stark belasten, in den dicht bewohnten Bereichen der Innenstadt liegt. Gegenwärtig bemüht man sich, neue Industriebetriebe in größerer Entfernung zu den Wohnkomplexen zu errichten und die alten Betriebe teilweise aus der Innenstadt in die Außenbezirke auszulagern. Da sich die ererbten Industriestandorte allerdings kaum völlig verändern lassen, könnten hier wirksamere Umweltschutzmaßnahmen Abhilfe schaffen. Hierbei sind jedoch in Lodz kaum Fortschritte sichtbar. Die Verunreinigung der Luft nahm in den 70er Jahren weiter zu. Zwischen 1975 und 1980 nahmen die gasförmigen Emissionen um 20% zu (vor allem Schwefeldioxid), weil nur ein geringer Teil in den Filteranlagen zurückgehalten wurde (1980: 2,5%). Bis heute hat die Großstadt Lodz keine Kläranlage. So gelangen Industrie- und Kommunalabwässer völlig ungereinigt in die kleinen Flüsse, die schon seit langem nur noch biologisch tote Abwässerkanäle sind. Daraus ergibt sich, daß die ererbten Strukturen die gegenwärtige Entwicklung von Lodz behindern, und daß es eine Reihe von brennenden Problemen gibt, die in naher Zukunft einer Lösung bedürfen.

8.3.4
Das Umland von Lodz

Im Umland von Lodz lebten 1984 26% der Gesamtbevölkerung der Wojewodschaft, darunter 17,5% in den sieben Städten dieser Region. Die Größe dieser Städte variiert allerdings erheblich. Die größten Städte Pabianice und Zgierz zählten 1984 72577 bzw. 54878 Einwohner, die kleinste – Stryków nur 3798 Personen. In den übrigen Städten schwankte die Bevölkerungszahl zwischen 15496 in Głowno und 20266 in Ozorków. Zgierz, Pabianice, Stryków und Głowno gehören hier zu den älteren Städten, die ihre Stadtrechte im 14. und 15. Jahrhundert erhielten. Die Entwicklungsgeschichte von Aleksandrów, Konstantynów und Ozorków geht dagegen auf die erste Hälfte des 19. Jahrhunderts zurück und ist eng mit der in diesem Gebiet entstehenden Textilindustrie verbunden; das gilt auch für den wirtschaftlichen Aufstieg von Zgierz und Pabianice.

Zgierz war in der vorindustriellen Zeit ein kleines, lokales Versorgungszentrum (1817: ca. 660 Einwohner), dessen Bewohner Bauern und Handwerker waren. In der ersten Entwicklungsphase der Textilindustrie war Zgierz Sitz der Kreisverwaltung und Zentrum des im Rahmen der staatlichen Förderung entstehenden Lodzer Industriebezirks. Hier wurden auch die ersten Verträge (1821) mit ausländischen Unternehmern bzw. Handwerkern abgeschlossen, die die Ansiedlungsbedingungen regelten. Nach 1821 wurde gegenüber der „Alten Stadt" auf dem linken Ufer der Bzura eine neue Tuchmachersiedlung angelegt, die sogenannte Neue Stadt. Sie erhielt ein regelmäßiges, rechtek-

kiges Straßennetz und wurde mit gleichartigen ein- bis zweigeschossigen Häusern aus Holz und Mauerwerk bebaut. 1828 zählte Zgierz noch doppelt so viele Einwohner wie Lodz. Ende des 19. Jahrhunderts gab es hier 48 große und 64 kleinere Industrieunternehmen, darunter z.B. die Wollspinnerei der H.F. Keurzel AG mit ca. 650 Arbeitern, oder die Wollgewebefabrik der Borst AG mit ca. 450 Arbeitern. Ab 1894 entwickelte sich auch die chemische Branche, z.B. die Farbstoffabrik „Boruta". 1903 erhielt Zgierz eine Eisenbahnverbindung mit Lodz und Warschau. Die Zahl der Einwohner stieg bis 1910 auf 21300 und bis 1938 auf 27900; 1950 zählte Zgierz 28575 Einwohner. 1984 beschäftigte die Industrie 10813 Personen, das sind 55,1% aller Beschäftigten des vergesellschafteten Sektors (außer Land- und Forstwirtschaft).

Die industrielle Entwicklung von *Pabianice* begann ebenfalls in den 20er Jahren des 19. Jahrhunderts. 1823 wurde, ähnlich wie in Zgierz, auf dem linken Ufer des Dobrzynka-Flusses eine „Neue Stadt" der Spinner und Weber angelegt. In den nachfolgenden Jahren entwickelte sich Pabianice zu einem bedeutenden Zentrum der Baumwollverarbeitung. Die Einwohnerzahl ist von ca. 950 (1825) auf 41500 (1910) angewachsen. In der Zwischenkriegszeit wurden hier einige neue Industriebetriebe angesiedelt, wie z.B. die Glühbirnenfabrik „Osram", eine Verbandsmittelfabrik und chemische Betriebe. Kurz vor dem Zweiten Weltkrieg hatte Pabianice rund 51500 Einwohner, 1950 dagegen nur 48817, 1960 jedoch erneut mehr als 50000 (56222).

Nach dem Krieg entstanden hier einige Industriebetriebe der Möbel- und Maschinenbaubranche und eine Fleischverarbeitungsfabrik. 1984 waren 18530 Personen in der vergesellschafteten Industrie tätig, d.h. 63,8% aller Beschäftigten in diesem Sektor. Auf Pabianice und Zgierz entfielen 1984

9,0% und 5,2% aller Industriebeschäftigten der Region (auf Lodz rund 77%).

Sowohl in Pabianice und in Zgierz als auch in anderen Städten (mit Ausnahme von Głowno) dominiert im allgemeinen die Textilindustrie, jedoch mit unterschiedlicher Gewichtung der einzelnen Branchen. So spezialisierte sich z. B. Aleksandrów auf die Strumpfherstellung und Konstantynów auf die Produktion von Wollgeweben.

Die wirtschaftliche Entwicklung der Industriestädte im Umland von Lodz verlief weitgehend unabhängig von der Stadt Lodz. Von der schnellexpandierenden Stadt Lodz ging auch kaum ein Wachstumsimpuls für die anderen Städte aus, im Gegenteil, der Entwicklungsvorsprung, den Lodz durch die Eisenbahnverbindung im Jahr 1866 erhielt, schwächte die Wirtschaftskraft der übrigen Städte empfindlich. Einige wie z. B. Aleksandrów und Konstantynów verloren sogar ihre Stadtrechte (1924 erneuert). Erst 1903 wurde die Eisenbahnstrecke Kalisch–Warschau über Pabianice, Zgierz und Stryków geführt. Ozorków erhielt erst 1925 einen Eisenbahnanschluß, während Konstantynów und Aleksandrów bis heute keinen haben, sondern nur über Straßenbahnlinien mit Lodz verbunden sind.

Im Vergleich zur Größe der Kernstadt Lodz war nicht nur der Ablauf des Agglomerationsprozesses, seine Intensität und räumliche Verbreitung im Umland von Lodz deutlich schwächer als beispielsweise in der Warschauer Region, sondern er zeigte teilweise auch andersartige Züge. Diese sind z. B. in der vergleichsweise niedrigen Bevölkerungsdichte (83 Einwohner/qkm) der an Lodz grenzenden Landgemeinden erkennbar. Auffallend ist auch, daß die meisten Landgemeinden um Lodz Bevölkerungsverluste zu verzeichnen hatten, während in den an Warschau grenzenden ländlichen Gebieten die Bevölkerung merklich zunahm. Bemerkenswert ist ferner, daß von den im Zeitraum von 1907 bis 1930 gebauten elektri-

schen Straßenbahnlinien, die viele Nachbarstädte bzw. Siedlungen mit Lodz verbanden, fast kein Impuls für die Entstehung neuer Siedlungen bzw. Wohnorte entlang dieser Linien ausgegangen ist. Das Beispiel des Wachstums der Wohnorte bzw. der Verdichtung des Siedlungsnetzes im Umland von Warschau – noch vor dem Zweiten Weltkrieg – gerade entlang der elektrifizierten Vorortbahnstrecken fand kaum Analogien im Umland von Lodz. Das explosive Wachstum von Lodz hat auch keine umfangreichen Pendlerbewegungen ausgelöst. 1983 pendelten nach Lodz täglich 32 473 im vergesellschafteten Sektor beschäftigten Personen, d. h. 9% aller Beschäftigten in diesem Sektor; für Warschau beliefen sich die entsprechenden Einpendlerzahlen auf 141 365 bzw. 19%.

Daß der Agglomerationsprozeß im Umland von Lodz anders verlief, ist wie es scheint, zum großen Teil auf die geringe Attraktivität dieses Gebietes zurückzuführen. Diese hat ihre Gründe in der weitgehenden monostrukturellen Ausrichtung der Wirtschaft und dem damit verbundenen niedrigen Lohnniveau. Das geringe Interesse des Staates für die Entwicklung bzw. Umstrukturierung der Lodzer Industrie nach dem Zweiten Weltkrieg und die staatlich gelenkte Verteilung der Arbeits- und Wohnstätten (bei Begrenzung des Wachstums von Lodz) dürfte auch eine Rolle gespielt haben.

8.4
Krakauer Agglomeration

Die Stadt Krakau und ihr Umland (Stadtwojewodschaft Krakau) umfaßte 1984 1,0% der Fläche und 3,3% der Bevölkerung Polens. Hier waren 3,0% aller Kapitalgüter, 3,4% der Industriebeschäftigten und 3,9% der Industrieproduktion des Landes kon-

Tabelle 30: Strukturdaten zur Wojewodschaft und Stadt Krakau

Fläche 1984 (qkm)	3254			
Bevölkerung 1984 (in 1000)		Wanderungssaldo (in $^o/_{oo}$)		
gesamt	1205,4		1980	1984
Krakau	740,3	Krakau	+ 7,2	+2,9
Umland		Umland		
davon Städte	92,7	Städte	+17,3	+0,9
		Ländl. Gebiete	− 9,5	−3,3

Bevölkerungsentwicklung 1971–1984 (in 1000)

	1971–1980	1981–1984
Krakau	+126,2 (+21,4 %)	+24,6 (+3,4 %)
Umland	− 4,2 (− 0,9 %)	+13,3 (+2,9 %)

Erwerbstätige nach Wirtschaftsbereichen 1978 (in 1000)

	gesamt	davon Krakau
	585,0	338,4
Veränderung seit 1970	+29,5 (+ 5,3 %)	+48,8 (+16,9 %)
Land- und Forstwirtschaft	113,9	9,2
Industrie und Bauwirtschaft	257,4	173,1
Veränderung seit 1970	+29,8 (+13,1 %)	+18,5 (+11,9 %)
Dienstleistungen	213,8	156,1
Veränderung seit 1970	+38,2 (+21,7 %)	+29,6 (+23,4 %)

Beschäftigte im vergesellschafteten Sektor (in 1000)

Krakau (1984)	335,0
Veränderung 1971–1980	+51,0 (+16,6 %)
1981–1984	−23,6 (− 6,6 %)
Umland (1984)	68,9
Veränderung 1971–1980	+13,9 (+25,9 %)
1981–1984	+ 1,3 (+ 1,9 %)

Beschäftigte in Industrie und Bauwirtschaft
– vergesellschafteter Sektor (in 1000)

Krakau (1984)	165,4
Veränderung 1971–1980	+15,3 (+ 8,7 %)
1981–1984	−24,6 (−13,0 %)
Umland (1984)	28,1
Veränderung 1971–1980	+ 4,6 (+19,4 %)
1981–1984	− 1,4 (− 4,7 %)

Strukturbestimmende Industriezweige	Beschäftigte in 1000	
	1980	1984
Insgesamt	146,2	127,1
Metallurgische Industrie	31,6	25,6
Elektro- und Maschinenbauindustrie	41,0	35,5
Nahrungs- und Genußmittelindustrie	15,1	13,4
Textil-, Bekleidungs- und Lederindustrie	13,6	11,6
Chemische Industrie	13,2	11,9
Baustoffindustrie	12,1	9,9
Brennstoff- und energetische Industrie	6,7	6,7

Tabelle 30: (Fortsetzung)

Die wichtigsten Industrieerzeugnisse 1983		% der Landesproduktion
Rohstahl (Mill. t)	4,7	29,3
Walzwerkerzeugnisse (Mill. t)	3,6	31,0
Koks (Mill. t)	2,7	15,0
Medikamente (Mrd. Zloty)	3,7	8,5
Zigaretten (Mrd. Stück)	28,1	33,9

Quelle: Rocznik Statystyczny 1971; Rocznik Statystyczny Województw 1981, 1984; Rocznik Statystyczny Miast 1980; Rocznik Statystyczny Województwa Miejskiego Krakowskiego 1981

zentriert. Die überragende Stellung Krakaus in der Region kommt im Anteil der Bevölkerung (61,4%), der Industrieproduktion (86,7%) und in der Industriebeschäftigung (82,7%) deutlich zum Ausdruck. Mit seinen 740256 Einwohnern ist Krakau die drittgrößte Stadt Polens (Tab. 30).

8.4.1
Aspekte der Entwicklungsgeschichte Krakaus

Die Anfänge der Siedlungstätigkeit im Bereich der heutigen Stadt Krakau gehen bis auf das 8./9. Jahrhundert zurück. Im Jahre 1000 wurde das Krakauer Bistum gegründet und im 11. Jahrhundert übernahm Krakau Hauptstadtfunktionen, die es – nach einer Unterbrechung während der Zeit der Teilfürstentümer – wieder seit dem 14. Jahrhundert ausübte. Im 12. Jahrhundert gab es auf der felsigen Anhöhe Wawel eine Burg mit einer dazugehörigen Marktsiedlung. Am Nordfuße des Wawels befand sich eine befestigte Handwerkersiedlung, genannt Okół. Entscheidend für ihre Entwicklung war die vorteilhafte topographische Lage an einer Weichselfurt und an der Kreuzung von zwei wichtigen Fernhandelswegen, die von Süddeutschland über Prag nach Kiew und von der Ostsee über Ungarn nach Südeuropa verliefen. Mit der Anlage einer städtischen Gemeinde nördlich der bestehenden Siedlungen, die mit Magdeburger Stadtrecht ausgestattet wurde (1257), begann der wirtschaftliche Aufschwung Krakaus. Die Stadt erhielt den für „Kolonisationsstädte" typischen schachbrettförmigen Grundriß, der im südlichen Teil jedoch durch Einbeziehung früherer Siedlungen leicht abgewandelt wurde. Den Mittelpunkt der ca. 50 ha großen Anlage bildete der fast quadratische, vier ha große, Haupt-Ring (Rynek Główny), auf dem sich das Geschäftsleben abspielte. Die Mehrheit der Einwohner war zunächst deutschstämmig. Zu Beginn des 14. Jahrhunderts versuchte König Wladislaw Lokietek die wachsende wirtschaftliche und politische Macht der Bürgerstadt einzudämmen.

Sein Nachfolger, König Kasimir der Große, gründete in unmittelbarer Nähe Krakaus zwei Konkurrenz-Städte: im Süden Kazimierz (1335) und im Norden das kleinere Florentia – später Kleparz genannt (1366). Kazimierz, das ebenfalls eine Wehrmauer erhielt, war recht großzügig geplant – vor allem der Marktplatz. 1364 gründete Kasimir der Große in Kazimierz die erste Universität Polens, die um 1400 von den Jagiellonen nach Krakau verlegt wurde. Diese beiden Städte entwickelten sich jedoch nie zu wirklichen Konkurrenten Krakaus. Nachdem die Juden 1495 aus Krakau ausgewiesen worden waren, ließen sie sich in Kazimierz nieder. Im 15. und 16. Jahrhundert wuchs die reiche Kaufmannsstadt, auch dank der Entwicklung der Universität, des Druckereiwesens

217

und der Entstehung anderer kultureller Institutionen, zu einem bedeutsamen geistig-kulturellen Zentrum, in dem Handwerker, Künstler (z. B. Veit Stoß) und Wissenschaftler (z. B. Kopernikus) aus Süddeutschland, Italien und anderen Teilen Westeuropas arbeiteten.

Der wirtschaftliche Abstieg Krakaus begann mit dem Verlust der Hauptstadtfunktionen an Warschau (1611), mit der Pest um die Mitte des 17. Jahrhunderts und den Schwedenkriegen. Zur Schwächung der Wirtschaft, insbesondere des Handwerks, trugen auch die in unmittelbarer Nähe Krakaus, hauptsächlich vom Adel gegründeten Juridiken bei. Der Niedergang Krakaus äußerte sich besonders deutlich im Bevölkerungsrückgang. Mitte des 17. Jahrhunderts zählte Krakau 16750, mit Vororten etwa 30000 Menschen, 100 Jahre später hatte die Stadt nur noch 7000 Einwohner. 1783 gründeten die Österreicher auf dem rechten Weichselufer eine neue Stadt – Josephstadt genannt – den späteren Vorort Podgórze. 1792 wurde das Stadtgebiet um die Städte Kazimierz und Kleparz und um alle 16 Juridiken erweitert.

Während der Teilungszeit Polens gehörte Krakau zunächst zum österreichischen Teilungssektor, ab 1809 zum Großfürstentum Warschau. Von 1815 an war Krakau dann eine selbständige Stadtrepublik. Die Zollfreiheit, die die Stadtrepublik genoß, begünstigte ihren wirtschaftlichen und kulturellen Aufschwung. In dieser Zeit wurden zahlreiche Schritte zur Umgestaltung des Erscheinungsbildes der Stadt unternommen. So wurde die mittelalterliche Stadtmauer bis auf wenige Überreste abgetragen und an ihrer Stelle Grünanlagen, die sogenannten „Planty" (1822–1830) angelegt, die heute ringförmig die Altstadt umschließen. 1846 verlor Krakau seine Selbständigkeit abermals an Österreich. Zwischen 1847 und 1870 erhielt Krakau Eisenbahnverbindungen mit Breslau über Oberschlesien (1847), mit Warschau über Tschenstochau (1847) und mit Lemberg (1856–1870). Die relativ liberale Nationalitätenpolitik der Österreicher begünstigte eine Stärkung der geistig-kulturellen Funktionen Krakaus. Es entstanden hier zahlreiche wissenschaftliche und kulturelle Institutionen und Gesellschaften sowie Theater, Museen und Druckereien, auch die Universität wurde erweitert. Obwohl Krakau ein bedeutendes Kultur- und Handelszentrum sowie Garnisonsstadt war, blieb es bis zum Ersten Weltkrieg von der Industrialisierungswelle so gut wie unberührt. Ab 1850 verwandelten die Österreicher Krakau in eine Grenzfestung. In der Zeit zwischen 1850 und 1865 erhielt die Stadt neue Festungsanlagen, deren innerer Ring in einer Entfernung von nur ein bis anderthalb Kilometer vom Hauptmarkt verlief. Die Rayonbestimmungen verboten zudem eine feste Bebauung in einem 1,7 km breiten Vorfeld der Festungsanlagen. Damit wurde das räumliche Wachstum der Stadt für einige Jahrzehnte unterbunden. 1869 hatte Krakau eine Fläche von 688 ha und zählte 49837 Einwohner, deren Zahl bis 1900 auf 85837 angewachsen war. Nachdem der Festungsring ins Umland verlegt und später abgetragen worden war, konnte zwischen 1909 und 1915 das Stadtgebiet um mehrere Gemeinden und um die Stadt Podgórze erweitert werden.

Nach dem Ersten Weltkrieg verlor Krakau teilweise – zugunsten Warschaus – seine überragende Bedeutung als Zentrum nationaler Kultur. In vielen Bereichen der Wissenschaft und Kultur nahm Krakau jedoch eine der Hauptstadt gleichwertige Stellung ein. In der Zwischenkriegszeit kam es zu einem gewissen Aufschwung im industriellen Bereich. Die Industrie wurde vornehmlich in den östlichen Stadtteilen (z. B. Grzegórzki, Dąbie und Płaszów) im Süden der Stadt (z. B. Podgórze) sowie in den südlichen Vororten (z. B. Borek Fałęcki und Łagiewniki) angesiedelt. Die Wohnbautätigkeit konzentrierte sich dagegen in den westlichen Stadtteilen. In dieser Zeit entstanden auch mehrere Repräsentationsbauten, z.B. die Jagiellonische Bibliothek und das Nationalmuseum. 1919 wurde die Bergbau- und Hüttenwesen-Akademie gegründet, die bis heute die einzige Hochschule dieser Art in Polen ist. Die Einwohnerzahl vermehrte sich rasch von 183700 (1921) auf 259000 (1939).

Während der deutschen Besatzungszeit im Zweiten Weltkrieg wurde Krakau zum Verwaltungs- und Germanisierungszentrum des Generalgouvernements. Im Königsschloß auf dem Wawel amtierte der deutsche Generalgouverneur; die traditionsreiche polnische Universität wurde aufgelöst und statt dessen ein neues Institut für Deutsche Ostarbeit gegründet. Wenn auch Krakau den Krieg unversehrt überstand, so brachte die deutsche Besatzungszeit Tod und Leid für Tausende seiner Einwohner.

8.4.2
Wirtschaftlicher und funktionaler Wandel nach 1945

Bis zum Beginn des Krieges bildeten Handel, Wissenschaft, Kultur und Fremdenverkehr die ökonomische Entwicklungsbasis Krakaus, während die Produktionsfunktionen eine untergeordnete Rolle spielten. Nach dem Zweiten Weltkrieg war Krakau, ähnlich wie andere Großstädte, in den Sog der Industrialisierung geraten, und dies um so stärker, als die vom Bürgertum und der Intelligenz geprägte Sozialstruktur der Stadt kaum ins neue Bild eines „Arbeiter-Bauern-Staates" paßte.

Die Zahl der Industriebeschäftigten wuchs im Zeitraum von 1938 bis 1978 um das fünffache (von 28000 auf 143300) und die Bevölkerungszahl um fast das dreifache (von 2159000 auf 693200). 1938 entfielen 108,

1978 207 Industriebeschäftigte auf je 1000 Einwohner. Damit stieg Krakau – nach Oberschlesien, Warschau und Lodz – in die Reihe der größten Industriezentren Polens auf. Die Industrieentwicklung in Krakau und in der Krakauer Region zeigt viele Parallelen zum Industrialisierungsprozeß im ganzen Land, mit allen seinen positiven und negativen Folgen.

Die Basis für die Entwicklung und Ansiedlung der Industrie bildeten zum einen die Rohstoffvorkommen (vor allem im westlichen Teil der ehemaligen Wojewodschaft Krakau: Steinkohle, Zink- und Bleierze), zum anderen die lokalen und regionalen Arbeitskraftüberschüsse.

Für die Industrieentwicklung in der Krakauer Region und in Krakau wurden im Zeitraum von 1946 bis 1960 62,2% aller Investitionsmittel ausgegeben, bei einem Landesdurchschnitt von 45,6%. Die Mehrheit dieser Gelder (1950–1975: 51,1%) floß in den Industrieaufbau in Krakau selbst, während das Umland – mit Ausnahme der Stadt Skawina – nur wenig davon profitierte. Im Laufe der Zeit wurden in Krakau ca. 30 größere und 50 kleinere Industriebetriebe errichtet bzw. die bestehenden ausgebaut. Die größte industrielle Investition der Region und damals auch Polens stellte das Eisenhüttenkombinat „Lenin" in Nowa Huta dar, welche das Gros der industriellen Investitionsmittel verschlang (z.B. 1950: 70,0%, 1955: 65,3%, 1962: 71,0% und 1975: 65,1%). Zu den größeren Industrieinvestitionen gehörte auch die erste Aluminiumhütte Polens in Skawina (Baubeginn 1954).

Wandel der Industriestruktur

Die starke Forcierung der Schwerindustrie veränderte die wirtschaftliche Situation entscheidend. 1984 waren beispielsweise in der metallurgischen Industrie 23,6% aller Industriebeschäftigten der Stadtwojewodschaft

Krakau tätig, während dieser Zweig 1938 überhaupt nicht in Erscheinung trat. Das Übergewicht der eisenschaffenden Industrie bzw. die monostrukturelle Ausrichtung der Krakauer Industrie kommt deutlich im Anteil dieser Branche an der industriellen Gesamtproduktion zum Ausdruck (1975: 46,0%). Stark unterentwickelt sind dagegen Branchen der höheren Verarbeitungsstufe. Die elektrotechnische und elektronische Branche war z. B. 1975 mit nur 7,8% und der Maschinenbau mit 4,5% an der Gesamtindustrieproduktion Krakaus beteiligt.

Dabei ist die überragende Bedeutung des Eisenhüttenkombinats „Lenin" in der Industriestruktur Krakaus nicht zu übersehen. Hier waren z. B. 1975 57% aller industriellen Produktionsmittel Krakaus konzentriert. Das Kombinat lieferte 50,5% der Gesamtindustrieproduktion und beschäftigte 30,1% aller in der Industrie tätigen Personen. Dementsprechend haben seine Erzeugnisse ein relativ hohes Gewicht im nationalen Rahmen. Von hier stammten z. B. 1980 fast 39% der Landesproduktion an Roheisen, rund 32% an Rohstahl und 33% der Walzerzeugnisse.

Die rasche Bevölkerungszunahme ging vor allem auf die große Anziehungskraft des Hüttenkombinats Nowa Huta zurück. Für die hier zugewanderten Menschen wurde eine ganze Stadt neu errichtet. Neben dem Wohnraum mußten auch soziale Einrichtungen geschaffen und die technische Infrastruktur ausgebaut werden. Während in Nowa Huta in dieser Hinsicht Fortschritte erzielt wurden, hatte man die Entwicklung dieser Bereiche in „Alt"-Krakau stark vernachlässigt. Ähnlich wie in anderen Großstädten entstand hier eine „infrastrukturelle Lücke" im Vergleich zur Industrieentwicklung und zum Bevölkerungswachstum. Infolgedessen wurden 1954 Zuzugssperren eingeführt. Außerdem versuchte man diese Probleme durch eine Industriedeglomeration zu bewältigen. In Krakau selbst und in einem Umkreis von 40 km sollten keine neuen Industriebetriebe angesiedelt werden („passive" Deglomeration). Darüber hinaus sollten Betriebe, die nicht unbedingt an den Standort Krakau gebunden waren, ins Umland bzw. nach Südpolen verlagert werden („aktive" Deglomeration). Die „aktive" Deglomeration stellte sich mehr oder weniger als eine Fiktion heraus, denn aus Krakau wurden bis 1976 nur einige kleinere Betriebe ausgelagert, während die Schlüsselindustrie von diesen Maßnahmen nicht erfaßt wurde, im Gegenteil, das Hüttenkombinat wurde immer weiter ausgebaut. Im Zuge der „passiven" Deglomeration wurden in Südpolen ca. 30 Filialen von Krakauer Betrieben gegründet. Damit wurden ewa 8000 Arbeitsplätze außerhalb von Krakau geschaffen, das sind nur 6% der in Krakau vorhandenen Industriearbeitsplätze. Wie bescheiden die Ergebnisse der Deglomerationspolitik waren, zeigte sich auch in weiterhin wachsenden Arbeitskräftebedarf in Krakau, wodurch – infolge der Zuzugsbeschränkungen – die Pendlerzahlen in die Höhe schnellten. Die Einpendlerzahl nach Krakau verdoppelte sich von ca. 32000 (1960) auf ca. 65000 (1977); 1983 pendelten rund 56000 Beschäftigte im vergesellschafteten Sektor.

Das Eisenhütten-Kombinat „Lenin" in Nowa Huta

Das Eisenhütten-Kombinat, das weit über den ursprünglich festgelegten Rahmen hinaus ausgebaut wurde, ist immer mehr zu einem Störfaktor für die Stadt geworden. Man braucht hier z. B. nur an die außerordentlich stark umweltbelastende Wirkung und an die Folgen für die Gesundheit der Anwohner zu denken, abgesehen von den Beschädigungen wertvoller Baudenkmäler, die ein solcher Betrieb verursachen kann. Über die Richtigkeit der Standortwahl der

Hütte und der begleitenden Betriebe in der Nähe von Krakau, etwa 8 km östlich der Altstadt gehen die Meinungen bis heute auseinander.

Der Standortvorschlag für die „Lenin"-Hütte stammt von einem sowjetischen Spezialisten-Team (Februar 1949). Die lokalen Verwaltungsorgane wurden zwar davon unterrichtet, hatten jedoch keine Möglichkeit, Stellung zu diesem Vorschlag zu nehmen. Am 24. 2. 1949 wurde dieser Standortvorschlag vom damaligen Industrie- und Handelsminister H. Minc akzeptiert und genehmigt. 1950 wurde mit dem Bau der „Lenin"-Hütte begonnen. Das Eisenerz wird aus der Sowjetunion auf der Eisenbahnstrecke Medyka–Przemyśl–Krakau herangeschafft, die Steinkohle, die aus Oberschlesien kommt, wird in der am Ort errichteten Kokerei verarbeitet. Die Massentransporte von Rohstoffen belasten das örtliche Verkehrsnetz erheblich, so daß eine Umgehungslinie – die den Krakauer Eisenbahnknotenpunkt nicht berührt – von Oberschlesien bis zur Eisenbahnlinie nach Przemyśl – mit Abzweigungen zum Kombinat – gebaut werden mußte. Am gesamten Gütertransportaufkommen Krakaus ist das Kombinat mit etwa 70% beteiligt.

Die Produktionskapazitäten werden zunächst auf 1,5 Mill. t Rohstahl 1960 ausgelegt, später aber stetig erhöht; 1966 auf 3 Mill. t in den 70er Jahren auf 5,5 Mill. t. in den 80er Jahren soll das jährliche Produktionsvolumen auf 9 bis 10 Mill. t, sogar bis auf 12 Mill. t Rohstahl steigen. Die höchste Produktion wurde bis jetzt in den Jahren 1976 und 1977 mit 6,7 Mill. t erreicht, 1980 lag sie bei 6,2 Mill. t. Anfang 1983 beschäftigte die „Lenin"-Hütte rund 33000 Arbeitskräfte.

Neben den Hochofenabteilungen umfaßt das Kombinat u. a. einige Walzwerke, die erwähnte Kokerei, ein Zementwerk. Die meisten Produktionsanlagen der Hütte sind veraltet; 56% der Ausstattung stammen noch aus den 50er, 33% aus den 60er Jahren und 11% aus der Zeit von 1971 bis 1978. Infolgedessen werden 27% der Produktionsabläufe manuell verrichtet. 65% sind teilweise oder ganz mechanisiert und 8% teils oder ganz automatisiert. Wegen der schweren Arbeitsbedingungen hat die „Lenin"-Hütte als Arbeitsplatz längst an Attraktivität verloren; eine hohe Arbeitsfluktuation und ein Arbeitskräftedefizit (1983 ca. 5000 Personen) kennzeichnen die gegenwärtige Situation.

Ein weiteres Problem ergibt sich aus den fehlenden bzw. geringen Kooperationsmöglichkeiten des Hütten-Kombinats mit den übrigen ortsansässigen Betrieben. Hinsichtlich der Versorgungs- und Absatzmärkte ist die „Lenin"-Hütte am stärksten mit den Oberschlesischen Industrierevier verflochten. Von dort stammen fast die gesamten Steinkohlenlieferungen für das Kombinat, und auf dem oberschlesischen Markt wird etwa ein Drittel der Hüttenerzeugnisse abgesetzt. Die Hüttenerzeugnisse stehen hauptsächlich dem Binnenmarkt zur Verfügung; nur etwa 16% wurden Mitte der 70er Jahre exportiert (1960 noch 27%).

Eine bedeutende industrielle Investition in der Krakauer Region war auch die *Aluminiumhütte* mit dem dazugehörigen Kohlenkraftwerk in Skawina. Das Produktionsvolumen sollte sich zunächst auf etwa 25000 t Aluminium jährlich belaufen, wurde aber später verdoppelt. Bevor 1966 eine zweite Hütte im Koniner Revier gebaut wurde, war die Hütte in Skawina der einzige Aluminiumproduzent des Landes. Für den Standort der Hütte vor den Stadttoren Krakaus gab es keine zwingenden Gründe, zumal hier keine Rohstoffe vorhanden waren. Die energieintensive Aluminiumproduktion erfordert einen hohen Energieträgereinsatz (hier Steinkohle), die aus Oberschlesien herantransportiert werden muß; der Bauxit stammt dagegen vorwiegend aus Ungarn.

Die starke Konzentration der Schwer- bzw. Rohstoffindustrie mit ihrem hohen Schadstoffausstoß bewirkt, daß die Krakauer Agglomeration zu den umweltgefährdetsten Gebieten Polens gehört (Kap. 6). Die „schmutzige" Industrie ist hier mit 64% der Gesamtproduktion und 47% der Beschäftigten vertreten. Auf das Hütten-Kombinat in Nowa Huta entfielen etwa 80% aller Schadstoffemissionen. Die „Lenin"-Hütte führt die Liste der Industriebetriebe mit den höchsten Schadstoffemissionen in Polen an. Sie steht ebenfalls an erster Stelle der Industriebetriebe, die völlig ungereinigte Abwässer in die Flüsse ableiten (hier in die Weichsel). Im Hinblick auf die Menge der gelagerten Abfälle belegt sie den vierten Platz in Polen. Die zweitgrößten Umweltverschmutzer sind die Aluminiumhütte und das Kohlenkraftwerk in Skawina. Besonders gefährlich sind die Emissionen von Fluor und Fluorverbindungen aus der Aluminiumhütte.

Die Umweltbelastung wird hier noch durch die ungünstige topographische Lage der Betriebe verstärkt. Bei der Standortwahl der „Lenin"-Hütte wurden die lokalen Klimaverhältnisse – teilweise aus Unkenntnis – wenig berücksichtigt. Man ging zunächst davon aus, daß in dieser Gegend die Westwinde vorherrschen. Erst in späteren Untersuchungen wurde festgestellt, daß der Wind oft aus dem Osten (ca. 34%) und aus dem Südosten (24%) weht und daß dabei die gesamten Schadstoffemissioen aus dem Hütten-Kombinat und teilweise aus der Aluminiumhütte in Richtung Krakau gelenkt werden. Hinzu kommen die häufig im Weichseltal auftretenden Temperaturinversionen (an 164 Tagen im Jahr), die einen Luftaustausch verhindern und zur Smogbildung führen. Zudem wurde der etwa ein Kilometer breite „grüne Schutzgürtel" zwischen dem Wohnkomplex von Nowa Huta und dem Hüttengelände in den 60er Jahren zugunsten des räumlich expandierenden Kombinats verkleinert.

Schon seit 1970 kämpfen die Wojewodschafts-Verwaltungs-Organe mit dem zuständigen Wirtschaftsministerium um die Modernisierung der Aluminiumhütte. Erst nach August 1980 ist es den Bürgerinitiativen gelungen, u.a. in einer Fernsehdiskussion (Herbst 1981) die zuständigen Zentralorgane in dieser Sache unter Druck zu setzen und die Schließung der Aluminium-Verhüttungsabteilung zu erwirken (27. 11. 1981). Die Stillegung der Rohstoffabteilung dieser Hütte war einer der spektakulärsten Fälle in der nachkriegszeitlichen Wirtschaftsgeschichte Polens, weil Bürgerproteste zur Schließung eines Industriebetriebes geführt haben.

Infolge der raschen Industrieentwicklung hatte sich ein tiefgreifender – von „oben" durchaus erwünschter – Wandel in der *Beschäftigungsstruktur* der Krakauer Bevölkerung vollzogen.

Zum Zeitpunkt der Volkszählung 1978 waren mehr als die Hälfte aller Erwerbstätigen in der Industrie und Bauwirtschaft beschäftigt, während 1931 erst etwa ein Drittel der Beschäftigten in Industrie, Handwerk und Baugewerbe gearbeitet haben. Wie in ganz Polen ist auch hier in den letzten Jahren ein rückläufiger Beschäftigungstrend in diesen beiden Wirtschaftsbereichen zu beobachten. Eine beachtliche Zunahme der Beschäftigtenzahl fand im Bildungs-, Erziehungs- und Gesundheitswesen statt.

Wenn auch der sekundäre Wirtschaftssektor nach dem Zweiten Weltkrieg erheblich erweitert worden ist, so hat Krakau – trotz der Konkurrenz der Hauptstadt – sein in früheren Jahrhunderten erworbenes Image als geistig-kulturelles Zentrum mit einer landesweiten Ausstrahlung beibehalten. Krakau ist nach Warschau das zweitgrößte Hochschulzentrum Polens. Hier studierten bzw. lehrten 1980/81 an 11 Hochschulen 60939 Studenten (13,4% aller Studenten) und 7372 Hochschullehrer (13,5%). Krakau hat sechs Theater, eine Oper, Operette und Philharmonie sowie 23 Museen mit wertvollen Kunstsammlungen. Die zahlreichen sakralen und profanen Baudenkmäler (etwa 700 unter Denkmalschutz), von denen 11 zur höchsten internationalen Klasse zählen (in Polen insgesamt 52), ziehen viele Touristen an. Die Zahl der Besucher schwankt um drei Mill. im Jahr (davon etwa 10% Ausländer).

8.4.3
Innere Struktur der Stadt Krakau

Da Krakau während des Zweiten Weltkriegs nicht zerstört worden ist, bietet es ein interessantes Beispiel, an dem die räumliche Entwicklung und Umgestaltung der inneren

Abb. 26: Räumlich-funktionale Gliederung der Stadt Krakau

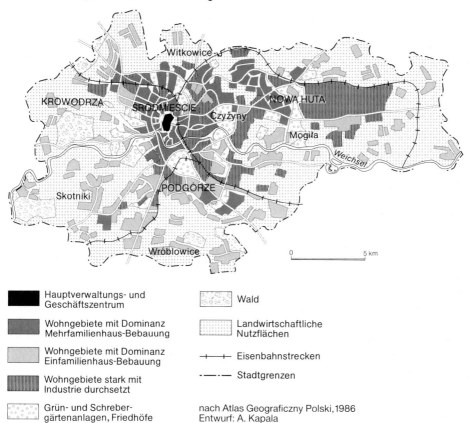

Hauptverwaltungs- und Geschäftszentrum

Wohngebiete mit Dominanz Mehrfamilienhaus-Bebauung

Wohngebiete mit Dominanz Einfamilienhaus-Bebauung

Wohngebiete stark mit Industrie durchsetzt

Grün- und Schrebergärtenanlagen, Friedhöfe

Wald

Landwirtschaftliche Nutzflächen

+——+— Eisenbahnstrecken

·—·—·— Stadtgrenzen

nach Atlas Geograficzny Polski, 1986
Entwurf: A. Kapala

Struktur der Großstädte in Polen seit dem Mittelalter bis zur Gegenwart exemplarisch dargestellt werden kann.

Das innere Gefüge Krakaus ist ein Abbild seiner fast 1000jährigen Entwicklungsgeschichte. Bis heute haben sich hier die ältesten Grundrißformen und die einzelnen Elemente der räumlichen Struktur erhalten.

Bis zu Beginn des 20. Jahrhunderts breitete Krakau sich in Form von konzentrischen Ringen aus, deren Verlauf die mittelalterlichen Wehrmauern und später die im 19. Jahrhundert errichteten Verteidigungsanlagen bestimmten. Infolgedessen wies die Stadt eine klare, ringförmige (schalenartige) Gestalt auf, deren Kern die mittelalterliche

Stadtanlage und die Wawel-Anhöhe mit dem Königsschloß bildeten. Erst zu Beginn des 20. Jahrhunderts, als die strengen Rayonbestimmungen aufgehoben und der Festungsring schrittweise abgetragen wurde, setzte sich eine neue räumliche Entwicklungstendenz durch; die Stadt begann hauptsächlich entlang der Hauptausfallstraßen zu expandieren. In Verbindung mit dem Bau des Eisenhütten-Kombinats im Osten der Stadt wurde die ursprünglich konzentrisch-radiale Gestalt Krakaus stark abgewandelt. Die seit dieser Zeit hauptsächlich in östlicher Richtung verlaufende räumliche Entwicklung läßt die beiden gesonderten Strukturelemente des „alten" Krakau und des neuen Wohn-

Industriekomplexes von Nowa Huta immer mehr zusammenwachsen (Abb. 26). Der viele Jahrhunderte andauernde Prozeß der Umgestaltung der inneren Struktur und das Flächenwachstum der Stadt hat zur Herausbildung von fünf Zonen geführt, die fünf Phasen der historischen Stadtentwicklung entsprechen.

Kernzone

Die Kernzone deckt sich mit dem mittelalterlichen Stadtgebiet. Ihre Bestandteile bilden gegenwärtig die Katasterviertel Innenstadt (Śródmieście) und Wawel, die eine Fläche von 0,89 qkm umfassen und Mitte der 70er Jahre 12400 Einwohner zählten. Bis zum Beginn des 19. Jahrhunderts wurde dieser Stadtteil (die eigentliche Stadt) von ihrem Umland durch die mittelalterlichen Wehrmauern – später durch den an deren Stelle angelegten Grünring (Planty; 1820–1832) – abgegrenzt (etwa 500 m Radius vom Hauptmarkt). Der hohe Anteil bebauter Flächen ist ein Ergebnis des fast vier Jahrhunderte andauernden Wachstums der Stadt „in die Höhe". Bis heute erfüllt dieser Bereich unverändert zentrale Funktionen und ist nach wie vor das wirtschaftliche und kulturelle Zentrum der Stadt. Seit der Stadterweiterung im Jahr 1792 wurden hier zunehmend die Wohnfunktionen zugunsten kommerzieller Nutzung verdrängt. Zahl und Dichte der Bevölkerung nahmen kontinuierlich ab (mit Ausnahme der Jahre 1945 bis 1960), und es begann sich ein innerer „Bevölkerungskrater" im Sinne einer „City" zu bilden, dessen ständige Vertiefung noch im Gange ist. Man schätzt, daß sich bis 1990 die Einwohnerzahl der Kernzone auf 4300 Personen bzw. die Einwohnerdichte auf 4831 Personen je qkm verringert haben wird.

Die *Altstadt* von Krakau umfaßt aber neben dem Stadtkern (Kernzone) auch den südlichen Teil der Übergangszone, hier durch die ehemals selbständige Stadt Kazimierz und die Vorstadt Stradom repräsentiert (1792 nach Krakau eingemeindet). Zur räumlichen Integration dieser Siedlungskerne kam es nach der Zuschüttung des Weichsel-Altarms und der anschließenden Anlage der heutigen Dietla Straße (1880). Die Altstadt umfaßt 212,8 ha (0,9% der Stadtfläche) und zählte 1970 44890 Einwohner (7,6% von Gesamt-Krakau). Im Stadtkern selbst (7,9 ha) lebten 1970 rund 12200 und 1978 8882 Personen.

Typisch für die Altstadt ist eine geschlossene, drei- bis viergeschossige Bauweise. Zahlreiche Häuser, vor allem die Hinterhofbebauung im Stadtkern und viele Gebäude in Kazimierz, sind baufällig. Ein Fünftel der Bausubstanz steht unter Denkmalschutz. Charakteristisch ist hier eine Mischnutzung der Gebäude, die etwa zu einem Drittel als Wohnraum dienen. In der Altstadt konzentrierten sich 1970 etwa zwei Drittel aller Einzelhandelsgeschäfte und ca. 80% aller kulturellen Einrichtungen der Stadt.

Der Stadtkern begann schon ab Mitte des 19. Jahrhunderts einen „City-Charakter" anzunehmen. Neben Geschäften des gehobenen Bedarfs siedelten sich hier Banken, Handelsvertretungen und die Börse an. Die zahlreichen Restaurants, Nachtlokale und Kaffeehäuser wurden zu Begegnungsstätten der Krakauer Künstler. Die meisten Geschäfte und gastronomischen Betriebe befinden sich heute in der Hand vergesellschafteter Unternehmen. Das vielfältige und umfangreiche Warenangebot ist nach dem Zweiten Weltkrieg stark geschrumpft. Führend sind hier heute Geschäfte der Bekleidungs- und Textilbranche sowie Buchhandlungen, Andenken- und Kunstgewerbegeschäfte. Der private Handel hat eine ergänzende Funktion und beschränkt sich im wesentlichen auf Galanterieartikel und auf den Gemüse-, Obst- und Blumenverkauf. Die Gastronomiebranche war 1980 im Stadtkern mit 73 Betrieben, meist Cafés und Restaurants, vertreten. Das Handwerk ist dagegen im Rückzug begriffen, hauptsächlich, weil immer mehr Hinterhofhäuser abgerissen werden, in dem sich die Handwerksbetriebe befinden.

Der mittelalterliche Stadtkern von Krakau steht auf der Liste erhaltenswerter internationaler Kulturgüter der UNESCO. Seit 1960 werden an diesem Baukomplex schrittweise Sanierungs- bzw. Restaurierungsarbeiten durchgeführt. Diese schreiten allerdings nur langsam voran, weil sie nicht nur arbeitsaufwendig, sondern auch sehr kostspielig sind. Aus der Staatskasse wurden z. B. 1961 37,5 Mill., 1972 93,0 Mill. und 1979 455 Mill. Zloty für diesen Zweck ausgegeben. Die Spenden der Bevölkerung beliefen sich 1979 auf 87,0 Mill. Zloty. Gegenwärtig werden ca. 100 Objekte restauriert. Dabei wird nicht blockweise vorgegangen, sondern man renoviert einzelne, besonders baufällige Objekte.

Bislang ist noch kein einziger Block vollständig hergerichtet worden. Diese Arbeiten werden vermutlich noch viele Jahre andauern und immens viel Geld erfordern.

Im Stadtentwicklungsplan von Anfang der 70er Jahre wurde die Errichtung eines neuen Geschäftszentrums anstelle des Bahnhofs in Erwägung gezogen. Später ist man aber von diesem Konzept abgegangen und strebt nun die Entwicklung mehrerer kleinerer Geschäftszentren in den einzelnen Stadtteilen an, um den Stadtkern zu entlasten.

Außerhalb des Stadtkerns konzentrieren sich die Geschäfte und Handwerksbetriebe der Altstadt, vor allem an den Straßen: Bohaterów Stalingradu, Stradomska und Krakowska. Das Industriegebiet (westlich der Bohaterów Stalingradu Straße) umfaßt das Gas- und Elektrizitätswerk sowie die städtischen Verkehrswerke. An das Industriegebiet – im Süden von Kazimierz – schließt sich der „christliche Bereich" der Stadt mit dem Zentrum um den Wolnica Platz (Marktplatz) mit lokalen Dienstleistungsfunktionen an. Hier findet auch der Wochenmarkt statt. Den mittleren Teil von Kazimierz nimmt die „jüdische Stadt" ein, mit zahlreichen außerordentlich stark vernachlässigten Baudenkmälern. Die Juden hatten sich hier niedergelassen, nachdem sie 1495 aus Krakau ausgewiesen worden waren. 1931 stellten die Juden drei Viertel (rund 25 000 Personen) der Einwohner von Kazimierz. Da kaum jemand von ihnen den Krieg überlebt hat, siedelten sich nach 1945 hier sozial schwache Gruppen der polnischen Bevölkerung an.

Übergangszone

Sie lehnt sich schalenförmig an die Kernzone an. Ihre Außengrenze (etwa 1 bis 1,5 km vom Hauptmarkt entfernt) bildete der im 19. Jahrhundert (1850–1865) errichtete Festungsring, an dessen Stelle heute die zweite Ringstraße verläuft; im Süden wird die Übergangszone von der Weichsel begrenzt. Mit einer Bevölkerungszahl von 107 200 auf einer Fläche von 4,33 qkm (1975), zeichnete sich diese Zone durch die höchste Einwohnerdichte (24 758 Einwohner/qkm) aus. Sie besteht aus den 1792 eingemeindeten Städten Kazimierz und Kleparz, allen 16 Juridiken und mehreren Vorstädten (jetzt sechs Katerviertel). Grundlegende strukturelle Umgestaltungen vollzogen sich hier im Zeitraum von 1866 bis 1920, als diese Zone durch den Festungsring nach außen hin abgegrenzt war, und später, als diese künstliche Grenze abgeschafft wurde. Eine rege Bautätigkeit führte zu einer außerordentlich starken Verdichtung der Bebauung und Bevölkerung, die in den 60er Jahren des 20. Jahrhunderts ihren Kulminationspunkt erreichte. Die Übergangszone erfüllt vorwiegend Wohnfunktionen. Die Geschäfte und andere Dienstleistungseinrichtungen konzentrieren sich an den vom Zentrum aus radial verlaufenden Straßen und an der ersten Ringstraße. Künftig sollen die kommerziellen Funktionen weiter ausgebaut werden. Begleitet wird diese Umgestaltung vom Rückgang der Bevölkerung, wobei die Dichtewerte von 24 758 Einwohner/qkm (1975) auf 10 624 Einwohner/qkm (1990) sinken sollen. Geplant sind vor allem qualitative Veränderungen, beispielsweise indem man die baufälligen zweistöckigen Häuser aus dem 19. Jahrhundert teilweise durch drei- bis vierstöckige Gebäude ersetzt.

Außenzone

Sie verläuft im Anschluß an die Übergangszone und bildet einen relativ unregelmäßigen Gürtel, der sich entlang der Hauptverkehrsader ausdehnt. Die Kontiniutät dieser Zone ist an der östlichen Seite unterbrochen, weil der Wohnkomplex Nowa Huta – der ebenfalls zur Außenzone gerechnet wird – eine gesonderte Enklave innerhalb der Randzone bildet. Die Außenzone umfaßt 35 qkm und war 1975 von 393 505 Personen bewohnt (11 240 Einwohner/qkm). Die unmittelbar an die Übergangszone angrenzende Bebauung stammt vorwiegend aus der Zwischenkriegszeit (mit Ausnahme des Stadtteils Podgórze), am äußeren Rand der Außenzone dagegen dominiert eine nachkriegszeitliche Hochhausbebauung (samt dem Wohnkomplex von Nowa Huta). In diesem Gebiet hat sich – geschichtlich gesehen – die Nutzungsstruktur am schnellsten gewandelt. Die meisten Veränderungen vollzogen sich innerhalb von drei Jahrzehnten (1945–1975). Die Expansion der Industrie und Wohnbebauung ging hauptsächlich zu Lasten der landwirtschaftlichen Flächen, die sich ausgezeichnet zum Obst- und Gemüseanbau eignen und die früher als „Gartenland" Krakaus galten. Die landwirtschaftlichen Nutzflächen sind hier nur noch mit 12% vertreten. In diesem Stadtbereich befinden sich auch die meisten Grün- und Sportanlagen von Krakau. Neue Wohnsiedlungen für den Randbereich dieser Zone sind in Planung. Dieses Gebiet hatte seit Anfang des 20. Jahrhunderts den höchsten Bevölkerungszuwachs zu verbuchen (1900: 40 160 Ew., 1946: 93 910 Ew. und 1975: 393 500

Ew.). 1975 lebten hier auf knapp 11% des Stadtgebietes rund 57% aller Einwohner Krakaus.

Für den noch andauernden Umgestaltungsprozeß in der Außenzone ist eine Mischung aus unterschiedlichen Flächennutzungsarten charakteristisch. Villenviertel, Miethäuser und neue Hochhaussiedlungen wechseln mit Hochschulkomplexen, Industrieflächen (Pharmazeutische, Kosmetik- und Maschinenbauwerke) und Obst- und Gemüseanbauflächen ab.

Der Wohnkomplex von *Nowa Huta* wurde als Werkssiedlung für die Belegschaft des Eisenhütten-Kombinats geplant und sollte ein Muster einer „sozialistischen Stadt" darstellen. Die auf freiem Gelände errichtete Stadt besteht fast ausschließlich aus mehrstöckigen Hauszeilen, die durch Grünflächen voneinander getrennt sind. Die Wohnsiedlungen ordnen sich im Halbkreis um einen zentralen Platz an, von dem die Straßen sternförmig (mit entsprechenden Querverbindungen) wegführen. Die vom Centralny Platz nach Nordosten ausgehende, etwa zwei km lange Lenin Allee führt direkt zum Haupttor der „Lenin"-Hütte. An den ältesten, in den 50er Jahren im stalinistischen Stil errichteten Kern, schließt sich schalenartig eine immer jüngere Bebauung an. Der Wohnkomplex ist im Osten vom Hütten-Kombinat nur durch einen 500 bis 1000 m breiten Grün-Schutzstreifen abgeschirmt. Wohnsiedlungen für mehrere Tausend Menschen entstehen derzeit im nordwestlichen Teil des Stadtbezirks Nowa Huta (im Bereich der ehemaligen Dörfer Bieńczyce und Mistrzejowice sowie auf dem Gelände des früheren Flughafens in Czyżyny). Im westlichen Teil der Siedlung Kolorowe sollen ein neues Handels- und Dienstleistunszentrum sowie Gebäude für die Bezirksverwaltung gebaut werden. Während sich der Bau von neuen Wohnsiedlungen in Richtung „Alt-Krakau" bewegt, wird das Kombinat in östlicher und südlicher Richtung ausgebaut.

Trotz der vergleichsweise regen Wohnbautätigkeit herrscht in Nowa Huta nach wie vor Wohnungsmangel; die Wartezeiten für eine Wohnung betragen sieben bis zehn Jahre. Die Wohnungen haben im Mittel drei Räume (samt Küche) mit weniger als 60 qm Nutzfläche und werden durchschnittlich von 3,6 Personen bewohnt (1980). Der Wohnkomplex von Nowa Huta wurde zunächst für 70 000 Menschen, später für 100 000 bis 130 000

Einwohner geplant. Diese Zahlen wurden aber von der tatsächlichen Entwicklung weit überholt. 1950 wohnten hier ca. 18 000 Menschen, fünf Jahre später schon rund 80 000. Bis 1970 stieg die Einwohnerzahl auf 161 342 und bis 1980 auf 214 466 an. Der heutige Stadtbezirk Nowa Huta umfaßt nahezu 33% der gesamten Stadtfläche mit 30% aller Einwohner Krakaus. Im Zeitraum von nur zehn Jahren (1950–1960) sind rund 200 000 Menschen zugezogen, wovon ca. 85 000 hier seßhaft geworden sind. Mehr als die Hälfte der Zuwanderer stammte aus der damaligen Wojewodschaft und aus der Stadt Krakau, 15% aus der Wojewodschaft Kattowitz und 14% aus der Wojewodschaft Breslau. 1970 stellte die vom Lande zugewanderte Bevölkerung drei Viertel aller Einwohner von Nowa Huta. Die meisten Zuwanderer waren junge Menschen, vor allem Männer, für die das Hüttenkombinat die meisten Arbeitsplätze bot. Daher weicht die demographische und soziale Struktur der Bewohner von Nowa Huta erheblich von der „Alt-Krakaus" ab.

Randzone

Die Randzone schließt sich an die Außenzone an, ein Teil schiebt sich zwischen das Gebiet von „Alt-Krakau" und Nowa Huta. Bei einer Bevölkerung von 98 175 und einer Fläche von 85 qkm ergibt sich eine mittlere Einwohnerdichte von 114 Personen je qkm. Der Verstädterungsprozeß erfaßte diese Bereiche erst Ende der 50er Jahre. Die ältesten Elemente der Siedlungsstrukrur bilden hier Dörfer, die 1941 eingemeindet wurden. Den auffälligsten Strukturwandel erfuhr das Gebiet des heutigen Stadtteils Podgórze um die Jahrhundertwende, als hier entlang der Eisenbahnlinie viele Industriebetriebe angesiedelt wurden. In der Randzone konzentrieren sich augenblicklich die meisten Investitionsaktivitäten mit den Schwerpunkten: Ausbau des Hütten-Kombinats, Errichtung neuer Industrielager-Komplexe (im Südosten: Prokocim und Bieżanów) und Bau von Wohnsiedlungen (Bieżanów Zachodni, Piaski Wielkie und Prądnik Biały). Mitte der 70er Jahre waren ca. 10% der Gesamtfläche dieser Zone Baustellen. Die expandierende

Bebauung geht hauptsächlich auf Kosten der Grünschutzzonen zwischen Krakau und Nowa Huta und zwischen dem Wohnkomplex Nowa Huta und dem Hütten-Kombinat. 4% der Randzonenfläche werden landwirtschaftlich intensiv genutzt (Obstkulturen und Gemüsegärten: 20%, Ackerland – meist mit Feldgemüseanbau: 15% und Schrebergärten: 10%). In der Randzone, die 26% des gesamten Stadtgebietes umfaßt, wohnen 15% der Krakauer Bevölkerung. Sie ist vor allem Industrie- und Gewerbestandort, denn von hier stammen fast 80% der industriellen Produktion. Als Folge des weiter fortschreitenden Wohnungsbaus wächst jedoch auch ihre Bedeutung als Wohngebiet.

Periphere Zone bzw. äußere Randzone

Flächenmäßig ist dies der größte Stadtteil (197 qkm, das sind 61% des Stadtgebietes). Da diese Zone 1975 nur von 73 320 Personen bewohnt war, zeichnet sie sich durch eine relativ geringe Bevölkerungsdichte (372 Einwohner/qkm) aus. Mit einer Ackerlandnutzung von 55% ist dieses Gebiet noch weitgehend agrarisch geprägt. Die bebaute Fläche nimmt nur 1% ein und konzentriert sich auf die alten Dorfkerne. Der größte Teil der peripheren Zone wurde erst 1973 nach Krakau eingemeindet. Sie ist gewissermaßen das „Bauerwartungsland" bzw. die Reservefläche der Stadt.

8.4.4.
Das Umland von Krakau

1984 wohnten im Umland von Krakau 465 215 Personen, das sind 38,6% der Gesamtbevölkerung der Wojewodschaft Krakau, wovon 7,7% auf die hier neun vorhandenen Städte entfielen. Im Vergleich zum Umland von Warschau und Lodz ist hier der

227

Verstädterungs- bzw. Urbanisierungsprozeß nicht so weit fortgeschritten. Von den neun Städten hatten 1984 nur drei mehr als 10000 Einwohner (Skawina: 22979, Wieliczka: 17665 und Myślenice: 16864). In den übrigen Städten schwankte die Einwohnerzahl zwischen 8334 (Krzeszowice) und 4140 (Dobczyce).

Die Stadt *Skawina* (Stadtrechte seit 1364) liegt nur 16 km südwestlich vom Zentrum Krakaus entfernt. Die Entwicklung des zunächst unbedeutenden lokalen Handels- und Handwerkerzentrums wurde erst um die Jahrhundertwende durch eine Eisenbahnanbindung (1884) und die Ansiedlung von einigen Industriebetrieben angekurbelt. Ein rasches Wachstum erlebte die Stadt in den 50er Jahren in Verbindung mit dem Bau der Aluminiumhütte und des Kohlekraftwerks sowie dem Ausbau bestehender Betriebe (z.B. Glashütte, Baustoff- und Lebensmittelkonservenfabrik u.a.). Die Einwohnerzahl hat sich binnen eines Jahrzehns verdoppelt (1950: 5743 und 1960: 12524 Einwohner). 1984 waren 58,5% aller Beschäftigten des vergesellschafteten Wirtschaftssektors in der Industrie tätig.

Die Stadt *Wieliczka* (Stadtrechte seit 1289) verdankt ihre Entwicklung vor allem den Steinsalzlagerstätten, die seit Jahrhunderten abgebaut werden und in der Zeit vom 14. bis ins 17. Jahrhundert der Stadt eine Blütezeit bescherten. Von den neun Stockwerken des Bergwerks werden die vier untersten als Museum genutzt und als Sanatorium für Erkrankungen der Atemwege. Das Salzbergwerk zieht jährlich 800000 Besucher an. In den oberen Stollen wird noch Steinsalz abgebaut, die Förderung vermindert sich jedoch von Jahr zu Jahr, weil die Lagerstätte allmählich erschöpft ist. 1984 waren in der örtlichen Industrie ca. 2200 Personen tätig, d.h. mehr als die Hälfte aller Beschäftigten. Zu den führenden Industriebetrieben gehören hier die elektrotechnische Industrie sowie die Leder- und Lebensmittelverarbei-

tung. Mitte der 70er Jahre pendelten über 5000 Personen täglich zu ihren Arbeitsstätten nach Krakau.

Die Stadt *Myślenice* (Stadtrecht seit 1342) liegt 32 km südlich von Krakau. Sie ist ein wenig bedeutsames lokales Versorgungs- und Verwaltungszentrum, ohne Eisenbahnanschluß, mit einem hohen Anteil der Beschäftigten in der Landwirtschaft (ca. 70%). Einen gewissen wirtschaftlichen Aufschwung erlebte die Stadt erst in den 50er Jahren, als hier einige Gewerbebetriebe arbeitsintensiver Branchen angesiedelt wurden (Galanteriewaren, Pelz- und Metallverarbeitung u.a.). Von 1960 (6809 Einwohner) bis 1980 hatte sich die Einwohnerzahl um 126% vermehrt. Von den 9000 Beschäftigten im vergesellschafteten Sektor entfielen etwa 32% auf Industrie und Gewerbe und 13% auf das Transportwesen (1984). Myślenice ist jedoch ein wichtiges lokales Schulzentrum mit acht weiterführenden Schulen (1979/1980 rund 2880 Schüler). Nach dem Verlust lokaler Verwaltungsfunktionen (bis 1975 Kreisstadt) entwickelte sich die Stadt – dank ihrer landschaftlich reizvollen und günstigen topographischen Lage an der Hauptstraße von Krakau nach Zakopane zu einem Naherholungszentrum. Die Besucherzahl ist zwischen 1975 und 1980 um 55% auf 39634 gestiegen, die Zahl der Übernachtungen um 89% auf 138995.

Ein großer Teil der ländlichen Bevölkerung im Umland von Krakau lebte noch 1978 von der Landwirtschaft (41,4%, Landesdurchschnitt: 29,2%), wobei hier 48,3% der Erwerbstätigen in diesem Wirtschaftszweig beschäftigt waren (davon 19,9% Männer). Welche Rolle die Landwirtschaft allerdings als Erwerbsquelle in den einzelnen Gemeinden spielt, hängt im wesentlichen von der Gunst der naturgeographischen Gegebenheiten, vom Vorhandensein außerlandwirtschaftlicher Arbeitsplätze und von der Verkehrserschließung bzw. Erreichbarkeit größerer Zentren ab. In dieser Hinsicht gibt es hier

relativ große räumliche Unterschiede.
In den Nachbargemeinden von Krakau bzw.
im mittleren Bereich der Wojewodschaft,
durch den die Hauptverkehrslinien von
Oberschlesien über Krakau in östlicher Richtung nach Tarnów verlaufen, hat die Landwirtschaft als Haupterwerbsquelle nur noch
eine untergeordnete Bedeutung. Hier dominieren mit über 75% kleine (< 2 ha) Nebenerwerbsbetriebe mit Obst- und Gemüseanbau, die meistens nur der Selbstversorgung
dienen. Die Mehrheit der Bevölkerung geht
außerlandwirtschaftlichen Tätigkeiten nach
und fährt zur Arbeit nach Krakau, Skawina
oder in die nahe liegenden Industriezentren
in der Wojewodschaft Kattowitz (Gemeinden westlich von Krakau). Die im Westen
zwischen Krakau und Oberschlesien liegenden Gemeinden sind attraktive Standorte für
die Industrie. Man will jedoch eine Industrieexpansion auf diesem Gebiet vermeiden, um es als Schutzzone zu erhalten.
Der nördliche Bereich, insbesondere die
nordöstlichen Gemeinden, bietet wegen der
fruchtbaren Böden günstige Voraussetzungen für die landwirtschaftliche Nutzung.
Hier widmet sich noch mehr als die Hälfte –
in einigen Gemeinden sogar mehr als drei
Viertel – der Bevölkerung der Landwirtschaft. Es werden Weizen, Zuckerrüben
und Tabak (Absatzmarkt: die Zigarettenfabrik in Krakau) angebaut. Die verhältnismäßig unzulängliche Verkehrserschließung
schränkt die Möglichkeit ein, täglich nach
Krakau bzw. in andere Zentren zur Arbeit
zu fahren. Daher wandert die junge Bevölkerung ab, und in der Landwirtschaft verbleiben nur ältere Arbeitskräfte. Man will
auch in Zukunft diese agrarischen Versorgungsgebiete erhalten und die räumliche Expansion von Krakau in dieser Richtung verhindern.
Der südliche Bereich umfaßt das Karpatische Vorgebirge und greift südlich von Myślenice auf die Beskiden über. Dementsprechend nimmt auch die Gunst der natürlichen

Gegebenheiten von Norden nach Süden ab.
Während im Vorgebirge noch Obstbau betrieben wird, spielt in den Beskiden Viehzucht und Futterpflanzenanbau eine größere
Rolle. Auch hier bietet die Landwirtschaft
noch mehr als der Hälfte der Bevölkerung
ein Auskommen. Trotz der relativ guten
Voraussetzungen für den Naherholungsverkehr ist hier keine entsprechende Basis (mit
einer gewissen Ausnahme von Myślenice)
vorhanden. Auch die südlichen Gemeinden
kennen eine hohe Abwanderung, die nur
dank der überaus hohen Geburtenüberschüsse ausgeglichen werden kann. Für die Zukunft ist hier eine stärkere Entwicklung des
Naherholungsverkehrs geplant.

8.5
Danziger Agglomeration –
Wirtschaftsschwerpunkt an der
Ostsee

Die Danziger Agglomeration bildet einen
Drei-Städte-Komplex, die sog. „Dreistadt"
(poln. Trójmiasto), aus Danzig, Gdingen
und Zoppot. Auf der Landkarte des heutigen Polen erscheint sie mit 406,8 qkm Fläche
und 761 781 Einwohnern als das größte Ballungsgebiet des sonst dünn besiedelten
Nordpolen bzw. der Ostseeküste. Hier, d. h.
auf 5,5% Fläche der Wojewodschaft Danzig,
konzentrieren sich 54,9% der gesamten Einwohnerschaft dieser Region (Tab. 31).
Die bandartige Ausdehnung der Agglomeration entlang der Danziger Bucht wurde
weitgehend vom Relief des küstennahen
Hinterlands bestimmt. Auf engem Raum
treffen hier nämlich fünf, ihrer Beschaffenheit nach unterschiedliche, morphologische
Einheiten aufeinander. Westlich von Danzig
verläuft bogenartig in nördlicher Richtung
und in relativ geringer Entfernung von der
Küstenlinie eine scharf in der Landschaft

Tabelle 31: Strukturdaten zur Wojewodschaft Danzig und Danziger Agglomeration

Fläche 1984 (qkm)		Bevölkerungsentwicklung		
gesamt	7394	1971–1984 (in 1000)		
Kernstädte	407			
Bevölkerung 1984 (in 1000)			1971–1980	1981–1984
gesamt	1387,4	gesamt	+197,4 (+17,4 %)	+53,6 (+4,0 %)
Kernstädte		Kernstädte		
Danzig	467,2	Danzig	+ 80,6 (+21,4 %)	+10,5 (+2,3 %)
Gdingen	243,1	Gdingen	+ 42,1 (+21,6 %)	+ 6,7 (+2,8 %)
Zoppot	51,5	Zoppot	+ 3,9 (+ 8,3 %)	+ 0,2 (+0,4 %)

Erwerbstätige nach Wirtschaftsbereichen 1978 (in 1000)

			davon Kernstädte	
		Danzig	Gdingen	Zoppot
gesamt	617,7			
Veränderung seit 1970	+81,3 (+15,2 %)			
Land- und Forstwirtschaft	96,2	6,3	1,6	0,5
Industrie und Bauwirtschaft	240,0	103,3	42,2	9,0
Veränderung seit 1970	+34,0 (+16,5 %)			
Dienstleistungen	336,1	113,2	63,9	15,3
Veränderung seit 1970	+26,4 (+ 8,5 %)			

Beschäftigte im vergesellschafteten Sektor (in 1000)

gesamt (1984)	468,3	Wanderungssaldo (in $^0/_{00}$)		
Veränderung 1977–1980	+ 0,7 (+0,2 %)			
1980–1984	−17,0 (−3,5 %)		1980	1984
davon Kernstädte (1984)	317,4	Kernstädte	+ 5,6	+1,4
Veränderung 1977–1980	− 3,6 (−1,1 %)	Umland		
1981–1984	−20,0 (−5,9 %)	Städte	+ 5,8	+4,6
		Ländl. Gebiete	−10,0	−3,6

Beschäftigte in Industrie und Bauwirtschaft
– vergesellschafteter Sektor (in 1000)

gesamt (1984)	205,4
Veränderung 1977–1980	− 5,5 (−2,6 %)
1981–1984	−14,6 (−7,1 %)
davon Kernstädte (1984)	136,3
Veränderung 1977–1980	− 6,4 (−4,8 %)
1981–1984	+10,7 (+8,5 %)

Führende Industrie- bzw. Wirtschaftszweige
(Wojewodschaft Danzig)

Beschäftigte in 1000

	1975	1980
Elektro- und Maschinenbauindustrie	85,3	82,1
darunter Hochseeschiffswerften	31,9	30,6
Hochseeschiffsreparaturwerften	10,8	10,7
Nahrungs- und Genußmittelindustrie	27,6	26,2
darunter Fischverarbeitung	1,9	2,0
Textil-, Bekleidungs- und Lederindustrie	13,5	12,9
Holz- und Papierindustrie	10,6	9,6
Chemische Industrie	6,7	6,9
Baustoffindustrie	5,9	5,8
Brennstoff- und energetische Industrie	5,4	6,8
Hafenbedienung	14,6	14,7
Seeschiffahrt (Polnische Ozeanlinien)	12,3	11,8
Seefischerei	10,4	10,2
Schiffahrts-Dienstleistungsunternehmen	1,4	1,5

Tabelle 31: (Fortsetzung)

Die wichtigste Industrieerzeugnisse 1980		in % von Gesamtpolen
Hochseeschiffe (Stück)	33	54,1
Hochseeschiffe (1000 BRT)	273,1	76,1
darunter aus der „Lenin-Werft" (Stück)	16	26,2
(1000 BRT)	142,1	39,6
aus der Gdinger Werft (Stück)	9	14,7
(1000 BRT)	104,3	29,1
davon für den Export (Stück)	31	·
(1000 BRT)	264,9	·
Fernsehgeräte (1000 Stück)	343,8	38,2
Tonbandgeräte (1000 Stück)	95,9	11,9
Schwefelsäure (1000 t)	343,7	11,7
Medikamente (Mrd. Zloty)	1,7	10,5
Spanplatten (Mill. qm)	22,2	29,2
Fisch bzw. Fischerzeugnisse (1000 t)	314,6	39,8
Pflanzenspeisefette (1000 t)	49,2	17,9

ausgeprägte, bis auf beinahe 100 m aufragende Grundmoränenkante (Danziger und Kaschubische Höhen). Zahlreiche auf der Ostseite herabfließende Bäche haben an ihrem Fuße Schwemmkegel aufgebaut und somit einen trockenen, für die Bebauung geeigneten Boden geschaffen. Auf dieses Gebiet konzentrierte sich zunächst die Siedlungstätigkeit, die von Danzig aus nordwärts fortschritt. Seit dem 19. Jahrhundert reichte dieser schmale Streifen tragfähigen Baugeländes nicht mehr aus, so daß die Siedlungstätigkeit sich zunehmend nach Westen hin in die Talzüge und auf die benachbarten Höhen ausdehnte, wo sie sich noch heute fortsetzt. Nach Westen hin erstreckt sich die wellige Grundmoräne, stellenweise von jüngeren Endmoränen überzogen, bis zu den Seen und Erhebungen der Kaschubei, wo sie mit dem Turmberg bei Karthaus mit 329 m ü. NN eine ansehnliche Höhe erreicht. Im Norden von Zoppot, wo der Höhenrand eine Kliffküste bildet und direkt ans Meer vorstößt, gab es keine vergleichbar günstigen Voraussetzungen für Siedlungsanlagen. Die Halbinsel Hela, die hier als Nehrung 34 km in die Ostsee vorrückt, bietet jedoch Schutz für eine Hafenanlage. So wurde der neue Hafen und die Hafenstadt Gdingen am Ausgang des sumpfigen Urstromtals, das ca. 15 km nördlich von Danzig die Höhen zerteilt, errichtet.

Den südöstlichen Bereich der Agglomeration bis zur östlichen Stadtgrenze Danzigs – die entlang des „Weichseldurchstichs" verläuft – nimmt die Niederung des Weichseldeltas ein. Dieses sumpfige, stellenweise unter den Meeresspiegel absinkende Gelände, durch das die Mottlau und der Danziger Arm der Weichsel fließen, wurde im Laufe der Jahrhunderte trockengelegt und in fruchtbares Kulturland umgewandelt. Zur Danziger Bucht hin wird die Deltaniederung durch die Nehrung – einen bis zu 25 m über dem Meeresspiegel aufragenden, küstenparallelen Dünenzug – abgeriegelt.

Das heutige Siedlungsband zieht sich, dem östlichen Rand der Höhen und der Küste folgend, über eine Länge von beinahe 60 km. Die einzelnen Städte der Agglomeration sind mit einer elektrischen Stadtbahn verbunden, die von Danzig nordwärts bis nach Neustadt und mit einer Abzweigung nach Neufahrwasser verläuft. Die in den 70er Jahren errichtete neue westliche Umgehungsstraße entlastet spürbar die alte Hauptverkehrsachse, die mitten durch die Stadtkerne verlief (Abb. 27).

Die Küstenlage der Danziger Agglomeration beeinflußt stark ihre Wirtschaftsstruktur.

231

Abb. 27: Räumlich-funktionale Gliederung der „Dreistadt" Danzig-Gdingen-Zoppot

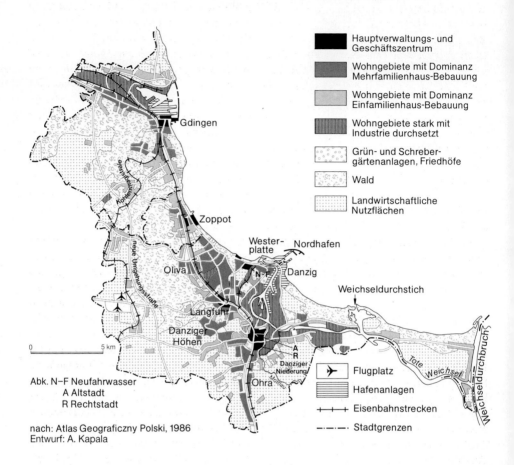

Hauptverwaltungs- und Geschäftszentrum

Wohngebiete mit Dominanz Mehrfamilienhaus-Bebauung

Wohngebiete mit Dominanz Einfamilienhaus-Bebauung

Wohngebiete stark mit Industrie durchsetzt

Grün- und Schreber- gärtenanlagen, Friedhöfe

Wald

Landwirtschaftliche Nutzflächen

Flugplatz

Hafenanlagen

Eisenbahnstrecken

Stadtgrenzen

Abk. N–F Neufahrwasser
A Altstadt
R Rechtstadt

nach: Atlas Geograficzny Polski, 1986
Entwurf: A. Kapala

Danzig und Gdingen sind aber nicht nur große Handelshäfen, sondern auch Standorte volkswirtschaftlich bedeutender Industrien wie des Schiffsbaus und dessen Zulieferindustrien. Etwa ein Viertel der Beschäftigten hat hier ihren Arbeitsplatz in der hafengebundenen Industrie bzw. im Gewerbe und in den hafenorientierten Dienstleistungen. Über diese beiden Häfen wurden 1980 58,9% des gesamtpolnischen seewärtigen Güterverkehrs abgewickelt. Hier baute man 1980 54,1% – der Tonnage nach 76,1% – aller Schiffe; die hiesigen Werften beschäftigten fast 70% aller Werftarbeiter Polens.

8.5.1 Wirtschaftsräumliche Entwicklung bis 1945

Im Gegensatz zu Gdingen kann Danzig auf eine jahrhundertelange Tradition als Handels- und Hafenstadt zurückblicken.

Danzig

Die heutige „Altstadt" Danzigs besteht aus mehreren, vornehmlich im 14. Jahrhundert am Unterlauf der Mottlau entstandenen Siedlungszellen (Rechtstadt, Altstadt, Jungstadt und Vorstadt), die mit deutschen Stadtrechten ausgestattet waren. Zuvor schon hatte sich im 13. Jahrhundert neben der Burg und dem Burgflecken in der Gegend des heutigen Langen Marktes eine deutsche Marktsiedlung entwickelt, der um 1240 vom pommerellischen Herzog Swantopolk (poln. Świętopełek) das Lübecker Stadtrecht verliehen wurde und aus der später die Kaufmannsstadt (Rechtstadt) entstanden ist. Von 1308 bis 1454 wurde die Stadt vom Deutschen Orden beherrscht. Auch als im 14. Jahrhundert in der Umgebung neue Städte gegründet wurden, behielt die Rechtstadt ihre politische und wirtschaftliche Führungsrolle, zumal sie zunächst als einzige der Danziger Siedlungszellen dem Bund der deutschen Hansestädte angehörte (1351–1569).

Um 1380 lebten in der Stadt innerhalb der Befestigung ca. 10 000 Menschen und 1416 hatte die Rechtstadt ca. 15 000 Einwohner. Die Bürger Danzigs trieben Handel mit Holland, England, Frankreich und Skandinavien. Ausgeführt wurde v. a. Holz, Teer, Pelze, Metalle, Metallerzeugnisse und Getreide (vor allem Roggen). Die wichtigsten Einfuhrgüter waren Salz, Tuch, Heringe, Gewürze, Südfrüchte und Wein.

Die vom Deutschen Orden forcierte wirtschaftliche Enwicklung der Jungstadt und der Altstadt schürte die Unzufriedenheit unter den Bürgern der Rechtstadt, die sich schließlich gegen den Orden erhoben. Der Aufstand endete 1454 mit der Ausweisung des Komturs aus der Stadt. Der 13jährige Krieg zog sich außerhalb von Danzig noch bis zum Thorner Frieden (1466) hin, nach dem der Orden auf einen großen Teil des Weichsellandes verzichten mußte.

Danzig (samt dem sogenannten Königlichen Preußen) begab sich 1454 unter die Schutzhoheit des Königs von Polen. Die Danziger Bürger verstanden es, sich mit Hilfe zahlreicher königlicher Privilegien eine fast völlige politische, militärische und wirtschaftliche Autonomie und ein großes Landgebiet zu sichern. Ab 1457 wurden alle einzelnen Siedlungskerne im Bereich der heutigen Altstadt zu einer Stadtgemeinde zusammengefaßt. Der Danziger Stadtstaat verfügte über ein eigenes Münzrecht, über das Recht auf Kriegsführung, auf Unterhaltung eigener Gesandter im Ausland und auf Militärhoheit innerhalb seiner Grenzen. Ferner war es autonom in Gesetzgebung, Rechtssprechung und bei Steuer- und Zolleinnahmen. Mit Polen war Danzig durch Personalunion verbunden, und dem König standen nur bestimmte Hoheitsrechte zu.

In der zweiten Hälfte des 15. Jahrhunderts begann die wirtschaftliche Blütezeit Danzigs, die den Wohlstand seiner Bürger begründete. Schon Ende des 15. Jahrhunderts war die Stadt zum wichtigsten Umschlagsort zwischen Ost- und Westeuropa aufgestiegen. Über den Danziger Hafen wurden vor allem Getreide und Holz nach Westeuropa (Holland, Italien und England) ausgeführt. Nach Danzig brachten die Schiffe vornehmlich Kolonialwaren, Kleiderstoffe (u. a. aus Holland), Gewürze, Südfrüchte (aus Spanien und Portugal) und Wein (aus Frankreich). Der Schiffsverkehr im Danziger Hafen stieg rapide an: 1475 liefen hier z. B. 525 Schiffe ein, 1583 waren es schon 2229, also beinahe so viele Schiffe wie 1984 (2377), sieht man einmal von der unterschiedlichen Größe der Schiffe ab.

Ebenso wie die Stadt um ihre rechtliche Sicherheit bemüht war, so versuchte sie sich nach außen hin vor feindlichen Eingriffen zu schützen. Immer wieder wurden die Stadtbefestigungsanlagen erweitert und verstärkt; schließlich erhielt die Stadt Anfang des 17. Jahrhunderts (1619–1634) einen modernen Bastionenkranz, der sich halbkreisförmig um die Stadt legte und der Danzig zu einer fast uneinnehmbaren Festung machte. Die Hafeneinfahrt wurde schon seit 1587 durch ein modernes Fort (Weichselmünde) gesichert, das zu dieser Zeit noch fast unmittelbar am Meerestrand lag (heute wesentlich weiter landeinwärts). Alle diese Festungsanlagen wurden mehrmals den sich verändernden militärischen Bedürfnissen angepaßt. Die Kriege im 17. Jahrhundert (z. B. 1616–1629, 1656–1660) haben zwar die Stadt nicht zerstört, aber im Hinterland starke Verwüstungen angerichtet, wodurch nicht nur die Erzeugung von land- und forstwirtschaftlichen Gütern, sondern auch die Absatzmöglichkeiten der westeuropäischen Waren wegen der Verarmung der Bevölkerung stark beeinträchtigt wurden. Damit begann der Reichtum Danzigs und seiner Bürger zu schwinden. Die Nordischen Kriege (1700–1721) verstärkten noch die wirtschaftliche Rezession, ebenso die in den Jahren 1709/1710 in der Stadt grassierende Pest und die Belagerung der Stadt (1734) durch Russen und Sachsen, nachdem Danzig dem polnischen König Stanislaus Leszczyński Zuflucht geboten hatte.

Während der ersten Teilung Polens 1772 wurde Danzig, auf Betreiben Englands und Rußlands, zunächst in seiner bisherigen Verbindung mit Polen belassen, während die einstigen Gebiete des Deutschen Ordens an der unteren Weichsel dem Preußischen Staat zufielen. Damit wurde Danzig von seinem Hinterland völlig abgeschnitten. Dies hatte um so schwerwiegendere Folgen für den Danziger Handel, als die preußische Regierung nicht nur den Weichselverkehr nach Elbing und den überseeischen Handel in die Vororte Neufahrwasser und Stolzenberg – die in preußischen Händen waren – umlenkte, sondern auch durch Zollschranken den Güterverkehr über den Danziger Hafen lahmzulegen versuchte. Die Getreideausfuhr sank auf unbedeutende Mengen ab, und die Bevölkerungszahl ging zurück.

Eine wirtschaftliche Erholung trat ein, nachdem Danzig 1793 dem preußischen Staat

angegliedert worden war. Damit ging allerdings auch die Zeit der eigenständigen Verwaltung der Stadt zu Ende. Mit zunehmendem Schiffsverkehr und Warenumschlag im Danziger Hafen nahm auch das Gewerbe eine günstige Entwicklung, die freilich durch den napoleonischen Feldzug wieder gebremst wurde. Danzig war im Frühjahr 1807 zwei Monate lang von französischen Truppen eingeschlossen; nach dem Tilsiter Frieden wurde die „Freie Stadt Danzig" gebildet und dem napoleonischen Generaladjutant unterstellt. Beim Rückzug der napoleonischen Armee aus Rußland 1812 wurde die Stadt noch einmal belagert, diesmal von preußischen und russischen Soldaten, da in der Stadt französische und auch polnische Verbände stationiert waren. Das Bombardement brachte erhebliche Bevölkerungsverluste und Zerstörungen der Bausubstanz mit sich. Anfang 1814 wurde Danzig erneut der preußischen Verwaltung unterstellt.

Die nächsten 100 Jahre – eine Friedenszeit – bescherten der Stadt eine erneute Blüte. Der seewärtige Güterverkehr erholte sich, insbesondere nach der Aufhebung des Sundzolls im Jahre 1897. Allmählich kam auch der Industrialisierungsprozeß in Gang. Außerhalb des Befestigungsrings wurden mehrere Werften gegründet, z. B. die Klawitter-Werft (1827), die Königlich-Preußische Werft (1844), die nach und nach beträchtlich erweitert und ab 1871 in „Kaiserliche Werft" umbenannt wurde, sowie die Devrient-Werft (1856) und die Schichau-Werft (1890). Ab 1840 baute man in der Klawitter-Werft eiserne Schiffe, die zum Teil für die preußische Marine bestimmt waren. In der Schichau-Werft wurden in den 90er Jahren des 19. Jahrhunderts einige große Überseedampfer gebaut. Neben den Werften entstanden zahlreiche Fabriken anderer Branchen, z. B. eine chemische Fabrik (1869), eine Düngemittelfabrik (1870), eine Superphosphatfabrik (1871) und eine Waggonfabrik (1899) sowie Spiritusbrennereien, Bierbrauereien und Zuckerraffinerien.

Um die Jahrhundertwende gab es in Danzig 122 Industriebetriebe (davon 30 mit mehr als 100 Beschäftigten), in denen rund 15000 Personen arbeiteten, wobei auf den Schiffsbau ca. 35% und auf die Zuckerraffinerien ca. 13% aller Industriearbeitskräfte entfielen. Die Kaiserliche Werft beschäftigte ca. 3000, die Schichau-Werft ca. 1900 und die beiden anderen ca. 360 Personen (Encyklopedia..., 1981).

Den ersten Eisenbahnanschluß erhielt Danzig erst 1852, zunächst nach Bromberg und von da aus 1857 nach Berlin, während z.B. Stettin schon 1843 eine Eisenbahnverbindung nach Berlin hatte. Die Eisenbahnstrecke über Mława (1872 bis 1877) ermöglichte eine Verbindung mit Warschau und Rußland, ihnen folgten Streckenführungen nach Königsberg, Stettin u.a. Städten.

Mit dem Aufkommen der Dampfschiffahrt konnte der mittelalterliche Danziger Hafen an der Mottlau modernen Ansprüchen nicht mehr genügen. Somit verlagerte sich der Hafenschwerpunkt seewärts. Nachdem das seit Ende des 17. Jahrhunderts bestehende „neue Fahrwasser" (als Abzweigung von der alten Mündung) vertieft, verbreitert und zum neuen Hafenkanal ausgebaut worden war, wurde die alte Weichselmündung östlich der Westerplatte zugeschüttet. Dadurch ergaben sich für den seenah gelegenen Vorort Neufahrwasser, den große Schiffe anlaufen konnten, günstige Entwicklungsmöglichkeiten. Unmittelbar westlich der Kanaleinfahrt wurde 1879 ein großes Hafenbecken ausgehoben, das zusammen mit dem anliegenden Gelände ab 1899 ein Freihafen wurde. Nachdem in den Jahren 1889–1895 bei Schiewenhorst eine neue künstliche Mündung für die Weichsel geschaffen worden war (sogenannter Weichseldurchstich), konnte der gesamte Danziger Arm der Weichsel durch Einbau von Schleusen vor Versandung geschützt und die „Tote Weichsel" als Hafenbecken

genutzt werden. Die kleinen Ortschaften an der „Toten Weichsel" entwickelten sich zu Standorten der Danziger Holzindustrie. Zu Beginn des 20. Jahrhunderts erfolgte eine weitere Modernisierung des Hafens durch den Bau des sogenannten Kaiserhafens, der den Bogen der „Toten Weichsel" abschnitt und somit die Holminsel entstehen ließ, wo während des Ersten Weltkriegs große Hafenbecken für U-Boote errichtet wurden.

Die industrielle Entwicklung und die Erweiterung des Hafens haben zum raschen Anstieg des Güterumschlags beigetragen. Dieser belief sich im Jahresdurchschnitt von 1870 bis 1879 auf etwa 0,79 Mill. t, in den Jahren 1900–1911 auf ca. 1,4 Mill. t jährlich und erreichte 1912 mit 2,4 Mill. t seinen Höhepunkt. 1913 waren in den Danziger Hafen 2983 Schiffe eingelaufen und der Güterumschlag erreichte eine Menge von 2,1 Mill. t. Die Ausfuhr der traditionellen Güter (Getreide und Holz) ging jedoch infolge zunehmender Konkurrenz des kanadischen Holzes und des US-amerikanischen Getreides zurück. Der wirtschaftliche Aufschwung ging einher mit dem Wachstum der Bevölkerung und der räumlichen Expansion der Stadt, insbesondere nachdem die Rayonbestimmungen Ende des 19. Jahrhunderts aufgehoben worden waren. Dabei entwickelten sich vor allem die Vororte rasch.

Nachdem die Verkehrsverbindungen verbessert worden waren (Vorortsbahn nach Zoppot ab 1870, elektrische Straßenbahn nach Oliva ab 1901), hatte sich die Einwohnerzahl der Vororte schnell vermehrt. Der nördliche Vorort Langfuhr, der 1814 nach Danzig eingemeindet wurde, diente schon seit dem 17. Jahrhundert manchen Patrizierfamilien, die hier ihre Landsitze errichteten, als Sommeraufenthaltsort. 1905 zählte er 24437 und 1910 30773 Einwohner. Im Vorort Oliva (Eingemeindung 1926), ist die Bewohnerzahl von 3454 (1871) auf 9346 (1910) gestiegen. Die Ortschaft Neufahrwasser zählte 1807 nur 840 Personen, 1837 schon 2090. Nachdem der Hafenkanal ausgehoben und an ihm mehrere Fabriken errichtet wurden, nahm die Bevölkerung dieses Ortes schnell zu (1910: 9636 Personen).

1910 lebten in Danzig und in den Vororten 170337 Menschen, 1914 rund 175000. In Industrie und Handwerk waren ca. 35% der Erwerbstätigen beschäftigt. 1878 war Danzig zur Hauptstadt der Provinz Westpreußen – mit Sitz des Oberpräsidenten und zahlreichen Behörden und öffentlichen Einrichtungen – erhoben worden. Seit der Gründung der Technischen Hochschule (1904) stieg Danzig zu einem bedeutenden akademischen Zentrum (ca. 15000 Studenten) auf.

Von den Wirren des Ersten Weltkriegs ist Danzig zwar verschont geblieben, aber der Versailler Vertrag schuf eine veränderte politische Situation für die Stadt. Nach diesem Vertrag erhielt Polen einen 140 km breiten Zugang, den sogenannten Korridor, zur Danziger Bucht. Danzig mit seinem Umland (Zoppot, Gebiete auf der Danziger Höhe und der größte Teil der Weichseldelta-Niederungen mit insgesamt 1893 qkm) wurde zur „Freien Stadt Danzig", d.h. zu einem selbständigen deutschen Staat unter der Oberaufsicht des Völkerbundes, erklärt. Polen wurde der freie, ungehinderte Zugang zum Meer über den Danziger Hafen gewährt und somit war es auch an der Hafenverwaltung paritätisch beteiligt. Ferner wurde Danzig in polnische Zollgrenzen miteinbezogen, auch die Eisenbahnverwaltung war in polnischen Händen. Daß dies keine befriedigende langfristige politische Lösung für beide Seiten war, sondern vielmehr Anlaß zu Konflikten und zum Aufleben der polnisch-deutschen Ressentiments werden sollte, zeigte die Entwicklung in den nachfolgenden Jahren.

Die veränderte politische Situation hatte zunächst keine sichtbar nachteiligen wirtschaftlichen Folgen für Danzig. In der ersten Hälfte der 20er Jahre gab es durchaus Anzeichen für eine günstige Industrie- und Handelsentwicklung. Ein erheblicher Aufschwung zeichnete sich z.B. in der Genuß- und Nahrungsmittelbranche ab. Die Schnaps-, Likör-

und Bierherstellung hat hierbei eine bedeutende Rolle gespielt; diese Erzeugnisse wurden in viele Länder ausgeführt. Die großen Konzerne der elektrotechnischen Industrie, z.B. Siemens, hatten hier ihre Filialbetriebe gegründet. Der Schiffbau, mit Restriktionen belegt, konnte zunächst nicht expandieren und zeigte erst nach 1933 einen Aufwärtstrend. In der Danziger Industrie waren 1938 21292 Personen beschäftigt, wobei die Maschinenbau- und metallverarbeitende Industrie (darunter die Werften) 45% und die Nahrungs- und Genußmittelindustrie 22% aller Arbeitskräfte auf sich vereinigten.

Der seewärtige Handel über den Danziger Hafen, ganz besonders die Ausfuhr, nahm nach 1925 kräftig zu und erreichte 1928 mit 8,6 Mill. t seinen Höhepunkt. Dieser Anstieg hing in erster Linie mit dem wachsenden Export oberschlesischer Kohle zusammen, für deren Absatz günstige Möglichkeiten (insbesondere in Skandinavien) entstanden, als 1926 ein Bergarbeiterstreik in England ausbrach. 1931 wurde mit 5,7 Mill. t höchste Kohlenmenge über den Danziger Hafen ausgeführt.

1930 war Danzig am Wert des polnischen Exports mit rund 25% und an dem des Imports mit 21% beteiligt. Je weiter allerdings in den 30er Jahren der Bau des benachbarten polnischen Hafens Gdingen fortschritt und je mehr Güter über diesen Hafen umgelenkt wurden, desto mehr bekam der Danziger Hafen diese Konkurrenz zu spüren. Danzig ist infolgedessen vornehmlich zum Ausfuhrhafen von Massengütern (Kohle, Holz und Getreide) geworden. Sein Anteil am polnischen Importwert sank bis 1938 auf 7,5% und am Export auf 23,5%. Der gesamte Güterumschlag Danzigs belief sich 1938 auf rund 7,1 Mill. t (Encyclopedia..., 1981). Die Bevölkerungszahl war 1939 mit rund 250000 (1929 rund 256000 Einwohner) rückläufig.

Gdingen

Den Entschluß, einen polnischen Hafen in der Danziger Bucht zu bauen, faßte die polnische Regierung im Winter 1920. Die Motive dafür waren politisch-militärischer Natur. Dabei wird als wichtiger Grund erwähnt, daß die Danziger Polen die Benutzung des Danziger Hafens während des polnisch-sowjetischen Krieges (1919/1920) verweigert hätten. 1921 begann man mit dem Bau des Hafens in der Nähe des alten Fischerdorfes Gdingen, etwa 15 km nördlich von Danzig. Die Bauarbeiten kamen allerdings wegen fehlender finanzieller Mittel nur langsam voran. Im Herbst 1922 faßte das polnische Parlament den endgültigen Beschluß zum Bau des Gdinger Hafens. Im Frühjahr 1923 wurde der Hafen feierlich als „provisorischer Kriegshafen und Schutzplatz für Fischer" eingeweiht. Er bestand damals nur aus einem hölzernen Wellenbrecher (170 m) und einer 550 m langen Landebrücke. Um die Bauarbeiten am Hafen zu beschleunigen, hatte die Regierung Ende 1924 einen Vertrag mit einem französisch-polnischen Konsortium abgeschlossen, das, mit staatlichen Krediten ausgestattet, die Bauarbeiten ausführen sollte. Ab 1926 kam man schneller voran, wobei zunächst der Hafen für den Kohlenexport eingerichtet wurde. Zwischen 1925 und 1933 erhielt Gdingen eine direkte Eisenbahnverbindung mit Oberschlesien (Kohlenmagistrale), die ausschließlich über polnisches Territorium verlief. In den 30er Jahren wurde der Gdinger Hafen zum Universalhafen ausgebaut und mit modernen Verladeeinrichtungen und Lagerhallen ausgestattet. 1938 verfügte der Hafen über Kaianlagen von 12,8 Kilometer Länge und mehrere Hafenbecken mit einer Tiefe von maximal 12 m (in Danzig bis zu 10 m). Der Umfang des Güterverkehrs über Gdingen stieg von 10000 t (1924) auf 2,8 Mill. t (1929) an und überholte 1933 mit mehr als 6 Mill. t den des Danziger Hafens.

Besonders forciert wurde die Einfuhr von Stückgut über Gdingen. 1938 belief sich der Güterumschlag im Gdinger Hafen auf 8,7 Mill. t, d.h. auf 46% der gesamten Gewichtsmenge des polnischen Außenhandels. Der Ausbau der Stadt Gdingen begann erst einige Jahre später, weil dieser nicht in gleicher Weise wie der Hafen vom Staat finanziell unterstützt wurde. Bis 1935 sollte die Einwohnerzahl auf etwa 60000 angestiegen sein. Durch den Regierungsbeschluß über steuerliche Erleichterungen für Unternehmer, die sich in Gdingen niederlassen wollten, wurden die Bautätigkeit und die Investitionsaktivitäten im Handels- und Industriebereich angeregt.

Als erste entstand 1927 eine Reisschälfabrik, die etwa 15000 t importierten Rohreis jährlich verarbeitete (ca. 200 Beschäftigte). Ihr folgte eine 1929–1931 erbaute Ölfabrik, die technische Öle und Speiseöle produzierte. 1929 ging die Gdinger Werft (Stocznia Gdyńska) in Betrieb, die sich auf Reparaturen und den Bau von kleineren Hochseeschiffen spezialisierte; kurz vor dem Kriege wurde sie wesentlich erweitert. Den Bau des ersten Frachters in dieser Werft unterbrach der Zweite Weltkrieg. In den nachfolgenden Jahren errichtete man eine Fischereiwerft (1931), die Reparaturen von Fischereifahrzeugen ausführte. 1934 entstand noch eine Jachtwerft. Eine bedeutende Rolle spielte hier die Fischverarbeitung (Konserven) mit 13 Betrieben und ca. 1000 Saisonarbeitern. 1932 erhielt der Gdinger Hafen eine große Kühllagerhalle und zwei Reifeanlagen für Südfrüchte. In den Jahren 1933–1934 wurde ein Freihafen eingerichtet, auf dessen Gelände eine Schiffsfarbenfabrik und eine Fabrik für Obst- und Gemüseverarbeitung entstand.

Die neuen Arbeitsplätze zogen Scharen von Arbeitnehmern aus näherer und weiterer Umgebung an. In wenigen Jahren ist so aus einem kleinen Fischerdorf eine Großstadt mit mehr als 120000 (1939) Einwohnern geworden (1921: ca. 13000 Einwohner). Im Zuge der Stadterweiterung wurde ihr Gebiet um das Zehnfache vergrößert (von 6,38 qkm 1925 auf 65,82 qkm 1935). Mit fortschreitender Bebauung haben sich mehrere

Stadtviertel von unterschiedlichem Charakter herausgebildet.

Der Zweite Weltkrieg begann mit dem Angriff eines deutschen Kriegsschiffs auf das polnische Munitionsdepot im Danziger Hafen (Westerplatte). Danach wurde die gesamte Danziger Agglomeration dem Deutschen Reich angegliedert.

Gdingen, das nun den Namen Gotenhafen erhielt, wurde zum Stützpunkt der deutschen Kriegsmarine. Innerhalb kurzer Zeit wies man etwa 50000 Polen (ca. 40% der Gdinger Bevölkerung) aus der Stadt aus, vornehmlich in das Generalgouvernement. 1940 zählte die Stadt ca. 90000 Einwohner, davon ein Drittel Deutsche, die sich aus Umsiedlern aus anderen Teilen des Reiches, aus Beamten und Militärangehörigen zusammensetzten. Wo sich heute die Werft „Komuny Paryskiej" (Pariser Kommune) befindet, wurde eine Filiale der Kieler Werft errichtet, der die in den 30er Jahren entstandene Gdinger Werft angegliedert wurde. Nach der Zerstörung der Kieler Werft im Jahr 1942 baute man die Gdinger Werft aus. Für die Arbeiten wurden zum Teil Häftlinge aus dem Konzentrationslager Stutthof herangezogen (1941: ca. 2800 und 1944 ca. 7000 Personen). Auf der Werft wurden Kriegsschiffe repariert und ab 1943 auch U-Boot-teile produziert (U-Bootmontage in der Schichau-Werft in Danzig). Ausgebaut wurde auch die Kriegsmarinewerft in Oksywie. Das Hafengelände erweiterte man um mehrere Kais und vertiefte die Fahrrinne für große Kriegsschiffe. Ab 1943 wurde der Hafen von den Alliierten bombardiert, kam zunächst aber nicht nennenswert zu Schaden. Erst beim Vorrücken der Roten Armee wurde ein großer Teil des militärisch wichtigen Hafens von der Deutschen Wehrmacht zerstört. Die Hafenbecken waren mit versenkten Wracks übersät und die Haupthafeneinfahrt wurde von dem gesunkenen Kriegsschiff „Gneisenau" versperrt. Der Umfang der Zerstörungen an der Bausubstanz der Stadt war geringer. Danzigs Bausubstanz erlitt dagegen unter dem Artilleriebeschuß erheblich größere Schäden. Der Stadtkern wurde fast völlig zerstört, als die Rote Armee nach der Eroberung Danzigs im März 1945 die Rechtstadt und die Altstadt niederbrannte.

8.5.2
Entwicklungsschwerpunkte nach 1945

Zur Volkszählung 1946 hatte Danzig rund 118000 (1939: 250000 Ew.) und Gdingen 78000 (1939 ca. 120000 Ew.) Einwohner. Die Anzahl der am Leben gebliebenen bodenständigen Danziger Bevölkerung war infolge der Ausweisungsmaßnahmen auf rund 22000 Personen (1950) geschrumpft.

Da der Stadtkern Danzigs nicht mehr existierte, verlagerte sich das Geschäftsleben zunächst in den Vorort Langfuhr, der weniger zerstört war; zahlreiche Behörden verlegte man nach Zoppot. Der Wiederaufbau der Rechtstadt und der Altstadt wurde 1949 in Angriff genommen. Ähnlich wie in Warschau war man auch hier bemüht, der Rechtstadt und den wertvollen Baukomplexen der Altstadt ihr ursprüngliches Aussehen zurückzugeben. In mühevoller Arbeit wurden die Kirchen, Stadttore und die Fassaden der Bürgerhäuser nach alten Vorbildern wiederaufgebaut. Die Räumlichkeiten versuchte man den modernen Wohnbedürfnissen anzupassen, die Hinterhofbebauung wurde mit Grünflächen aufgelockert. Der Wiederaufbau des Stadtkerns in seiner historischen Form (auf ca. 40 ha Fläche) war 1960 im wesentlichen abgeschlossen.

Der wiederaufgebaute Stadtkern Danzigs löst nicht nur Bewunderung, sondern gelegentlich auch Erstaunen darüber aus, daß die ethnisch deutsche Stadt in ihrer historischen Form gerade von Polen wiederhergestellt wurde. Der Grund dafür ist u. a. der, daß in den meisten polnischen Geschichtsbüchern Danzig, zumindest zur Zeit der Schutzhoheit der polnischen Könige über die Stadt, als polnische Stadt betrachtet wird. Dabei wird auch die wirtschaftliche Blüte Danzigs als Folge seiner Verbundenheit mit dem polnischen Hinterland verstanden und als polnische Leistung besonders herausgestellt. Dementsprechend bezeugt die rekonstruierte historisch wertvolle Bausubstanz, die zum großen Teil aus dieser Periode stammte, diese Leistung auf eindrucksvolle Weise. Darüber hinaus fehlt in der polnischen Darstellung der Geschichte Danzigs die klare Aussage darüber, daß Danzig ethnisch eine deutsche Stadt war.

Mit der schnell wachsenden Bevölkerungszahl war hier – ähnlich wie in anderen Städten – der Bedarf an Wohnungen sehr groß. Ab 1958 entstanden mehrere Hochhaussiedlungen. Die Freiflächen am Fuße des Höhenrandes, zwischen der Bahnlinie Danzig – Zoppot und der Küste wurden fast vollständig bebaut. In den 70er Jahren errichtete man auf dem Gelände des alten Flughafens in Saspe eine Großsiedlung für ca. 45 000 Menschen. Die Neubautätigkeit griff damit auf die Gebiete an der „Toten Weichsel" östlich des Stadtkerns (z. B. Siedlung Stogi) und auf die Höhen über. In den späten 70er Jahren nahm man den Bau einer Großsiedlung (für ca. 200 000 Menschen) südöstlich des Vorortes Ohra in Angriff. Seit Kriegsende wurde das Stadtgebiet Danzigs wesentlich erweitert, insbesondere ostwärts, wo die Stadtgrenze an den „Weichseldurchstich" und somit an die Grenze der Wojewodschaft Elbing stößt. 1984 hatte Danzig fast doppelt so viele Einwohner wie 1939. Die relativ junge Bevölkerung ist typisch für die nach 1945 neubesiedelten Gebiete.

Auch die Einwohnerschaft von Gdingen ist auf das Doppelte der Vorkriegszeit angewachsen. Das Stadtgebiet wurde ebenfalls durch Eingemeindungen stark erweitert. Die Wohnbautätigkeit, wiederum meist große Hochhaussiedlungen, wurde hier ab 1960 intensiviert und konzentrierte sich auf die schon vor dem Kriege ausgegliederten Wohnviertel, wie z. B. Witomino, Chylonia und Obłuże. Die räumliche Expansion der Stadt bzw. der Agglomeration vollzieht sich vornehmlich in nordwestlicher Richtung nach Neustadt entlang der parallel zueinander verlaufenden S-Bahnlinie und der Landstraße.

Die wirtschaftliche Entwicklung beider Städte konzentrierte sich nach 1945 zunächst auf den Wiederaufbau bzw. auf die Instandsetzung der Hafenanlagen, der Werften und der bestehenden Industriebetriebe. Auf Betreiben der Sowjetunion, die der größte Auftraggeber für den Bau von Schiffen war (und ist), wurde jedoch in erster Linie der Aufbau der Werften vorangetrieben.

Die größte Werft (1978: 15 760 Beschäftigte) ist die Danziger Werft (seit 1967 „Lenin-Werft"), die aus der Danziger und der Schichau-Werft hervorgegangen ist. Sie spezialisiert sich auf die Herstellung von Hochsee-Fischverarbeitungsschiffen, Frachtern für Stückguttransport und neuerdings auch von Container-Schiffen. Die Schiffe mit der größten Tonnage baut dagegen die Gdinger Werft „Komuny Paryskiej". In den 70er Jahren wurden hier für die UdSSR mehrere Schiffe von 105 000 tdw gebaut, auch Flüssiggastanker werden hier auf Kiel gelegt (4. Platz in der Weltproduktion). Die Gdinger Werft, die zur Zeit die modernste Werft Polens ist, beschäftigte 1978 10 620 Personen. Die Danziger Nordwerft (4885 Beschäftigte) konzentriert sich auf die Herstellung von Trawlern und anderen speziellen Fischereifahrzeugen sowie auf den Bau von Forschungsschiffen. Die Schiffbaubranche in der Danziger Agglomeration wird des weiteren repräsentiert von zwei großen Reparaturwerften in Danzig (1978: 6213 Beschäftigte) und Gdingen (1978: 2738 Beschäftigte), zwei kleineren Reparaturwerften mit insgesamt 847 Beschäftigten, von einer Jachtwerft (451 Beschäftigte) und zwei Kriegsmarinewerften in Danzig und Gdingen (4062 Beschäftigte).

Der Schiffbau hat nach 1945, insbesondere in den 70er Jahren, einen außerordentlich kräftigen Aufschwung erlebt, was Polen den Aufstieg vom 10. Platz (1970) unter den Weltschiffproduzenten auf den 8. (1973) verschaffte. In der Herstellung von Fischereifahrzeugen lag Polen Ende der 70er Jahre sogar an zweiter Stelle hinter Japan. Am Schiffsexport war die Danziger Agglomeration mit ca. 84% beteiligt.

Mit der Werftindustrie sind zahlreiche Zulieferindustriebetriebe verbunden, die nicht nur in nächster Umgebung, sondern auch im Hinterland ihre Standorte haben. Industriebetriebe anderer Branchen, insbesondere diejenigen, deren Produktion früher auf importierten Rohstoffen basierte, wurden nur allmählich aufgebaut. So nahm die frühere chemische Fabrik in Danzig, die einst Phosphatdünger herstellte, zunächst nur die Produktion von Schwefelsäure auf. Erst in den 60er Jahren wurde sie für die Phosphatdüngerherstellung ausgebaut.

Eine große Rolle in der Wirtschaftsstruktur der Danziger Agglomeration spielt die – teilweise exportorientierte – Nahrungsmittelindustrie, die hauptsächlich heimische Grundstoffe verarbeitet. Zu den nach 1945 schnell aufgebauten Branchen zählt auch die Fischverarbeitung, 1978 beschäftigte das Staatliche Hochseefischfang- und Fischereidienstleistungs-Unternehmen „Dalmor" mit Sitz in Gdingen 6846 Personen.

Von den industriellen Investitionen der 70er Jahre profitierte in erster Linie Danzig. Hier wurde u. a. das Unternehmen „Siarkopol", das sich mit Veredlung, Umschlag und Absatz von Schwefel beschäftigt, gegründet, und eine Raffinerie gebaut (3,5 Mill t Jahres-Verarbeitungskapazität).

Die Hafenanlagen beider Städte wurden sowohl bei der Instandsetzung nach dem Krieg als auch ab den 60er Jahren modernisiert. Dabei wurden u. a. die Hafenbecken vertieft, in den 70er Jahren errichtete man in Gdingen einen Container-Terminal und in Danzig einen neuen Hafen, den sogenannten Nordhafen (Abb. 28).

Für den Standort dieses neuen Hafens direkt an der Danziger Bucht sprachen in erster Linie günstige Wassertiefenverhältnisse, die unweit der Küste allen Schiffen, für die auch der Öresund passierbar ist, einen Zugang bieten (18 m Tiefgang). Die Verbindung zwischen der Reede und dem Hafen bzw. den Piers ist durch eine sieben km lange und 160 m breite Fahrrinne hergestellt. Um die Zufahrt für Schiffe gleicher Größe z. B. zum Hafen Swinemünde zu schaffen, müßte eine zehnmal längere Fahrrinne zwischen dem Ankerplatz und dem Hafen gegraben werden.

Der Bau des Nordhafens wurde 1970 begonnen, 1974 stellte man den Kohlenpier fertig und 1975 den Erdölpier. Es waren auch weitere Piers für den Umschlag von Schwefel und Rohstoffen für die Düngermittelindustrie geplant. Der Güterumschlag sollte sich hier 1980 auf ca. 30 Mill t belaufen.

In Verbindung mit dem Bau des Nordhafens stand die Errichtung einer küstennahen Raffinerie, die mit dem Erdölpier per Rohrleitung verbunden wurde. Diese erhielt (Ende 1975) auch einen Pipelineanschluß an die größte polnische Raffinerie in Płock.

Auf dem Freigelände um den Hafen sollten u. a. zwei weitere Werften gebaut werden. Dies, wie auch der Ausbau der Raffinerie (auf 6 Mill t Jahresverarbeitung), ist zunächst in die ferne Zukunft gerückt, ebenso wie der ehrgeizige Plan der Kanalisierung bzw. Schiffbarmachung der Weichsel, von dem man sich eine Wasserstraßenverbindung des Danziger Hafens mit dem Schwefelabbaugebiet bei Tarnobrzeg und dem Lubliner Steinkohlerevier erhoffte.

Zwischen den einst miteinander konkurrierenden Häfen Danzig und Gdingen hatte sich nach 1945 eine gewisse „Arbeitsteilung" entwickelt. Danzig ist mehr auf den Umschlag solcher Massengüter wie Kohle, Erdöl- und Erdölerzeugnisse eingestellt, der Gdinger Hafen dagegen mehr auf den Getreideimport und den Stückgutumschlag. Der Umfang des seewärtigen Güterverkehrs hielt sich in beiden Häfen etwa die Waage; erst seit der Inbetriebnahme des Nordhafens ist Danzig in dieser Hinsicht führend.

Im seewärtigen Handel Polens dominiert eindeutig die Ausfuhr mit dem Schwerpunkt

Abb. 28: Danziger Hafen

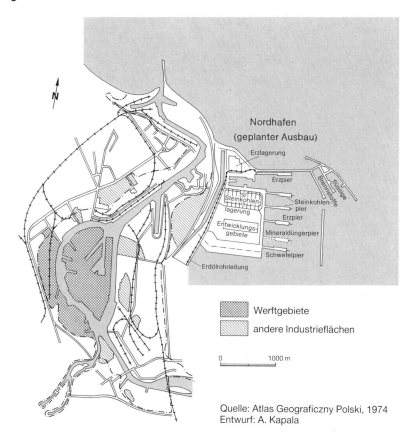

Quelle: Atlas Geograficzny Polski, 1974
Entwurf: A. Kapala

Tabelle 32: Güterumschlag der wichtigsten Seehäfen 1931–1984 (in 1000 t)

| Jahr | Danzig | | Gdingen | Stettin | Swinemünde |
	Alter Hafen	Nordhafen		gesamt	
1931	8 110	.	5 080	3 769	
1938	5 982	.	8 712	8 246	
1949	6 367	.	5 680	4 470	
1970	10 199	.	9 515	12 640	3 855
1978	13 029	15 277	14 370	16 153	9 416
1981	8 892	3 562	8 680	10 031	5 654
1984	9 246	12 409	11 271	13 227	10 092

Massengüter, darunter vor allem die Steinkohle (Tab. 32 und 33). Im Zusammenhang mit der Wirtschaftskrise zu Beginn der 80er Jahre ist der Güterumschlag in polnischen Häfen rapide zurückgegangen. Seit 1983 zeichnet sich wieder eine allmähliche Erholung im seewärtigen Handel ab, die in erster Linie auf den erneut steigenden Kohlenex-

Tabelle 33: Struktur des seewärtigen Güterverkehrs 1980

	Versand				Empfang			
	gesamt	Danzig[1]	Gdingen	Stettin[2]	gesamt	Danzig[1]	Gdingen	Stettin[2]
gesamt (1000 t)	32049	13994	5192	12723	26991	8176	7108	11403
davon %	100	100	100	100	100	100	100	100
Kohle und Koks	65,0	63,0	53,4	72,7	·	·	·	·
Erze	·	·	·	·	26,2	12,6	17,9	41,7
Getreide	0,1	·	·	0,2	31,4	21,6	55,8	22,4
Holz	2,5	3,2	·	2,8	0,7	1,1	·	0,8
Erdöl und Erdöl-erzeugnisse	6,3	7,4	2,0	7,0	13,5	42,3	2,4	0,1
Andere Massengüter	10,0	17,6	6,0	3,1	17,5	16,2	7,8	25,0
Stückgüter	16,0	8,8	38,6	14,2	10,7	6,5	16,1	10,0

Anmerkungen:
1 mit Nordhafen   2 mit Swinemünde

Quelle: Rocznik Statystyczny Województwa Gdańskiego 1981; Rocznik Statystyczny Transportu 1981

port zurückzuführen ist. Die Häfen Danzigs und Gdingens waren 1984 am gesamten Güterumschlag mit 58,3% beteiligt.

Der Hafenkomplex Stettin-Swinemünde hatte 1984 einen Anteil von 41,3% am seewärtigen Güterverkehr. Der Hafen von Swinemünde, der als Avantport von Stettin betrachtet werden kann, wurde in den 60er Jahren beträchtlich ausgebaut und ist im wesentlichen auf den Kohlen- und Erzumschlag ausgerichtet.

Außerordentlich stark ist nach 1945 die polnische Handels- und Fischereiflotte erweitert worden, die mit Schiffen in- und ausländischer Produktion, vor allem aus Japan und der Bundesrepublik Deutschland, ausgestattet ist (Kap. 9.3).

Neben den Hafen- und Industriefunktionen erfüllen beide Städte wichtige Verwaltungsfunktionen. Während Gdingen Sitz von Hafen- und Schiffahrtsbehörden sowie von zahlreichen Handelsunternehmen ist, die sich mit Export- bzw. Importabwicklung beschäftigen, nimmt Danzig – zugleich Hauptstadt der Wojewodschaft – als Zentrum der Verwaltung, Kultur und Wissenschaft, eine bedeutsame Position in Polen ein. In beiden Städten gibt es zahlreiche Berufsschulen mit der Orientierung auf Schiffbau, Schiffahrt und Fischverarbeitung. Gdingen hat eine Seeschiffahrt-Hochschule u. a. mit den Fachbereichen Ozeanographie und Tropenmedizin sowie mehrere Meeresforschungsinstitute. Die Stadt ist ferner der Hauptstützpunkt der polnischen Kriegsmarine mit einer Kriegsmarine-Hochschule.

Eine nicht unbedeutende Rolle in der Wirtschaftsstruktur der Danziger Agglomeration spielt der Fremdenverkehr. *Das Seebad Zoppot* ist neben dem Luftkurort Zakopane (in der Tatra) der attraktivste Fremdenverkehrsort in Polen. Schon im 17. Jahrhundert haben wohlhabende Danziger Kaufleute in Zoppot, das zum Kloster Oliva gehörte, ihre Landhäuser errichtet. Bis Anfang des 19. Jahrhunderts hatte dieser Ort aber nur wenig Einwohner (1819: 307 Personen). Auf Initiative des aus dem Elsaß stammenden Arztes J. G. Haffner wurde Zoppot ab 1823 zum Badeort (Badeanstalt, Kurhaus, Parkanlagen und Mole) ausgebaut; 1838 verbrachten schon 600 fremde Badegäste ihre Ferien hier. Einen Aufschwung erlebte der Fremdenverkehr, nachdem durch Zoppot die Eisenbahnlinie von Danzig nach Stolp geführt wurde. Um die Jahrhundertwende erhielt Zoppot attraktive Freizeiteinrichtungen, z. B. Tennisplätze, eine Pferderennbahn, eine neue Badeanstalt und eine „Waldoper" (Freilichtbühne). Es entwickelte sich zu einem exklusiven Badeort bzw. zum Wohnsitz von wohlhabenden Pensionären, Beamten und Akademikern. 1871 hatte es 1487 Einwohner. 1910 rund 15 000 und 1930 über 30 000. 1901 wurde Zoppot selbständige Stadtgemeinde. In den 20er Jahren errichtete man hier ein Spielcasino und das Grand-Hotel und verlängerte die hölzerne Mole, die heute 500 m in die See hinausragt. Beiderseits der Mole erstreckt sich ein ca. 100 m breiter feinsandiger Strand, der hervorragende Bademöglichkeiten bietet. Da Zoppot während des Zweiten Weltkriegs kaum zerstört wurde, sind viele der alten Bauten und Einrichtungen bis heute intakt. 1980 haben rund 94 000 Touristen Zoppot besucht, mehrere Tausend Kurgäste nicht mitgezählt.

Die gesamte Wojewodschaft Danzig verfügte 1980 über 18 524 Übernachtungsplätze in sogenannten touristischen Objekten (Hotels, Motels, Herbergen, Jugendherbergen, Campingplätze). d. h. über 4,8% von Gesamtpolen. Im selben Jahr zählte die Wojewodschaft Danzig rund 0,58 Mill. Besucher,

die diese Übernachtungsmöglichkeiten in Anspruch nahmen (insgesamt 2,2 Mill. Übernachtungen). Davon entfielen auf die „Dreistadt" 53% der Übernachtungsplätze, 72,5% der Besucher und 66% aller Übernachtungen. Die Zahl der ausländischen Touristen belief sich 1980 auf rund 112 600 Personen, wobei diejenigen aus dem westlichen Ausland (vornehmlich aus der Bundesrepublik Deutschland) hier mit 58,7% vertreten waren. Neben den erwähnten Übernachtungsmöglichkeiten waren weitere 56 354 Plätze in Erholungsheimen vorhanden (10,8% von Gesamtpolen), die den Gewerkschaften, verschiedenen Institutionen bzw. Organisationen und Industrieunternehmen gehören und hauptsächlich auf zweiwöchige organisierte Urlaubsveranstaltungen eingerichtet sind. Sie wurden 1980 von 379 800 Personen in Anspruch genommen (rund 4,7 Mill. Übernachtungen).

Der Freizeitwert der Danziger Bucht wird allerdings durch die außerordentlich große Wasserverschmutzung beeinträchtigt. Zu Beginn der 80er Jahre mußte hier der Badebetrieb wegen Seuchengefahr verboten werden. Neben der Küste verfügt die Wojewodschaft Danzig über das landschaftlich reizvolle Gebiet der Kaschubischen Seenplatte (Kaschubische Schweiz), das sich südwestlich von Danzig erstreckt; dieses Gebiet muß für den Fremdenverkehr erst noch erschlossen werden.

9 Verkehrserschließung und Transportprobleme

Mit wachsender Zahl und Mobilität der Bevölkerung sowie zunehmender räumlicher Arbeitsteilung und Warenproduktion haben sich die Anforderungen an die Transportsysteme kontinuierlich erhöht.

9.1
Transport auf Schiene und Straße

In Hinblick auf das Transportvolumen und den Massengütertransport ist die Eisenbahn das wichtigste Transportmittel in Polen. Den wachsenden Ansprüchen an die Bahn steht hier aber ein unzulänglich entwickeltes *Eisenbahnstreckennetz* gegenüber. Gerade hierbei sind noch gegenwärtig die überkommenen wirtschaftsräumlichen Unterschiede so stark wie in keinem anderen Bereich; so unterscheiden sich beispielsweise die bis 1914 bzw. 1939 zu Preußen bzw. zum Deutschen Reich gehörenden Gebiete mit ihrem engmaschigen Bahnnetz sehr deutlich von den übrigen Landesteilen.

Die ersten Bahnstrecken wurden in preußischem Gebiet gebaut. Zwischen 1842 und 1846 wurde die Eisenbahnlinie zwischen Breslau und dem Oberschlesischen Industrierevier fertiggestellt. Seit 1843 hat Stettin, Breslau seit 1844 eine Eisenbahnverbindung nach Berlin, Danzig und Königsberg sind seit 1857 über die „Ostbahn" mit Berlin verbunden. In Preußen war der Bau der wichtigsten Bahnstrecken im wesentlichen 1880 abgeschlossen. Ihre Ausrichtung auf Berlin ist bis heute am Streckennetz Westpolens zu erkennen, obwohl sich nach der Verschiebung der politischen Grenzen die Verkehrsorientierung auf Warschau hin änderte. In Galizien verband 1847 die erste Eisenbahnlinie Krakau mit dem Oberschlesischen Industrierevier. Ihr folgte um 1850 eine Linie von Krakau aus am Karpatenfuß entlang nach Osten; in den 80er Jahren wurden die vorkarpatischen Erdölfelder durch eine Bahnlinie erschlossen. In Kongreßpolen führte die erste Eisenbahnstrecke (1845–1848) von Warschau über Tschenstochau nach Sosnowitz und von da aus nach Wien (sog. Warschauer-Wiener Bahn). Die Entwicklung des Eisenbahnnetzes wurde jedoch hier, besonders in grenznahen Gebieten zu Preußen, von der zaristischen Regierung gebremst. Die erste Verbindung mit Rußland (St. Petersburg) erhielt Kongreßpolen 1862. Im Gegensatz zu den preußischen und österreichischen Gebieten, in denen sich die Streckenführung am vorhandenen Siedlungsnetz orientierte, wurde in Kongreßpolen die Trassierung von Eisenbahnlinien nach militärisch-strategischen Gesichtspunkten vorgenommen; folglich führten sie weitgehend durch unbewohntes Gebiet. Bei der zweiten Verbindung Kongreßpolens mit Rußland (1866–1867), von Warschau nach Terespol und von da aus nach Moskau, orientierte man sich jedoch schon an den Städten. Das Altpolnische Industriegebiet, das inzwischen wegen seiner Randlage wirtschaftlich abgestiegen war, wurde erst 1885 erschlossen. Zwischen diesen drei Hoheitsgebieten gab es nur wenige Bahnverbindungen. Kurz vor dem Ersten Weltkrieg hatten die preußischen Gebiete ein doppelt bzw. vierfach dichteres Eisenbahnnetz als die unter österreichischen bzw. russischen Verwaltung stehenden Teile Polens.

Im Staatsgebiet der 1918 entstandenen Polnischen Republik fehlten deshalb direkte

Bahnverbindungen zwischen den einzelnen Großstädten. So konnte z. B. Posen, ähnlich wie auch Krakau, von Warschau aus nur auf Umwegen erreicht werden. Erst 1921 wurde eine fast gradlinige Bahnstrecke von Warschau über Koło und Konin nach Posen geführt, die die Verbindungslücke Paris–Moskau schloß. Durch den Bau von fehlenden Teilstücken (Warschau–Radom und Krakau–Tunel) erhielt Krakau 1934 auf direktem Wege eine Verknüpfung mit Warschau. Die größte Investition im Eisenbahnbau der Zwischenkriegszeit war die sogenannte Kohlenmagistrale zwischen dem Polnisch-Oberschlesischen Revier und dem Gdinger Hafen, die von einer französisch-polnischen Aktiengesellschaft in den Jahren 1928–1933 erbaut wurde. Der Warschauer Eisenbahnknoten wurde ausgebaut und teilweise elektrifiziert. Trotz dieser Investitionen blieb die Entwicklung des polnischen Eisenbahnnetzes im Vergleich zu dem der ostdeutschen Gebiete, das in der Zwischenkriegszeit noch weiter durch lokale Strecken verdichtet und bereits ab 1914 schrittweise elektrifiziert wurde, deutlich im Rückstand.

Nach 1945 wurde der polnische Staat erneut gezwungen, den unterschiedlichen Entwicklungsstand des Bahnnetzes zu einem einheitlichen System zu verbinden. Die Investitionen der Staatsbahn konzentrierten sich zunächst auf die Instandsetzung der beschädigten Strecken und Schließung der Lücken im Bahnnetz und vor allem auf die Verbesserung der Leistungsfähigkeit der Bahn. Zu den wenigen neuen Strecken gehört die südliche Umgehung des Warschauer Knotens (1952–1953), um diesen vom Transitverkehr zwischen der DDR und der UdSSR zu entlasten sowie die in den 70er Jahren erbaute sogenannte Zentralmagistrale für den Güterverkehr zwischen Oberschlesien und Warschau, ferner die Eisenerz-Schwefel-Bahn (Breitspurbahn) von Oberschlesien über Tarnobrzeg zur sowjetischen Grenze. 1984 verfügte Polen über ein Streckennetz (normale Spurweite) von 24 336 km (1970: 23 311 km). Die historisch bedingten Unterschiede in der Netzdichte sind jedoch – trotz einiger Verbesserungen – noch immer außerordentlich groß. In Pommern und teilweise auch in Ostpreußen sind nach 1945 mehrere Nebenstrecken nicht mehr in Betrieb genommen worden, so daß das Eisenbahnnetz hier heute lückenhafter ist als vor 1945. Von den ehemaligen Landkreisen (bis 1975) hatten 1974 sieben Kreise in Zentral- und Ostpolen keinen Eisenbahnanschluß und sechs Landkreise hatten nur Schmalspurstrecken.

Wenn auch die Elektrifizierung seit 1970 (1984: 34% des Streckennetzes, 1970: 16,6%) einen großen Fortschritt brachte, so hat sich infolge des schlechten Zustands der Gleiskörper und des veralteten Fuhrparks (1984 noch 948 Dampfloks im Einsatz) die Durchschnittsgeschwindigkeit der Züge verringert. Außerdem ist die Zahl der Lokomotiven und der Güterwaggons merklich zurückgegangen. Dies war der Hauptgrund für den Zusammenbruch des Transportsystems zu Beginn der 80er Jahre. Mit einer Gütertransportleistung von 118 Mrd. Tonnenkilometer (tkm) stand die polnische Eisenbahn 1983 an der europäischen Spitze (die Bundesbahn: 55,9 Mrd. tkm). In der Personenbeförderung (50,2 Mrd. Personenkilometer) wurde sie nur noch von der Eisenbahn Frankreichs übertroffen. Bezogen auf die Streckenlänge ergibt sich für die polnische Eisenbahn mit 4,16 Mill. tkm je 1 km Streckenlänge (1982) eine weitaus größere Belastung als für die westeuropäischen Eisenbahnen.

Der Straßengütertransport, 1950 noch geringer als der der Eisenbahn, übertrifft diesen heute um das dreifache. Auf der Straße werden Güter und Personen vorwiegend über kleinere Entfernungen befördert, was auch die deutlich geringere Transportleistung des Kraftwagenverkehrs gegenüber der Eisenbahn erklärt. Mit 8,4 Mrd. tkm (1982) ist die Gütertransportleistung des

Kraftwagenverkehrs in Polen im Vergleich z. B. zu dem in der Bundesrepublik Deutschland (ca. 120 Mrd. tkm) äußerst gering. Dabei ist jedoch zu berücksichtigen, daß diese Angaben für Polen nur den vergesellschafteten Transportsektor umfassen.

Für die *Personenbeförderung* spielte die Eisenbahn noch bis 1966 die wichtigste Rolle. Gegenwärtig fahren etwa doppelt so viel Personen mit öffentlichen Bussen (ohne den innerstädtischen Verkehr) wie mit der Eisenbahn. Angesichts der noch rückständigen privaten Motorisierung und eines teilweise lückenhaften Bahnnetzes hat die Erweiterung des öffentlichen Busstreckennetzes, besonders für die Landbewohner, große Bedeutung. Zu den Fortschritten zählen hier 88 300 km neue Busstrecken (1950–1984), d. h., daß drei Viertel aller wetterfesten Straßen 1984 von regelmäßigen Buslinien bedient wurden (1950: 27%). Für diese relativ starke Erweiterung des Busstreckennetzes war der Ausbau der Verkehrswege eine notwendige Voraussetzung, zumal in dieser Hinsicht außerordentlich große Defizite und regionale Unterschiede bestanden.

Die private Motorisierung hat erst in den 70er Jahren einen beachtenswerten Aufschwung erlebt. Die Zahl der zugelassenen privaten Pkw ist von 453 000 (1970) auf 3,11 Mill. (1983) gestiegen. 1970 entfielen somit knapp 14 Pkw auf 1000 Einwohner, 1983 dagegen schon rund 85. Trotz dieser Zunahme hat Polen den geringsten Motorisierungsgrad in Europa. Eine relativ große Bedeutung als Fortbewegungsmittel, vor allem in den ländlichen Gebieten, haben die Krafträder. 1983 waren 1,61 Mill. zugelassen, das sind 44 je 1000 Einwohner. Damit belegte Polen den dritten Platz in Europa nach der DDR und Ungarn. Die heimische Krafträderproduktion (1984: 48 000 Stück) wurde allerdings jetzt aufgegeben. Stark vergrößert hat sich seit 1970 der Bestand der privaten Lastwagen und Traktoren (1970: 27 000; 1983: 215 000), die das Pferdefuhrwerk in den ländlichen Gebieten, insbesondere Ostpolens, allmählich ablösen.

Auch in der *Entwicklung des Straßennetzes* hatten die preußischen Gebiete einen Vorsprung; insbesondere Nieder- und Oberschlesien verfügten schon vor dem Ersten Weltkrieg über ein dichtes Netz wetterfester Straßen. Einen relativ schnellen Fortschritt nahm der Straßenbau auch in Galizien. In Kongreßpolen dagegen schritt die Entwicklung der Verkehrswege nur langsam voran und orientierte sich, vor allem nach 1864, an den militärisch-strategischen Bedürfnissen der zaristischen Regierung. Die wenigen überregionalen Verkehrswege verliefen strahlenförmig von Warschau aus und waren nur selten durch Querstraßen miteinander verbunden. Aus ähnlichen Erwägungen wurden die grenznahen Gebiete zu Preußen und Österreich unwegsam belassen.

In der Zeit zwischen den beiden Kriegen bemühte sich die polnische Regierung um die Erweiterung und Verbesserung, insbesondere aber um die Verbindung der Straßensysteme zwischen den einzelnen Landesteilen. Im Zeitraum von 1924 bis 1938 wurden 17 600 km neuer fester Straßen gebaut und 2600 km ausgebaut. Neue Straßen wurden in erster Linie in Zentralpolen gebaut (damalige Wojewodschaften Warschau, Lodz, Kielce und Lublin). In Ostpreußen, Pommern, Nieder- und Oberschlesien wurde vornehmlich das vorhandene Straßennetz ausgebaut und verbessert. Wenn auch der Autobahnbau hier bei weitem nicht dasselbe Ausmaß wie in anderen Teilen des Deutschen Reiches erreichte, so wurde der allgemeine technische Zustand der Straßen doch ganz erheblich angehoben.

Nach 1945 ging es zunächst um den Wiederaufbau (z. B. 46% der Brücken waren zerstört) und die Ergänzung, seit 1960 dann auch um die Modernisierung des Straßenverkehrsnetzes. Das Netz der wetterfesten Wege ist im Zeitraum von 1951 bis 1984 um 55 566 km, d. h. um 57% erweitert worden.

Somit waren um die Mitte der 70er Jahre alle Gemeindeorte und etwa zwei Drittel aller ländlichen Gemeinden über eine wetterfeste Straße erreichbar. Die Länge der mit einer verbesserten Decke ausgestatteten Straßen ist zwischen 1951 und 1984 um das Sechsfache gewachsen, sie stellten 1984 83,7% aller wetterfesten Straßen (1950: 22,4%). Auch zahlreiche andere Straßenbaumaßnahmen wie Verbreiterungen und Begradigungen, der Bau von Ortsumgehungen und schließlich der in den 70er Jahren begonnene Bau von vierspurigen kreuzungsfreien Schnellstraßen haben wesentlich zur Modernisierung des Fernstraßennetzes beigetragen. Der Bau von Autobahnen westeuropäischen Standards ist zwar geplant, wurde aber bislang noch nicht in Angriff genommen. Lediglich ein kurzes Autobahnstück (in den 30er Jahren erbaut) gibt es zwischen Breslau und Bunzlau in Niederschlesien. Da der Schwerpunkt der Straßenbaumaßnahmen in Zentral- und Südostpolen lag, hat sich der Rückstand dieser Landesteile gegenüber den gut erschlossenen Westgebieten merklich verringert. Dadurch ist auch die ehemalige politisch-strukturelle Grenze, die im Streckennetz der Bahn noch sehr stark hervortritt, weitgehend verwischt worden.

Die regionalen Verkehrsnetze sind nicht alle gleich stark belastet. Der dichteste Waren- und Personenverkehr auf Schiene und Straße herrscht in den Ballungsgebieten; hier liegt die Wojewodschaft Kattowitz an der Spitze z. B. des Gütertransportaufkommens. Rund die Hälfte (1980: 204 Mill. t) des gesamtpolnischen Eisenbahntransports wird hier abgewickelt, darunter 70% (32,6 Mill. t) aller Güter, die per Eisenbahn ins Ausland versandt werden. Die größten Gütermengen werden auf den strahlenförmig von der Wojewodschaft Kattowitz verlaufenden Haupteisenbahnstrecken in Richtung Ostseeküste nach Danzig und Gdingen, ferner nach Breslau und über Krakau zur sowjetischen Grenze sowie nach Warschau befördert (Narodowy Atlas Polski, 1974–1978).

9.2
Wasserwege und Binnenschiffahrt

Polen verfügt über ein dichtes, stark verzweigtes Gewässernetz, das das ganze Land relativ gleichmäßig überzieht. Die Oberflächengestaltung und der Verlauf der Urstromtäler bieten außerdem viele Möglichkeiten für die Verbindungskanäle zwischen den beiden Flußsystemen der Oder und der Weichsel. Diese günstigen Voraussetzungen wurden allerdings nur im begrenzten Maße für die Entwicklung des Wasserstraßennetzes genutzt. So ist es nicht verwunderlich, daß mit nur 0,7% an der gesamten Güterbeförderung die Binnenschiffahrt in Polen eine unbedeutende Rolle spielt. Auf den Wasserwegen werden vor allem Massengüter wie Sand, Kies und andere Baumaterialien (58,8%) über kurze Entfernungen transportiert. Am Güterumfang der Binnenschiffahrt sind Kohle mit 11,5% und Düngemittel mit 8,7% beteiligt.

Auch beim Ausbau der Schiffahrtswege war der ehemalige preußische Staatsanteil führend. Schon seit dem 17. Jahrhundert gab es hier Kanalverbindungen zwischen der Oder und der Havel sowie der Oder und der Spree. Die einzige heute bestehende Verbindung zwischen Weichsel und Oder stellte man über den Bromberger Kanal her (zwischen 1870 und 1880). Bis 1914 wurden die Unterläufe der Weichsel (von Thorn abwärts) und der Oder (bis zum Havel-Kanal) reguliert. Der Oberlauf der Weichsel wurde zur Zeit der österreichischen Verwaltung für die Schiffahrt ausgebaut. An der mittleren Weichsel dagegen, die das kongreßpolnische Territorium durchfloß, unternahm man keinerlei wasserbautechnische Eingriffe; bis

heute ist sie ihrem natürlichen Lauf überlassen. Andere Pläne zum Bau schiffbarer Kanäle wurden bis auf den heutigen Tag nicht in Angriff genommen. Somit verfügt Polen über keine leistungsstarken Binnenschifffahrtswege. Gegenwärtig sind für 400-t-Kähne schiffbar:
- die Weichsel von Danzig bis Warschau und über den Żerań-Kanal (1963) bis zum neu angelegten Bug-Narew-Stausee (Zalew Zegrzyński)
- die Oder mit dem Gleiwitzer Kanal
- die Weichsel-Oder-Verbindung (über den Bromberger Kanal und der Netze)
- der Unterlauf der Warthe bis Posen.

Das Weichsel-Programm

Das wohl ehrgeizigste Projekt, das sogenannte Weichselprogramm, sieht den komplexen Ausbau der Weichsel vor, d. h. Kanalisierung, Schiffbarmachung, Bau von Wasserrückhaltebecken und Kläranlagen. Die Regulierung der Weichsel soll dabei nicht nur der Binnenschiffahrt, sondern auch allen anderen Wirtschaftsbereichen, wie der Wasserversorgung, der Landwirtschaft, der Industrie, der Energiewirtschaft und der Freizeitgestaltung bzw. dem Wassersport zugute kommen.
Im Rahmen dieses Projekts begann man in den 60er Jahren mit dem Bau der sogenannten unteren Weichsel-Kaskade zwischen Danzig und Warschau (390 km). An der Unterweichsel bei Włocławek wurden in den Jahren 1962 bis 1966 eine Staustufe und ein Stausee (1,1 Mill. cbm) gebaut und ein Wasserkraftwerk von 162 MW Leistung errichtet; sechs Staufstufen (9–12 m Höhe) sind in diesem Weichselabschnitt geplant, ferner weitere Wasserkraftwerke mit einer Leistung von 1340 MW. Ebenfalls begonnen wurde mit den Arbeiten an der sogenannten oberen Weichsel-Kaskade zwischen der Mündung der Przemsza und des Sans. Dieser

270 km lange Abschnitt soll 14 bis 15 Staustufen erhalten. 1980 waren bei Krakau drei Staustufen fertig und drei im Bau. Den Abschnitt bis Połaniec (Kohlenkraftwerk) braucht man vornehmlich für den Abtransport der Kohle aus dem Oberschlesischen Revier. In diesem Zusammenhang stand auch der Bau des Kohlehafens in der Stadt Tichau (Kap. 8.2.3). Die relativ geringe Weichselaufstauung in diesem Bereich (3–4 m Höhe) wird keinen großen energiewirtschaftlichen Nutzen bringen. Der Bau der sogenannten mittleren Weichsel-Kaskade von der Mündung des Sans bis zur Narew (280 km Länge) soll erst später erfolgen. Da das gesamte „Weichsel-Projekt" und die zahlreichen anderen Baupläne für schiffbare Kanäle ein sehr kostspieliges Unterfangen sind, dürfte deren Realisierung bei der derzeitigen Wirtschaftslage noch lange auf sich warten lassen.

9.3
Andere Transportsysteme

Die Seeschiffahrt hat in Polen nach 1945 einen beachtenswerten Aufschwung erlebt. Es ist Polen gelungen, eine ansehnliche Handelsflotte aufzubauen, die 1984 über 278 relativ moderne (63,3% weniger als 15 Jahre alt) Schiffe, darunter neun Tanker mit einer Gesamttonnage von 2,67 Mill. BRT, verfügte (Bundesrepublik Deutschland 6,24 Mill. BRT). 1960 bestand die Handelsflotte aus 138 Schiffen von 0,58 Mill. BRT.
Der Seeverkehr bzw. -transport wird von drei staatlichen Reedereien abgewickelt:
- den „Polnischen Ozean-Linien" (Polskie Linie Oceaniczne) mit Sitz in Gdingen, die regelmäßige Frachtfahrtlinien zu fast allen Kontinenten unterhalten und über ein Passagierschiff verfügen, das auf der Transatlantikroute zwischen Gdingen und Montreal bzw. New York verkehrt.

– dem „Polnischen Seeschiffahrts-Unternehmen" (Polska Żegluga Morska) mit Sitz in Stettin; dieses betreibt sogenannte Tramp-Schiffahrt, die nicht an feste Linien gebunden ist.

– dem „Polnischen Ostseeschiffahrts-Unternehmen" (Polska Żegluga Bałtycka) mit Sitz in Kolberg, das erst 1975 gegründet wurde; ihm obliegt der Gütertransport auf der Ostsee.

Das Volumen der auf See transportierten Güter belief sich 1984 auf 35,4 Mill. t (1978: 41,6 Mill. t) gegenüber 17,6 Mill. t im Jahr 1970.

Der polnischen Schiffahrt stehen drei große Handelshäfen – Danzig, Gdingen und Stettin mit Swinemünde – und der viel kleinere Hafen Kolberg (0,4% Anteil am gesamten Güterumschlag) zur Verfügung (Kap. 8,5). Von Danzig aus wird ein Fährverkehr nach Helsinki und Stockholm, von Swinemünde aus nach Ystad, Travemünde und Kopenhagen unterhalten.

Der Flugverkehr wird von der Staatlichen Polnischen Fluglinie „LOT" betrieben. Sie unterhielt 1984 regelmäßige internationale Flugverbindungen mit 36 Städten in 34 Ländern. Im Inland werden regelmäßig elf Städte angeflogen. Die Zahl der beförderten Passagiere stieg von 0,18 Mill. (1960) auf 1,99 Mill. (1979) an.

Zu den speziellen Transportsystemen gehören u. a. Erdöl- bzw. Erdölprodukte-Pipelines, Erd- und Kokereigasrohrleitungen sowie das Stromverbundnetz. Nach 1945 wurden diese Systeme in Polen beträchtlich ausgebaut.

10 Rückblick und Ausblick

Im Juni 1984 feierte die VR Polen ihr 40jähriges Jubiläum. In dieser Zeit hat sich die Wirtschafts- und Gesellschaftsstruktur grundlegend gewandelt – Polen ist an der Schwelle zu einem Industriestaat angelangt. Zu den größten Errungenschaften der letzten 40 Jahre zählen die Beseitigung der offiziellen Arbeitslosigkeit (durch Überbeschäftigung gibt es jedoch eine verschleierte Arbeitslosigkeit) und des Analphabetentums sowie die Hebung des allgemeinen Bildungsniveaus und des Lebensstandards der Bevölkerung. Darüber hinaus verfügt Polen heute über ein großes, zum Teil modernes Wirtschaftspotential, das durchaus im Weltmaßstab zählt. Es lieferte 1983/1984 6,7% der Weltproduktion an Steinkohle, 4,4% an Braunkohle, 5,5% an Silber, 3,6% an Elektrolytkupfer, 3% an Zink und 25,2% an Elementarschwefel. Ferner ist Polen mit einem relativ hohen Anteil an der Weltproduktion von Nahrungsmitteln beteiligt (Roggen: 27,9%, Kartoffeln: 12,6%, Zuckerrüben: 5,6% Milch: 3,7% und Fleisch: 1,6%). Bei der Herstellung von Baggern nimmt es den sechsten, bei Elektrolokomotiven den vierten und bei Dieselloks wiederum den sechsten Platz in der Welt ein. Im Vergleich zu dem beachtenswerten Produktionsumfang ist aber die Beteiligung Polens an der internationalen Arbeitsteilung mit einem Anteil von je 0,6% am Volumen des Weltimports und -exports gering.

Zum Brutto-Nationaleinkommen Polens trägt der Außenhandel nur zu etwa 15% (in US-Dollar gerechnet) bei. Das Import- und Exportvolumen Polens belief sich 1984 auf nur 288 bzw. 318 US-Dollar je Einwohner. Somit waren diese Werte sowohl im Vergleich mit den westeuropäischen Ländern als auch mit den RGW-Staaten sehr niedrig.

Seit seiner Bindung an die Wirtschaftsgemeinschaft (1949) und an den Militärpakt (1955) der sozialistischen Länder (RGW und Warschauer Pakt), ist Polen in seiner politischen und sozio-ökonomischen Entwicklung im wesentlichen den gleichen Leitbildern gefolgt wie die anderen europäischen RGW-Länder unter sowjetischem Einfluß. Einige Unterschiede gibt es jedoch, z.B. in der Organisations- und Wirtschaftsplanungsstruktur. Auch in der Landwirtschaft nimmt Polen, aufgrund des überwiegenden privaten Bodenbesitzes, eine Sonderstellung ein.

In der Reihe der heutigen europäischen RGW-Länder stand Polen 1939 aufgrund seines Entwicklungsstandes an vierter Stelle hinter dem heutigen DDR-Gebiet, der Tschechoslowakei und Ungarn. Unmittelbar nach dem Zweiten Weltkrieg hatte sich diese Position infolge der Übernahme der deutschen Ostgebiete verbessert; 1950 belegte Polen den dritten Platz. Trotz des beachtenswerten sozio-ökonomischen Fortschritts und der über Jahre anhaltenden relativ hohen Wirtschaftswachstumsraten konnte Polen seinen Entwicklungsvorsprung, den es gegenüber solchen sozialistischen Ländern wie Bulgarien oder Rumänien hatte, nicht halten; es ist seit den 60er Jahren – neben der Sowjetunion – in mancherlei Hinsicht zum Schlußlicht des Comecons geworden. Gegenwärtig entschärft sich allmählich die seit einigen Jahren andauernde Wirtschaftskrise, eine durchschlagende Verbesserung ist allerdings noch nicht in Sicht (Tab. 34).

Mit dem sozio-ökonomischen Wandel gingen auch Veränderungen im räumlichen Strukturmuster einher. Das räumliche Muster der sozio-ökonomischen Struktur um 1950 war von einem West-Ost-Entwick-

Abb. 29: Schema der räumlichen Wirtschaftsstruktur 1950 und 1970

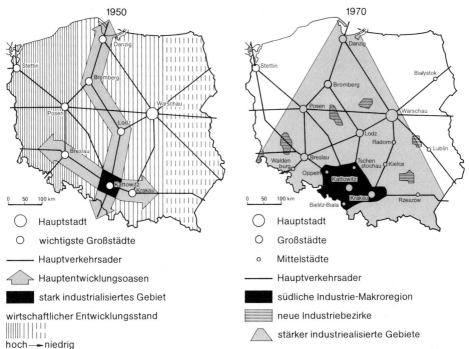

1950

1970

○ Hauptstadt

○ wichtigste Großstädte

—— Hauptverkehrsader

◁ Hauptentwicklungsoasen

■ stark industrialisiertes Gebiet

wirtschaftlicher Entwicklungsstand

|||||| ||||
hoch ——► niedrig

○ Hauptstadt

○ Großstädte

o Mittelstädte

—— Hauptverkehrsader

■ südliche Industrie-Makroregion

▤ neue Industriebezirke

◁ stärker industriealisierte Gebiete

Entwurf: A. Kapala nach Malisz, B., 1976 verändert

lungsgefälle geprägt (Abb. 29). Die Gebiete mit dem höchsten Entwicklungsstand gruppierten sich entlang zweier Achsen, die ein auf dem Kopf stehendes „T" bildeten (die West-Ost-Achse im Süden und senkrecht zu ihr die Achse Oberschlesien-Ostseeküste); hier war mehr als ein Drittel des Industriepotentials konzentriert. Die Warschauer Agglomeration lag damals wegen der fast völligen Zerstörung des Wirtschaftspotentials der Hauptstadt noch außerhalb dieser Gebiete. Innerhalb von zwei Jahrzehnten hat sich dieses Bild jedoch beträchtlich verändert. Das Oberschlesische Industriegebiet hat sich räumlich ausgedehnt, es kam hier zu einer allmählichen Verschmelzung mit den benachbarten Agglomerationen. Im Zuge der Industrialisierung bzw. der Entstehung neuer Industriebezirke, in einem Radius von bis zu 300 km um Kattowitz, haben sich

die ursprünglichen Entwicklungsachsen zu einem Dreieck ausgebreitet.

Dieses erfaßt Gebiete, die sich trotz der schwerpunktmäßig angewandten wachstumsbegrenzenden Maßnahmen (Zuzugssperren, Deglomerationsmaßnahmen) dynamisch entwickelt haben. Ferner ist die Anzahl der städtisch-industriellen Agglomerationen von neun auf 17 gestiegen, das Netz der wichtigsten Fernverkehrsstränge hat sich verdichtet. Die nördöstlichen und nordwestlichen Landesteile, die außerhalb des erwähnten Dreiecks liegen, sind in der Entwicklung zurückgeblieben, obgleich hier einige Bereiche eine hohe Wachstumsdynamik aufweisen (z. B. die Städte Stettin, Białystok und Lublin).

Aus dieser schematischen Darstellung der Wandlungen von sozio-ökonomischen Raumstrukturen wird sichtbar, daß diese

251

Tabelle 34: Ausgewählte Kennziffern zur sozio-ökonomischen Entwicklung Polens und anderer europäischer RGW-Staaten

	Polen	CSSR	DDR	Ungarn	Rumänien	Bulgarien	UdSSR
Städtische Bevölkerung in % 1982/1983	59,7	73,7	76,6	55,0	51,5	65,1	64,8
Geburtenüberschuß in ⁰/₀₀ 1983/1984	9,0	2,9	0,4	−2,0	3,9	2,4	8,8
Säuglingssterblichkeit in ⁰/₀₀ 1983	19	16	11	19	24	16	·
Beschäftigte/Erwerbstätige in % 1982/1983							
davon Land- und Forstwirtschaft	29,9	13,6	10,4	23,4	29,0	22,2	19,8
Industrie und Bauwirtschaft	36,5	47,4	50,6	39,2	44,2	45,0	38,3
Produktion je Einwohner 1983/1984							
Elektrische Energie kWh	3652	5068	6604	2459	3160	4978	5426
Rohstahl kg	448	959	454	352	637	321	477
Kunststoffe kg	14,6	65,2	62,0	32,3	28,1	44,3	16,2
∅-Realeinkommen der Bevölkerung 1984							
in % von 1980	78	98	·	98	·	108	105
Verbrauch je Einwohner 1983							
Gemüse kg	103	71	91	78	·	138	101
Obst kg	38	57	76	77	·	86	44
Fleisch kg	58	83	92	76	·	70	54
Fisch kg	7,4	5,0	7,3	2,6	·	7,3	18,0
Ausstattung je 100 Haushalte mit							
Kühl- und Gefrierschränken	99	106	125	114	·	88	90
Pkw's	27	47	44	58	·	34	·
Fertiggestellte Wohnungen je 100							
neugeschlossene Ehen 1976–1980	81	99	116	99	86	98	74
Ärzte und Zahnärzte							
je 10000 Einwohner 1983/1984	24	35	28	32	21	34	41

Quelle: Rocznik Statystyczny 1985

dem angestrebten Ziel des Abbaus von regionalen Disparitäten im Entwicklungsstand und im Lebensstandard im großen und ganzen folgten. Dabei sind allerdings die Nachteile dieser Entwicklung, die auf der Priorität der Industrie basierten, nicht zu übersehen; sie wurden schon in den vorangegangenen Kapiteln ausführlich behandelt.

Weitere Raumentwicklungsvorstellungen, die die genauen Verhältnisse beleuchten, enthält der „Landes-Raumbewirtschaftungsplan bis zum Jahre 1990". Das räumliche Konzept dieses Plans geht von dem Prinzip der „gleichmäßigen polyzentrischen Konzentration" aus, d. h. von der intensiven Entwicklung ausgewählter Städte, die Brennpunkte des wirtschaftlichen, zivilisatorischen und kulturellen Fortschritts werden sollen. In diesem Zusammenhang kommt den städtischen Agglomerationen die größte Bedeutung zu, und ihre Entwicklungsgestaltung

gehört zu den vorrangigen Aufgaben der Raumordnungspolitik des Staates; keine wachstumsbeschränkenden Maßnahmen für die größten Agglomerationen mehr, statt dessen qualitative Verbesserungen durch Modernisierungsinvestitionen und Verbesserung der Lebensbedingungen der Bevölkerung. Eine höhere Wachstumsdynamik wird aber für die „in Entstehung begriffenen" Agglomerationen erwartet. Dabei soll nach wie vor der Industrie als dem wesentlichen Wachstumsfaktor eine wichtige Rolle zufallen. Im Hinblick auf die regionale Verteilung staatlicher Industrieinvestitionen, die nach dem Kriterium höchster wirtschaftlicher Effektivität erfolgen soll, wird, wie die bisherige Erfahrung zeigte, die Raumplanung allerdings keine große Rolle spielen.

Auch auf dem Agrarsektor wird eine maximale Leistungssteigerung angestrebt, um

252

Abb. 30: Raumentwicklung Polens bis 1990

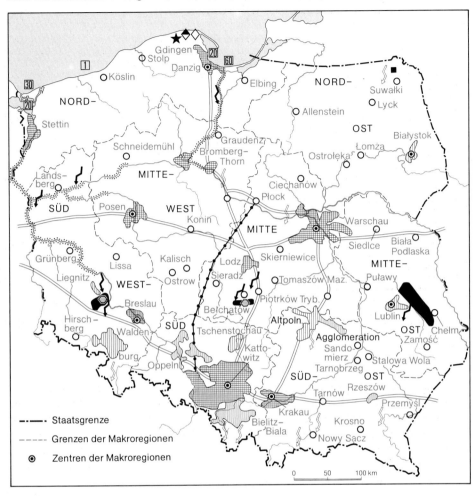

Staatsgrenze

Grenzen der Makroregionen

⊙ Zentren der Makroregionen

0   50   100 km

▦ Agglomerationen schon entwickelt	══ geplante Autobahnstrecken
▥ Agglomerationen in Entwicklung begriffen	•–•–• geplante Erdölrohrleitung
○ Landesentwicklungszenten (z. T. potentielle Agglomerationen)	▦ Flußabschnitte für Industrialisierung vorgesehen
◖ neue Kohlenbergbaureviere	∮ geplante Wasserkraftwerke
⬡ (Braunkohle)	⌇ geplante Wärmekraftwerke (> 2000 MW)
neue Abbaugebiete	★ geplante Atomkraftwerke
■ Eisenerz	⊠ bis 1990 geplanter Warenumschlag der Ostseehäfen in Mio. t
◆ Steinsalz	
◇ Kalisalz	Entwurf: A. Kapala nach Atlas Geograficzny Polski, 1986

253

die – von häufigen Engpässen betroffene – Nahrungsmittelversorgung zu sichern. Eine tiefgreifendere Agrarreform wird von den Raumplanern zwar nicht ins Auge gefaßt, gefordert wird aber eine Weiterentwicklung und Erweiterung des sozialisierten Sektors. Gleichzeitig sollen die „Existenzbedingungen" der Bauern verbessert werden. Angestrebt wird eine Vergrößerung der durchschnittlichen Betriebsfläche, die Fortführung der Flurbereinigung, eine Verbesserung der beruflichen Qualifikation der Landwirte und der infrastrukturellen Ausstattung. Als eine weitere Aufgabe wird die Erschließung der ländlichen Räume für den Fremdenverkehr angesehen. Der Tourismus soll der Landbevölkerung, insbesondere in den unterentwickelten Gebieten, zu einer Einkommenssteigerung verhelfen und zum Abbau der historisch überlieferten Unterschiede in den Lebensbedingungen der Bevölkerung beitragen. In allen übrigen Volkswirtschaftsbereichen, sei es in der sozialen oder technischen Infrastruktur, werden ebenfalls weitgehende Verbesserungen angestrebt.

Einige weitere Ziele und räumliche Entwicklungsschwerpunkte dieses Plans wurden schon in den Kapiteln 5.5 und 8 angesprochen (Abb. 30).

Nachdem sich die Periode, für die der vorgestellte Raumentwicklungsplan aufgestellt wurde, dem Ende nähert, ist deutlich erkennbar, daß die tatsächliche Entwicklung des Landes bzw. der einzelnen Regionen zum großen Teil an den Zielen dieses Plans vorbeigelaufen ist. Darin spiegelt sich nicht zuletzt die institutionelle Schwäche der Raumplanung gegenüber der Wirtschafts- bzw. Ressortplanung wider.

Literatur

Atlas geograficzny Polski (1974). Warszawa

Brandes, H.: (1978) Lodz. Planungselemente einer polnischen Industriestadt. In: Geogr. Rundschau 30, 481–484

Buchhofer, E.: (1981) Polen. Raumstrukturen – Raumprobleme. Frankfurt/M

Buchhofer, E.: (1974) Strukturprobleme des Oberschlesischen Industriereviers. In: Geogr. Rundschau 26, 492–498

Buchhofer, E.: (1973) Kattowitz (Katowice) – die Metropole des Oberschlesischen Industriegebiets. In: Die Erde 104, 132–156

Domański, R.: (1985) Geografia ekonomiczna Polski. Warszawa

Encyklopedia historii gospodarczej Polski do 1945 roku (1981). Band 1 und 2 Warszawa

Fierla, I.: (1979) Geografia przemysłu Polski. Warszawa

Förster, H.: (1974) Industrialisierungsprozesse in Polen. In: Erdkunde 28, 217–231

Gontarski, Z.: (1980) Obszary metropolitarne w Polsce. Polska Akademia Nauk Komitet Przestrzennego Zagospodarowania Kraju. Biuletyn 109. Warszawa

Górka, Z.: (1978) Krakowskie stare miasto. In: Rola i funkcje aglomeracji miejskich na przykładzie Krakowa i Ostrawy. Polskie Towarzystwo Geograficzne Materiały V Seminarium Polsko-Czechosłowackiego. Kraków-Mogilany 27–28. X. 1978

Harasimiuk, M.: (1980) Lubelskie Zagłębie Węglowe. In: Czasopismo Geograficzne LI/2, 156–171. Wrocław

Jakóbczyk-Gryszkiewicz, J.: (1983) Łódzki zespół miejski w świetle zwiazków występujących między jego miastami. In: Geografia w Szkole 3, 121–127

Jarosz, M.: (1984) Nierówności społeczne. Warszawa

Jezierski, A., Petz, B.: (1980) Historia gospodarcza Polski Ludowej 1944–1975. Warszawa

Kapała, J.: (1983) Ocena jakości powietrza w województwie katowickim. PAN Oddział w Katowicach

Kapala, K.-H.: (1983) Die Landwirtschaft Polens zu Beginn der achtziger Jahre. In: Zeitschr. für Agrargeographie 2, 103–143

Karger, A.: (1978) Warschau. Vom Geist einer Stadt. In: Geogr. Rundschau 30, 464–469

Karpiński, A.: (1974) Rola polityki uprzemysłowienia kraju. In: 30 lat gospodarki Polski Ludowej. Warszawa

Kassenberg, A., Rolewicz, Cz.: (1985) Przestrzenna diagnoza ochrony środowiska w Polsce. Polska Akademia Nauk Komitet Przestrzennego Zagospodarowania Kraju. Studia LXXXIX. Warszawa

Koerber, H. J. von: (1958) Die Bevölkerung der deutschen Ostgebiete unter polnischer Verwaltung. Berlin

Kondracki, J.: (1981) Geografia fizyczna Polski. Warszawa

Kosiński, L.: (1965) Warschau. In: Georg. Rundschau 17, 259–269

Kossmann, O.: (1966) Lodz. Eine geographische Analyse. Würzburg

Kostrowicki, J.: (1978) Przemiany struktury przestrzennej rolnictwa Polski 1950–1970. Prace Geograficzne 127. Warszawa

Kostrowicka, I., Landau, Z., Tomaszewski, J.: (1984) Historia gospodarcza Polski XIX i XX wieku. Warszawa

Kotowicz-Jawor, J.: (1983) Presja inwestycyjna w latach siedemdziesiątych. Warszawa

Kozłowski, St.: (1983) Przyrodnicze uwarunkowania gospodarki przestrzennej Polski. Problemy naukowe współczesności. Wrocław

Kukliński, A. (Hrsg.): (1984) Gospodarka przestrzenna. Diagnoza i rekonstrukcja. Problemy naukowe współczesności. Wrocław

Länderberichte Osteuropa (1976) Polen. (Hrsg.) J.-G.-Herder-Institut Marburg a.d. Lahn

Leszczycki, St.: (1974) Ballungsgebiete als Knotenpunkte der Territorialstruktur Polens. In: Geogr. Rundschau 26, 484–488

Leszczycki, St., Lijewski, T.: (1977) Polen. Land, Volk, Wirtschaft in Stichworten. Wien

Lijewski, T.: (1977) Geografia transportu Polski. Warszawa

Miejskie województwo krakowskie. Elementy struktury geograficzno-ekonomicznej (1979). In: Folia Geographica, series Geographica-Oeconomica XII. Kraków

Misztal, St., Kaczorowski, W.: (1983) Regionalne zróżnicowanie procesu uprzemysłowienia Polski 1945–1975. Polska Akademia Nauk Komitet Przestrzennego Zagospodarowania Kraju. Studia LXXVI. Warszawa

Mydel, R.: (1979) Rozwój struktury przestrzennej miasta Krakowa. Komisja Nauk Geograficznych Polska Akademia Nauk Oddział w Krakowie

Narodowy Atlas Polski (1973–1978) (Hrsg.) Polska Akademia Nauk Instytut Geograficzny. Wrocław

Niżnik, A. M.: (1980) Łódzki przemysł dziewiarski jego rola społeczno-ekonomiczna w Polsce. In: Zeszyty Naukowe Uniwersytetu Łódzkiego Folia Geographica, seria II 22, 57–72

Osteuropa-Handbuch. Polen (1959) Hrsg. W. Markert. Graz

Pawlitta, M.: (1978) Räumliche Mobilität in Polen. In: Geogr. Rundschau 30, 470–476

Piskozub, A.: (1982) Przemysł w aglomeracjach portowych Polski. Gdańsk

Plan przestrzennego zagospodarowania kraju do roku 1990 (1974) Polska Akademia Nauk Komitet Przestrzennego Zagospodarowania Kraju Biuletyn 85. Warszawa

Problemy polskiej przestrzeni (1982). Polska Akademia Nauk Komitet przestrzennego Zagospodarowania Kraju Biuletyn 118. Warszawa

Rakowski, W.: (1980) Uprzemysłowienie a proces urbanizacji. Warszawa

Rhode, G.: (1980) Geschichte Polens. Darmstadt

Rola, H.: (1981) Śląsk i Zagłębie Dąbrowskie w Polsce Ludowej. Śląski Instytut Naukowy. Katowice

Rola-Kunach, St., Wojtan, J.: (1982) Okręgi przemysłowe w Polsce. In: Wiadomości Statystyczne 4. Warszawa

Rządowy raport o stanie gospodarki (1981). Nakładem Trybuny Ludu. Warszawa

Stpiczyński, T.: (1979) Wewnętrzne migracje ludności do miast i aglomeracji miejskich. Główny Urząd Statystyczny. Statystyka Polski. Warszawa

Strategia uprzemysłowienia a proces urbanizacji (1982). Polska Akademia Nauk Komitet Przestrzennego Zagospodarowania Kraju Biuletyn 119. Warszawa

Szulc, H.: (1978) Wpływ typu własności na przemiany przestrzenne wsi na Pomorzu Zachodnim w okresie 1945–1975. In: Przegląd Geograficzny L/1, 87–97. Warszawa

Tomaszek, St.: (1981) Rozwój terenów przemysłowych w układzie przestrzennym Konurbacji Górnośląskiej. In: Modelowe formy zagospodarowania przestrzennego Górnośląskiego Okręgu Przemysłowego, Tom II. Polska Akademia Nauk Oddział w Katowicach

Werwicki, A.: (1974) Struktura przestrzenna miast polskich. In: Geografia w Szkole 5, 242–252

Węcłowicz, G.: (1975) Struktura przestrzeni społeczno-gospodarczej Warszawy w latach 1931 i 1970 w świetle analizy czynnikowej. Polska Akademia Nauk Instytut Geografii i Przestrzennego Zagospodarowania, Prace Geograficzne 116. Wrocław

Wöhlke, W.: (1967) Das Potential des polnischen Wirtschaftsraumes und die Probleme seiner Inwertsetzung. In: Geogr. Rundschau 19, 170–184

Wrzosek, A., Kortus, B.: (1965) Krakau. In: Geogr. Rundschau 17, 270–277

Statistik

Ludność, gospodarstwa domowe i warunki mieszkaniowe. Narodowy Spis Powszechny z dnia 7. XII. 1978. Warszawa, 1980

Migracje ludności. Badania metodą reprezentacyjną. Narodowy Spis Powszechny z dnia 7. XII. 1978. Warszawa 1981

Ochrona środowiska i gospodarka wodna 1981. Materiały statystyczne 3. Warszawa 1981

Rocznik demograficzny. Jahrgänge von 1974 bis 1985

Rocznik statystyczny. Jahrgänge von 1965 bis 1985

Rocznik statystyczny miast. Jahrgänge 1981 und 1985

Rocznik statystyczny przemysłu. Jahrgänge von 1974 bis 1985

Rocznik statystyczny rolnictwa i gospodarki żywnościowej. Jahrgänge 1978 und 1982

Rocznik statystyczny województw. Jahrgänge von 1975 bis 1985

Rocznik statystyczny województwa gdańskiego 1981. Gdańsk 1981

Rocznik statystyczny województwa katowickiego 1981. Katowice 1981

Rocznik statystyczny województwa miejskiego krakowskiego 1981. Kraków 1981

Rocznik statystyczny województwa miejskiego łódzkiego 1981. Łódź 1981

Rocznik statystyczny województwa stołecznego warszawskiego 1981. Warszawa 1981

Rocznik statystyczny Warszawy 1974. Warszawa 1974

Statystyczna charakterystyka miast. Funkcje dominujące. Warszawa 1977

Verzeichnis der Abbildungen

Abb. 1: Die Grenzen Polens im Wandel der Jahrhunderte, S. 17
Abb. 2: Bodenschätze, S. 30
Abb. 3: Geomorphologische Gliederung, S. 32
Abb. 4: Naturräumliche Gliederung, S. 34
Abb. 5: Verwaltungsgliederung, S. 43
Abb. 6: Bevölkerungsverteilung und Wanderungen, S. 56
Abb. 7: Bevölkerungsaufbau, S. 68
Abb. 8: Ländliche Siedlungstypen, S. 73
Abb. 9: In der Landwirtschaft erwerbstätige Landbevölkerung 1978, S. 74
Abb. 10: Böden (Übersicht), S. 75
Abb. 11: Vegetationsperiode und Klimadiagramme, S. 77
Abb. 12: Anteil der wichtigsten Feldfrüchte (1960–1983 (in %) am gesamten Anbau, S. 93
Abb. 13: Anbau wichtiger Feldfrüchte 1984, S. 94
Abb. 14: Entwicklung der landwirtschaftlichen Produktion, S. 98
Abb. 15: Bodenproduktivität 1984, S. 100
Abb. 16: Agrarregionen, S. 102
Abb. 17: Ländliche Siedlungen mit unterschiedlicher Bodenbesitzstruktur, S. 107
Abb. 18: Ausgewählte Daten zur Industrieentwicklung 1961–1984 im vergesellschafteten Sektor, S. 127
Abb. 19: Die wichtigsten Industriestandorte, S. 130
Abb. 20: Wichtigere nach 1945 gebaute bzw. erweiterte Industriebetriebe, S. 135
Abb. 21: Industriebezirke, S. 139
Abb. 22: Stadtverteilung und Umweltbelastung, S. 144
Abb. 23: Modell der räumlich-funktionalen Struktur einer Klein- und einer Mittelstadt, S. 158
Abb. 24: Räumlich-funktionale Gliederung der Stadt Warschau, S. 177
Abb. 25: Räumlich-funktionale Gliederung des Oberschlesischen Industriegebietes, S. 202
Abb. 26: Räumlich-funktionale Gliederung der Stadt Krakau, S. 223
Abb. 27: Räumlich-funktionale Gliederung der „Dreistadt" Danzig–Gdingen–Zoppot, S. 232
Abb. 28: Danziger Hafen, S. 241
Abb. 29: Schema der räumlichen Wirtschaftsstruktur 1950 und 1970, S. 251
Abb. 30: Raumentwicklung Polens bis 1990, S. 253

Verzeichnis der Tabellen

Tab. 1: Verteilung der Investitionsmittel auf einzelne Wirtschaftszweige 1950–1984, S. 55
Tab. 2: Durchschnittliches jährliches Wanderungsvolumen nach Richtungstypen der Migrationen 1952–1984, S. 58
Tab. 3: Angaben zur demographischen Situation in Polen 1931–1984, S. 65
Tab. 4: Beschäftigte nach Wirtschaftszweigen 1931–1984 (in %), S. 69
Tab. 5: Erwerbstätige nach Stellung im Beruf 1931–1978 (in %), S. 70
Tab. 6: Größenstruktur polnischer Dörfer 1977 (in %), S. 72
Tab. 7: Bewirtschaftung der landwirtschaftlichen Nutzfläche nach Eigentumssektoren (Stand jeweils im Juni), S. 80
Tab. 8: Betriebsgrößenstruktur der bäuerlichen Betriebe, S. 81
Tab. 9: Strukturdaten zur polnischen Landwirtschaft, S. 88–90
Tab. 10: Strukturdaten zur Landwirtschaft der Agrarregionen, S. 104/105
Tab. 11: Verteilungsstruktur der Investitionsmittel in der vergesellschafteten Industrie, S. 123
Tab. 12: Branchenstruktur der Industrie (Gliederung nach der Beschäftigung), S. 128
Tab. 13: Produktion ausgewählter Industrieerzeugnisse, S. 131
Tab. 14: Ausgewählte Daten zur Charakteristik der Industriebezirke, S. 140
Tab. 15: Angaben zur Umweltverschmutzung in Polen, S. 143
Tab. 16: Städte und städtische Bevölkerung 1931–1984, S. 148
Tab. 17: Städtewachstum 1950–1984 (in %), S. 148

Tab. 18: Bevölkerungsentwicklung in ausgewählten Städten 1950–1984, S. 151
Tab. 19: Fertiggestellte Wohnungen 1950–1984, S. 154
Tab. 20: Angaben zu den Wohnverhältnissen der Bevölkerung, S. 154
Tab. 21: Städtisch industrielle Agglomerationen 1980, S. 164/165
Tab. 22: Strukturdaten zur Hauptstadtwojewodschaft Warschau, S. 166/167
Tab. 23: Strukturdaten für die Stadtbezirke Warschaus, S. 176
Tab. 24: Entwicklung der Warschauer Agglomeration (Zielvorstellungen bis 1990), S. 180
Tab. 25: Strukturdaten für das Oberschlesische Ballungsgebiet, S. 182/183
Tab. 26: Steinkohlenförderung im Oberschlesischen Revier 1825–1913, S. 185

Tab. 27: Bevölkerungsentwicklung einiger Revierstädte 1860–1984, S. 200
Tab. 28: Strukturdaten für den Revierkern (GOP) 1980, S. 203
Tab. 29: Strukturdaten zur Wojewodschaft und Stadt Lodz, S. 205/206
Tab. 30: Strukturdaten zur Wojewodschaft und Stadt Krakau, S. 216/217
Tab. 31: Strukturdaten zur Wojewodschaft und Danziger Agglomeration, S. 230/231
Tab. 32: Güterumschlag der wichtigsten Seehäfen 1931–1984, S. 241
Tab. 33: Struktur des seewärtigen Güterverkehrs 1980, S. 242
Tab. 34: Ausgewählte Kennziffern zur sozioökonomischen Entwicklung Polens und anderer europäischer RGW-Staaten, S. 252

Verzeichnis der geographischen Namen (deutsch-polnisch)

Allenstein – Olsztyn
Altpolnisches Industriegebiet – Zagłębie Staropolskie
Auschwitz – Oświęcim
Auschwitzer Becken – Kotlina Oświęcimska
Außenkarpaten – Karpaty Zewnetrzne
Becken von Sandomierz – Kotlina Sandomierska
Belgard – Białogard
Bendzin – Będzin
Beskiden – Beskidy
Beuthen – Bytom
Bielitz Biala – Bielsko Biala
Blechhammer – Blachownia Śląska
Blendower Wüste – Pustynia Błędowska
Breslau – Wrocław
Bromberg – Bydgoszcz
Bromberger Kanal – Kanał Bydgoski
Bunzlau – Bolesławiec
Butow – Bytowo
Cammin i. P. – Kamień Pomorski
Cosel – Koźle
Czeladz – Czeladź
Damsdorf – Niezabyszewo
Danzig – Gdańsk
Danziger Bucht – Zatoka Gdańska
Danziger Höhen – Pobrzeże Kaszubskie
Danziger Werder – Żuławy Wiślane
Deschowitz – Zdzieszowice

Dombrowa – Dąbrowa Górnicza
Dombrowaer Revier – Zagłębie Śląsko-Dąbrowskie
Dratzig See – Jezioro Drawskie
Elbing – Elbląg
Freie Stadt Danzig – Wolne Miasto Gdańsk
Galizien – Galicja
Gdingen – Gdynia
Generalgouvernement – Generalne Gubernatorstwo
Glatzer Schneeberg – Śnieżnik Kłodzki
Gleiwitz – Gliwice
Gleiwitzer Kanal – Kanał Gliwicki
Glogau – Głogów
Glogau-Baruther Urstromtal – Pradolina Głogowsko-Barucka
Gnesen – Gniezno
Goldberg – Złotoryja
Golonog – Gołonóg
Graudenz – Grudziądz
Großpolnisches Tiefland – Nizina Wielkopolska
Großpolen – Wielkopolska
Grünberg – Zielona Góra
Grünewald – Grunwald
Heiligkreuz-Gebirge – Góry Świętokrzyskie
Hela-Halbinsel – Półwysep Helski
Hindenburg – Zabrze
Heydebreck – Kędzierzyn
Hirschberg – Jelenia Góra

Hochfläche von Miechów – Wyżyna Miechowska
Hohensalza – Inowrocław
Hohenwaldheim – Żelazno
Holminsel (Danzig) – Ostrów (Gdańsk)
Innenkarpaten – Karpaty Wewnętrzne
Isergebirge – Góry Izerskie
Jamund – Jamno
Jastrzemb – Jastrzębie Zdrój
Kaiserhafen (Danzig) – Kanał Kaszubski (Gdańsk)
Kalisch – Kalisz
Kampinos Heide – Puszcza Kampinoska
Karpaten – Karpaty
Karpatisches Vorgebirge – Pogórze Karpackie
Karthaus – Kartuzy
Kaschubei – Kaszuby
Kaschubische Schweiz – Szwajcaria Kaszubska
Kaschubische Seenplatte – Pojezierze Kaszubskie
Kattowitz – Katowice
Katzengebirge – Kocie Góry
Kernsdorfer Höhe – Góra Dylewska
Kielce-Sandomierz Hochfläche – Wyżyna Kielecko-Sandomierska
Kleinpolen – Małopolska
Kleinpolnische Hochfläche – Wyżyna Małopolska
Klodnitzer Kanal – Kanał Kłodnicki
Kolberg – Kołobrzeg
Kongreßpolen – Kongresówka
Königshütte – Chorzów
Koniner Revier – Zagłębie Konińskie
Köslin – Koszalin
Krakau – Kraków
Krakauer Agglomeration – Aglomeracja Krakowska
Krakau-Tschenstochauer Hochfläche – Wyżyna Krakowsko-Częstochowska
Kruschwitz – Kruszwica
Kujawien – Kujawy
Kurpie Heide – Puszcza Kurpiowska
Kurpie Platte – Równina Kurpiowska
Landsberg – Gorzów Wielkopolski
Langfuhr – Gdańsk-Wrzeszcz
Lausitzer Neiße – Nysa Łużycka
Lausitz-Niederschlesisches Braunkohlenrevier – Zagłębie Łużycko-Dolnośląskie
Leba – Łeba
Lemberg – Lwów
Leschczin – Leszczyny
Liegnitz – Legnica
Liegnitz-Glogauer Kupferrevier – Legnicko-Głogowskie Zagłębie Miedziowe
Lissa – Leszno
Lodz – Łódź
Loslau – Wodzisław Śląski
Löwenberg – Lwówek Śląski
Lüben – Lubin

Lubliner Hochfläche – Wyżyna Lubelska
Lubliner Hügelland – Wyżyna Lubelska
Lubliner Polesje – Polesie Lubelskie
Lubliner Steinkohlenrevier – Zagłębie Lubelskie
Lübtow – Lubiatowo
Lyck – Ełk
Mährische Pforte – Brama Morawska
Masowien – Mazowsze
Masowische Tiefebene – Nizina Mazowiecka
Masuren – Mazury
Masurische Seenplatte – Pojezierze Mazurskie
Mauer See – Jezioro Mamry
Mittelpolnische Hochflächen – Wyżyny Środkowopolskie
Mittelpolnischer Wall – Wał Pomorsko-Kujawski
Mittelpolnisches Tiefland – Niziny Środkowopolskie
Mottlau – Motława
Myslowitz – Mysłowice
Neidenburger Höhen – Garb Lubawski
Neiße – Nysa
Neu Tichau (Tichau) – Nowe Tychy (Tychy)
Neufahrwasser – Gdańsk-Nowy Port
Neusalz – Nowa Sól
Neustadt – Wejherowo
Netze – Noteć
Nida Mulde – Niecka Nidziańska
Niederschlesien – Dolny Śląsk
Niederschlesisches Industriegebiet (Sudetischer Industriebezirk) – Dolnośląski Okręg Przemysłowy (Sudecki Okręg Przemysłowy)
Oberschlesien – Górny Śląsk
Oberschlesische Agglomeration – Aglomeracja Górnośląska
Oberschlesisches Industriegebiet – Górnośląski Okręg Przemysłowy
Oberschlesisches Industrierevier – Górnośląski Okręg Przemysłowy
Oberschlesisches Kohlenrevier – Górnośląskie Zagłębie Węglowe
Oberschlesisches Revier – Zagłębie Górnośląskie
Oberschlesisches Steinkohlenbecken – Górnośląska Niecka Węglowa
Oder – Odra
Ohra (Danzig) – Orunia (Gdańsk)
Oliva (Danzig) – Oliwa (Gdańsk)
Olkusch – Olkusz
Oppeln – Opole
Ostbaltisches Tiefland – Niż Wschodniobałtycki
Ostbeskiden – Beskidy Wschodnie
Osteuropäische Tafel – Płyta Wschodnioeuropejska
Ostkarpaten – Karpaty Wschodnie
Ostpreußen – Prusy Wschodnie
Ostrowo – Ostrów Wielkopolski
Ostsee – Morze Bałtyckie

Osttatra – Tatry Wschodnie
Peiskretscham – Pyskowice
Pfefferberge – Góry Pieprzowe
Pieninen – Pieniny
Plehnendorf – Pieniewo
Podlassisches Tiefland – Nizina Podlaska
Podolische Platte – Płyta Podolska
Pöhlitz – Police
Polesje – Polesie
Polnisches Tiefland – Niż Polski
Pommern – Pomorze
Pommersche Seenplatte – Pojezierze Pomorskie
Posen – Poznań
Preußisches Tiefland – Nizina Pruska
Putzig – Puck
Radzionkau – Radzionków
Rastenburg – Kętrzyn
Rawitsch – Rawicz
Riesengebirge – Karkonosze
Ruda – Ruda Śląska
Rybniker Revier – Zagłębie Rybnickie
Saspe (Danzig) – Zaspa (Gdańsk)
Schiewenhorst – Świbno
Schlesische Hochfläche – Wyżyna Śląska
Schlesisches Tiefland – Nizina Śląska
Schneekoppe – Śnieżka
Schneidemühl – Piła
Schönow – Sieniawa
Schwefelrevier von Tarnobrzeg – Tarnobrzeskie Zagłębie Siarkowe
Seesker Höhe – Wzgórza Szeskie
Siemianowitz – Siemianowice
Sohrau – Żory
Sosnowitz – Sosnowiec
Spirding See – Jezioro Śniardwy
Südbaltischer Küstensaum – Pobrzeże Południowo-bałtyckie
Sudeten – Sudety
Sudetenvorland – Przedgórze Sudeckie
Sudetisches Vorgebirge – Pogórze Sudeckie
Standemin – Stanomino
Stettin – Szczecin
Stolp – Słupsk
Stolzenberg – Chełm
Swientochlowitz – Świetochłowice

Swinemünde – Świnoujście
Tannenberg-Grunwald – Grunwald
Tarnowitz – Tarnowskie Góry
Tatra – Tatry
Thorn – Toruń
Thorn-Eberswalder Urstromtal – Pradolina Toruńsko-Eberswaldzka
Tote Weichsel – Martwa Wisła
Trebnitz – Trzebnica
Trebnitzer Höhen – Wzgórza Trzebnickie
Tschenstochau – Częstochowa
Tucholer Heide – Puszcza Tucholska
Türchau – Turoszów
Turmberg – Wieżyca
Vorkarpaten – Podkarpacie
Vorkarpatenbecken – Kotliny Podkarpackie
Vortatra-Graben – Rów Podtatrzański
Waldenburg – Wałbrzych
Waldenburger Kohlenrevier – Wałbrzyskie (Dolnośląskie) Zagłębie Węglowe
Waldkarpaten – Bieszczady
Warschau – Warszawa
Warschau-Berliner Urstromtal – Pradolina Warszawsko-Berlińska
Warschauer Becken – Kotlina Warszawska
Warschauer Industriebezirk – Warszawski Okręg Przemysłowy
Warthe – Warta
Warthegau – Kraj Warty
Weichsel – Wisła
Weichseldurchstich – Przekop Wisły
Weichselmünde – Wisłoujście
Weichselniederung – Żuławy Wiślane
Weichseltal – Dolina Wisły
Westbeskiden – Beskidy Zachodnie
Westerplatte – Westerplatte
Westtatra – Tatry Zachodnie
Wollin – Wolin
Zentraler Industriebezirk (COP) – Centralny Okręg Przemysłowy
Żerań-Kanal – Kanał Żerański
Zittauer Becken – Kotlina Żytawska
Zoppot – Sopot
Zopten – Ślęża